第十六卷
CUFE Law Review
Vol.16

中财法律评论

中央财经大学法学院 / 主办
李　楠 / 主编

当代中国出版社
Contemporary China Publishing House

图书在版编目（CIP）数据

中财法律评论. 第十六卷 / 李楠主编. -- 北京 : 当代中国出版社, 2024. 8. -- ISBN 978-7-5154-1430-0

Ⅰ. D9-53

中国国家版本馆 CIP 数据核字第 2024B89G78 号

出 版 人　王　茵
责任编辑　邓颖君　彭世帆
责任校对　贾云华　康　莹
印刷监制　刘艳平
封面设计　鲁　娟
出版发行　当代中国出版社
地　　址　北京市地安门西大街旌勇里 8 号
网　　址　http://www.ddzg.net
邮政编码　100009
编 辑 部　(010) 66572156
市 场 部　(010) 66572281　66572157
印　　刷　中国电影出版社印刷厂
开　　本　710 毫米×1000 毫米　1/16
印　　张　28.5 印张　2 插页　448 千字
版　　次　2024 年 8 月第 1 版
印　　次　2024 年 8 月第 1 次印刷
定　　价　98.00 元

《中财法律评论（第十六卷）》编辑委员会

目　录
contents

主题研讨：刑事要素之定位

刑事诉讼中价值性行政认定的证据资格研究

陈徐安黎*

摘　要：从理论上看，对于价值性行政认定的性质存在“法定证据说”“非证据说”和“新型证据说”的争议。但由于价值性行政认定通常不属于书证、鉴定意见与证人证言任何一类，“法定证据说”难契合证据法理论。“非证据说”和“新型证据说”的讨论常陷入法定证据制度的“迷思”，未关注价值性行政认定的特殊性。在法定证据制度渐趋式微的情况下，对价值性行政认定的探讨应关注其自身证据资格这一前提性问题。因其法律适用部分无法证明犯罪事实，事实认定部分通常不具有法定权限，不具有证据相关性，亦可能导致举证责任的不当倒置和法院最终判断权的不当限制，故应使价值性行政认定回归应有的法律效力，除非法律另有规定，一般参照“法庭之友”提供的参考性专家意见处理。同时，发掘价值性行政认定作为辩方证据的价值，在特定情况下可作为证人证言，用于证明违法性认识错误和事实认识错误的对应事实存在，阻却犯罪嫌疑人、被告人的责任成立。

关键词：价值性行政认定；书证；鉴定意见；证据资格；认识错误

---

* 陈徐安黎，上海交通大学凯原法学院硕士研究生。

一、引　言

近年来，行政认定在刑事诉讼中被广泛应用，常以行政处罚决定书、事故认定书、行政认定函等形式出现，其中大部分属于价值性行政认定。① 价值性行政认定内容“既包括对行为违法性有无及程度大小的价值评价，也包括对一些规范性要素做出的价值性涵摄结论”，② 前者如交通事故认定书中的责任认定，后者如证监会行政认定函中对内幕交易敏感期的认定。③ 在二次违法性理论主导下，构成行政犯以行为人违反前置性行政实体法规范为前提，④《刑法》中许多罪名更是明文规定了“违反国家规定”“违反交通运输管理法规”等作为构罪的前置条件。行政机关在行政违法性认定上具有天然的专业性和权威地位，使价值性行政认定在刑事诉讼中的地位越发重要。同时，由于社会生活领域地不断细分，部门法与子部门法的专业性不断增强，办案人员可能存在部分专业领域的法律盲区，而该领域的主管行政机关对相关专业的法律问题更为了解，并且可以借助金融、科技等其他学科知识，更为精准地理解部分构成要件要素事实，其出具的价值性行政认定对于法院正确地认定事实、适用法律具有重要意义。

然而，在理论和实践中对于价值性行政认定的证据资格均存在着较大的争

① 价值性行政认定是与事实性行政认定相对的概念，是指行政机关做出的具有价值评价的认定。

② 万毅、谢天：《论刑事诉讼中行政认定的证据归类及其审查》，载《甘肃社会科学》2022 年第 5 期，第 187 页。

③ 价值性行政认定和事实性行政认定的区别除了分别对应价值评价与事实评价外，还在于价值性行政认定是对行为的事后评价，而事实性行政认定只是对行为及行为前后状态的客观描述，其中可能也包含了规范的要素，但只是重复已经发生的规范事实。以非法经营罪为例，如果行政机关作出的行政认定是关于行为人的行为是否“违反国家规定”的规范评价属于价值性行政认定，但如果其仅是出具认定书证明行为人从事相关行为“未经国家有关主管部门批准”，此时则属于事实性行政认定。

④ 参见张泽涛：《构建认定行政违法前置的行政犯追诉启动模式》，载《中国法学》2021 年第 5 期，第 127 页。

议，大致可归类为“法定证据说”[①]“新型证据说”[②]和“非证据说”[③]等三种，前两者肯定其证据资格，后者则部分或全部否定其证据资格。绝大部分法院和检察院持前两种观点，在认可价值性行政认定证据资格的学说中，对于其证据类别的认定亦存有较大分歧：一是采“书证说”，该说以法检为代表，[④]也有部分学者持此种观点。[⑤]二是采“鉴定意见说”或“类鉴定意见说”，该说为学界的主流看法，将行政认定统一视为鉴定意见，[⑥]或参照鉴定意见进行

---

① 此类观点认为价值性行政认定属于现有的证据种类之一，具体包括下文中列举的书证说、鉴定意见说、证人证言说。

② 此类观点认为行政认定虽然不属于法定证据种类，但对于证据的认定无须拘泥于法定形式，应将其认定为新型证据。参见管满泉：《论交通事故认定书的证据属性》，载《中国人民公安大学学报（社会科学版）》2008年第6期，第75—79页；刘品新：《确定交通事故认定书证据形式实无必要》，载《检察日报》2006年5月9日，第3版。

③ 参见赵信会：《对交通事故认定书证据属性的质疑》，载《法学论坛》2009年第6期，第116—118页。与其相类似地，部分观点将其视为情况说明的一种，但因情况说明非法定证据种类，因此仍不属于证据。参见陈瑞华：《行政不法事实与犯罪事实的层次性理论 兼论行政不法行为向犯罪转化的事实认定问题》，载《中外法学》2019年第1期，第88—89页。

④ 有学者统计，在北大法宝中的100多份刑事判决中，在检察院提交各类事故调查报告作为证据时，法院将火灾事故调查报告、生产安全事故调查报告、道路交通事故调查报告等行政认定都归入了“书证”的范围。参见冯俊伟、王玉荣：《论事故调查报告证据能力问题——以新〈刑诉法解释〉第101条为中心》，载《上海政法学院学报（法治论丛）》2022年第1期，第153页。在法官和检察官的论著中也多采用书证说，参见张镇安：《公司控股股东和实际控制人内幕交易罪的认定》，载《人民司法·案例》2011年第20期，第9页；赵靓：《内幕交易案件审判实务若干难点探析》，载《上海证券报》2016年5月18日，第10版；王金勇、徐广华：《道路交通事故认定书可界定为书证》，载《检察日报》2016年11月21日，第3版。

⑤ 参见胡保钢、谷永清、刘吉强：《刑事诉讼中行政认定的证据属性》，载《人民检察》2019年第16期，第22—23页。

⑥ 部分学者将全部的行政认定均视为鉴定意见。参见时延安、黄烜璇：《行政认定的刑事司法审查》，载《人民检察》2017年第17期，第11—15页；张栋：《“交通事故责任认定书”的证据属性》，载《中国司法鉴定》2009年第2期，第72—74页。也有部分学者将行政认定视为综合性证据，如将其区分为“描述性内容”和“评价性内容”，前者属于书证，后者属于鉴定意见，如果二者兼具时认定为书证，价值性行政认定的内涵和外延与“评价性内容”大致重合，应认定为鉴定意见。参见元明、薛慧：《事故调查报告在刑事案件办理中的运用》，载《人民检察》2021年第12期，第5—8页；吴洁、张连芳：《交通事故认定书应界定为鉴定意见》，载《检察日报》2014年5月26日，第3版；周鸿飞：《事故调查报告的实践检视及审查认定——基于557份案例实证分析》，载《证据科学》2022年第5期，第603—605页。

审查。[①] 最高人民法院公报案例也曾将价值性行政认定界定为“根据法律授权作出的专业认定”,[②] 持“类鉴定意见”的观点。[③] 三是采“证人证言说”，将价值性行政认定统一界定为证人证言[④]，或将其中的事实认定部分视为证人证言。[⑤]

对价值性行政认定的证据资格与证据类别的理论认识存在着的较大分歧导致了司法实践中缺乏对价值性行政认定统一的定性与审查规则，也使得在对犯罪嫌疑人、被告人进行刑事辩护时缺乏有效的规则指引。司法实践中价值性行政认定通常直接被法院采纳。以内幕交易罪、泄露内幕信息罪（以下简称内幕交易犯罪）为例,[⑥] 在中国裁判文书网上可检索到的内幕交易犯罪共74篇有效

---

① 参见万毅、谢天：《论刑事诉讼中行政认定的证据归类及其审查》，载《甘肃社会科学》2022年第5期，第187页；刘玫、胡逸恬：《行政认定的证据能力——以刑事庭审实质化为视角》，载《甘肃政法学院学报》2018年第6期，第134—144页。

② 参见刘某等内幕交易案，江苏省南通市中级人民法院（2010）通中刑二初字第5号刑事判决书。

③ 如广东省高级人民法院在裁判中对价值性行政认定的性质采取了与“刘某等内幕交易案”中相近似的表述，并补充其“类同于鉴定意见、检验报告”。参见谢某内幕交易案，广东省高级人民法院（2018）粤刑申337号刑事裁定书。

④ 参见宋国涛：《行政诉讼中作证性行政证明证据形式的认定研究》，载《证据科学》2013年第4期，第486—493页。

⑤ 有学者对行政认定进行区分，将涉及专门知识的行政鉴定部分视为鉴定意见，而法律适用和责任认定等部分因无关联性而非证据，依其分类，价值性行政认定中的法律适用和责任认定部分不属于证据，而事实认定部分属于证人证言。参见纵博：《事故调查报告在刑事诉讼中的运用》，载《法律科学（西北政法大学学报）》2022年第4期，第194页。

⑥ 因价值性行政认定主要用于判断规范的构成要件要素事实，最常见于行政犯的认定中，其中又以专业性较强的金融类犯罪最为常见。在金融类犯罪中，《刑法》对于内幕交易犯罪的构成要件采取了空白罪状的立法方式，且明确规定“内幕信息、知情人员的范围，依照法律、行政法规的规定确定。”将内幕交易犯罪构成要件交由前置性法律进行内容填补和解释。中国证监会和地方证监局出具的认定函中主要涉及内幕信息、知情人员以及内幕信息敏感期的认定，是典型的以规范的构成要件要素为主的价值性行政认定，在适用《证券法》和《期货和衍生品法》等相关前置性法律上也具有更强的专业性。因此，内幕交易犯罪中价值性行政认定的适用在一定程度上反映了价值性行政认定的司法实践适用现状。

裁判文书中，[1] 法院援引证券监管部门作出的行政认定函、移送函等价值性行政认定作为证据的裁判文书高达56篇，除“陈某等泄露内幕信息、内幕交易案”一案外，法院均直接采纳或援引了行政认定中的结论。[2] 其中有25份裁判文书中，被告人及其辩护人对价值性行政认定的质疑意见，包括行政机关认定的内幕信息形成时间过早、行为人不属于内幕信息知情人以及案涉信息不属于内幕信息等各项抗辩，均未被法院采纳，且多数裁判文书对此缺乏有效的说理和审查。尽管内幕交易犯罪的司法实践无法对价值性行政认定的司法适用全貌进行概括，但至少在很大程度上反映出，价值性行政认定在专业性较强的刑事案件审理中发挥了举足轻重的作用的同时，还欠缺针对性的实质审查规则。

妥善运用价值性行政认定，发挥其实践价值应当回答几个重要的前提性问题：价值性行政认定能否在刑事诉讼中作为证据使用？如果能，其属于何种证据种类？如果不能，应当如何理解行政认定在司法实践中的地位并发挥其应有的作用？只有妥善梳理和解决上述问题，才能合法有效地运用价值性行政认定，合理界定其适用范围。本文将梳理和检讨价值性行政认定的现有理论争议，揭示其现存的理论漏洞和前提谬误，辨析价值性行政认定的应然证据资格和证据种类，提出符合理论要求和实践需要的价值性行政认定审查模式。

二、价值性行政认定的证据资格的现有理论检讨

对于价值性行政认定的现有争议可以概括为“法定证据说”与“非法定证据说”两大类。“法定证据说”基于其证据归类不同，可以分为“书证说”“类鉴定意见说”和“证人证言说”，其中，法院以“书证说”为代表，而学界的主流观点则是“鉴定意见说”。而“非法定证据说”则包括“新型证据说”和“非证据说”两种，二者虽对价值性行政认定的证据资格存在截然相反的意

---

① 以“内幕交易、泄露内幕信息罪”为案由在中国裁判文书网上共可检索到101篇刑事案件裁判文书，扣除程序性、重复的和内容不公开的裁判文书，共有74篇裁判文书可作为统计对象，统计截至时间为：2023年10月25日。

② 该案中，因行政认定有利于被告人，被告人及其辩护人未提出相应质疑，法院主张司法机关对于证券违法犯罪行为具有独立的判断权，并作出了对被告人更为不利的认定。参见上海市高级人民法院刑事裁定书，（2015）沪高刑终字第140号。

见，但均是以价值性行政认定无法归入现有法定证据种类为前提，在此基础上针对法定证据制度的存废和纳入价值性行政认定的必要性进行探讨。因此，检视现有理论的前提问题在于价值性行政认定能否被归入法定证据种类。

（一）价值性行政认定“法定证据说”的理论证伪

1.“书证说”与“证人证言说”证伪

（1）“书证说”与“证人证言说”的前提条件一致

价值性行政认定在司法实践中往往被视为公文书证。从外在形式上，书证以其记载的内容证明案件事实，[①] 价值性行政认定与其具有极强的相似性。同时，根据最高人民法院的观点，公文书证通常仅需满足两个条件：公权力机关制作；符合法定程序、方式。二者在制作主体和权限上高度重合。以交通事故认定书、火灾事故认定书为代表的价值性行政认定亦采用与公文书证相同的实质证明力推定规则，[②] 侧面反映出最高司法机关对价值性行政认定审查时采用了与公文书证相同的审查标准。基于上述理由，“书证说”占据司法实践中的主流地位。

不过，价值性行政认定与一般书证在形成时间上并不匹配，这也是学界对“书证说”最主要的质疑之一。[③] 书证一般应形成于刑事案件发生前或者过程中，[④] 而价值性行政认定通常形成于刑事案发后，甚至很多情况下是行政机关应追诉机关的请求而出具，其形成时间滞后。这也事实上导致了二者的客观性

---

① 参见张卫平：《公证证明效力研究》，载《法学研究》2011 年第 1 期，第 104 页。

② 参见《最高人民法院关于适用〈中华人民共和国民事诉讼法〉的解释》第 114 条；《最高人民法院关于适用〈中华人民共和国保险法〉若干问题的解释（二）》第 18 条。

③ 参见管满泉：《论交通事故认定书的证据属性》，载《中国人民公安大学学报（社会科学版）》2008 年第 6 期，第 77 页；赵信会：《对交通事故认定书证据属性的质疑》，载《法学论坛》2009 年第 6 期，第 117 页；陈瑞华：《行政不法事实与犯罪事实的层次性理论 兼论行政不法行为向犯罪转化的事实认定问题》，载《中外法学》2019 年第 1 期，第 89 页。

④ 参见陈一云：《证据学》（第 3 版），中国人民大学出版社 2007 年版，第 223—226 页；裴国智、彭剑鸣、王彬主编：《证据法学教程》，中国人民公安大学出版社 2005 年版，第 116—117 页。

存在较大差异。由于书证形成于案发之前或案发过程中，其内容不以人的主观意志为转移。而价值性行政认定无论是事实认定部分还是法律适用部分，都涉及行政机关的规范评价，包含了行政机关工作人员的主观认识和判断，同时也会受其知识水平、办案能力的影响。[①] 价值性行政认定的主观性是学界主流观点否定书证说的重要原因。

但对于书证的形成时间和客观性要求一直存在争议，[②] 一定程度上为“书证说”提供了理论空间。比如有学者认为，大陆法系国家的证据理论以证据方法为证据分类的依据，书证即以文书之书面意义作为证据方法者，[③] 其形成时间不限，[④] 证人主观性陈述的证据载体亦可为书证。[⑤] 若认可上述学术观点，价值性行政认定可以作为行政机关或其工作人员主观陈述的证据载体，并不因其主观性而被当然排除于书证之外，在一定程度上克服了原“书证说”在客观性和形成时间上的障碍，形成修正的“书证说”。而即使坚持客观证据与言词证据的区分，不认可书证客观性的软化，价值性行政认定似乎也可视为书面证言，仍具有合法性。

因此，在原“书证说”的基础上，修正的“书证说”进一步廓清了价值性行政认定的本质，并与“证人证言说”暗合，均将价值性行政认定视为行政机关及其工作人员作出的主观陈述，二者的差异仅在于书证是否可以作为书面形式主观陈述的载体。

---

① 参见管满泉：《论交通事故认定书的证据属性》，载《中国人民公安大学学报（社会科学版）》2008 年第 6 期，第 77 页。

② 参见亢晶晶：《刑民交叉案件中的证据使用问题——以刑事言词笔录为中心的阐释》，载《法学家》2022 年第 5 期，第 139 页。

③ 参见蔡墩铭：《刑事诉讼法论》，台北，五南图书出版股份有限公司 2002 年版，第 226 页；张丽卿：《刑事诉讼法理论与运用》，台北，五南图书出版股份有限公司 2004 年版，第 358 页。

④ 参见夏勤：《刑事诉讼法释疑》，中国方正出版社 2005 年版，第 198 页；林山田：《刑事程序法》，台北，五南图书出版股份有限公司 2004 年版，第 372 页；亢晶晶：《刑民交叉案件中的证据使用问题——以刑事言词笔录为中心的阐释》，载《法学家》2022 年第 5 期，第 139 页。

⑤ 参见亢晶晶：《刑民交叉案件中的证据使用问题——以刑事言词笔录为中心的阐释》，载《法学家》2022 年第 5 期，第 139 页；张永泉：《书证制度的内在机理及外化规则研究》，载《中国法学》2008 年第 5 期，第 109—113 页。

（2）“书证说”和“证人证言说”的证明内容偏差

尽管修正的“书证说”及“证人证言说”在一定程度上回应了对于价值性行政认定形成时间滞后和客观性不足的质疑，似乎使价值性行政认定存在被归入“书证”或“证人证言”的空间。然而，对于现有的质疑的有效回应并不意味着修正的“书证说”或“证人证言说”一定成立。一个新的问题在于，无论是否坚持证言的直接言词原则，书证和证人证言在我国均限于对事实的描述或记载，而价值性行政认定通常以规范描述为主。

从“书证说”来看，公文书证并非刑事诉讼中固有的概念，而是产生自大陆法系的民事诉讼理论，[①] 主要包含处分书证和报道书证两类，[②] 其中，处分书证涉及法律关系的设立或者变更，发生一定的法律效果，报道书证则是对某种事实和意见的记载。[③] 后者中的意见亦仍是诉讼参与人对案件事实的主观陈述，二者均不涉及规范评价。而从“证人证言说”来看，与英美法不同，我国不存在专家证人和普通证人两分的证言规则，而是代之以区分鉴定人、专家辅助人与普通证人三类主体，证人证言仅限于普通证人针对其直接感知的案件事实作出的证言。《最高人民法院关于适用〈中华人民共和国刑事诉讼法〉的解释》（以下简称《刑诉法解释》）更是明确地规定了意见证据排除规则，[④] 仅例外地

---

① 与私文书证相对，公文书证是指国家公务人员在其职权范围内或者我国企事业单位和社会团体在其权限范围内制作的文书。参见张卫平：《民事证据法》，法律出版社2017年版，第29页。

② 参见占善刚、刘显鹏：《证据法论》（第3版），武汉大学出版社2015年版，第88页；占善刚：《民事证据法研究》，武汉大学出版社2009年版，第211—212页；张永泉：《书证制度的内在机理及外化规则研究》，载《中国法学》2008年第5期，第114页；姜世明：《民事诉讼法》（下册），台北，新学林出版股份有限公司2018年版，第200页；李浩：《民事诉讼法学》（第3版），法律出版社2016年版，第150页；张海燕：《推定在书证真实性判断中的适用——以部分大陆法系国家和地区立法为借鉴》，载《环球法律评论》2015年第4期，第11页；亢晶晶：《刑民交叉案件中的证据使用问题——以刑事言词笔录为中心的阐释》，载《法学家》2022年第5期，第140页。

③ 参见［德］罗森贝克、施瓦布、戈特瓦尔德：《德国民事诉讼法》（下），李大雪译，中国法制出版社2007年版，第883页。参见［德］奥特马·尧厄尼希：《民事诉讼法》（第27版），周翠译，法律出版社2003年版，第292页；［日］新堂幸司：《新民事诉讼法》，林剑锋译，法律出版社2008年版，第447页。

④《最高人民法院关于适用〈中华人民共和国刑事诉讼法〉的解释》第88条第2款。

允许证人作出与一般生活经验判断相关的评价。因此，得以作为定案证据的书证和证人证言中一般不应包括规范评价性的内容。

价值性行政认定则呈现出相反的形态，使之在通常情况下与书证及证人证言相区别。从内容上看，价值性行政认定由基于法律专业知识作出的规范评价构成，往往被用于证明与违法性或规范的构成要件要素相关的内容，发挥其价值评价的本质属性，与书证和证人证言的本质相去甚远。

2. “类鉴定意见说”证伪

(1)“鉴定意见说”的缺陷和“类鉴定意见说”的产生

基于对“书证说”和“证人证言说”的反思，将价值性行政认定视为以专业性意见为表现形式的鉴定意见成为我国学界的主流观点。对此，主要存在以下支持理由：一是价值性行政认定是在特定的诉讼活动中形成的，与鉴定意见的形成时间相似;① 二是价值性行政认定是行政机关具有专门知识的人员运用专门知识对案件事实和法律适用作出的判断和鉴别，在性质上与鉴定意见相类似;② 三是行政认定在一些司法解释中被直接表述为“鉴定”，可以证明司法解释将行政认定视作鉴定。③ 其中，最为核心的理由即价值性行政认定具有专业性和科学性，符合鉴定意见的特征，这也是区分鉴定意见和书证最为关键的因素。

对于上述理由，存在着不同角度的质疑。第一点质疑是，价值性行政认定是行政权行使的一种形式，④ 可能产生对应的行政法或民法效力，已经超越了

---

① 参见胡保钢、谷永清、刘吉强：《刑事诉讼中行政认定的证据属性》，载《人民检察》2019 年第 16 期，第 22 页。

② 参见时延安、黄烜璇：《行政认定的刑事司法审查》，载《人民检察》2017 年第 17 期，第 13 页；张栋：《“交通事故责任认定书”的证据属性》，载《中国司法鉴定》2009 年第 2 期，第 73 页。

③ 参见胡保钢、谷永清、刘吉强：《刑事诉讼中行政认定的证据属性》，载《人民检察》2019 年第 16 期，第 22 页。

④ 参见何家弘、刘品新：《证据法学》（第 5 版），法律出版社 2013 年版，第 153 页；管满泉：《论交通事故认定书的证据属性》，载《中国人民公安大学学报（社会科学版）》2008 年第 6 期，第 78 页。

鉴定人作为诉讼参与人的角色定位。① 不过，价值性行政认定虽以行机关名义作出，但并非均为能够产生权利义务变动的实体性行政行为。② 即使其中部分具有重新分配权利义务的效果，也不影响其中事实认定和法律适用的部分与处分当事人权利的部分可以分离看待，后者不影响前者能否构成鉴定意见的结论，亦不在刑事诉讼中产生直接的刑事实体法效果。第二点质疑是，与鉴定意见内容具有较强的技术性不同，价值性行政认定并非“科学证据”。③ 但鉴定意见也可体现为如文物鉴定等非实验性的专业知识运用和经验判断。④ 科学性并非唯一标准。第三点质疑是，价值性行政认定的效力法定，而鉴定人则由委托人聘请产生，鉴定意见的效力源自当事人的委托。但委托与否并不构成鉴定意见的效力判断标准，⑤ 将价值性行政认定等同于行政机关单方意志也难谓之准确。第四点质疑是，价值性行政认定可能涉及案件的整体认定，属于直接证据，而鉴定意见则是间接证据。⑥ 但价值性行政认定大多仅涉及对部分构成要件要素事实的规范认定，与鉴定意见一样均无法成为肯定性直接证据，但均可能成为否定性直接证据，这一区分实无必要。因此，上述四点都难以区分价值性行政认定与鉴定意见的界限。

对“鉴定意见说”最为有力的质疑在于鉴定人的自然人身份和资质问题，即行政机关不能作为出具鉴定意见的主体。⑦ 且《全国人民代表大会常务委员

---

① 参见赵信会：《对交通事故认定书证据属性的质疑》，载《法学论坛》2009 年第 6 期，第 118 页。

② 参见时延安、黄烜璇：《行政认定的刑事司法审查》，载《人民检察》2017 年第 17 期，第 13 页。

③ 参见何家弘、刘品新：《证据法学》（第 5 版），法律出版社 2013 年版，第 180 页。

④ 参见时延安、黄烜璇：《行政认定的刑事司法审查》，载《人民检察》2017 年第 17 期，第 13 页。

⑤ 参见管满泉：《论交通事故认定书的证据属性》，载《中国人民公安大学学报（社会科学版）》2008 年第 6 期，第 78 页。

⑥ 参见管满泉：《论交通事故认定书的证据属性》，载《中国人民公安大学学报（社会科学版）》2008 年第 6 期，第 78 页。

⑦ 参见管满泉：《论交通事故认定书的证据属性》，载《中国人民公安大学学报（社会科学版）》2008 年第 6 期，第 78 页；赵信会：《对交通事故认定书证据属性的质疑》，载《法学论坛》2009 年第 6 期，第 117 页。

会关于司法鉴定管理问题的决定》（以下简称《决定》）颁布以后鉴定人必须在鉴定管理机关登记，并在鉴定人名册上公告。[①] 对于上述质疑也存在可反驳的空间。例如，将《刑事诉讼法》第 146 条中“有专门知识的人”解释为包括自然人和法人，或将行政机关解释为鉴定机构，而具体制作文书的人员解释为鉴定人。但这一解释至少超出了“有专门知识的人”的语义核心范围。而针对鉴定人资质的质疑，也有学者回应认为，《决定》中仅针对部分实行鉴定人和鉴定机构登记管理制度的鉴定类型，价值性行政认定不属于上述范围，无须受到登记管理制度的约束。[②] 但草率地将价值性行政认定排除在司法鉴定的范畴外又限缩了“司法鉴定”的核心范围。此时的解释结合了法之目的、意图等因素对文义进行了非通常认识的扩张和限缩，[③]“尚需依赖其他实质性或权威性论据的支持”，[④] 否则说服力有限。因此，也有学者提出，在现有的法律体系下，价值性行政认定不能直接认定为鉴定意见，但基于其中蕴含的专业性判断，应将其视为类鉴定意见，参照鉴定意见进行审查。

（2）“鉴定意见说”和“类鉴定意见说”的存在条件缺失

从表面上看，“类鉴定意见说”保留了“鉴定意见说”的主要观点，并通过“参照”的方式，缓和鉴定人身份和资质的强制性要求，从而规避了对“鉴定意见说”的有力质疑，使价值性行政认定可以实质性地适用鉴定意见的审查

① 参见赵信会：《对交通事故认定书证据属性的质疑》，载《法学论坛》2009 年第 6 期，第 117 页。

② 参见张栋：《“交通事故责任认定书”的证据属性》，载《中国司法鉴定》2009 年第 2 期，第 73 页。

③ 关于扩张解释和限缩解释的概念界定学界存在不同的认识，其中主流观点认为，扩张解释，是指法律条文之文意过窄，不足以表示立法真意，乃扩张法律条文之文意，以求正确阐释法律意义内容的一种解释方法。限缩解释，是指法律规定的文意过于宽泛，与立法者所想要表达的意图不符，应当将其加以限制，缩小其适用的范围。而扩张解释和限缩解释都是基于立法意图与文义之间的不对应，通过立法意图对其进行论理的结果。参见王利明：《法律解释学》，中国人民大学出版社 2011 年版，第 132 页。

④ 姜福东：《扩张解释与限缩解释的反思》，载《浙江社会科学》2010 年第 7 期，第 50—56 页。

规则。其基点在于鉴定意见是与价值性行政认定最相近似的证据种类。[①] 但这一结论却未得到充分论证，甚至颇值怀疑。

价值性行政认定与鉴定意见实际上不满足实质相似性的条件。虽然鉴定意见确实不仅限于依赖纯粹科学方法作出的科学证据，但将其概括为专业意见同样名不副实。对此，应回归鉴定意见的立法目的，对其内涵和外延进行考察。鉴定意见系基于法官的科学技术知识不足而产生，其目的在于查明案情，使不具有相应专业能力的法官和追诉机关可以有效运用非本专业的知识对案件事实进行判断，因此《刑事诉讼法》第146条的“专门性问题”应当限缩解释为非法律领域的专门性问题。鉴定意见对应着英美法上的专家证人意见证据，其作证对象将规范的构成要件要素事实排除在外，并认为这些事项只能由事实裁判者认定。[②] 同时，在比较法上也强调采纳专家证人意见的前提是具备必要性，即相关事实认定超出了法官或陪审员的经验与知识范围，[③] 而法律专业知识原则上不属于此，除非法律另有规定。因此，从本质上看，鉴定意见通常应为针对法律外的专门性问题，运用法学专业以外的其他专业知识进行的相应鉴定。

但价值性行政认定恰恰相反，其中的规范评价内容通常系依赖法学专业知识作出，从而区别于鉴定意见。“类鉴定意见说”的合理性基础不足，原则上难以成立。可见，通常情况下价值性行政认定难以被纳入现有法定证据，“法定证据说”无法成立。

（二）价值性行政认定“非法定证据说”的前提反思

在否定价值性行政认定属于法定证据种类的前提下，现有的“非证据说”和“新型证据说”提供了两种截然相反的认定结论。“非证据说”着眼于我国的法定证据制度，否认价值性行政认定的证据资格。而“新型证据说”则认为

---

① 参见万毅、谢天：《论刑事诉讼中行政认定的证据归类及其审查》，载《甘肃社会科学》2022年第5期，第188页；刘玫、胡逸恬：《行政认定的证据能力——以刑事庭审实质化为视角》，载《甘肃政法学院学报》2018年第6期，第134—144页。

② 参见樊崇义、吴光升：《鉴定意见的审查与运用规则》，载《中国刑事法杂志》2013年第5期，第8页。

③ 参见樊崇义、吴光升：《鉴定意见的审查与运用规则》，载《中国刑事法杂志》2013年第5期，第9页。

不应拘泥于法定证据制度，可以将价值性行政认定作为一种独立的证据种类，设置其特有的审查规则。[①] 因此，“非证据说”与“新型证据说”现有争议的主要分歧在于法定证据制度的可突破性。

从现有法律规定上看，《刑事诉讼法》第 50 条对刑事诉讼中的法定证据种类作了封闭列举式规定，确立了法定证据制度。传统的理论阐释和实践做法一般认为，不属于上述法定证据种类的材料不能作为证据使用，[②] 基于法定证据制度否定价值性行政认定的证据资格构成了“非证据说”的核心依据。

但对于法定证据制度也一直存在着反思，将法定证据作为证据资格判断标准的做法已逐渐难以适应时代需求。法定证据制度严重的形式化倾向和包容性不足一直受到批判，[③] 不断修改法定证据种类在一定程度上反映了原有立法的不适应性，法定证据概念甚至被认为已无价值。[④] 2012 年《刑事诉讼法》从“事实说”向“材料说”的转变赋予了证据概念更为广阔的解释空间。因此，已有不少学者指出，划定法定证据种类实无必要，随着时代发展也可将价值性行政认定增加为新的法定证据形式。[⑤] 从实践上看，尽管多数辩护律师都提出了价值性行政认定不属于法定证据的质证意见，但法院通常不予采纳，这也在一定程度上印证了法定证据制度已被司法实践所突破。

对于法定证据制度的质疑无疑为价值性行政认定的“新型证据说”提供了有力的支持。然而，上述观点忽视了价值性行政认定本身的特殊性，将证据资格问题的探讨囿于法定证据制度的合理性，从而陷入了法定证据制度的“迷思”，却并未意识到证据与非证据的界分不一定以法定证据制度为基石，二者的根本分歧亦不应被转换为法定证据制度的存废问题。

---

① 参见管满泉：《论交通事故认定书的证据属性》，载《中国人民公安大学学报（社会科学版）》2008 年第 6 期，第 79 页。

② 参见陈瑞华：《证据的概念与法定种类》，载《法律适用》2012 年第 1 期，第 24—30 页。

③ 参见龙宗智：《证据分类制度及其改革》，载《法学研究》2005 年第 5 期，第 87 页。

④ 参见孙远：《论法定证据种类概念之无价值》，载《当代法学》2014 年第 2 期，第 99—106 页。

⑤ 参见管满泉：《论交通事故认定书的证据属性》，载《中国人民公安大学学报（社会科学版）》2008 年第 6 期，第 79 页。

从本质上看，更为根本和前置性的问题在于，价值性行政认定是否具备证据的基本属性。换言之，只有价值性行政认定符合证据基本属性，才具有被视为新型证据的前提；若价值性行政认定本身不具备纳入证据范畴的正当性和必要性，则无须再行探讨其是否属于法定证据等问题，“非证据说”与“新型证据说”的争议亦不攻自破。其中，关联性是证据资格中最为核心且无争议的标准，[①]《刑事诉讼法》将证据的定义为“可以用于证明案件事实的材料”，[②] 明确了证据的证明对象是案件事实，即通过规范的方式对证据资格中关联性标准进行了确认。而“非证据说”和“新型证据说”的现有理论争议在很大程度上没有关注到这一前提性条件，尚未对价值性行政认定的关联性进行检验。

是否具备关联性是肯认或否定证据资格的核心条件，也是打破价值性行政认定现有证据认定理论中“法定证据制度”迷思的关键。判断价值性行政认定的证据资格应以其与待证事实之间是否具备关联性为切入点。当价值性行政认定所欲证明的事实属于刑事诉讼中的待证构成要件要素事实，且价值性行政认定能够从规范层面证明该事实存在或不存在的，即与案件事实具备关联性，也即具备了具有证据资格的前提条件。因价值性行政认定是否符合证据的真实性与合法性同特定行政认定是否依据法定程序作出密切相关，属于个案认定的范

---

① 当前学界对于证据资格或证据属性的定义和认定标准存在着较大争议。从定义上看，证据资格、证据能力、证据属性、定案根据、可采性、采纳标准等概念之间是否等同存在着不同的理解，其间关系也存在着争议。但均认可关联性的有无作为证据资格的必要条件。可采性理论和证据能力理论均将具有关联性作为前提，参见鲁杰：《证据的属性反思》，载《政治与法律》2007 年第 2 期，第 138—139 页；郑飞：《证据属性层次论——基于证据规则结构体系的理论反思》，载《法学研究》2021 年第 2 期，第 127—129 页。采纳标准理论亦包括关联性因素，参见何家弘、马丽莎：《证据“属性”的学理重述——兼与张保生教授商榷》，载《清华法学》2020 年第 4 期，第 85—86 页。对于证据的属性或认定标准，存在两性说、三性说两种观点，两性说认为证据具有客观性与相关性两种属性，三性说认为证据具有客观性、相关性和合法性三种属性，参见卞建林主编：《证据法学》，中国政法大学出版社 2000 年版，第 78 页。也有学者认为，关联性是证据的根本属性，参见张保生、阳平：《证据客观性批判》，载《清华法学》2019 年第 6 期，第 51—57 页。上述观点亦均赞同关联性作为证据的基本属性。因此，关联性作为证据属性几乎没有争议，且得到了绝大多数学者的认可。参见孙锐：《刑事证据制度转型：由证据概念、证据属性到证据资格》，载《东北师大学报（哲学社会科学版）》2021 年第 2 期，第 65 页。

② 《刑事诉讼法》第 50 条第 1 款。

畴，不影响价值性行政认定作为种类存在时的证据资格。

三、价值性行政认定证据资格的否定情形与应然定位

价值性行政认定通常由事实认定和法律适用两部分构成。与事实性行政认定不同，价值性行政认定的事实认定部分仅限于行政机关对规范构成要件要素事实的认定，一般包括法律的评价要素、经验法则的评价要素和社会的评价要素三类构成要件要素对应的事实。① 而法律适用部分是行政机关根据其认定的事实适用法律所得之结论，既可能体现为对行为人民事或行政责任的认定，也可能体现为对行为的行政违法性进行认定。二者在内容上差异较大，应分别讨论其证据资格，特别是其是否具备与案件事实间的关联性问题。

（一）价值性行政认定作为有罪证据的原则性否定

1. 法律适用部分的有罪证据资格证伪

《刑事诉讼法》第50条规定的待证事实区别于一般生活事实，是法律要件化的事实，② 在解读上具有极强的规范属性，应完全立足于实体法，在刑事诉讼中则具体化为刑法的构成要件事实。法律适用部分如果直接被作为佐证刑事违法性的证据，其证明对象已超出事实的范畴，与证据的定义不合。此外，将价值性行政认定作为认定刑事违法性的证据亦不具有证据相关性。尽管在行政犯中，行政违法性和刑事违法性的判断具有一定的共性，但由于行政违法和刑事违法的性质仍存在差异，③ “刑法上的违法判断有其自身特点，不宜提倡刑法从属于前置法”④。价值性行政认定中行政违法性的判断对于法院认定刑事违法性既不具有法律约束力，亦难谓有相应的证明价值。

---

① 参见张明楷：《规范的构成要件要素》，载《法学研究》2007年第6期，第83页。

② 参见胡学军：《在“生活事实”与“法律要件”之间：证明责任分配对象的误识与回归》，载《中国法学》2019年第2期，第251页。

③ 参见张泽涛：《构建认定行政违法前置的行政犯追诉启动模式》，载《中国法学》2021年第5期，第126页。

④ 周光权：《处理刑民交叉案件需要关注前置法》，载《法治日报》2021年4月7日，第9版。

价值性行政认定的法律适用部分也不能作为认定刑事诉讼中行政违法性的证据。不可否认，在行政程序中行政机关具有对行政违法性和行政责任的认定权限，而这一认定结论在某种程度上对于前置行政违法性的判定具有参考价值，从而使其似乎具备了成为证据的正当性。但证据并不等同于刑事诉讼具有参考价值的全部材料，而只是其中部分与事实认定相关的材料。

而从这点上看，价值性行政认定中关于行政违法性的结论若作为有罪证据将存在证明对象不适格的问题。以交通事故认定书为例。《最高人民法院关于审理交通肇事刑事案件具体应用法律若干问题的解释》（以下简称《交通肇事司法解释》）第 2 条和第 4 条中以事故责任作为区分不同档次刑事责任的标准，① 而这一事故责任通常已在交警部门出具的交通事故认定书中有所认定。但这并不意味着，在刑事诉讼中行政机关是判断的适格主体。相反，《最高人民法院关于准确理解和适用刑法中"国家规定"的有关问题的通知》中明确指出"各级人民法院"是认定《刑法》中"违反国家规定"的有权主体，"对被告人的行为是否'违反国家规定'存在争议的，应当作为法律适用问题，逐级向最高人民法院请示。"② 《交通肇事司法解释》第 1 条中亦强调了法院负有"分清事故责任"的职责。因此，是否违反前置性行政法规这一问题并非事实问题，而是刑事诉讼中的法律适用问题，同样不属于适格的证明对象。基于此，不同价值性行政认定中的法律适用部分在任何情况下均不能作为有罪证据使用。

2. 事实认定部分的有罪证据资格的原则性否定

价值性行政认定中事实认定部分的证据资格取决于其是否对规范的构成要件事实具有证明作用。对此应结合规范的构成要件事实的本质属性加以判断。规范的构成要件以规范为逻辑前提，③ 并非单纯的事实描述，而须经规范评价以确认其法益侵害性。④ 因此，规范的构成要件要素事实本质上是对经证据证

① 《最高人民法院关于审理交通肇事刑事案件具体应用法律若干问题的解释》第 2、4 条。

② 《最高人民法院关于准确理解和适用刑法中"国家规定"的有关问题的通知》第 2 条。

③ 参见［德］卡尔·恩吉施：《法律思维导论》，郑永流译，法律出版社 2004 年版，第 134 页以下。

④ 参见张明楷：《规范的构成要件要素》，载《法学研究》2007 年第 6 期，第 79—80 页。

明的法律事实进行规范涵摄后的进一步结论。比如在认定某书籍是否属于“淫秽物品”这一社会的评价要素时，首先应以案涉书籍等证据，证明书中描写的具体内容，再通过社会一般观念对该内容是否淫秽进行规范评价。由于规范的构成要件事实的认定以对记述的事实“一次证明”为前提，并以对其他证据的分析为依托进行“二次认定”，直接采用价值性行政认定中的认定结论作为证据可能导致对记述事实认定的省略与忽视，从而产生严重的问题。

(1) 忽视刑事诉讼与行政程序的证明标准差异

价值性行政认定的结论可能缺乏相应事实依据，行政程序中事实的证明标准与刑事诉讼也存在差异。由于价值性行政认定既包括如行政处罚决定书等法定的行政文书，又包括各级行政机关应检察机关或法院要求出具的相关公函，在内容上缺乏统一的程序要求，部分价值性行政认定的内容可能缺乏详细的证据审查、事实认定与说理论证，而仅仅给出简要的结论性意见，基础性的记述事实认定未得到重视。且即便其中包含详细的证据、事实认定，根据《刑诉法解释》第75条的规定，行政程序中的证据进入刑事诉讼也应通过行政法与刑事诉讼法的“双重检验”。换言之，价值性行政认定中对于基础事实的“一次证明”也应当经由法庭查证属实。行政不法事实与犯罪事实是两个不同层次上的“法律事实”，对行政机关搜集的证据、认定的事实和作出的决定在刑事诉讼中应加以严格限制。[①] 如果将其基于基础事实作出的“二次认定”视为证据，将导致对基础事实的审查被直接跳过。况且，价值性行政认定中对于基础事实的认定也与刑事诉讼存在差异。对于我国行政程序中的证明标准，存在多元说和一元说的争议，[②] 但除了多元说中将“排除合理怀疑”确定为部分行政程序中的证明标准外，[③] 大部分行政程序中的证明标准均低于这一水平。而《刑诉法解释》第140条则明确确立了“排除合理怀疑”的证明标准。因此，在行政程序中认定的基础事实，不意味着在刑事诉讼中可以达到相应的证明标准。而将

---

① 参见陈瑞华：《行政不法事实与犯罪事实的层次性理论 兼论行政不法行为向犯罪转化的事实认定问题》，载《中外法学》2019年第1期，第91页。

② 参见徐庭祥：《论建构我国行政诉讼的一般证明标准》，载《政治与法律》2019年第12期，第124—139页。

③ 参见张力：《行政诉讼中“排除合理怀疑”的适用语境和路径》，载《证据科学》2015年第5期，第611—622页。

价值性行政认定的结论直接适用则亦将忽略二者间的证明标准差异。

（2）忽视刑事诉讼与行政程序的规范依据差异

价值性行政认定的认定结论所适用的规范依据可能区别于刑事诉讼中同一规范构成要件事实的认定依据。例如，针对“交通肇事逃逸”这一加重情节的认定，《交通肇事司法解释》第3条将其规定为“行为人具有本解释第二条第一款规定和第二款第（一）至（五）项规定的情形之一，在发生交通事故后，为逃避法律追究而逃跑的行为”其认定建立在构成基本犯的基础上，且其行为模式为“逃跑”。而公安部出台的《道路交通事故处理程序规定》第122条第1款第1项则将其解释为“是指发生道路交通事故后，当事人为逃避法律责任，驾驶或者遗弃车辆逃离道路交通事故现场以及潜逃藏匿的行为”。此时交通肇事逃逸可以适用于轻微事故中，而不要求构成交通肇事罪的基本犯，且其行为模式为“驾驶或者遗弃车辆逃离道路交通事故现场以及潜逃藏匿”，在行为模式和认定前提上都和《交通肇事司法解释》存在着差异。再如，行政执法程序中对于“卖淫”的范围理解较之刑事诉讼也通常更为宽泛。[①] 因此，尽管行政程序和刑事程序中对于规范的构成要件的规范依据在部分情况下可能重合，但也存在着分离的情形，对于同一事实的规范涵摄在行政程序和刑事诉讼中可能出现差异。因此，价值性行政认定的事实认定部分对于认定刑事诉讼中规范的构成要件事实不具有直接的证明作用。

（3）有悖于举证责任的一般分配规则

将价值性行政认定视为证据将使行政机关的认定结论客观上代替了事实证据的作用，减轻了控方的证据提出责任。原则上刑事诉讼中被告人及其辩护律师无须举证证明被告人无罪，但若公诉机关举证证明的事实已达到“证据确实、充分”时，则产生举证责任的转移，辩方必须主动举证证明被告人无罪的事实才有可能使控方的证明无法达到证明标准，否则将承担举证不能的不利后

① 刑事司法实践中“卖淫”通常仅包括性交行为，而不包括手淫等类性交行为，参见陈旭均、蒋小美：《提供手淫“服务”不构成介绍、容留卖淫罪》，载《人民司法》2008年第16期，第57—58页；但在行政执法程序中明确将“口淫、手淫、鸡奸等行为”纳入卖淫嫖娼行为，二者间存在着认定尺度上的差异。参见赵运锋：《行政违法行为犯罪化的检视与应对》，载《政法论坛》2018年第2期，第104—105页；《公安部关于对同性之间以钱财为媒介的性行为定性处理问题的批复》。

果。通常来说，控方对规范的构成要件要素事实的认定是建立在其承担举证责任的基础上对证据内容的分析，应以提出相应证据为前提。而若将价值性行政认定视为证据，意味着控方一旦举出对被告人不利的价值性行政认定，则默认控方已履行证据提出责任，辩方则须额外提出反证加以证明。此时，控方并未提出证明规范构成要件要素事实的相关证据，而只是提出了行政机关对于规范构成要件要素的涵摄结论。换言之，价值性行政认定不仅使行政机关的分析结论代替了公诉机关对案件事实的说理分析，还使其代替了公诉机关对事实本身的举证，从而导致控辩双方的举证责任失衡，变相倒置了部分规范的构成要件要素事实的证明责任。

若将价值性行政认定的事实认定部分作为有罪证据使用，意味着行政机关一旦认定规范的构成要件要素对应的事实成立，在不存在其他证据瑕疵的情况下，即可证明该事实存在。以《刑法》第180条中“非法获取证券、期货交易内幕信息的人员”（以下简称“非法获取人”）的认定为例。一般情况下，公诉机关应举证证明被告人存在《最高人民法院、最高人民检察院关于办理内幕交易、泄露内幕信息刑事案件具体应用法律若干问题的解释》第2条的几种情形之一，如提供证明被告人存在窃听、刺探等行为或被告人与内幕信息知情人存在接触、联络及存在异常交易行为等基础事实的相关证据。但若证监会出具相应之认定函可视为证据，则公诉机关仅需以认定函中已确认行为人系非法获取人为由，即可主张其已履行证据提出责任，并将举证责任转移至辩护方。辩护方则须自证不存在交易异常、接触联络等事实。由于司法实践常将价值性行政认定视为证据，这一做法并不罕见。[①] 但上述做法通过将价值性行政认定视为证据，客观上将部分规范的构成要件要素事实的举证责任倒置给辩方，突破了举证责任的倒置仅限于法定特殊情形的现有框架。[②] 若任凭这一情况发生，将

① 比如在“余某某内幕交易案”中，法院认为，证监会认定函证明该案涉及的文件是内幕信息，而被告人辩称不是内幕信息应提出证据证明，最终因被告人无法提出证据证明该信息不是内幕信息，法院最终判决被告人有罪。参见余某某内幕交易案，广东省开平市人民法院（2014）江开法刑初字第546号刑事判决书。

② 比如巨额财产来源不明罪中，有观点认为被告人应当针对其财产来源承担举证责任。参见樊崇义、王建明：《〈联合国反腐败公约〉与我国职务犯罪侦查研究》，中国方正出版社2011年版，第60页。

导致辩护方无端承受过重之证明负担，甚至违反刑事诉讼中“不得强迫自证其罪”的基本原则。

(4) 影响人民法院定罪量刑权的正常行使

价值性行政认定作为有罪证据可能使行政机关的行政权侵入人民法院的司法判断权的范围，存在行政权代替司法判断的风险。刑事诉讼中严格贯彻证据裁判原则，《刑诉法解释》第69条“认定案件事实，必须以证据为根据”的规定既体现了对证据的审查和重视，要求法官应当依据证据认定犯罪事实；也体现为对法官审判权的约束，若证据经查证属实，则应当作为认定案件事实的依据，法官不能超越证据的内容对事实进行认定。① 若将价值性行政认定视为证据，则意味着法院负有采纳的义务，仅能在证明力上予以裁量。而现有的证明力审查规则所能发挥的效用亦十分有限，对于证据的内容审查仅能针对证据间的矛盾以及证据与生活常识之间的符合性展开。即使证明力审查规则可以作为对经验法则的构成要素进行审查的依据，但在法律评价的构成要素和社会评价的构成要素的对应事实认定部分却毫无适用的空间。

更重要的是，现有的证明力规则仅能用于判断事实客观存在与否，而至于事实的规范意义则是法院结合法律规范和自由心证加以评价。但如果将价值性行政认定中事实认定部分作为有罪证据，则意味着其证明的对象是事实在规范上是否存在，法院原有的认定权被实质性地部分转移至行政机关。此时，即使法院不认可价值性行政认定的结论，但在缺乏相应的证明力等规则时，法院很难否定价值性行政认定中关于规范的构成要件要素事实的判断。如在内幕交易犯罪中，若将证监会的认定函视为证据，当其不存在制作程序瑕疵时，既无法否认其真实性、合法性、关联性，现有的证明力审查规则也只能针对证据矛盾进行日常生活意义上的判断，而无法对其规范涵摄进行有效审查。即使法院对于内幕信息敏感期的认定存在不同观点，现有证据法规则难以为其提供不予采信的理由，依证据裁判原则法院应当尊重其中对于内幕信息敏感期等的认定结论。

---

① 参见宋英辉、李哲：《证据裁判原则评介》，载《政法论坛》2003年第4期，第59页。

此种做法相当于赋予了价值性行政认定相较于公诉方、辩护方以及第三方专家学者的法律意见更高的地位。无论是公诉方、辩护方针对规范构成要件事实发表的举证、质证意见或专家学者发表的参考性法庭意见，均应提供基础事实依据和法律依据，并进行详细地说理论证。而价值性行政认定却可不经审查地直接采用其结论，而无须考证其对于基础事实的认定和涵摄准确与否，从而形成了事实上更高的法律效力。然而，基于这种主体的差异产生的法律意见效力差异却并不存在法理基础和规范依据，根据《刑事诉讼法》第 5 条的规定，仅有法院对于刑事诉讼中查清事实、适用法律具有最终的决定权，行政机关并不具有区别于检察机关、辩护律师或专家学者的独有的认定权。

尽管法院在认定事实时应当接受证据裁判原则的制约，但这一事实通常应限于客观事实，行政机关的判断不具有替代或影响法院判断的法律资格。这一结论也与我国现行的立法和司法解释相一致。除在欺诈发行证券罪中，《刑法》还保留了国务院的个案认定权外，其他行政犯中一般至多出现引致规范，由法院依据相应规范判断，而不赋予行政机关在个案认定规范事实的权力。

（二）此类价值性行政认定的应然定位：参考性法律意见

不可否认，价值性行政认定在刑事诉讼实践中具有重要的意义。其不仅已经大量存在于我国的刑事司法实践中，成为刑事诉讼中不可忽略的事实，而且在一定程度上解决了法官在该专业领域的盲区，有助于裁判者迅速厘清争点、认定事实，具有存在的价值。而将价值性行政认定纳入证据框架，从理论上看有利于对其适用证据能力和证明力审查规则加以实质审查，从而实现庭审实质化，这也成为许多学者支持赋予其证据资格的重要原因。①

比如，许多学者主张立法和司法解释中赋予了部分价值性行政认定法定的证据地位，如《道路交通安全法》第 73 条和《刑诉法解释》第 101 条等规定

---

① 参见周鸿飞：《事故调查报告的实践检视及审查认定——基于 557 份案例实证分析》，载《证据科学》2022 年第 5 期，第 608—613 页；时延安、黄烜璇：《行政认定的刑事司法审查》，《人民检察》2017 年第 17 期，第 14—15 页；万毅、谢天：《论刑事诉讼中行政认定的证据归类及其审查》，载《甘肃社会科学》2022 年第 5 期，第 188—192 页；胡保钢、谷永清、刘吉强：《刑事诉讼中行政认定的证据属性》，载《人民检察》2019 年第 16 期，第 23—24 页。

中似乎赋予了交通事故认定书和事故调查报告等行政认定的证据资格。但交通事故认定书中作为证据可适用的范围并不清晰，《道路交通安全法》第73条仅规定其可以作为处理交通事故的证据，但该法中对于交通事故的处理仅限于民事和行政部分的责任认定，并未搭建起与《刑法》中交通肇事罪之间的桥梁。相反，《交通肇事司法解释》第1条中就强调了法院负有“分清事故责任”的职责，并制定了与认定事故责任相关的不同于交通事故认定书应当依据的行政实体法规范的司法解释。如前所述，针对同一法律问题的评价，适用行政实体法规范的交通事故认定书和适用《交通肇事司法解释》的刑事判决之间可能存在间隙，此时将交通事故认定书直接视为刑事诉讼中的证据反而可能模糊了行政责任和刑事责任认定的边界。

而针对事故调查报告，《刑诉法解释》的规定亦非默认其全部内容均可作为刑事诉讼的证据使用。在《刑诉法解释》起草小组的解读中指出，将事故调查报告视为证据系基于其“技术性强，具有不可替代性”，并以火灾调查报告中对起火点、起火原因的分析为例。同时，起草小组进一步指出“事故调查报告中常常会涉及其他事项，有关事项与事实认定无关或者不属于专门性问题的，不具有证据性质，不能作为定案的根据”①。即仅有事故调查报告中对专门性问题作出事实认定的部分才具有证据资格，而该部分实际上属于事实性行政认定的范畴。

同时，法院亦具备相应的事实认定能力。对于绝大部分规范的构成要件要素，已经形成了一套由法律和司法解释构成的完善的认定体系。如《最高人民法院、最高人民检察院关于办理破坏野生动物资源刑事案件适用法律若干问题的解释》中对于“国家禁止进出口的珍贵动物及其制品”“国家重点保护的珍贵、濒危野生动物”等主要的规范构成要件要素均提出了具有可操作性的认定标准，② 使法官可以通过涵摄的方式对相应的规范构成要件要素事实是否成立

① 姜启波、周加海、喻海松、耿磊、郝方昉、李振华、李静、任素贤、姜金良、王婧、李鑫、马勤：《起草小组解读：〈刑事诉讼法解释〉理解与适用（上）》，中国法院网。

② 《最高人民法院、最高人民检察院关于办理破坏野生动物资源刑事案件适用法律若干问题的解释》第1、4条。

进行认定，而无须依赖于行政机关作出的价值性行政认定。因此，原则上价值性行政认定的事实认定部分并不具备证明有罪事实的必要性和正当性。

更为重要的是，并非仅有将价值性行政认定视为证据方能发挥其参考价值。相反，从实践中看，将价值性行政认定视为证据不仅可能难以实现对其证据能力和证明力的审查，反而可能使公诉方及法院将其作为定罪量刑的直接甚至唯一依据，并以此为据否定辩护方提出的辩护意见。由于实践中可能甚至已经出现的异化，作为有罪证据的“证据说”存在无法实现其审查功能的风险，反而可能导致法院审查不足，加剧有效辩护的难度，加重庭审形式化倾向。因此，厘清价值性行政认定实践定位，既要符合现有证据法的理论框架，又要在满足价值性行政认定的审查需求的基础上发挥其实践价值。

由是，将价值性行政认定作为由控方提出的或由法院采集的关于定罪量刑的法律意见方能符合上述要求。正如前文分析，作为有罪证据的价值性行政认定的法律适用部分和事实认定部分通常均不具有证据资格，将其视为不具有证据效力的参考性法律意见符合证据法的理论框架。在大部分情况下，价值性行政认定仅是行政机关作为相关领域的专家出具的“专家法律意见书”，其内容仅供法庭参考。虽然现有的“专家法律意见书”一般由辩方提交，但不影响公诉方和裁判者均可在疑难法律问题上听取专家的法律意见。公诉方提交行政机关出具的价值性行政认定，实际上是基于其对认定事实认定和法律适用部分逻辑和结论的认同，而上述内容在法律地位上可以视为公诉方起诉意见的一部分加以看待，其目的在于辅助公诉方阐明较为专业的专门法问题。而针对裁判者也同样如此，在面对一些较为专业性的法律问题时，法官可以通过咨询的方式获得行政机关的意见，此时行政机关实际上扮演了类似“法庭之友”的角色，为刑事诉讼提供法律适用上的专业支持，可以发挥其帮助法官厘清专业问题的作用。但由于此时价值性行政认定并不再是一种认定事实的证据，而是对法律适用和规范的构成要件要素事实认定的意见，法院可以根据在案证据和法律规范，决定是否听取以及在多大程度上听取，赋予了法院最终决定权，更有利于提升法院对价值性行政认定审查的强度。

同时，将价值性行政认定视为一种参考性意见实际上与现行司法解释性规范的规定相一致。非义务性的“参考”是我国司法解释中对于价值性行政认定适用的常见表述，如最高人民法院参与制定的《食品药品行政执法与刑事司法衔接工作办法》第 24 条中明确食品药品监督管理部门作出的检验结果和评估认定意见“可以作为定罪量刑的参考”；再如《最高人民法院、最高人民检察院关于办理危害食品安全刑事案件适用法律若干问题的解释》第 24 条中也规定了法院对于部分规范的构成要件要素事实的先行认定权，以及在认定存在疑难时“可以”参考行政机关的认定意见。① 可见，在我国的现有法律体系下，价值性行政认定对法院而言具有参考价值，但法院并不存在采纳的义务，将其解释为一类特殊的参考性意见或专家法律意见亦符合相关规定。

四、价值性行政认定证据资格的肯定情形与证据种类

（一）特殊类型价值性行政认定作为有罪证据的资格与种类

由于行政机关作出的价值性行政认定原则上对于案件事实不具有证明作用，通常情况下不应作为有罪证据使用。但在例外情况下，由于法律将认定规范构成要件要素事实的权力授予了相关行政机关，此时价值性行政认定作为行政机关行使认定权的形式，使其在规范上可以证明特定待证事实的存在，与案件事实具有关联性，从而具备相应的证据资格。

1. 赋予证据资格的两类特殊情形：行政机关的专有认定权和共有认定权

一种情况是，对于规范的构成要件要素事实认定，法院不仅不再具有唯一的决定权，而且应当完全从属于行政机关的认定，尽管此类犯罪十分罕见。以《刑法》第 337 条规定的妨害动植物防疫、检疫罪为例，根据《动物防疫法》第 32 条的规定，对于“重大动物疫情”的认定权被授予“省、自治区、直辖市人民政府农业农村主管部门”，此时，对于是否存在重大动物疫情的实害结

① 《最高人民法院关于办理危害食品安全刑事案件适用法律若干问题的解释》第 24 条：对于“足以造成严重食物中毒事故或者其他严重食源性疾病”“有毒、有害的非食品原料”等专门性问题难以确定的，司法机关可以依据鉴定意见、检验报告、地市级以上相关行政主管部门组织出具的书面意见，结合其他证据作出认定。必要时，专门性问题由省级以上相关行政主管部门组织出具书面意见。”《最高人民法院、最高人民检察院关于办理危害食品安全刑事案件适用法律若干问题的解释》第 24 条。

果或危险结果，法院应当尊重省级农业主管部门作出的行政认定意见，并且在涉及动物疫情的情况下，行政机关已出具“重大动物疫情”存在的行政认定是法院作出有罪判决的前提条件。与此相类似的还有欺诈发行证券罪中保留了“国务院依法认定的其他证券”作为犯罪对象的兜底条款，赋予了国务院在个案中依法认定其他证券的权力，当案涉“证券”不属于《刑法》明确列举的证券种类时，只有国务院出具相应的行政认定，法院才能将其作为欺诈发行证券罪的对象，否则只能以非法吸收公众存款罪进行处理。

不过，赋予行政机关在个案中对规范的构成要件事实进行认定的权力已经越来越少见。比如，原先内幕交易罪中对于内幕信息的范围按照《刑法》第180条“依照法律、行政法规的规定确定”，而2014年《证券法》第75条第2款第8项中规定了“国务院证券监督管理机构认定的对证券交易价格有显著影响的其他重要信息”作为兜底条款，相当于赋予了中国证监会在个案中认定内幕信息的权力，但该条规定在2019年《证券法》中被废止，而只保留了《证券法》第80条和第81条中“国务院证券监督管理机构规定的其他事项”的表述，将个案中的认定权转为了统一的规定权，此时，认定权从行政机关回归法院，行政机关只能通过颁布普遍适用性的部门规章对相应构成要件要素的认定制定标准，行政机关在个案中的认定则不再具有相应的法律效力。

另一种情况是，针对部分犯罪中的规范的构成要件要素，法院和指定的行政部门都具有相应的认定权限。此时行政机关若出具相应的认定，可以作为证据使用，但法院同时也具有独立认定的权限，不以行政机关作出行政认定为前提。以恐怖活动犯罪中关于“恐怖活动组织”的定义为例，根据《反恐怖主义法》第13条的规定，恐怖活动组织及其人员由国家反恐怖主义工作领导机构认定，并由国家反恐怖主义工作领导机构的办事机构予以公告，此时反恐怖主义工作领导机构作出的价值性行政认定具有证据的法律效力。但同时，该法第16条规定，“根据刑事诉讼法的规定，有管辖权的中级以上人民法院在审判刑事案件的过程中，可以依法认定恐怖活动组织和人员”。因此，有权法院也可在其审判刑事案件的过程中行使独立的认定权，不以国家反恐怖主义工作领导机构的行政认定为前提。在法律具有上述特殊规定的情况下，价值性行政认定具有作为定案根据的法律效力，自然也具有证据属性。

2. 证据定位：特殊的鉴定意见

赋予价值性行政认定证据资格的情况往往出现在某些行政机关具有极为专业的认定能力的情况下，并以部分“侵占”法官的事实认定权为代价，行政机关基于法律的授权可以代替司法机关作出最终判断。此时，价值性行政认定本质上发挥了法官难以涉及或无权涉及的专业领域中专门性知识认定功能。比如行政机关对于“重大动物疫情”的认定权实际上暗含着法律对于司法机关难以对此作出专业性法律判断的预设。换言之，无论司法机关是否具备认定“重大动物疫情”的法律知识，其专门性知识缺乏的预设本质上是一种规范判断，优先于常理和客观事实。而此时行政机关被法律赋予了出具鉴定意见这一专业意见的鉴定资质，价值性行政认定则被规范认为发挥了填补法官专业知识空白的作用，具有鉴定意见的功能。这与通常情况下推定法官具有相应的专业领域法律知识，并基于立法目的否定价值性行政认定作为鉴定意见并不冲突。因此，此类价值性行政认定应归属于鉴定意见。

（二）价值性行政认定作为无罪或罪轻证据的资格与种类

尽管价值性行政认定中除上述法定情况外不能作为有罪证据使用，但若其中认定的事实对犯罪嫌疑人、被告人有利，该部分在特殊情况下可以作为认定主观构成要件要素事实的证据，既可以作为无罪证据，也可以作为罪轻证据。

1. 法律适用部分对违法性认识错误的证明意义

当价值性行政认定中认为犯罪嫌疑人、被告人不构成行政违法时，即可排除其前置违法性认识，从而阻却其责任。虽然违法性认识在一般情况下不可作为阻却刑事责任的事由，但对于行政犯绝大多数刑法学者已经认可了“违法性认识必要说”，主张存在违法性认识是成立犯罪的必要条件，[①] 同时，比较法和我国学界的主流观点均认为，[②] 在违法性认识不可避免的情况下，不知法抗辩

---

① 参见陈兴良：《违法性认识研究》，载《中国法学》2005 年第 4 期，第 140 页。

② 参见刘霜、赵浩森：《违法性认识的理论争议与实践判定》，载《辽宁大学学报（哲学社会科学版）》2020 年第 6 期，第 96—100 页；孙国祥：《违法性认识错误的不可避免性及其认定》，载《中外法学》2016 年第 3 期，第 702—706 页；张泽涛：《行政犯违法性认识错误不可避免的司法认定及其处理》，载《政法论坛》2022 年第 1 期，第 185—186 页。

具有阻却罪责的作用，而其中重要的情形即包括权威部门向社会提供了不正确的法规范信息，使普通国民（一般人）对法规范的正确判断发生障碍，构成影响法规范认识的客观障碍，从而阻却罪责。[①] 而价值性行政认定往往由行业主管行政部门作出，其内容代表了权威部门对专业性问题的认识。如果依据该认定，行为人不构成行政违法，则难以要求行为人认识到自己的行为存在行政违法性或刑事违法性，此时即可证明行为人的违法性认识不可避免的事实存在，即责任阻却事由对应的事实存在。实际上，这一观点已被司法机关部分吸收，比如在互联网金融犯罪中明确了“因信赖行政主管部门出具的相关意见而陷入错误认识”可以产生阻却违法性的效果。[②] 由于这一事实属于免责事由的法律要件事实，对其进行证明的材料符合证据的定义，应纳入证据的范围。

2. 事实认定部分对事实认识错误的证明意义

与违法性认识错误不同，对构成要件中法规范性要素的认识错误，是对由相关法律规范所赋予且被刑法设置为构成要件要素的规范性意义内容缺乏相应认识，通常影响犯罪故意成立。[③] 而价值性行政认定中规范性事实认定的部分代表了权威机关对于这一问题的认识，即使该认识与法院的审查结论相悖，也在一定程度上代表了大众的普遍认知和误区，可以推定被告人构成要件事实中法规范性要素的认识错误。如在逃避商检罪中，若海关出具相关行政认定认为被告人未经检验的进出口商品并非“必须经商检机构检验”的商品，从一般情理推知被告人难以认识到商品属于应当检验的事实，可以推定其事实认识错误存在，从而阻却其犯罪故意。

然而，部分案件中法院在肯定了司法最终判断权的同时，却忽视了价值性行政认定作为辩方证据的价值。[④] 但例外情况下允许价值性行政认定作为被告

---

① 参见孙国祥：《违法性认识错误的不可避免性及其认定》，载《中外法学》2016年第3期，第707页。

② 《最高人民检察院关于办理涉互联网金融犯罪案件有关问题座谈会纪要》第2条第10款。

③ 参见刘之雄：《违法性认识错误与构成要件认识错误的界分——以法规范性要素认识错误为焦点》，载《法学评论》2020年第5期，第61页。

④ 参见陈某等泄露内幕信息、内幕交易案，上海市高级人民法院（2015）沪高刑终字第140号刑事裁定书。

人证明事实认识错误的证据，与法院的定罪量刑权并不冲突。法院仍可对被告人是否实际发生认识错误进行审查，若有证明力更强的证据证明被告人认识到规范构成要件要素事实的存在，足以推翻相应推定时，法院仍然可以结合其他证据认定被告人具有犯罪故意，而无须受限于行政机关出具的价值性行政认定。

3. 证据定位：特殊的证人证言

此类价值性行政认定应为特殊的证人证言。证人证言是对证人感知的案件事实进行证明，通常排除意见证据，作为有罪证据的价值性行政认定原则上不属于证人证言。但当其用于证明违法性认识错误时，不再是对案件事实进行规范评价，而是对权威部门向社会提供了不正确的法规范信息这一客观事实进行书面陈述，此时符合证人证言的一般特征。当其用于证明事实认识错误时，该认定代表了社会一般公众对于特定规范构成要件事实的认知，符合《刑诉法解释》第 88 条第 2 款中“根据一般生活经验判断符合事实”的但书，亦属于意见证据排除规则的例外情形。同时，我国对于单位证言采取开放的态度，[①] 行政机关作为证人亦不存在主体上的障碍。而之所以不采用修正的“书证说”的原因在于，我国并未完全确立绝对的直接言词原则，[②] 书面证言属于普遍现象，[③] 根据《刑事诉讼法》第 195 条的规定，在司法实践中仍然承认书面证言作为证人证言的证据效力，将其认定为证人证言相较于书证而言更为合适。因此，将价值性行政认定视为特殊的证人证言符合证据法的基本原理。

五、结　　语

当前，价值性行政认定在我国刑事诉讼实践中发挥着不可或缺的作用，对于侦查机关、公诉机关和审判机关认定构成要件要素事实和进行专业领域的法律适用均具有重要意义。但由于主流理论将其认定为证据，导致实践中对价值

① 参见卜开明、刘维翔：《论刑事诉讼中的单位作证》，载《中国刑事法杂志》2005 年第 3 期，第 69—75 页。

② 参见陈卫东：《直接言词原则：以审判为中心的逻辑展开与实现路径》，载《法学论坛》2022 年第 6 期，第 82—84 页。

③ 参见龙宗智：《论书面证言及其运用》，载《中国法学》2008 年第 4 期，第 137—138 页。

性行政认定的实质审查不足，使辩护方辩护的有效性减弱，公诉机关和法院原有的说理义务也可能因此未充分履行。因此，在未来的司法实践中，原则上应将作为有罪证据的价值性行政认定理解为参考性法律意见，无论是公诉方抑或是法院在援引该意见时均应当履行充分的说理义务，法院具有否定价值性行政认定的权力。但在法律规定的特殊情况下，价值性行政认定由法律赋予了相应的有罪证据资格，应作为鉴定意见对待。同时，辩护方也应当更为重视价值性行政认定在有效辩护上的作用，在价值性行政认定作出对行为人有利的认定时，可视作特殊的单位证言，援引其作为主张违法性认识不可避免以及事实认识错误发生的证据，从而为被告人争取减免罪责。

（初审：尹鑫鹏；校对：马健淇）

刑法中行政命令的体系定位与解释适用

余倩倩*

摘　要：刑法中的行政命令的体系定位与解释适用不应被割裂讨论，应当以行政命令的不法内涵为线索展开逻辑连贯的研究。体系定位上，行政命令在此类犯罪中具有不法内涵，应当定位于构成要件要素，其不法内涵在于行为人接收到法秩序回归的规范呼吁与指引之后仍旧选择继续背离法秩序之期待，使得行为对法益的侵害积累到值得受到刑罚处罚的程度。解释适用上，行政命令的解释不应仅遵循行政法路径而拘泥于行政行为的效力理论，而应回归至刑法路径围绕行政命令的不法内涵作出。行政命令应当解释为行为人实际经历过的行政命令，此类犯罪的处罚根据在于通过行政命令的经历性而展现的行为人对法秩序回归呼吁的背离，该解释不包括行政机关恶意滥用行政命令而行为不具实质违法性的情形。

关键词：行政命令；构成要件要素；客观处罚条件；规范论；行为无价值

一、问题的提出

我国刑法条文存在一类十分特殊的立法现象，即行政命令充当影响犯罪成

* 余倩倩，中国政法大学硕士研究生。

立的重要因素。经过初步整理，笔者认为如下七个刑法罪名含有行政命令：《刑法》第139条消防责任事故罪中的“经消防监督机构通知采取改正措施而拒绝执行”；第276条之一拒不支付劳动报酬罪中的“经政府有关部门责令支付仍不支付的”；第296条非法集会、游行、示威罪中的“未按照主管机关许可的起止时间、地点、路线进行，又拒不服从解散命令”；第286条之一拒不履行信息网络安全管理义务罪中的“经监管部门责令采取改正措施而拒不改正”；第134条之一危险作业罪中的“因存在重大事故隐患被依法责令停产停业、停止施工、停止使用有关设备、设施、场所或者立即采取排除危险的整改措施，而拒不执行的”；第330条妨害传染病防治罪中的“拒绝按照疾病预防控制机构提出的卫生要求，对传染病病原体污染的污水、污物、场所和物品进行消毒处理的”与“拒绝执行县级以上人民政府、疾病预防控制机构依照传染病防治法提出的预防、控制措施的”以及第351条非法种植毒品原植物罪中的“经公安机关处理后又种植的”。

司法实践中，行为人违反违法的行政命令是否构成此类犯罪的认定不一致。例如在孙某、陈某等消防责任事故案中，行政机关责令整改通知程序不合法但法院依旧判决行为人构成相应的犯罪。① 再如，在管某拒不支付劳动报酬案中，法院认为行政机关以短信方式向行为人提供的手机号码下达责令改正决定书，不能认定为行政机关已经履行责令支付的行政前置程序，行为人不构成相应的犯罪。② 据此，刑法中的行政命令能否包括违法的行政命令，行为人违反违法的行政命令行为的罪与非罪的认定标准是什么，是司法实践中有待解决的疑问。

以往的研究对这类现象缺乏关注，直至近年来才不断有学者对此类现象展开较为系统的讨论，相关研究主要从犯罪成立条件以及前置行政程序两个角度展开。从犯罪成立条件的角度，有学者将这类现象概念化为程序性要素并争论

① 孙某、陈某等消防责任事故案，北京市海淀区人民法院（2013）海刑初字第2639号刑事判决书，载国家法官学院、中国人民大学法学院编：《中国审判案例要览（2015年刑事审判案例卷）》，中国人民大学出版社2017年版，第101—106页。

② 管某拒不支付劳动报酬案，黑龙江省大庆市让胡路区人民法院（2019）黑0604刑初72号刑事判决书。

其在犯罪论体系中的定位。[①] 从行政法与刑法的衔接关系入手，另有学者将这类现象提炼为前置行政程序（其中包含前置行政命令程序）并强调其与前置行政不法的区别[②]，前者是刑事犯罪对行政程序的从属而后者为刑事犯罪对行政规范的从属[③]，前置行政程序的争论聚焦于其作为构成要件要素是否需要受行政法领域行政行为效力理论的约束，简言之，刑法中的前置行政程序在行政法上只需要满足有效性即可还是需要具备合法性，换言之，刑法中的前置行政程序能否解释为有效的前置行政程序抑或合法的前置行政程序。

笔者认为，上述两个研究方向彼此之间存在割裂，不仅体现在研究对象的不统一，还表现为研究逻辑的不连贯。一方面，此二者的研究对象存在交叉，前者的范围大于前置行政命令所涉及的罪名，除了行政命令程序外还包括民事催收程序、行政处罚程序等。[④] 另一方面，研究逻辑上，行政命令的体系定位问题应当是其解释适用的逻辑前提。犯罪成立条件的研究角度仅在传统刑法教义学的框架下论证行政命令的体系定位，但却忽视了这一要点，即体系定位的结论会影响司法实践中行政法与刑法交错下此要素的适用路径，倘若行政命令具有不法内涵属于构成要件要素则存在刑法解释的弹性空间，是以行政法解释路径的有效的行政命令或合法的行政命令得以对接到此类犯罪的认定中，假如行政命令不具备不法内涵则意味着其仅是影响刑罚权发动的纯粹程序性事项。同样地，行政法与刑法的衔接关系的研究角度，以比较法的方法借鉴了德日语境下行政行为效力理论在刑事审判中的应用，初步形成有效性说、合法性说以

① 参见卢勤忠：《程序性构成要件要素概念的提倡》，载《法律科学（西北政法大学学报）》2016年第6期，第64页。

② 参见熊波：《前置行政程序在经济刑法中的行政依附性及其化解》，载《政治与法律》2022年第3期，第88页。

③ 参见刘夏：《犯罪的行政从属性研究》，中国法制出版社2016年版，第31页。

④ 值得注意的是，犯罪成立条件的研究角度除了行政命令程序外还包括民事催收程序、行政处罚程序等。对此类立法现象究竟是赋予独立的概念进行研究，即犯罪成立条件的研究角度的做法，还是借助行政法中具体行政行为的分类（例如，行政许可、行政处罚、行政命令等）予以研究，即前置行政程序的做法，有待进一步讨论。本文基于处理行政法与刑法关系的理由暂且选择了后一种分类方法。假如要坚定地采用具体行政行为的分类，可行的方案是在充分研究行政命令的体系定位与解释适用的基础上，刑法中的其他程序倘若具备与行政命令一致的特点，则可以参考适用行政命令的有关规则。

及折中性说的观点对立，但却忽视了本土国情下行政命令的体系定位的争议，默认行政命令的构成要件地位。

本文以二者重合的部分即行政命令为研究对象，主张刑法中行政命令的体系定位与解释适用应当以行政命令的不法内涵为核心线索展开逻辑连贯的研究，因为行政命令是否具有不法内涵直接决定了行政命令是否属于构成要件要素和是否具有对其展开刑法解释的可能性。

本文将聚焦于刑法中行政命令的体系定位与解释适用的这一论题，并尝试在体系性思考与问题性思考的往返交错中完成对上述问题的回答。

二、刑法中行政命令体系定位的既有学说及批判

立法者将行政命令写入刑法条文意味着其不再仅仅是纯粹的程序性事由，而是能够在实体上影响犯罪成立与刑罚发动的因素。我国学界就行政命令的体系定位问题展开了激烈的争论，具有代表性的主要观点可以归纳为客观处罚条件说、构成要件要素说与功能转向说等。

（一）客观处罚条件说

该说认为刑法中的行政命令应当被定位为客观处罚条件。张明楷教授是客观处罚条件说的主要倡导人之一，虽然他所讨论的对象并不包括行政命令而主要指向《刑法》第201条第4款逃税罪的不予追究刑事责任条款中的追缴程序以及第196条第2款恶意透支型信用卡诈骗罪中的银行催收程序，但其在论述中对客观处罚条件的界定是下文体系定位问题的重要参考，张明楷教授主张的是消极的客观处罚条件即处罚阻却事由，即犯罪已经成立但阻止刑罚权的发动。①

然而，笔者认为此说存在如下缺陷。第一，客观处罚条件本身在体系定位上同样存在诸多争议，具体而言有构成要件要素说（将客观处罚条件还原为构

① 参见张明楷：《恶意透支型信用卡诈骗罪的客观处罚条件——〈刑法〉第196条第2款的理解与适用》，载《现代法学》2019年第2期，第147页；张明楷：《逃税罪的处罚阻却事由》，载《法律适用》2011年第8期，第38—39页。

成要件要素）、独立的第四阶层说（客观处罚条件是独立于构成要件、违法、有责的第四阶层）、两分说（客观处罚条件不是犯罪成立条件而具有阻却刑罚处罚之性质，亦即定位于刑罚论）。[①] 据此，客观处罚条件说需要明晰客观处罚条件的概念轮廓，并查明客观处罚条件是否具有不法内涵。第二，如果认为客观处罚条件不具有不法内涵而只是决定刑罚权发动的条件，外在于构成要件要素，那么在此类犯罪认定中在行政命令作出之前犯罪已经成立，因而可以推导出此类犯罪的行为结构为前部违法行为，行为人在行政命令之后的反应行为不涉及此类犯罪的不法内涵。从行为指引的角度，仅将前部的违法行为设定为构成要件行为，公民难以辨别自己行为属于行政违法行为还是犯罪行为，不利于自由保障。第三，在上述第二点的假设基础上，客观处罚条件会得出不合理的共犯认定结论。理论上通常认为客观处罚条件设置的目的在于限制刑罚范围，但贯彻该观点后得出的共犯认定结论却与这一目的相背离。设想如下案情，甲劝说乙不要支付劳动报酬，数额较大，乙听从，但在行政命令之后乙及时履行义务支付工人的劳动报酬。按照客观处罚条件说之理解，行为人实施前部行政违法行为已经成立拒不支付劳动报酬罪，在这一情形中，虽然作为正犯的乙不被刑罚处罚，但甲却被认定为教唆犯且需要面临刑罚处罚，行政命令作为客观处罚条件对于共犯甲来说并没有限制刑罚范围，反而属于一种刑罚扩张事由。换言之，正犯乙可以因不具备客观处罚条件而不受刑罚处罚，而共犯甲则没有免于刑罚处罚的事由。

（二）构成要件要素说

该观点主张刑法中的行政命令属于构成要件要素。有的观点以单一罪名中的行政命令为讨论对象，例如，有学者指出拒不支付劳动报酬罪中“经政府有关部门责令支付仍不支付”属于构成要件要素。[②] 再如，拒不履行信息网络安全管理义务罪中的“经监管部门责令采取改正措施而拒不改正”是该犯罪的

---

① 参见王强：《罪量因素：构成要素抑或处罚条件？》，载《法学家》2012 年第 5 期，第 17—18 页。

② 参见王海军：《拒不支付劳动报酬罪的规范性解读——基于“双重法益”的新立场》，载《法学评论》2013 年第 5 期，第 122、124 页。

“具体构成要件行为事实”。[①] 还有学者先后以类别化的“程序性构成要件要素”[②]“程序性附加条件”[③] 等称呼研究行政命令的体系定位问题，在比较程序性要件与客观处罚条件的异同的基础上，将行政命令定位为四要件中的犯罪客观要件，此外，认为客观处罚条件属于犯罪成立条件。[④]

本文认为该观点在论证理由上存在以下不足。一方面，笔者认为，在四要件的平面耦合框架下讨论客观处罚条件与程序性要素的体系定位问题实际上弱化了这一问题的功能，在各要素之间的审查顺序没有最终定论的情况下讨论二者的定位，难以展现不同定位对犯罪认定结论的具体影响。另一方面，该观点没有正面解决客观处罚条件本身的体系定位争论，只是将其粗浅的定位为犯罪成立条件，在强调程序性要素与客观处罚条件的区别的同时将行政命令归入犯罪客观要件，但又没有明确指出二者的区别究竟在哪里。同样地，上述的客观处罚条件说也深陷于纷乱复杂的客观处罚条件自身的体系定位的学说争论之中。此外，该说在观点论证上缺少说服力，即对于“行政命令属于构成要件要素，能够为此类犯罪提供违法性根据”这一观点没有给出充分的理由。例如，相关论者在论证行政命令属于四要件中的犯罪客观要件时，仅仅强调行政命令对于行为要素的依附性，认为行政命令仅是发挥说明义务来源的从属条件，并没有给出行政命令为此类犯罪提供违法性根据的实质理由。[⑤]

（三）功能转向说

该观点既否定构成要件要素说，也否定客观处罚条件说，对刑法中行政命令的体系定位问题同样给出了较为模糊的答案，反而侧重于明晰行政命令的功

① 参见谢望原：《论拒不履行信息网络安全管理义务罪》，载《中国法学》2017 年第 2 期，第 241 页。

② 参见卢勤忠：《程序性构成要件要素概念的提倡》，载《法律科学（西北政法大学学报）》2016 年第 6 期，第 62 页。

③ 参见卢勤忠：《程序性附加条件与客观处罚条件之比较》，载《法学评论》2021 年第 1 期，第 71 页。

④ 参见卢勤忠：《程序性附加条件与客观处罚条件之比较》，载《法学评论》2021 年第 1 期，第 71—73 页。

⑤ 参见卢勤忠：《程序性附加条件与客观处罚条件之比较》，载《法学评论》2021 年第 1 期，第 71—72 页。

能。功能转向说主张，行政命令不属于构成要件但具有标识构成要件行为与责任身份的功能，行政命令之后的行为是构成要件行为，而经行政命令处理属于一种责任身份。①

笔者认为，该说的不足之处如下所述。第一，在观点明确性上，该说只给出了不赞成客观处罚条件说与构成要件要素说的理由，而没有给出行政命令体系定位问题的正面答案，行政命令的体系定位问题被转化为行政命令的实体与程序功能问题。第二，在论证逻辑上，该观点提出经行政命令处理属于一种责任身份，但在论证上只从反面批驳他人观点而没有从正面证立自己见解。理论上通常认为责任身份又名加减的身份，属于阶层论中的责任要素，由此构成的身份犯被称为不纯正身份犯或加减身份犯，基于违法的连带性与责任的个别性之原理，违法身份具有连带性，责任身份具有个别性，对于责任身份，没有身份的人也能构成相关犯罪的基本犯，但具有该身份构成加重犯或减轻犯。② 据此，倘若将经过行政命令处理视为责任身份，这一加减身份犯所对应的基本犯于我国现行《刑法》中不存在，概言之，行政命令的责任身份功能不符合身份犯的基础原理。第三，按照功能转向说的理解，行政命令无法为此类犯罪提供违法性基础，行政命令之后的行为才属于构成要件行为，因而可以推导出该观点认为此类犯罪的行为结构为行为人对行政命令的后续反应行为。然而，仅将行为人对行政命令的后续反应行为设定为构成要件行为，难以向公众宣明犯罪的轮廓，形式上看，行政命令是由与行为人无关的第三方即行政机关实施的，不涉及行为人之行为，但实质上，只有通过行政命令的环节行为人违反法秩序期待的行为与态度才得以清晰地展现，其对法益的侵害才达到可罚的程度，从联系的观点来表述，行政命令在此类犯罪行为结构中发挥的是承上启下的中转作用，其既是行为人先前行政违法行为的随后结果，也构成后续反应行为义务违反的根据。③

---

① 参见高磊：《论犯罪成立的行政程序性条件》，载《东方法学》2020 年第 3 期，第 126—128 页。

② 参见陈兴良：《身份犯之共犯：以比较法为视角的考察》，载《法律科学（西北政法大学学报）》2013 年第 4 期，第 80—82 页。

③ 参见杜宇：《程序性犯罪构成要素的性质》，载《中国法学》2022 年第 5 期，第 277—278 页。

三、不法内涵线索的引入与规范论的检视

笔者认为，既有学说对行政命令体系定位的论证均存在一定程度的缺陷，有待进一步完善。既有学说主要围绕以下两个问题展开争论，第一，如何解决客观处罚条件的体系定位问题；第二，行政命令是否能为此类犯罪提供违法性根据。对于第一个问题，既有观点采取模糊处理与逃避的解决态度，呈现出深陷客观处罚条件概念泥潭的困境。如前所述，客观处罚条件说本身即面临体系定位的问题，而构成要件要素说一方面认为德日刑法中的客观处罚条件属于犯罪成立条件，但另一方面又认为其中具有程序性的客观处罚条件不能被作为构成要件要素看待（这一步骤该论者缺少论证），而我国的程序性附加要素与之具有本质的不同，应当归入犯罪客观要件的内容。[①] 可以说，该说以“程序性附加条件”的本土性越过了客观处罚条件的体系定位争议，但没有阐明的是“程序性附加条件”与不具有构成要件要素地位的客观处罚条件的区别在哪里。功能转向说对于该问题解决的态度则更为消极，在否定前两个观点的基础上从定位说转向功能说。

对于第二个问题，既有学说的客观处罚条件说与功能转向说都认为行政命令不能为此类犯罪提供违法性根据，因而依据其理解，此类犯罪的行为结构分别对应仅包括前部违法行为与仅包括后续反应行为，而如果认为行政命令属于构成要件要素，意味着行政命令能够为此类犯罪提供违法性根据，此类犯罪的行为结构为前部违法行为 + 行政命令 + 后续反应行为。然而，如前所述，既有的构成要件要素说并没有给出行政命令能够提供违法性根据的实质理由。因而，要解决既有争论，首先应当解决客观处罚条件的体系定位争议，然后再就行政命令能否为此类犯罪提供违法性根据展开论述。本文在问题解决的步骤中引入了是否具有不法内涵的线索，该线索一方面有助于既有学说拨开客观处罚条件的概念迷雾，另一方面有助于简化既有争论。

① 参见卢勤忠：《程序性附加条件与客观处罚条件之比较》，载《法学评论》2021年第1期，第70—71页。

（一）拨开迷雾：客观处罚条件概念的厘清

特定要素是否具有不法内涵是厘清客观处罚条件概念轮廓及其与构成要件要素关系的重要标志。客观处罚条件概念的粗放界定使得客观处罚条件面临体系定位混乱的旋涡，客观处罚条件是属于犯罪论意义上的犯罪成立条件之一（还原为构成要件或属于独立的新阶层），还是刑罚论意义上的刑罚发动事由，主要围绕以下几个问题展开：第一，在罪刑关系上，犯罪成立是否必然意味着行为人会受到刑罚处罚，前者通常持肯定观点，后者则相反，其认为犯罪成立后还存在是否发动刑罚权的判断步骤；第二，在与不法的联系上，如何理解客观处罚条件与不法的关系，前者认为客观处罚条件能够影响不法的程度与“量”，而后者主张客观处罚条件只是与不法无关的影响刑罚权发动的因素；第三，在犯罪成立条件说的内部，作为影响不法的“量”是融于既有阶层中还是独立成一个新的阶层，则分别对应于还原说与独立四阶说；第四，在体系贯彻上，将客观处罚条件定位于犯罪论的观点要阐明这一定位经过体系贯彻后对犯罪完成形态、共同犯罪、罪责、认识错误等认定问题的影响，相反，客观处罚条件的刑罚论定位则无须回答上述问题。其中，笔者认为，客观处罚条件与不法的关系是否具有不法内涵，是上述问题的线索，如果客观处罚条件与不法没有关系，不具备不法内涵，则其属于犯罪成立之外的刑罚权发动事由，与犯罪形态、共同犯罪等体系问题无关，如果认为客观处罚条件与不法有紧密联系，具备不法内涵，则其属于影响不法程度的要素，应当与相应犯罪的体系问题协调。实际上，学界已经有论者提出以不法内涵为标准的一对类型意义上的客观处罚条件概念，即以要素与不法的关联程度为标准，客观处罚条件可以划分为外在的（真正的）客观处罚条件与内在的（不真正的）客观处罚条件，前者完全是基于刑事政策的理由而作出的规定，对不法与责任均无影响，其功能为限制处罚范围，并不与责任主义相抵触，[①] 而后者本质上属于不法要素，能够为违法性提供实质根据或影响违法性的程度，但其又不同于一般的不法要素，由

---

① 参见周光权：《论内在的客观处罚条件》，载《法学研究》2010 年第 6 期，第 126—127 页；另见吴情树：《客观处罚条件研究——构成要件抑或处罚条件》，社会科学文献出版社 2015 年版，第 104—105 页。

于此类条件的成就并非行为人能够依靠意志实现，在主观上只要求行为人对其有认识或认识可能性①。

据此，以是否具有不法内涵为界，客观处罚条件的概念轮廓借助外在的客观处罚条件逐渐清晰，内在的客观处罚条件被逐出客观处罚条件的范畴而归入构成要件要素的范畴，是故争论不休的客观处罚条件的体系定位问题被简化为真正的客观处罚条件的体系定位问题，即其应当定位为犯罪论还是刑罚论。进一步，客观处罚条件说与构成要件要素说的争论则聚焦于行政命令是否具有不法内涵。

出于更好地理解客观处罚条件二分的目的，本文在此举例德日刑法中典型的外在的客观处罚条件与内在的客观处罚条件。典型的外在的客观处罚条件，例如，德国《刑法典》第 104 条 a 规定，“犯本章之罪，只有当联邦德国与他国有外交关系，并顶有互惠担保协定，且互惠担保在行为时有效，经外国政府的刑罚要求，以及联邦政府授权进行刑事追诉的，使得追诉”。这一规定只是程序意义上的刑事追诉的条件，与本章犯罪之成立并无关联，也不能体现行为的违法性程度，因出于保障国际交往对等性的考量而设置这一条件，故行为人对其是否有认识并不重要。从规范性质的角度，有学者指出这类客观处罚条件不是针对公民的行为规范，而是针对裁判人员的裁判规范。② 内在的客观处罚条件，典型的是日本事前受贿罪中的“就任公务员”，即将成为公务员的人收受财物，尚难以认定为对公务廉洁性与公正性的危险的现实化，行为人实际就任公务员，才能在前者的基础上造成可罚程度的法益侵害的危殆化。③

至此，以不法内涵为线索细分客观处罚条件的概念后，我们拨开了笼罩在行政命令体系定位之上的客观处罚条件体系定位的迷雾，既有争论实际上是外在的客观处罚条件说、构成要件要素说与功能转向说的对立。

---

① 参见周光权：《论内在的客观处罚条件》，载《法学研究》2010 年第 6 期，第 123 页；另见吴情树：《客观处罚条件研究——构成要件抑或处罚条件》，社会科学文献出版社 2015 年版，第 114 页。

② 参见吴情树：《客观处罚条件研究——构成要件抑或处罚条件》，社会科学文献出版社 2015 年版，第 105 页。

③ 参见［日］松原芳博：《犯罪概念和可罚性——关于客观处罚条件与一身处罚阻却事由》，毛乃纯译，冯军审校，中国人民大学出版社 2020 年版，第 178、183—184 页。

（二）问题浮现：不法无涉说与不法要素说的对立

行政命令能否为此类犯罪提供违法性根据，在构成要件是违法类型的通说观点下，该问题的另一种表述是行政命令有无不法内涵。实际上，将既有观点以行政命令有无不法内涵为线索予以重新整合，既有学说的争议可以简化为不法无涉说与不法要素说的二元对立。

不法无涉说主张行政命令在此类犯罪中不具有不法内涵，前述客观处罚条件说与功能转向说均可以归类于不法无涉说。结合上述客观处罚条件的概念厘清，客观处罚条件说以真正的客观处罚条件对行政命令进行定位，行政命令不具备不法内涵而只是出于刑事政策的理由为了限制处罚范围的要素。有学者指出拒不支付劳动报酬罪中对行政机关命令的不服从是用来限制处罚范围的客观处罚条件，行为人对法益造成的侵害在行政命令前后是没有变化的。① 功能转向说主张，行政命令无法为此类犯罪提供违法性基础，这一程序之有无对法益侵害的种类、状态与程度不产生任何影响。② 换言之，与客观处罚条件说相同，该说否定行政命令具有不法内涵。

不法要素说则主张行政命令在此类犯罪中具有特殊的不法内涵，而应当定位于构成要件要素。然而，既有的构成要件要素说除了存在前述与客观处罚条件纠缠不清的疑问之外，在论证行政命令属于构成要件要素的过程中，缺少行政命令提供违法性根据的不法内涵支撑。详言之，既有学说虽然注意到行政命令在此类犯罪中发挥的出罪机能③以及充当后部行为的不作为义务的法定来源④，但没有围绕法益保护的刑法目的阐释行政命令作为构成要件要素的不法内涵。本文将在下一部分从法秩序回归的规范呼吁和行为指引的法益保护视角，

---

① 参见刘夏：《犯罪的行政从属性研究》，中国法制出版社2016年版，第261—262页。

② 参见高磊：《论犯罪成立的行政程序性条件》，载《东方法学》2020年第3期，第126—128页。

③ 参见卢勤忠：《程序性构成要件要素概念的提倡》，载《法律科学（西北政法大学学报）》2016年第6期，第64页。

④ 参见卢勤忠：《程序性附加条件与客观处罚条件之比较》，载《法学评论》2021年第1期，第71页。

肯定行政命令的不法内涵并进一步做出阐释，换言之，本文不赞成不法无涉说的观点，而提倡行政命令的不法要素说。在此需要说明的是，不法无涉说与不法要素说对既有学说的二元简化，是在解决了客观处罚条件概念争论的基础上的观点简化，这一简化使得行政命令的体系定位的思考走出客观处罚条件概念的迷雾，而更加接近问题的重点即行政命令与不法的关联性有无。既有观点两个争论点的深处均存在不法内涵问题的身影，既有学说困于客观处罚条件的体系定位问题的原因在于粗放界定客观处罚条件的概念，没有把握住是否具有不法内涵的细分线索，而既有学说在行政命令能否为此类犯罪提供违法性根据问题上存在观点对立，持肯定态度的构成要件要素说却难以说明行政命令的不法内涵具体为何。如果说客观处罚条件的概念广义界定与体系定位疑惑是笼罩于行政命令体系定位的外在迷雾，那么行政命令不法内涵有无的观点对立则是迷雾散去后显现出来的行政命令体系定位问题的真正面目。

（三）规范论检视：不法无涉说的困境与不法要素说的突围

本文赞成不法要素说的观点，即行政命令应当定位于构成要件要素。下文将在指出不法无涉说规范困境的基础上，结合以规范论为基石的行为无价值理论补足既有构成要件要素说法益关联性薄弱之处，并解决不法无涉说存在的疑问。

1. 不法无涉说的困境

直观来看，不法无涉说与不法要素说的差异表现为此类犯罪行为结构的构建不同，依据前文的梳理，不法无涉说认为此类犯罪的行为结构仅包括前部违法行为与仅包括后续反应行为，而不法要素说观点下此类犯罪的行为结构是前部违法行为、行政命令与后续反应行为的有机结合。如果贯彻不法无涉说的观点，行为结构的残缺构筑会导致刑法规范难以有效发挥规范效力。刑法的罪刑条文既是制裁规范也是行为规范，行为规范以禁止与命令为内容目的在于保护法益，而制裁规范通过定罪处刑的方式维护行为规范的效力。①

---

① 参见［德］乌尔斯·金德霍伊泽尔：《法益保护与规范效力的保障 论刑法的目的》，陈璇译，载《中外法学》2015 年第 2 期，第 548、557—559 页。

从规范论的视角检视不法无涉说，我们可以发现不法无涉说面临如下的规范困境。

从一般公民的面向，不法无涉说下难以有效发挥刑法条文作为行为规范的行为指引功能。如前述观点评议所言，不法无涉说仅将前部违法行为或仅将后续反应行为作为构成要件的做法，均难以向一般公民清晰地传达出何种行为是受到刑法禁止或在特定情形中是被刑法要求的。

从制裁规范的角度，倘若采取不法无涉说，个案刑罚的施加在以错误的方式强化一个已然失灵的行为规范的效力。在前述观点评议的基础上，我们可以从共犯的角度就不法无涉说认定结论的合理性展开分析。出于结论对比的考虑，我们需要假设以下三种情形：

情形一（对前部违法行为的参与）：甲劝说乙不支付劳动报酬，数额较大，乙听从，行政命令之后仍不支付。

情形一之反面（前述客观处罚条件说评议中的例子）：甲劝说乙不要支付劳动报酬，数额较大，乙听从，但在行政命令之后乙及时履行义务支付工人的劳动报酬。

情形二（对后部反应的参与）：乙不支付劳动报酬，数额较大，经责令后乙打算支付报酬，但此时甲劝说乙不要支付，乙听从之。

客观处罚条件说下此类犯罪的行为结构仅包括前部违法行为。据此，情形一中，乙成立犯罪并因具备客观处罚条件被予以刑罚处罚，甲成立此罪的教唆犯。情形一之反面中，乙成立犯罪但因不具备客观处罚条件而不予处罚，甲因教唆乙实施符合构成要件的违法行为而成立此罪的教唆犯。情形二中，乙成立犯罪，具备客观处罚条件而被予以刑罚处罚，甲只是对客观处罚条件的参与而非对构成要件行为的参与，二者不成立共犯。该说认定结论的不合理之处，除了前述情形一之反面情形中指出的刑罚扩张的缺陷之外，还表现为甲参与前部违法行为成立共犯而参与后续反应行为不成立共犯的不协调性（即情形一与情形二的认定结论不协调），参与前部违法行为的法益侵害程度低于参与后部的反应行为，但认定结论却与之相左，不符合当然解释的逻辑。

功能转向说下此类犯罪的行为结构仅包括后续的反应行为。据此，情形一中，乙构成犯罪，甲只是对前部行政违法行为的参与，甲乙之间不成立共犯。

情形一之反面中，甲乙均不构成犯罪。情形二中，乙成立犯罪，甲不具备经行政命令处理的责任身份，不承担刑事责任，甲乙在违法形态上是共同犯罪。该说认定结论除了前述指出的不符合身份犯的基础法理的问题之外，还存在如下疑问。相较于客观处罚条件说，该观点虽然在甲参与前部违法行为与参与后续反应行为认定结论上满足协调性的要求，但是，相关论者在论述中有设定如下场景，即情形三①，X 因拒不支付劳动报酬而接受到行政命令后，教唆 Y 拒不支付劳动报酬，且 Y 尚未受到行政命令，功能转向说认为此时，Y 不承担刑事责任，X 需要承担教唆犯的刑事责任，并认为按照构成要件要素说处理会造成 X 与 Y 都无法受到刑罚处罚的漏洞。② 然而，从功能转向说的行为结构出发，正犯 Y 尚且没有实施后续的反应行为，共犯 X 已然成立犯罪，这一结论让人难以置信，而且从 X 的视角来看，X 承担刑事责任的根据在于 X 前部的违法行为 + X 受到的行政责令 + 教唆 Y 实施前部违法行为，X 是在为自己的行为承担刑事责任还是在为教唆 Y 实施前部违法行为承担刑事责任，功能转向说仅给出了 X 应当承担刑事责任的结论却没有给出具有说服力的理由。

简言之，不法无涉说面临行为规范的行为指引功能失灵与裁判规范认定结论不合理的双重规范困境。

2. 不法要素说的突围

本文认为，不法无涉说的上述困境的原因在于结果无价值与不法理论的单一性，上述观点忽视了此类犯罪中行为无价值的规范论内涵，主张个案中法益遭受的侵害在行政命令前后没有发生任何变化。按照现代不法理论的理解，不法的内容包含行为无价值与结果无价值，不法的基础由行为规范与裁判规范共

---

① 需要说明的是，功能转向说的论者所指的“犯罪成立的行政程序性条件”包括刑法中出现的行政命令与行政处罚，原文以《刑法》第 290 条第 3 款规定的扰乱国家机关工作秩序罪为例，即 X 因多次扰乱国家机关工作秩序而受到行政处罚后，教唆 Y 扰乱国家机关工作秩序，且 Y 尚未受到行政处罚或者经行政处罚后改正。由于本文以行政命令为研究对象，出于对比结论的简洁性与严谨性的考虑，本文在此对原文的案例进行一定程度的改造，即以拒不支付劳动报酬罪为例。

② 参见高磊：《论犯罪成立的行政程序性条件》，载《东方法学》2020 年第 3 期，第 132 页。

同组成。[①] 不法无涉说仅以结果无价值的维度评价此类犯罪难以发挥刑罚的预防功能，特殊预防层面上，不法无涉说并没有完全揭示行为人接受刑罚处罚的根据，刑法并不仅是基于已经发生的法益损害而惩罚行为人，而是因为行为人违反具有法益侵害导向性的行为方式造成了法益损害[②]，一般预防层面上，刑罚并非总是指向过去已然发生的法益损害，对已经发生的法益损害予以刑罚处罚，难以使得受损的法益复原如初，刑罚除了具有报应的机能之外，更重要是还具有向一般公民传达规范效力的预防机能，不法无涉说下此类犯罪的行为规范并不明确，据此刑罚难以发挥一般预防的功能。

本文所提倡的不法要素说结合规范论的内容引入行为无价值的不法维度，以此建立起行政命令作为构成要件要素与法益侵害的关联性，不法要素说可以妥善地解决不法无涉说所面临的规范困境，换言之，行政命令的构成要件要素定位能够较好地维持刑法条文作为行为规范与裁判规范的效力，从而实现对法益的保护，也能够更好地实现刑罚的目的。

从行为规范的面向，不法要素说下刑法条文能够更好地发挥行为指引的功能。行政命令的构成要件要素地位，意味着此类犯罪的行为构造为前部的违法行为 + 中间的行政命令程序 + 后续行为人的反应行为。在这一构造中，行政命令在确认前部行为违法状态的同时向行为人明确传达其作为义务的行为指引，如果行为人拒不履行使得法益危险升高，则行为违法性升高到可罚的程度，倘若行为人履行义务以补救挽回法益危险，则不该当相应构成要件。换言之，前部违法行为对法益造成的危险是暂时的，中间的行政命令以及行为人对此的反应是对法益受损状态的最终判断，行为人履行则法益得到修复，行为人拒不履行则法益受损状态固化。[③]

进一步，行政命令在这类犯罪中发挥法秩序回归的规范呼吁与行为指引功能，旨在让公民把握住这一法益修复与弥补之机会。这一不法内涵特殊反映出

---

① 参见陈璇：《刑法归责原理的规范化展开》，法律出版社 2019 年版，第 245—246 页。

② 参见周光权：《违法性判断的基准与行为无价值论——兼论当代中国刑法学的立场问题》，载《中国社会科学》2008 年第 4 期，第 132 页。

③ 参见杜宇：《程序性犯罪构成要素的性质》，载《中国法学》2022 年第 5 期，第 276、279 页。

规范违反说的理念，即通过规范效力确证来实现法益保护的目的。通过行为规范向公众传达行为违法与适法的界限，指引人们的日常的行为并划定刑罚处罚的边界，质言之，通过规范控制人们可能引发法益侵害结果的行为方式。[①] 具体而言，此类犯罪中的行政命令不同于一般的命令规范，作为行为人履行义务即不构成犯罪的一种“中转”程序设置，行政命令的命令规范具有补充性与二次性的特征。一方面，刑法条文直接将履行行政命令之义务纳入罪状内容；另一方面，规范第一次呼吁的是公民不要实施行政违法行为，行政命令作出之后规范第二次呼吁的是公民把握住这一法益修复与弥补的机会。[②] 可以说，此类犯罪法益侵害的渐进性体现在规范违反的叠加。从积极的一般预防的角度，行为人拒不履行行政命令所要求的义务，意味着规范的效力受到了行为人的否定，规范在人们心目中作为社会互动中确定的行为导向之信赖受到损害，对行为人施以刑罚意味着法秩序对其规范违反行为表示反对，以交谈的方式再次向公众表明受到否定的规范效力重新恢复以及规范效力之牢不可破，通过保护规范得到遵守的方式达成法益保护之目的。[③]

从裁判规范的角度来看，不法要素说的认定结论相较于不法无涉说更具有妥当性。依据不法要素说，亦即行政命令的构成要件要素说的理解，情形一中，甲乙成立共同犯罪，情形一之反面中，甲乙均不成立犯罪，情形二中，乙成立犯罪，甲参与了后续行为人的反应，根据承继的共犯以及“部分犯罪共同说”，构成此罪的教唆犯，情形三中，X 与 Y 均不犯罪。对比而言，不法要素说在认定结论上的合理性在于犯罪圈的适当控制以及体系性的良好融贯。在犯罪圈适当控制上，不法要素说意味着参与前部违法行为与参与后续反应行为均存在成立共同犯罪的空间，但又不存在不法无涉说前述犯罪圈扩张的吊诡现象，即正犯不承担刑事责任而参与者构成教唆犯，法益侵害程度较轻反而承担刑事责任，情形四正犯尚未行为而教唆犯已然成立。在体系性融贯上，不法要素说契合共

---

① 参见周光权：《新行为无价值论的中国展开》，载《中国法学》2012 年第 1 期，第 177—178 页。

② 参见杜宇：《程序性犯罪构成要素的性质》，载《中国法学》2022 年第 5 期，第 278—279 页。

③ 参见［德］乌尔斯·金德霍伊泽尔：《法益保护与规范效力的保障 论刑法的目的》，陈璇译，载《中外法学》2015 年第 2 期，第 557—559 页。

犯违法性从属的理论通说，也不必突破身份犯的基础法理。值得注意的是，参与后续反应行为的法益侵害性较参与前部违法行为意味着量刑高低还是定罪有无的问题还有待进一步研究。

从机能主义刑法解释的角度，不法要素说能够更好地实现刑罚的预防目的，行为人能够充分理解刑罚施加的根据，一个人知晓自己犯错的原因才能更好地改过自新。一般公众能够清晰地知悉规范的内容以及规范效力的牢不可破性，因而法益得到更为周全的保护。综上所述，不法要素说能够克服不法无涉说的规范困境，以规范指引与效力确证的方式保护法益，以更好地实现刑罚的预防目的。

此外，从立法目的的角度，无论持何种体系定位的立场，相关论者实际上均认同行政命令在此类犯罪中发挥的规范回归与呼吁功能。客观处罚条件说的论者认为立法者设置责令的目的是给行为人提供一个改过自新补救回转的余地和机会，倘若行为人能够履行这一义务恢复被破坏的秩序则无须受到刑罚的制裁。① 功能转向说的论者虽没有明确表明这一观点，但其对这一目的的赞同依旧可以察觉，在后续论述中该论者认为，行政命令的“先行政执法，后刑事司法”结构具有提示法益侵害、预警刑罚制裁以及教导公民遵纪守的功能。② 不法要素说的既有论者也认为立法者设置程序性附加条件的目的在于限缩处罚范围，在行为人实施第一次违法行为后给予其一次改正错误弥补危害的出罪机会。③

综上所述，本文提倡行政命令不法要素说，亦即行政命令应当定位于构成要件要素的观点。

四、作为不法要素的行政命令的解释与适用

本文以不法内涵为核心线索，将三类既有学说简化为不法无涉说与不法要

---

① 参见刘夏：《犯罪的行政从属性研究》，中国法制出版社2016年版，第258—259页。

② 参见高磊：《论犯罪成立的行政程序性条件》，载《东方法学》2020年第3期，第135页。

③ 参见卢勤忠：《程序性构成要件要素概念的提倡》，载《法律科学（西北政法大学学报）》2016年第6期，第64页。

素说的另一作用在于明确行政命令有无不法内涵直接决定了行政命令的刑法解释可能性。假若行政命令是无涉不法的要素，则其几乎不存在刑法解释的空间而只是纯粹的程序性要素，倘若行政命令具有不法内涵而定位于构成要件要素，则能够为行政法解释路径提供犯罪论体系上的接口，换言之，行政法解释路径将行政命令解释为有效的行政命令或合法的行政命令的逻辑前提在于行政命令的构成要件定位。

然而，行政命令作为构成要件要素是否必须遵循行政法领域下行政行为的效力规则予以解释，值得思考。刑法中的行政命令是否可以解释为行政法层面违法的行政命令，亦即行为人违反违法的行政命令是否构成犯罪。换言之，行政命令作为构成要件要素的解释是否需要受到行政法中行政行为效力理论的约束，这一行政法解释路径是否合理，如果不合理，回归到刑法的视野，行政命令的解释应当如何围绕其不法内涵展开。

（一）行政法解释路径的缺陷

既有研究从行政法的路径对行政命令作出解释，在借鉴域外经验的基础上围绕行政法理论在刑事审判中的应用展开论述，目前的学界观点可以分为以下两种。第一种观点可以概括为合法性说，合法性说否认行政行为对犯罪的构成要件效力，主张法院可以在刑事审判中审查行政行为的合法性，认为刑法中的行政命令应当限缩解释为合法的行政行为，相关论者主要从以下方面展开论述：其一，依据罪刑法定原则，将违法的行政行为作为构成要件要素，违背了刑法的明确性要求，也背离了人权保障的目的；其二，行政法与刑法的价值取向存在差异，行政程序关注的是灵活高效实现行政目的，刑事审判强调人权保障的理念；其三，倘若作为可罚性基础的行政行为的合法性自始存在争议，则意味着对该行政行为的违反缺少法益侵害之可能，可能无法构成不法。[①] 而与之对立的观点为有效性说，该说相较于合法性说，超越了行政行为公定力是否影响刑事审判的论述路径，围绕行政命令的构成要件地位与提示法益危险之功能，

---

① 参见王世杰：《论行政行为对刑事审判的拘束》，载《政治与法律》2018 年第 6 期，第 31—32、36 页。

主张刑事法院不必审查行政命令的合法性，换言之，将行政命令解释为有效的行政命令即可，该观点基于以下理由展开论证：第一，刑事法官没有审查行政命令合法性的义务，因为刑法条文没有规定行政命令的合法要件，此外在刑事诉讼中行政行为不是诉讼标的，法官不应审理，同时也可以提高诉讼效力、合理分配证明责任；第二，刑事法院在审查行政命令的合法性时缺乏行政法专业知识与方法，可能难以得出适当的结论；第三，比较法层面我国没有设立行政法院，因此行政行为的合法性是刑事诉讼的先决问题的处理方案并不适应我国国情。①

笔者认为，上述理论以行政行为效力理论为起始点展开讨论，存在如下疑问。首先，二者共识在于刑法中的行政命令不包括无效的行政命令，但在行政法层面无效行为制度判断标准，即重大且明显违法标准，出现个案具体价值衡量的实质化趋势②，意味着行政命令需经过具体审查之后方能得出无效与有效的结论，这意味着实际上无论有效性说还是合法性说刑事法官都会对行政命令是否无效作实质判断与审查，简言之，二者的对立消解于刑事法院无论如何均要实质审查行政命令的共识之中。其次，虽然有效性说在一定程度超越行政法的框架融合了行政命令的刑法功能，但其最终结论主张有效性说为原则相对无效性说为例外，即在行政命令存在实体违法且被告人已经对其提起行政救济的情况下，刑事法官应当认定为不存在相应的构成要件事实。③ 笔者认为，该实体违法标准依旧停留在行政法层面，论者没有给出刑法层面如何审查构成要件要素与事实的可操作性步骤。此外，该论点还混淆了事实存在与规范评价的区别，本应属于规范评价的问题被提前消解在事实是否存在的步骤，行政命令存在实体违法并不等同于事实上该行政命令未发生。最后，行政命令要件的解释核心不应是行政行为的效力状态，而应是行政命令与法益侵害的关系。合法性说的论者认为，违反合法性欠缺的行政命令的行为意味着缺少法益侵害的可能，

---

① 参见黄小飞：《犯罪构成要件中的行政行为的界定》，载《政治与法律》2022 年第 9 期，第 71、74—77 页。

② 参见王贵松：《行政行为无效的认定》，载《法学研究》2018 年第 6 期，第 167—169 页。

③ 参见黄小飞：《犯罪构成要件中的行政行为的界定》，载《政治与法律》2022 年第 9 期，第 78—79 页。

然而笔者认为行政命令的效力状态与行为的法益侵害性的关系并非如此简单。正如我国刑法学者所言，刑法关注的重点并不是行政行为的效力，而是行政行为对法益保护所可能产生的影响，如果违反非法的行政命令对法益不会造成任何威胁则不具有刑事可罚性。① 质言之，行政命令的解释应当在刑法的视野下围绕其特殊不法内涵展开。

（二）刑法解释路径的回归

本文主张刑法中的行政命令不应局限在行政法效力评价的合法或者有效的范围内，而应结合行政命令的特殊不法内涵予以解释。本文认为，刑法中行政命令应当解释为行为人实质上是否接收到行政命令所代表的法秩序回归呼应，换言之，行政命令的解释重点在于行为人对此行政命令的经历性，而非行政命令在行政法层面违法与否，行政命令应当解释为行为人实际经历过的行政命令。

1. 行政命令经历性标准的学理论证

首先，这一解释既能够规避行政法解释路径的上述缺陷，又不违背法秩序统一原理的要求。法秩序统一原理下，行政违法性与刑事违法性的质量差异，随着构成要件实质化的学术转变，二者区别的体系定位由违法性阶层转向构成要件阶层，意味着在违法性统一方面，行政违法是否能够上升为刑事违法需要结合构成要件的具体内容予以独立实质的判断②，这一趋势与本文赞同的行政命令的构成要件要素体系定位相契合。倘若遵从行政法解释路径，行为人违反行政命令是否具有行政违法性与刑事违法性将深陷行政行为效力理论的泥潭。据此，在解释结论上，本文不区分有效与合法的行政命令而将效力有瑕疵的行政命令一律归入违法的行政命令的范畴，换言之，行政命令构成要件是否该当不取决于行政命令的合法或有效，违反违法的行政命令依旧可能构成犯罪，而划分罪与非罪的标准在于行为人对行政命令的经历性。这一解释结论不违背法秩序统一原理的要求，前置法允许则行为必然不具有刑事违法性，前置法禁止

---

① 参见刘夏：《犯罪的行政从属性研究》，中国法制出版社2016年版，第299页。

② 参见马春晓：《法秩序统一性原理与行政犯的不法判断》，载《华东政法大学学报》2022年第2期，第38、41页。

未必具有刑事违法性[①]，笔者认为，违法行政命令并不意味着前置法允许，违法的行政命令依然可能该当此类犯罪的构成要件。

其次，行政命令的经历性标准是上述行政命令不法内涵在司法解释与适用层面的延伸。行政命令所具有的规范呼吁与行为指引功能只有在行为人切实接收到行政命令的场景下才能发挥作用，行为人的法秩序背离态度只有在经历规范呼吁时才能展现。如上所述，本文认为行政命令在此类犯罪中的不法内涵在于法秩序的回归呼吁与指引，亦即行为人在接收到行政命令所代表的法秩序回归呼吁之时，选择偏离法规范之期待从而使法益侵害发生则具备不法，反之行为人选择回归而忠诚于法秩序则不构成相应的犯罪。本文对上述行政法解释路径并非全盘否定，而是赞成合法性说的部分观点，即否认行政行为对刑事审判的拘束，主张刑事法庭可以在刑事审判中审查行政行为的合法性。只不过，本文以行政命令为研究对象在此基础上对合法性说作出了如下修正，行政命令的合法性与否与该当构成要件要素的关联性减弱，构成要件该当性的判断侧重行政命令有无实际发挥法秩序规范回归呼吁的作用，使得行政命令构成要件要素该当性判断与法益侵害性建立起联系。

最后，行为人对行政命令的经历性不包括行政机关恶意滥用行政命令而行为人行为不具实质违法性的情形。比如，以消防责任事故罪为例，行政人员出于“报复”等私人原因恶意在行为人住所无消防隐患的情形下做出责令改正文书，事后行为人拒不整改但因自身用火不善导致火灾事故发生，不能以本罪论处。再如，以拒不支付劳动报酬罪为例，行为人拖欠员工薪资，行政人员出于“报复”等私人原因恶意在行为人没有逃避支付义务的情形下做出责令改正文书，行为人因为业务资金周转出现卡顿而没有按时支付劳动报酬，不构成拒不支付劳动罪。此类情形不构成相应犯罪的理由在于，行政命令自始对前部行为的违法状态作出错误认定，恶意滥用的行政命令不产生行为人履行义务以回归法秩序的呼吁，因为法益自始不存在危险。因而，刑法中行政命令的解释不包括行政机关恶意滥用行政命令而行为人行为不具实质违法性的情形。

---

① 参见王昭武：《法秩序统一性视野下违法判断的相对性》，载《中外法学》2015年第1期，第170页。

2. 行政命令经历性标准的司法适用

（1）行政命令经历性标准契合我国司法实践的惯常做法

这一解释结论符合我国司法实践中的惯常做法。表面上看，我国司法实践依据违法的行政行为对此类犯罪的认定不一，有的案件认定为犯罪，有的案件认定为无罪。但实质上，判决差异的背后体现的是行为人对行政命令的经历性标准。通过案例检索，违法的行政命令相关刑法案例罗列如下，其中例 1 至例 4 为法院依据违法的行政命令作出的有罪判决，例 5 与例 6 为法院依据违法的行政命令作出的无罪判决。通过对裁判理由的归纳与整理可以看出，形式上法院都在围绕行政命令文书是否送达、行政命令是否有效等问题作出回应，实质上法院作出有罪或无罪判决的实质理由在于个案中行为人对行政命令的经历性，或者说，通过行政命令的经历性而展现的行为人对法秩序回归呼吁的背离。

［例 1］ 孙某、陈某等消防责任事故案中，责令改正是否送达以及送达的形式成为争议焦点之一，被告人辩称责令整改通知程序不合法、没有接收到责令整改通知，法院最终认定构成犯罪。在案例解说部分，在结合行为人供述、民警证言以及笔迹鉴定的基础上，实务人员指出“以笔录的方式责令改正虽存有瑕疵，但不能否定其行政命令的真实性”。①

［例 2］ 胡某拒不支付劳动报酬案中，针对行为人提出未收到责令改正指令书的上诉意见，二审法院认为，“经查，胡某逃匿前有转移财产的行为，其告知有关职工的短信内容为‘无力支付工资，原手机号将不再使用，让工人不要联系’，该短信内容证实其逃匿的主观故意，劳动保障部门的责令改正指令书送达方式合法有效。故上诉人胡某的上诉理由与法相悖，不能成立，本院不予采纳”。②

［例 3］ 符某玩忽职守案中，民警符某因为在发现何某 1 的出租屋存在消防隐患的情况下没有认真履行职责，只是口头责令何某 1 整改而没有做出书面的

---

① 孙某、陈某等消防责任事故案，北京市海淀区人民法院（2013）海刑初字第 2639 号刑事判决书，载国家法官学院、中国人民大学法学院编：《中国审判案例要览（2015 年刑事审判案例卷）》，中国人民大学出版社 2017 年版，第 101—106 页。

② 胡某拒不支付劳动报酬案，山东省枣庄市中级人民法院（2016）鲁 04 刑终 13 号刑事裁定书。

责令改正通知书，最终导致火灾事故发生，构成玩忽职守罪，免予刑事处罚。由于笔者能力有限，没有找到何某1构成消防责任书事故罪的原始文书，但本文书提及“已经查明何某1已经因犯消防责任事故罪，于2015年4月1日被本院判处有期徒刑三年，缓刑五年”。[①] 据此，本案中口头做出的行政责令依然该当相应的构成要件。

[例4] 吴某危险作业案中，辩护意见提出本案中行政部门的前置行政行为不规范、履职不到位，二审法院在综合各类证据的基础上实质考察了行为人是否接收到行政部门的前置行政行为，“上述证据足以证实‘浙某渔15381’船于2021年8月2日检查时，吴某被行政执法部门明确告知并清楚知晓船上船员证书不齐全不能出海，只有船上证书齐全才能出海”。[②]

[例5] 管某拒不支付劳动报酬案中，争议焦点为人社局以短信的方式向行为人提供的手机号码下达责令改正决定书是否履行了责令支付的前置行政程序。具体到案件事实，行为人案发前已经向人力局提交同意用工程款支付所拖欠农民工的工资的保证书，而随后用自己的身份证更换新手机号，保证期限届满后该局多次拨打其电话无法与其取得联系，随后以短信形式送达责令支付决定书。二审法院认为，该局的短信内容没有告知责令改正决定书的内容，该局也没有在无法将文书送交行为人本人的情况下通过留置送达的方式向行为人送交文书，因而认定现有证据不足以证明行政机关已经履行责令支付的行政前置程序。二审法院同时采纳了一审中辩护人的辩护意见，其中着重强调管某不存在逃匿的行为与意思，“管某虽然更换了手机号，但仍然用自己的身份证办理了新手机卡。管某是在哈尔滨火车站欲回大庆出示自己身份证时被抓获的。管某被抓获之前也一直同高某1有联系，因此管某不存在逃匿的行为”。[③]

[例6] 张某拒不支付劳动报酬案中，争议焦点同样是有关部门是否送达责令改正决定书，一审法院认为，“经查，（1）没有充分证据证明在惠某小区张

---

① 符某玩忽职守案，海南省第二中级人民法院（2017）琼97刑终96号刑事裁定书。

② 吴某危险作业案，浙江省舟山市中级人民法院（2022）浙09刑终71号刑事裁定书。

③ 管某拒不支付劳动报酬案，黑龙江省大庆市中级人民法院刑事裁定书（2020）黑06刑终182号。

贴了该决定书；（2）2014年11月张某施工结束，后已回到北林区居住，2015年7月还将该小区视为张某施工工地予以张贴不妥；（3）以发送短信方式将该内容发送给153××××××××，但是没有证据证明此时该号码的使用人是张某。故政府有关部门没有依照法定程序责令张某支付劳动报酬”。①

有罪判决的案例中，法院均在强调行为人对行政命令的经历性，即便送达形式存在缺陷，但行为构成犯罪的根据在于借助行政命令的经历性所展现的行为人的规范违反态度。例1中，实务人员强调的是行政命令的真实性，而非行政命令的有效性与合法性，换言之，法院审查的重点在于行为人是否接收到行政命令所代表的回归法秩序的呼吁。例2中，法院以行为人逃匿的主观故意证明行政责令文书送达的合法有效，虽然这一思路的逻辑合理性存在疑问，但也侧面传达实务人员所认为的此类犯罪的刑事处罚根据在于行为人对规范呼吁的背离，行为人在明知会接收到代表法规范回归呼吁的行政命令的情况下恶意逃避拒不接受，应当视为行为人经历了该行政命令，这一拟制的理由与实际接受到行政命令一致，在于行为人所展现对行政命令所代表的法秩序回归呼吁的背离。例3中，口头作出的行政命令该当相应的构成要件，只要有证据充分证明行为人实际经历行政命令，接收到行政命令的法秩序回归呼吁，无论送达的形式如何依旧该当相应的构成要件。例4中，法院审查的重点不在于行政命令是否符合行政法的要求，而在于行为人是否明确接受到行政机关的警示。同样地，无罪判决案例中审查的也是行政命令有效性、合法性背后的行为人的法秩序回归态度。例5中，法院分析短信传达是否能够证明行政机关履行行政命令程序的同时，还分析了行为人不存在逃匿的行为，与其说法院审查的是行政行为的有效性，不如说是实质判断的是行为人是否展示出对法秩序的背离，行政命令在此充当行为人规范违反态度的判断材料之一。例6中，法院在具体审查短信送达的对象并非行为人使用的手机号码，张贴文书的小区也并非行为人居住地点的同时，还综合考虑了行为人没有逃匿的行为，换言之，行为人没有实际经历行政责令，也没有逃避的行为，因而不构成相应的犯罪。

---

① 张某拒不支付劳动报酬案，黑龙江省绥化市中级人民法院刑事裁定书（2019）黑12刑终41号。

（2）经历性标准的可行性分析

一方面，经历性标准的裁判重点不在于刑事审判的重点不是行政命令是否在行政法的层面合法与否，而在于行为人通过行政命令所展现地对法益侵害扩大风险的规范呼吁的无视。如前所述，有效性说的论者认为刑事法院不必审查行政命令的合法性，因为刑事法官没有相应的义务同时也缺乏相应的行政法专业知识。因而倘若采用经历性标准，刑事法官是否具有相应的行政法专业知识在此类犯罪认定中的重要性有所下降。

另一方面，诚然既有学者的努力令人尊敬，但相较而言，笔者认为经历性标准能够在协调刑法与刑法关系的基础上更好地平衡法秩序一致性、法安定性与实质正义不同价值间的紧张关系。

从比较法的角度，德国行政法学界认为，行政行为具有构成要件效力，即其他国家机关应当尊重有效的行政行为并将之作为自身决定的既定构成要件。换言之，除了无效的行政命令行为之外，即使行政行为存在瑕疵，但在有权机关撤销之前，法院和其他行政机关均应受其约束。在诉讼法层面，该问题的表述转化为行政行为作为刑事审判的先决问题，换言之，行政行为的效力作为案件主要问题或本案争议前提的法律问题，由于其属于其他法院或诉讼途径的管辖范围，但基于全面审查原则该先决问题通常会被附带审判。[①] 德国学者认为，这一效力的理论依据源自权力分立原则所涵盖的权力的合理分配与相互制约的法治国原理，同时也立足于宪法秩序统一所要求的权力之间的相互承认与尊重，国家机关之间这种相互尊重与承认的合作立场又被称为机关忠诚，此外，在行政法维度，基于功能适当原则，行政系统内的权限分配追求行政管辖秩序，特定问题的拘束判断不能由多个机关决定，如此才能使得国家活动一致性的面向公民，行政行为的拘束而从个人的角度出发则与个人正当期待与信赖的法安定性有关。[②] 在配套制度上，行政行为的构成要件效力意味着对行政行为效力的否认一般由法律规定的主体做出，在我国实定法语境下对应行政行为的法定撤

① 参见王世杰：《论行政行为的构成要件效力》，载《政治与法律》2019 年第 9 期，第 67—68、77 页。

② 参见王世杰：《论行政行为的构成要件效力》，载《政治与法律》2019 年第 9 期，第 69—70 页。

销制度。基于此，可以认为，行政行为的构成要件效力是法秩序一致性、法安定性、实质正义等不同价值予以权衡的产物。[①] 此外，值得注意的是，作出上述学说引入的论者在行政行为对刑事审判的约束问题上，主张将刑法中行政命令线索解释为合法的行政行为。

从法秩序一致性的角度，我国以民主集中制为基础的人民代表大会制度中存在权力分工与制约、机关忠诚的理念。[②] 合法性说观点主张刑事审判有权审查行政行为的合法性，这实际上意味着该说认为，在刑事审判特定语境下基于人权保障的考虑可以突破上述分工限制。然而，该说没有解决的问题是，倘若刑事审判对该行政行为作出合法性认定之后，行为人就该行政行为提起行政诉讼，而行政审判做出的判决与刑事审判作出的判决存在冲突时应当如何处理以及行为人应当如何救济，例如，刑事审判认为行政行为合法而认定行为人构成相应的犯罪，但行政审判认为该行政行为违法而予以撤销或确认无效。此时形成的判决冲突既违背行为人的合理信赖和预期，也会冲击人们心中的司法公信力。对于行为人来说，他会因为作为刑罚基础的行政行为被行政审判认定为不合法而感到愤怒与无措，他不知道自己为什么会基于一个效力存在缺陷的行政行为而受到刑罚处罚。对于一般社会公众来说，人们也会感受到无所适从，假如他们遭遇类似的效力存在缺陷的行政命令，他们基于上述情形的警示可能会选择立即质疑行政命令的合法性。简言之，合法性说基于刑法保障人权的考虑选择突破分工限制但却会冲击法的安定性。

对比而言，如果采纳本文主张的经历性标准，由于刑事审判的重点已经从行政命令的合法与否转向行政命令的不法内涵，刑事审判中行政命令合法性的有关内容实际上充当的是行为人在法益侵害进程中展现地对法秩序回归呼吁背离态度的证明材料。据此，从法秩序一致的分工限制角度，刑事审判充分尊重了行政机关作出的行政命令的效力，其在判决书中提及的有关行政命令效力的内容只是行为人规范违反态度的证明材料，并不发挥任何行政法层面行政命令

---

① 参见王世杰：《论行政行为的构成要件效力》，载《政治与法律》2019 年第 9 期，第 81 页。

② 参见王世杰：《论行政行为的构成要件效力》，载《政治与法律》2019 年第 9 期，第 72 页。

效力审查的作用。有论者认为，刑事法官对行政行为的审查只是作为本案的证据，法官只需要对其进行采纳或排除的判断，跳出本案范围对其展开行政法效力上的判断是行政诉讼的任务。① 以经历性标准理解这一观点，法官对行政命令的审查仅限于行为人在法益侵害进程中的规范违反查明，即便刑事法官在文书中提及行政行为的效力，该效力认定也仅及于本案，行为人不能依据刑事判决对行政命令的效力认定结论主张该行政命令已经被撤销或确认无效，行为人依旧要通过行政法程序来对其加以认定。② 从法安定性的角度，经历性标准可以通过行政命令的不法内涵明确地告知行为人其受到刑罚处罚的实质理由，即在接收到法秩序回归呼吁时选择忽视潜在的法益侵害风险，其受到刑罚处罚的根据与行政命令合法与否不存在必然的联系。可以说，经历性标准可以合理规避刑事审判对行政行为效力的界定与有权撤销机关的认定冲突从而引发的对法安定性的冲击。从实质正义的角度，经历性说在校准合法性说过于侧重行政法而忽视刑法的视角的同时，能够在罪刑法定原则的约束下实现人权保障与法益保护的平衡。

五、结　　语

行政命令作为影响犯罪成立的因素的立法现象对刑法教义学提出一系列挑战，刑法中的行政命令处于刑法与行政法的交叉地带，本文以行政命令的不法内涵为线索，在解决刑法的体系定位问题的基础上，反思了既有行政法解释路径的不足之处，主张回归到刑法路径并结合行政命令的不法内涵予以解释适用。

经过本文的考察，可以获得如下基本结论：（1）刑法中行政命令的体系定位与解释适用应当以行政命令的不法内涵为核心线索展开讨论。是否具有不法内涵线索的引入在行政命令体系定位与解释适用中主要发挥以下三个功能：第一，帮助拨开笼罩在既有学说之上客观处罚条件说体系定位的概念迷雾；第二，简化既有争论，使得行政命令体系定位的核心问题得以浮现，即行政命令是否

① 参见刘夏：《犯罪的行政从属性研究》，中国法制出版社2016年版，第279页。
② 参见刘夏：《犯罪的行政从属性研究》，中国法制出版社2016年版，第279页。

具有不法内涵；第三，行政命令是否存在刑法解释的可能性取决于行政命令是否具有不法内涵。(2) 本文赞同以规范论为基石的行为无价值的二元不法理论，主张行政命令的不法要素说，行政命令具有如下不法内涵而应当定位于构成要件要素，通过“前部的违法行为 + 中间的行政命令程序 + 事后行为人的反应行为”的行为结构，确定行为人拒不履行行政命令的义务表明其对法益的侵害累积到值得刑罚处罚的程度，行政命令在这一环节发挥法秩序回归的呼吁与规范指引功能，旨在让公民把握住这一法益修复与弥补之机会。相较不法无涉说，不法要素说能够较好地维持刑法条文作为行为规范与裁判规范的效力，从而保护法益，也能够更好地实现刑罚的目的。(3) 行政命令具有不法内涵是围绕行政命令展开构成要件解释的逻辑前提。刑法中的行政命令的解释不应遵循行政法的路径而解释为合法的行政命令或有效的行政命令，而应当在刑法路径下结合行政命令的特殊不法内涵解释为行为人实际经历的行政命令，此类犯罪的处罚根据在于通过行政命令的经历性而展现的行为人对法秩序回归呼吁的背离。此外，行为人实际经历的行政命令不应包括行政机关恶意滥用行政命令而行为人行为不具实质违法性的情形。

（初审：纪佳婧；校对：王海容）

主题研讨：
《民法典》适用研究

《民法典》第147条（重大误解）的理解与适用：一个功能主义的视角

江　辉*

摘　要：重大误解的理论模式主要分为形式主义二元论与实质主义一元论两大阵营。形式主义二元论单方面地对表意人意思与表示的一致性作出考察，未能兼及“相对人的参与性”这一诱发性要素，导致重大误解在价值上的正当性及技术上的可操作性均存在显著缺陷。实质主义一元论尽管分离出“相对人的参与性”这一实质要素，但这一实质要素在价值上难以涵盖公平正义原则，导致一些应予调整的案件无法给予必要调整；并且，该要素项下的“相对人应当知道错误”以及“双方存在共同错误”两项主观要件事实，在法技术上欠缺可操作化的举证方案。功能主义视角下，实质主义二元论将重大误解划分为两种基本类型，即诱发型错误与自发型错误，其分别以“风险领域”及“给付对等”为判断标准。两种判断标准所涉及的要件事实不仅全面贯彻了私人自治与公平正义两种价值，并且同属于可操作化的、易于举证的客观事项。借此，重大误解制度的价值方针（实体层面）与技术方案（程序层面）能够充分维持协调一致，其司法效益与社会效益也由此获致最大化提升。

---

* 江辉，山东大学法学院博士研究生。

关键词：重大误解；实质主义二元论；诱发型错误；自发型错误；风险领域；给付对等

作为法律行为制度以及私法自治中的核心问题，重大误解的具体构成在民法史上引发了旷日持久的争议，① 迄今未有定论。传统的民法教义学多从实体规则（行为规范）与静态化视角追求客观真实，但由于其难以兼顾法技术层面（裁判规范）的可操作性要求，以致其价值目标与实践结果之间呈现分离状态。② 具体而言，根据《民法典》第147条之规定，“基于重大误解实施的民事法律行为，行为人有权请求人民法院或者仲裁机构予以撤销”。从行为规范的

① See Savigny, System des heutigen Römischen Rechts, Band Ⅲ, Berlin 1840; Wolf, Error im Römischen Vertragsrecht, Köln 1961; Kramer, Der Irrtum beim Vertragsschluss, Zürich 1998; Schwaab, Zum Irrtum beim Vertragsschluß, Frankfurt 2000; Zitelmann, Irrtum und Rechtsgeschäft, Leipzig 1879; Rothoeft, System der Inrtumslehre als Methodenfrage der Rechtsvergleichung, Tübingen 1968; Grigoleit, Irrtum, Tauschung und Informationspflichten in den European Principles und in den Unidroit-Principles, in: herausgegeben von Schulze, Ebers, Grigoleit, Informalionspflichten und Vertragsschluss im Acquis communautaire, 2003, SS. 210 - 230. See MacMillan, Mistakes in Contract Law, London 2010; Birke Häcker, Consequences of Impaired Consent Transfers: A Structural Comparison of English and German Law, Oxford & Portland Oregon 2013; Cartwright, Misrepresentation, Mistake and Non-Disclosure, Third Edition, London 2012; 陈自强：《契约错误法则之基本理论》，台北，新学林出版股份有限公司2015年版；朱庆育：《民法总论》，北京大学出版社2016年版，第266—278页；韩世远：《重大误解解释论纲》，载《中外法学》2017年第3期。

② 在学界看来，民法规范具有行为规范（Verhaltensnormen）与裁判规范（Entscheidungsnormen）之双重属性：一方面依其清晰化的构成要件与法律效果为当事人提供行为（价值）指引，另一方面又进一步要求裁判者依据系争行为规范而为裁判。参见郑玉波著，黄宗乐修订：《民法总则》（修订11版），台北，三民书局2008年版，第11页。但事实上，具备行为规范与裁判规范之“双重属性”仅仅是民法规范的一种理想状态，在很多情况下，《民法典》中的许多规范仅以行为规范之面相呈现出来。例如，根据《民法典》第311条之规定，动产善意取得之认定系以“交付”为决定性判别标准，意味着法官原则上可以根据交付这一要件事实直接推定出其他要件事实（如双方之“合意”、取得人之“善意”），就此而言，《民法典》有关善意取得之规定应当被定性为裁判规范（同时亦为行为规范）。又如，根据《民法典》第597条之规定，无权处分之成立系以行为人无处分权为前提事项，但“无处分权”作为一种抽象化的权利状态，不像占有、交付那样具有可视化的事实外观，因而须进一步探寻其他相关事实以为佐证，在此意义上，《民法典》有关无权处分之规定仅为行为规范而非裁判规范。

视角来看，该规范将重大误解这一事实默认为已知前提，并未考虑如何查明意思表示存在重大误解，故无法应对要件事实在诉讼中陷于真伪不明的情形。①为回应上述困境，应当采用功能主义的研究范式，将行为规范所彰显的价值目标与裁判规范所提供的实践方案（尤其是举证责任的分配）相融合，以期制度设计与生活实际能够保持良好的接轨。②

本文的行为思路是：首先，自行为规范与裁判规范两重视角对法教义学视角下的重大误解理论展开系统性反思，一方面在行为规范视角下判断该理论在法价值上是否具备正当性，另一方面在裁判规范视角下检验该理论在法技术上是否具备可操作性。其次，通过反思传统理论的成功与不足，在功能主义视角下对重大误解重新作出价值定位，并通过必要的法律技术将有关价值在司法实践中加以贯彻落实。最后，在体系视角下检验重大误解与其他规范群体之间是否具有逻辑上的兼容性与协调性，避免功能主义视角下的重大误解制度与现行法之体系框架发生脱轨。

一、法教义学背景下重大误解的功能局限与反思

《民法典》第 147 条及《最高人民法院关于适用〈中华人民共和国民法典〉总则编若干问题的解释》（以下简称《总则编司法解释》）第 19 条并未明确规定重大误解的具体构成，须借助必要的法律技术与法学方法进行适当提炼。比较法上，针对重大误解（错误）的基本构成，共产生了形式主义二元论与实质主义一元论两种理论模式。

（一）形式主义二元论的功能局限

按照形式主义二元论，重大误解分为表示错误（即意思与表示不一致）与

① 关联理论，参见［日］伊藤滋夫：《要件事实的基础——民事司法裁判结构》，许可、［日］小林正弘译，法律出版社 2022 年版，第 9—10 页。

② 为克服法教义学研究范式的封闭性与保守性，使专业逻辑与生活观念之间充分保持融洽与协调，功能主义对民法规范所原有的裁判规范与行为规范之双重面貌进行准确还原，致力于创造一种共有的知识，便利专家阶层与民众阶层对各种疑难的案件进行更为知情的辩论，以免专业团体与业余行动者之间爆发矛盾，争相推出自己对现实的定义。

动机错误（即意思与事实不一致）两种基本型态（形式要件的二元性），其中仅表示错误属于受关注的错误类型，动机错误原则上不受斟酌。另外，表意人之意思表示一经陷入表示错误，则原则上可在不考虑相对人因素的情况下，为表意人赋予一项错误撤销权，仅使其向相对人赔偿由此导致的信赖利益损失。① 比较法上，形式主义二元论主要为德国法（《德国民法典》第119条）所采取。

1. 法价值缺陷：信赖保护的价值缺位

针对重大误解形式主义二元论的价值基础，传统法教义学立足于“单方私人自治”视角指出，“在意思表示陷于错误之情形，由于法律后果无法为表意人之自我决定所涵盖，使其承担此种后果显然不再是自决中的自我塑造（Selbstgestaltung），此时法律应当给予表意人一个矫正错误的机会，允许其以重大误解为由主张撤销”。② 但问题在于，如果允许表意人主张错误撤销以回复决定自由，那么交易相对人的合同目的便会因此落空，这意味着相对人的决定自由将难获保障。例如：

［**例1**］甲以100万元之价格将自己的A车出售于乙，不料疏忽之下将妻子的B车（与A车型号不同，但外观相仿）错交于乙。随后，不知情的乙又以150万元之价格将该车转售丙，但尚未完成交付。（其他事实：甲与乙订立合同期间，乙共产生50元的缔结费用）

在本案中，根据形式主义二元论，甲可以以表示错误为由撤销合同，以维护其自我决定权。不过在价值判断上却存在这一困境：在私人自治之下，表意人甲的自我决定权固然值得重视，但作为交易上的平等主体，相对人乙的自我

---

① 参见杨代雄：《〈民法典〉第147条（重大误解）评注》，载张志铭主编：《师大法学》2019年第2辑，法律出版社2020年版，第155页；王利明主编：《中国民法典评注·总则编》（下），人民法院出版社2021年版，第496页（冉克平执笔）；朱庆育：《民法总论》，北京大学出版社2016年版，第267—278页。

② 参见杨代雄：《〈民法典〉第147条（重大误解）评注》，载张志铭主编：《师大法学》2019年第2辑，法律出版社2020年版，第147页。Vgl. Reinhard Singer, in: Staudinger Kommentar BGB, 2021, §119 Rn. 1.

决定权难道就可以被忽略?[①] 对此，显然应作否定回答。

由于形式主义二元论过度顾及表意人的自我决定，忽视了相对人的信赖保护，以致价值评价的“大方向”上偏离正确轨道，因而，无论其在类型划分上如何攻于机巧（例如对表示错误与动机错误作出区分），归根结底都是南辕北辙之举。[②] 就我国实证法而言，根据《总则编司法解释》第 19 条第 1 款，“行为人对行为的性质、对方当事人或者标的物的品种、质量、规格、价格、数量等产生错误认识，按照通常理解如果不发生该错误认识行为人就不会作出相应意思表示的，人民法院可以认定为民法典第一百四十七条规定的重大误解”，该规定未能虑及相对人对“错误认识”的参与性因素，显然也是一个典型的单方面的表意人视角（可谓之“形式主义一元论”）。因此，应对该条款作出否定性评价。

民法学说之检讨，不仅要立足于法哲学视角追溯系统性成因，也要透过民法学视角作出结构性反思。支持形式主义二元论的学者拥有一套完备的系统性论据作为其学说后盾，本文试结合民法原理对其作出系统检讨。

其一，基于“机会利益”视角的论证。这种观点指出，在重大误解场合，表意人意思表示不真实，以（纯粹的）意思主义观之，其并没有表达表意人之真实意愿，在此意义上应为无效；但在表示主义视角下，行为人不能将自己的错误转嫁他人，因此错误不应影响法律行为之有效性。当两相结合，意思表示出现错误（重大误解）时，法律秩序就必须在完全有效或完全无效的两个极端

① 此外，善意相对人乙原本可以根据善意取得（《民法典》第 311 条）之规定取得标的物所有权，如今这项权利却可能因表意人甲的撤销权而被架空，在评价体系上难免有失妥当。诚然，人们可以根据“特别法优于一般法”规则来回应排斥性竞合问题，但法律漏洞的大量存在也尽是客观事实。换言之，基于“特别法优先”的考虑只是一种“逃避”式方案，无法从根源上解决上述问题。

② 就我国实证法而言，根据《总则编司法解释》第 19 条第 1 款：“行为人对行为的性质、对方当事人或者标的物的品种、质量、规格、价格、数量等产生错误认识，按照通常理解如果不发生该错误认识行为人就不会作出相应意思表示的，人民法院可以认定为民法典第一百四十七条规定的重大误解。”该规定未能虑及相对人对“错误认识”的参与性因素，显然也是一个典型的单方面的表意人视角（可谓之“形式主义一元论”）。因此，应对该条款作出否定性评价。

之间有所调适，因此将其作为可撤销事由。[①]

这种观点以“错误可撤销”为出发点，通过提高撤销成本与期间压力对表意人施加限制，增加法律行为终局生效的机会，从而以此“机会利益”体现对相对人信赖利益之合理保护。就此来看，形式主义二元论似乎折中了意思主义与表示主义两种立法模式。但本文认为，“机会利益”视角所蕴含的撤销成本与期间压力等因素并没有完全消除相对人所面对的效力风险，只要法律行为的效力在撤销权除斥期间始终处于“悬置”状态，表意人就于该特定期间持续掌控着撤销权之行使，这意味着相对人之原定利益随时可能被替代利益所置换。由于无法借助自己的必要谨慎来克服咨询鸿沟，导致相对人失去了对自我事务的控制能力，从而陷入一种不自由与不安全的状态之中。

其二，基于“替代利益”视角的论证。这种观点认为，“保护善意相对人的价值判断并不一定非要在是否构成重大误解上体现，相反，在撤销时的损害赔偿责任上予以体现，则更为妥当”。[②]

在这种观点看来，原定利益（履行请求权）与替代利益（损害赔偿请求权）具有高度同一性，二者甚至可以相互取代。但事实上，二者在功能上存在本质区别：原定利益与替代利益对权利人所产生的保护强度不同，前者所产生的保护强度通常比后者更高。理由在于，在意思表示或者合同被撤销之后，针对信赖利益之赔偿往往无法填平相对人履行利益之损失。[③] 在例 1 中，针对履行

---

① 参见朱庆育：《民法总论》（第 2 版），北京大学出版社 2016 年版，第 267 页。

② 参见翟远见：《重大误解的制度体系与规范适用》，载《比较法研究》2022 年第 4 期，第 158 页。

③ Vgl. Werner Flume，Das Rechtsgeshäft，4. Aufl.，1992，S. 511；杨代雄：《〈民法典〉第 147 条（重大误解）评注》，载张志铭主编：《师大法学》2019 年第 2 辑，法律出版社 2020 年版，第 152 页。事实上，我国民法典并没有明确区分履行利益与信赖利益。《民法典》第 171、172、311、597 条等作为重大误解的平行规范，确立了以履行利益为单一标准的单轨制信赖保护原则，而非如德国那样确立了以信赖利益与履行利益为双重标准的双轨制信赖保护体系（Grundsatz der Zweispurigkeit des Vertrauensschutzes，参见《德国民法典》第 122、179、284 条等）。这一单轨制信赖保护原则在总体法秩序层面为整体类推奠定了稳固的体系基础：基于这一单轨制信赖保护原则，重大误解责任应以履行利益而非信赖利益为标准，这意味着表意人不能单方面地以维护决定自由为由主张撤销，并辅以信赖利益之损害赔偿。

利益的赔偿为50万元，而针对信赖利益的赔偿却仅有50元，二者差距悬殊。[①]

综上可知，形式主义二元论无论在立足于何种视角，均难以产生实质性说服力。鉴于形式主义二元论之立法模式给相对人之信赖利益造成了较大损害，学说上进而产生了一种“改良主义”式的修正方案。该方案将“表意人无过失”作为重大误解救济的消极构成要件，当表意人有过失（或重大过失）时即排除其撤销权，以有效平衡表意人之行动自由与相对人之信赖保护。[②] 这一观点有着较为稳固的立论根基，因为它牵动着强烈的体系效应，能够引向《民法典》第147条与第171条第3款之间的体系关联（它们均属于信赖保护体系之一环）。针对《民法典》第171条第3款之规定，有学者指出：“本款存在一个自始的、立法者未意识到的隐藏漏洞：无论行为人知道还是不知道其无代理权，最终的损害赔偿责任是一样的，显然对不知道自己无代理权的行为人过于严苛。因此在方法论上，法官可以通过《民法典》第4条、第5条及第6条为上述解释提供证立基础，从而避免证立的无限递归：根据平等原则，同样情况应该同样对待、不同情况应该不同对待，对无权代理人是否知道自己无权代理不作区分与平等原则相悖。”[③] 笔者揣测，正是基于这一考虑，为顾及体系效应，有学者才将“表意人之无过失”作为主张重大误解撤销权之消极要件，即在表意人有过失时排除其撤销权，使其以履行利益为标准承担责任，从而与那些仅以信赖利益为责任范围的无过失之表意人作出区别对待，进而形成一种履行利益与信赖利益并存的双轨制信赖保护体系。

---

① 退一步讲，即使例外地允许相对人主张针对履行利益之损害赔偿，也并不意味着相对人之损失能够得以完全弥补。这是因为，在相对人为买方的情况下，其缔结合同之目的无非是以一定数额之金钱换取具有同等价值的其他财产，而主张损害赔偿的现实结果仍然只是获得一笔金钱，这无疑使得相对人之交易目的彻底落空。况且，损害赔偿请求权之实现以表意人具有清偿能力为前提，若表意人无清偿能力，难免使得原本就已经宣告目的落空的相对人法律地位雪上加霜。

② 参见王利明、崔建远：《合同法新论·总则》，中国政法大学出版社2000年版，第284页。相关立法，参见我国台湾地区“民法”第88条第1款但书，《日本民法典》第95条但书。

③ 参见方新军：《内在体系外显与民法典体系融贯性的实现 对〈民法总则〉基本原则规定的评论》，载《中外法学》2017年第3期，第579—580页。相同观点，参见朱庆育：《民法总论》（第2版），北京大学出版社2016年版，第361页；杨代雄：《法律行为论》，北京大学出版社2021年版，第556页；陈自强：《契约法讲义Ⅰ：契约之成立与生效》，台北，元照出版公司2018年版，第358页。

依本文之见，这一论述是以捍卫平等原则为出发点，但实际上恰恰是违背了平等原则——这是贯彻“单边私人自治”原则的必然结果。这种思维只考虑到行为人一侧之情事，俨然将相对方之信赖利益置之不顾，在价值衡量方面显然违背了“平等的正义”。自常理出发，在行为人出于善意（不知）与出于恶意（知道）两种场合，如果善意相对人均尽到相同之注意义务，那么这两种场合的善意相对人应被置于同等之保护地位，不因行为人善意恶意而有所不同。反之，如果认为，不知道自己无代理权的行为人应当受到优待，其所承担的责任应以信赖利益为限，那么这种优待待必会牵累到善意相对人，因为仅赔偿信赖利益通常无法填补善意相对人之全部损失，以致此种场合（即行为人善意场合）的善意相对人在法律地位上劣于其他场合（即行为人恶意场合）的善意相对人。实际上，立足于总体法秩序来看，行为人可归责性程度对信赖责任之范围根本不生影响，恰如在给付障碍（违约）场合，债务人违反义务究竟是出于故意还是出于过失，原则上不会成为赔偿范围的判定标准，因为惩罚与制裁并非民法的基本功能，故民法原则上不对行为人的可归责程度作出区分。照此推理，在重大误解场合，可撤销性之判定不应取决于表意人的可归责情况，只要相对人产生合理信赖，原则上均应给予履行利益之保护。

自根源上来看，法教义学研究范式所孕育的形式主义思维模式是形式主义二元论所赖以存在的基础，① 在这种思维模式的支配之下，重大误解制度在思

---

① 形式主义二元论所贯彻的思维模式是一种纯粹的形式化思维，它直接根据上位概念即“自我决定”演绎出其下位概念即“意思与表示（现实）不一致”，并未立足于价值评价角度透过表意人的意志自由看到相对人的意志自由。循着重大误解的研究范式反观传统民法体系的思想基础——意志理论，更深层的问题便会借此浮现出来。意志理论背景下的传统民法理论，以自我意志为中心，以支配客体为对象，抽象出“私人自治”这一形式概念，意为“以自我意志为自己塑造法律关系”，进而形成了五编制意义上的权利体系，即债权、物权、亲属权与继承权。Vgl. Friedrich Carl von Savigny，System des heutigen römischen Rechts，Bd. Ⅰ，1840，§53. 如此一来，整个法律关系就成为“个人意志的独立支配领域”。在此基础上，传统民法领域形成了以法律行为为中心，以物债二分为特色的基本框架。这种根植于德国唯心主义哲学之上的民法体系，缘起于 Savigny，定型于《德国民法典》，风靡于20 世纪，几乎统治了整个德国民法典时代。并且，德国将这种在抽象领域孕育的意志理论输入到其他国家，潜伏于那些德高望重的学者心中。事实上，法学是经由其价值目标所决定的通俗体系来获得它的现实权威，但法学前辈们曾经提出的民法思想史上影响最为深远的理论，却越来越偏离日常生活、偏离真理，以致不能够继续维持从前它在现实中的崇高地位。

想基础上已经偏离了正确价值目标的指引，以致人们单方面过多地关注表意人之自我决定，却难以兼顾对相对人之信赖保护。

2. 法技术困境：内心意思的解释难题

在形式主义二元论模式下，判断法律行为是否存在重大误解，仅须立足于表意人之视角，考察其内心真意与外部事实是否一致，毋庸检索相对人对重大误解的参与因素。就此来看，相较于其他理论，形式主义二元论在可操作性方面似乎更具优势。但事实未必如此，举例如下：

［**例2**］在D公司与王某等合同纠纷案中，D公司工作人员将赔偿金额7万元写成了14万元，与其应当支付的实际费用形成巨大误差。然而，由于拟定协议书时双方已对协议书签字盖章确认，难以认定协议书的签署存在书写错误，故法院以此为由驳回原告有关重大误解之主张。①

［**例3**］在近日广为流传的1000万元重金寻狗案中，失主在悬赏广告中明确表示，寻得下图中的名犬并归还者给予其1000万元酬金，不料当日便有市民寻得案涉之狗，然而失主仅向找到狗的市民给予5000元奖励。②

就例2而言，书写错误属于典型的表示错误，但对于协议书所记载的14万元，究竟是双方协商的结果，还是工作人员书写错误，法院难以查证。就例3而言，案件的真实情况涉及多种可能，比如，失主在悬赏广告中将奖励数额写错（表示错误），或者他对狗的品种评估有误（动机错误）……凡此种种，表意人之内心真意究竟何所指，同样难以查明。③

事实上，只有在双方当事人以及裁判者这“三方”视角下都能够查明和理解某项法律事实时，法律规范的“涵摄”工作才能得以顺利展开。就例2与例3而言，如果表意人确实存在表示错误的客观情况，并且根据行为规范的规范

---

① 参见D公司与王某等合同纠纷案，北京市第三中级人民法院（2022）京03民终7980号民事判决书。

② 参见江振东：《“1000万元寻狗悬赏案”——中国版本“特里尔啤酒拍卖案”》，载微信公众号“中德法教义学研究院”。

③ 恰如16世纪早期的一本书《博士与学生》（*Doctor and Student*）所提到的那样，人类之法无法判断内心意图，唯有上帝之法才能够做到这一点。See Joseph M. Perilld, “The Origins of the Objective Theory of Contract Formation and Interpretation”, *Fordham Law Review*, vol. 69, no. 2, November 2000, pp. 432 – 433.

意旨应当予以救济，但依靠现有的司法技术却无法查明表示错误之事实，如此一来，则难免导致裁判规范的实践方案与行为规范的价值预设遥相背离。由此可见，对于一项法律规范而言，其根本任务不在于从客观真理的静态视角去规定某项事物“实际上是什么”，而在于从共识真理的动态层面向人们指明应当“如何去理解”这项事物。① 但实例表明，重大误解形式主义二元论尚未满足这一技术要求。

（二）实质主义一元论的功能局限

按照实质主义一元论，当表意人陷于认识错误（不再区分表示错误与动机错误）时，原则上使法律行为根据表示之外观发生效力，仅当相对人对错误之形成具有参与性时（实质要件的一元性），始允许表意人基于重大误解主张救济。至于相对人的参与性，共体现为对方知道或者应当知道错误而悖于诚信地未告知表意人、错误是由相对人的不实信息所引起的以及共同错误三种基本情形，对此又可整合为单方错误（unilateral mistake）以及双方错误（mutual mistake）两种基本型态。② 比较法视野下，实质主义一元论主要为英国、奥地利、荷兰等国家所采取。

1. 法价值缺陷：公平正义的价值缺位

在实质主义一元论框架下，人们从根本上改变了对重大误解的观察视角，即从表意人视角转向了相对人视角，开始有意识地从正面去维护相对人之信赖利益。在方法论层面，实质主义对相对人自我决定权的关注，所体现的正是现代哲学从本我论向社会论的转型，即从立足于自我主体的论证理性向立足于交

① 自从康德提出自然法则是人类的建构以来，人们已经开始从关注实质转向关注功能，从试图理解事物的“真实”面目（事物的实质，本体论）转向仅仅从事物与特定观点的“功能”关系（事物的功能，认识论）来理解事物。因而，在认识论（知识功能论）视角下，如果一种表征在一个表象系统中发挥了使客观性成为可能的那种作用，那么它就是知识。Vgl. Cassirer Ernst，“Substanzbegriff und Funktionsbegriff：Untersuchungen über die Grundfragen der Erkenntniskritik，1910，S. 315”；See Mathias Reimann/Reinhard Zimmermann，*The Oxford Handbook of Comparative Law*，Oxford University Press 2006，p. 355.

② 参见陈甦主编：《民法总则评注》（下册），法律出版社 2017 年版，第 1062—1064 页（韩世远执笔）。

互主体的理解理性的过渡。不过，根据实质主义一元论的逻辑构造，如表意人对错误有重大过失或不可宽恕（inexcusable）事由，则即使相对人有共同错误、引起错误以及明知或可得而知错误，表意人仍不得基于重大误解主张撤销。[①]这表明，实质主义一元论实际上走向了另一极端：将相对人的信赖利益凌驾于表意人的自决利益之上。这种主张同样不应赞同。理由在于，此种情形相对人的可归责程度已超过表意人，在法律后果上理应承受更多的非难，故而其履行利益不应受到保护。[②] 由此可见，针对形式主义二元论在表意人与相对人利益衡量方面的差错，实质主义一元论似有矫枉过正之嫌。

另外，实质主义一元论以相对人对错误之形成具有参与性为实质要件，有其可取之处，然而，对于现实中所涉及的疑难案例，参与性要件并不能提供充分的说服力。例如：

［例4］ 在著名的Shewood v. Walker（1887）案中，甲和乙在订立合同时均认为案涉之牛不能生育，遂以一个低价成交，但不久之后母牛就诞下一头小牛，于是买卖双方就该交易能否撤销诉至法庭。法院最终判决卖方有权撤销合同。

［例5］ 在Wood v. Boynton（1885）案中，在A以1美元的价格将一颗质地不明的未切割石头卖给了珠宝商B，然而双方均不知道，这颗石头是一颗价值1000美元的钻石。法院最终裁定珠宝商可以保留该钻石。[③]

上述两种情形皆可纳入双方共同错误（“相对人参与性”情形之一）之列，但法官却作出了截然相反的判决结果，可见“相对人参与性”这一要件无法决定案件的审理方向，以致法官不得不从其他事实中寻找更为可靠的依据。再如：

［例6］ 在A公司诉B厂重大误解返还预付款案中，用途为KB951110—7的合同是C公司与B厂之间的合同，但A公司误将其认为是A公司与B厂之间的合同并作出履行，由此产生错误付款或非债清偿（给付型不当得利）之间

---

① 参见陈甦主编：《民法总则评注》（下册），法律出版社2017年版，第1065页（韩世远执笔）；PICC Art. 3. 22 Comment 2；PECL Art. 4：103 Comment 2；DCFR Ⅱ. －7：201 Comment 2，对其解读，参见陈自强：《契约错误法则之基本理论》，台北，新学林出版股份有限公司2015年版，第218页。

② 同说，参见［日］山本敬三：《民法讲义Ⅰ：总则》（第3版），解亘译，北京大学出版社2012年版，第175页。

③ See Wood v. Boynton，64 Wis. 265，25 N. W. 42，1885 Wisc. LEXIS 45.

题。法院最终判决A公司的错误付款行为构成重大误解，应予撤销。①

在该案中，由于B厂对A公司的错误付款行为并无任何参与性可言，如果按照实质主义一元论，A公司将不能基于重大误解主张撤销。不过，如果仅因为表意人出现轻微过错，就剥夺其撤销法律行为并主张返还的权利，使得相对人因此获得无对价的给付利益，则显然与不当得利法中的公平理念发生冲突。在此意义上，实质主义一元论在个案公平正义方面存在价值缺位，有待学理与裁判对此作出补足与完善。

2. 法技术困境：主观归责的认定难题

实质主义一元论确立了双重归责标准，即客观归责标准（主张重大误解以错误是由相对人的不实信息所引起为前提）与主观归责标准（主张重大误解以对方知道或者应当知道错误且悖于诚信地未告知表意人，或者双方存在共同错误）为要件。对于两种归责标准的可操作性问题，检验如下。

［**例7**］在王某诉浙江A公司信息网络买卖合同纠纷案中，价值70多万元的全脂益生菌驼奶粉，因商家标错价格，被消费者趁机以1700元之价格买下，但商家拒绝发货且作退款处理，消费者遂诉至法院，要求对方继续交付商品。因商家未参加一审诉讼，故未能提起反诉。一审判决认为，买卖合同内容具体确定，已经按照法定要件成立并生效，商家未履行合同故应依法承担违约责任。二审判决认为，商家因工作失误或其他原因导致其产品标价错误，存在重大误解之情形，但商家未在法定期间内行使撤销权，涉案买卖合同合法有效，故应当依法履行合同。②

其一，客观归责标准：相对人引起错误。在例7中，由于表示行为属于商家自己所控制的风险领域，消费者对此不负有信息披露义务，因此只要消费者未曾主动实施某种误导行为，则无论商家是否产生表示错误，均不在法官考虑之列，故商家不得以重大误解为由主张撤销。由此可见，实质主义一元论所确

---

① 参见A公司诉B厂重大误解返还预付款案，上海市第二中级人民法院（1997）沪二中经终字第452号民事判决书。

② 参见王某诉浙江A公司信息网络买卖合同纠纷案，广西壮族自治区柳州市柳南区人民法院（2021）桂0204民初6904号民事判决书；广西高院：《法官说法丨商家标价失误售出低价商品的重大误解认定》，载澎湃新闻·澎湃号·政务。

立的客观归责标准，通过转换对重大误解的观察视角，一改以往理论中那些抽象的分析变量与论证素材，虽说未必能够保证案件处理结果符合实质公平，但至少能够在可操作性方面占据优势。

其二，主观归责标准：相对人知道或者应当知道错误；双方存在共同错误。对其分别检验如下：

（1）相对人知道或者应当知道。相对人知道这一情形相对比较明晰，但对于相对人应当知道，却并不容易判断。在学理上，判断相对人“应当知道”错误的基准在于，相对人对意思表示有效性的信赖是否达到“一般理性人”之注意水平。对于“一般理性人”立体化形象的建构，学者通常从主观与客观两方面入手：在主观方面，理性人的立体化建构既需要考察该理性人所具有的抽象能力，还需要确定该理性人所掌握的具体知识；在客观方面，判断信赖合理性时需要将资信行为所依赖的特定时空信息聚集起来，重构信赖行为所置身的时空。① 但实际上，这种方案在实践中并不具有可行性：其一，在定量考察方面，无论是立足于主观方面对当事人能力与知识进行审查，还是立足于客观方面对特定时空场景进行考察，其所涉及的信息量都是极其庞大的，这在实证调查中必然面临着巨大的技术难题。其二，在定性考察方面，由于价值判断具有极大的任意性与不确定性，欠缺一种基本结构，因而在实质论证方面也缺乏可供遵循的内在逻辑。比如，在例 7 中，如果认定消费者能够从相关情况中清楚地认识到商家存在表示错误，固然符合常理；但如果认为消费者有理由相信存在一个对其特别有利的交易，也未必不合情理。不同法院之间未尽一致的判决结果，足以表明法官在裁判中遇到了技术障碍。如此一来，重大误解制度便因其构成要件欠缺确定性的判断标准而难以实现可操作化。

（2）“共同错误”。如前所述，当事人的主观认识作为一种纯粹的心理事实难以为其他人探知，在此意义上，单方面地判断表意人的意思与现实是否一致已非易事，如果要立足于双方当事人视角，一并考察双方之意思表示是否同时陷于错误并且陷于同样的错误，在法技术上无疑面临着更大的障碍。

---

① 参见叶金强：《信赖原理的私法结构》，台北，元照出版公司 2006 年版，第 137—169 页。

综上可知，由于主观归责标准并非可操作意义上的判断标准，实质主义一元论在实践中难免因此陷于“技术困境”与“裁判失灵”之局面。有鉴于此，为了具体落实行为规范层面的价值目标，必须将重大误解抽象化的主观判断标准转化为可操作化的客观判断标准。

（三）视角转换：实质主义二元论对重大误解的功能补足

综上可知，法教义学所建构的重大误解传统理论模式在功能论（包含价值论与技术论两方面）上存在较大局限。首先，在价值论层面，传统理论模式所揭示的价值目标与正义法的基本精神存在较大偏差，从根源上偏离了正确价值目标的指引。具言之，形式主义二元论所遵循的“单边私人自治”原则，只是单方面地保护表意人之决定自由，未能合理顾及相对人之决定自由（信赖利益），因而无法契合民法上的平等保护理念；实质主义一元论所反映的信赖保护思想克服了形式主义二元论的先天不足，但其规定的“相对人的参与性”这一实质标准在价值上难以涵盖公平正义原则，导致一些应予调整的案件无法给予必要调整。其次，在技术论层面，传统理论模式植根于以逻辑演绎为基础的价值体系之上，超出了人们在智识上能够把握的现象范围，因而难以通过现有的司法技术对要件事实作出证明。由于实质主义一元论无法对重大误解的全部价值形态予以充分挖掘，导致部分价值元素不能够落实于具体的事实构成之中，故亦无法准确设计出一套可操作化的构成要件。具言之，形式主义二元论将意思与表示的一致性作为判断重大误解的基本依据，但以现有的司法技术通常无力查明表意人之真实意思；实质主义一元论以相对人的参与性作为认定重大误解的一般标准，但对于“相对人应当知道错误”以及“双方存在共同错误”两项主观要件，均欠缺清楚明确的判断标准，这无疑为法院的裁判工作增加了许多不确定性因素。

有鉴于此，为弥补重大误解传统理论模式的功能缺陷，诞生了重大误解的实质主义二元论这一新理论模式。[①] 实质主义二元论首先自事实认定角度入手，根据错误的起因将错误划分为诱发型错误（相对人引起的错误）与自发型错误

① 参见江辉：《错误法的新范式——义务违反论》，载苗萍主编：《中财法律评论》（第15卷），当代中国出版社2023年版，第150—151页。

（自己造成的错误）两种基本类型。在价值论方面，实质主义二元论按照利益衡量标准将两种错误的实质要件分别设定为可归责性以及给付失衡之双方面，力求兼济表意人之自我决定与相对人之信赖保护。在技术论方面，实质主义二元论所确立的价值体系乃是从法的整体秩序中提取出来，并结合了富有“生动气息”的民众经验以及普世性观念，因而能够融合专家阶层以及民众阶层所共同掌握的“共识性知识”，由此决定了这组价值体系在法律技术上的可操作性能够获得显著提升。① 另外，比较法视野下，实质主义二元论主要为美国法（《美国合同法重述》（第2版）第153条）所采取。

二、法价值定位：实质主义二元论对私人自治与公平正义的价值融合

在重大误解的法价值定位方面，鉴于法教义学所提供的法教义学研究范式已不足以支撑起本文的论证工作，故本文需结合邻近学科诸如法哲学以及法经济学的分析方法，在功能主义视角下对实质主义二元论展开分析，以期推进民法科学研究范式的更新与转变。②

---

① 私人自治与公平正义这组权威性价值系统乃是从富有“生动气息”的民众经验以及普世性观念这种客观领域中得到的话语体系，这意味着，如果要使得裁判得以顺利进行，则即使是作为专家团体的法官也不能不依赖于他所属的生活世界的前理论知识，而这种前理论知识是他作为外行在直观上获得的。如此一来，民众阶层与专家团体便能够同时专注于通过日常经验所形成的科学数据与符号结构；这些数据与结构皆是“共识性知识”，由此决定，法官与当事人在互动过程中，能够有效地产生说服效应与共振效应。

② 有学者认为，法学的科学性问题讨论的意义在于寻找法学区别于哲学、自然科学、社会学等学科的鉴别标准，只有在澄清何为“狭义的法学”或“原本的法学”之基础上，才不至于疲于应付“知识爆炸”时代多学科概念的无端入侵，而在学科内部不断形成“教义学共识”，促成本学科教义学知识体系之完善，维护法学（法教义学）作为一门独立科学的地位。参见舒国滢：《论法学的科学性问题》，载《法学论坛》2022年第1期，第159—160页。本文认为，只要认为有效的法兼具事实的效力与规范的效力之双重面向（Karl Larenz，Methodenlehre der Rechtswissenschaft.，6. Aufl.，1991，S. 65），就不能只从一个侧面对法学进行观察和定性，否则就会产生认知上的局限性。不难发现，在对某个规范构成要件的该当性考察中，我们既要立足于事实层面对因果关系等因素进行认定，也要立足于价值层面对可归责性、给付均衡等因素进行判断，前者受具象化的自然科学的支配，后者受抽象化的心理科学或社会科学的控制。

（一）兼及当事人双方因素的价值评价体系

通常而言，民法的基本原则作为连接法律规范与生活实际的桥梁，是探究法律问题之最佳切入点。当法律的某些基本原则被长期遵守时，它们会支配整个法律体系及其总体精神，以及其内部的每一条具体规则及其应用，使整个法律体系表现出极大的内在稳定性。① 作为一组系统性关联体，《民法典》第 4—6 条所预设的主体平等、私人自治与公平正义三项基本原则，一并构成民法体系的三大基础材料。《民法典》第 147 条（重大误解）作为三项原则的特别规则，理应将各项上位规范作为价值根基与逻辑起点，其所设定的功能目标不能抵触各项法律原则。首先，《民法典》第 5 条作为重大误解的上位规范，明定私人自治原则，为重大误解制度在顶层设计上奠定了价值基础。其次，在平等原则（《民法典》第 4 条）视角下，私人自治并非单方面照顾表意人之意志自由（即自我决定），它同时念及相对人之意志自由（即信赖保护），从而在最大限度内保证自己的意志自由与他人的意志自由同时并存［即“双向私人自治”（Privatautonomie als Selbstbestimmung beider Parteien）］；② 据此，当两种意志自由发生冲突时，不应认为一方当事人之意志自由相对于另一方之意志自由具有先验的优越性，并以此为由而想当然地牺牲另一方之意志自由，否则，便构成对私人自治原则与平等原则之双重违反。具体到重大误解场合，试举一则实例作出正当化说明。

在 G 公司与 H 公司维修合同纠纷上诉案中，G 公司对该部分维修费数额存在重大误解，给双方当事人造成一定的利益失衡。法院认为：“由于合同所涉及的不仅是一方之利益，还包括相对方之利益，尤其是一旦合同已履行完毕，相对方的信赖成本已经形成，此时如允许表意人基于重大误解行使撤销权或变更权，使其单方面挽回损失，无疑会在双方之间造成新的利益失衡。”③ 这一经

---

① See Friedrich August Hayek, *Law*, *Legislation and Liberty*: *A New Statement of the Liberal Principles of Justice and Political Economy*, Routledge Classics 2013, p. 63.

② Vgl. Reinhold Zippelius, Rechtsphilosophie, 2007, S. 138; Thomas M. J. Möllers, Juristische Methodenlehre, 4. Aufl., 2021, §9, Rn. 43.

③ 参见 G 公司与 H 公司等合同纠纷案，北京市第二中级人民法院（2020）京 02 民终 3456 号民事判决书。

典判词表明，法院对在利益衡量之时并未单方面顾及表意人或相对人之一方，而是兼及双方因素，贯彻“双方私人自治”。这种双边论证原则（Prinzip der zweiseitigen Begründung）消除了形式主义二元论中的“意思教条”思想，同时克服了实质主义一元论对表示相对人保护过度的倾向，因而能够在表意人之决定自由与相对人之信赖保护之间充分达成折中之道。

在确定重大误解的适用条件时，可从德国法哲学家 Heinrich Hubmann 的“目的论—规范的利益衡量”（Die teleologisch-normative Interessenabwägung）理论中获取思想启示。按照这一理论，法官对各种利益与价值的偏好取决于这些利益与价值的顺位关系。为了界定利益与价值之间的顺位关系，法官需要考察不同利益与价值的“尊重要求”（Achtunganspruch）及与此相关的“评价因素”（Bewertungsfaktor）。具体而言，这些评价因素首先是由客观标准即抽象秩序以及事实关系两方面所决定，其次是从主观标准即人的行为的无价值性中推导出来。[①] 如此一来，Heinrich Hubmann 就区分出了客观与主观之双重价值评价因素，这为调整利益冲突确立了一条指针。不过，本文认为，在利益衡量与价值评价的客观因素与主观因素的考察顺位方面，占据优先地位的是主观因素而非客观因素，因为主观因素属于人的意志能够自由支配的领域，只有将这一因素作为决定具体法律效果的优先考量标准，才能够在民事救济制度中催生出一种良好的行为激励机制，进而维护法律交易的稳定与高效。对此，本文将在后续部分逐步深化这一论述。

（二）诱发型错误：对私人自治原则的贯彻

利益与价值的评价因素首先是由主观标准即人的行为的无价值性所决定的。根据行为本身是否符合利益和价值的尊重要求，人的行为被赋予了价值性（Wertcharacter）或无价值性（Unwertcharacter）之特性。据此，只要人遵守自己的戒律，其行为价值就会与事实价值相符合，此时客观利益情况的优先倾向就不会出现新的评价因素；反之，如果人违反利益与价值的尊重要求，则会产

---

① Vgl. Heinrich Hubmann, Grundsätze der Interessenabwägung, Archiv für die civilistische Praxis, 1956, 155. Bd., H. 2 (1956), S. 97.

生负面的评价因素，此时其利益必须受到较低的评价。① 因而，在重大误解场合，原则上只有当相对人在交易中违反相关规则，未尽到必要的注意义务时，才有必要对其课以否定性评价，进而允许表意人基于私人自治框架下的诱发型错误主张救济；反之，如果表意人在交易中未遵守有关规则，违反了必要的注意义务，那么表意人就应当对自己的义务违反行为负责，不得以重大误解为由主张撤销合同。

另外，如果双方当事人均违反了相关规则，则应当对双方之可归责行为进行充分比较，由可归责性更重之一方对错误负责。在此基础上，唯有当相对人对错误之发生负有主要责任时，表意人便有权以重大误解（诱发型错误）为由主张救济。比较法上，根据《德国民法典》第 323 条第 6 款及第 326 条第 2 款之规定，如果债权人对给付障碍事由负有主要责任，那么其解除权就会被依法排除，或者其对待给付义务被继续维持。这一处理模式同样体现了对双方可归责程度进行比较权衡的基本思路，对我国《民法典》第 147 条（重大误解）之解释深具镜鉴意义。另外，我国法律文书网已有经典案例可供参考。

例如，在 N 公司、秦某特许经营合同纠纷案中，法院认为："在涉案合同缔约过程中，被告未全面履行信息披露义务，导致原告在缔约前无法全面了解交易详情，其行为虽不至于引起原告对交易性质及合同目的产生重大误解，但的确在一定程度上导致了本次纠纷之发生，具有法律评价上的负面性。而原告作为长期从事文具零售之个体经营者，在未全面了解特许经营活动详情的状况下贸然签约，最终身陷本次纠纷，显然未尽到同领域具有一定经营经验的经营者之注意义务，亦无法获得法律的正面评价。基于双方各自存有一定程度的过错行为，且其过错程度基本相当，根据过失相抵原则，各自应承担自身过错责任。"②

就本案而言，法院在判断表意人是否构成重大误解时，并未单方面局限于相对人或表意人一方之视角考察可归责事由，而是兼及双方之过错因素。这一

① Vgl. Heinrich Hubmann, Grundsätze der Interessenabwägung, Archiv für die civilistische Praxis, 1956, 155. Bd., H. 2 (1956), S. 115.

② 参见 N 公司、秦某特许经营合同纠纷案，陕西省西安市长安区人民法院（2022）陕 0116 知民初 105 号民事判决书。

分析虽未完全遵循《民法典》第147条之文义，但能够契合我国实证法有关过失相抵（《民法典》第592条）之基本思想，应给予充分肯定。

（三）自发型错误：对公平正义原则的贯彻

双边私人自治原则之下，任何人不得单方面决定法律关系之变动。在诱发型错误场合，法律行为（合同）之废除乃是基于双方之协力，即“表意人的可归责性+相对人的矫正权”，因而具有充分的正当性基础；但是，在自发型错误场合，法律行为是在相对人没有任何参与性的情况下被废除的，相当于表意人单方面决定了法律关系的变动，此时其正当性基础有待进一步探讨。

已如前述，利益与价值的评价因素还可以适当结合客观标准即法定秩序与事实关系来判定。根据利益累积性（Interessenhäufung）或者利益强度性（Interessenintensität）等因素，法官更加重视那些处于更高或更强位阶的利益和价值。当更高的利益和价值与更低的利益和价值产生冲突时，只能通过牺牲更低的利益和价值去拯救更高的利益和价值。[①] 据此，在重大误解场合，如果双方当事人对错误之形成并无可归责性，但双方之给付与对待给付之间已经严重失衡；抑或者，虽然表意人对错误具有一定程度的可归责性，但其可归责程度与其过重的履行责任极不相称，此时，就可以根据“较小牺牲”的办法来处理，允许陷于不利地位的表意人基于公平正义框架下的自发型错误寻求救济。

事实上，在一个经济高度发达的当代社会，为保证缔约的高效性与稳定性，当事人一旦作出决定，原本不可以轻易反悔，哪怕在履行结果上有失公平；不过，经济高度发达的社会也应当是一个福利高的社会，如果由于一次不寻常的负担，导致当事人一方陷入极为不利的境地，从而在实质上影响了合同平等性（《民法典》第4条），此时，法律就不得不顾及损失方的福祉，尽可能为其扭转这一极端的利益失衡局面。[②] 有鉴于此，尽管错误决定已经作出，但在必要

---

① Vgl. Heinrich Hubmann, Grundsätze der Interessenabwägung, Archiv für die civilistische Praxis, 1956, 155. Bd., H. 2 (1956), S. 103.

② 这是“良法善治”的当然体现。司法裁判作为一种艺术活动，应当具备一般艺术作品针对真善美所提出的品质要求，唯有如此，让法律充分发挥其教化作用，从而使接触它的人甚至是屈从于它的人变得善良。

之时，也应允许当事人能够寄托于事后的衡平手段，对事前未尽妥善之安排作出矫正。比如，在前述例6中，尽管B厂对A公司的错误付款（非债清偿）行为并无任何可归责性，但付款行为毕竟属于欠缺对价的无偿行为，其导致双方利益显著失衡，故应对陷于不利地位的表意人给予救济，不能因为表意人仅具有轻微过错，就剥夺其撤销法律行为并主张返还的权利。

如此一来，公平正义原则所蕴含的法社会学原理，为法律行为之变动（消灭）提供了充分的正当性基础。这恰好印证了狄冀的观点。他指出，无论是在公法领域还是在私法领域，也无论是所谓的“君主意志”还是任何个人的意志，均不能单独创设（改变）法律；创设法律者，乃是总体利益（intérêt général），即“社会之必要性”（les nécessités sociales）。换言之，一种意志之所以能够取得某种法律价值，正是由于它与“社会之必要性”相契合。①

不过，人们不能期待强制秩序对所有交易都能够主动作出干预，因为民法是自治法而非管制法，不能以立法者（裁判者）的意志轻易地取代当事人的意志。这意味着，公平正义充其量只是对私人自治的适当补充，在适用顺位上处于候补地位，因而仅对于那些私人自治原则调整范围之外的情况，方有必要适用公平正义框架下的自发型错误。反之，如果倒置了私人自治与公平正义的价值位阶，势必严重抑制重大误解制度所蕴含的激励机制，以致无法迎合市场经济高速运转之需求。对此，前述例7之裁判结果可资借鉴。

（四）小结

诱发型错误与自发型错误的价值基础得以澄清之后，实质主义二元论在当事人之间建构了一种能够兼及双方因素的衡平机制。首先，诱发型错误的正当性基础可整合为“信赖因素+归责因素”这一公式定理。具体而言，在信赖保护方面，当事人如对意思表示或法律行为之有效性产生信赖，则原则上应当产生与其信赖内容相一致的法律效果；在责任归属方面，哪一方对错误之形成负有主要责任，哪一方就应当对这一可归责行为负责到底。就前一方面而言，是

---

① 参见［法］弗朗索瓦·泰雷等：《法国债法·契约篇》（上），罗结珍译，中国法制出版社2018年版，第383页。

从积极层面促进双方达成合意；就后一方面而言，是从消极层面减少意思表示出错的概率。两相结合，在这种双向激励机制之下，信赖关系的牢固性以及交易秩序的稳定性均获得最大化提升。其次，对于自发型错误的正当性基础，可以结合“事前观点”与“事后观点”加以理解。具体而言，事前观点是在事情尚未发生之时，诱使“未来”之行为人选择更“好”之行为（“向前看”），而事后观点则是在某事已经发生的前提下，寄托于事后的衡平手段来矫正双方事前未尽妥善之安排（“向后看”）。[①]

三、法技术落实：实质主义二元论的适用标准

一项法律规范在司法实践中实现可操作化，系以规范与事实之间展开双向对流（“目光的往返流转”）为必要前提。因而，功能主义意义上的“技术落实”并非指像行为规范那样，从“已查明”的视角抽象列明静态化的构成要件，而是在裁判规范视野下，从“待查明”的视角具体规定待举证事项，从而为诉讼参与人直接指明在诉讼中所应关注的要件事实。另需注意，诉讼场景中的裁判规范系从实体法上的行为规范转化而来，[②] 故裁判规范应当遵循并落实实体法所提供的价值指针，致力于“价值—事实”这一关系维度的“法理”之统一。

（一）诱发型错误：风险领域标准

经前文之论证，唯有当相对人对错误之形成负有主要责任时，重大误解之主张才有其正当性。然而，作为一种动态化的归责标准，“负有主要责任”这一要件具有极大的不确定性。为提高法律适用的确定性，本文主张，可归责性的判断标准原则上应根据纯粹客观因素来确定。

---

① 参见张永健：《法经济分析——方法论 20 讲》，北京大学出版社 2023 年版，第 61 页。Vgl. Bydlinski，Privatautonomie und objektive Grundlagen des verpflichtenden Rechtsgeschäfts，1967，S. 106；Karl Larenz，Richtiges Recht，1979，S. 70.

② 参见许可：《〈民法典〉第 985 条（不当得利）诉讼评注》，载《云南社会科学》2023 年第 1 期，第 107 页。

归责标准的具体确定方法，可参考证据学上的“事实推定”或“评价推定”原理。据此，如果一方当事人在缔约中违反信息披露义务，则即可推定该当事人对重大误解之形成具有可归责性。在判断当事人是否具有信息披露义务时，可以将“风险领域”这一客观要素作为考量标准；另外，还应结合信息落差、交易习惯等多重因素，综合分配重大误解领域所产生的各类风险。

其一，表意人内部领域的有关信息，相对人原则上不负披露义务。表意人自身领域的有关情况，该表意人自己最为清楚，而相对人并无掌握之可能，因而并无信息披露义务可言。在前述例 7 中，当商家标错价格时，如果认为相对人应知错误之存在却未予告知，导致商家基于错误认知而从事交易，进而认定相对人对错误之形成应负主要责任，那么此时将涉嫌构成诱发型错误。但事实上，虽然商家将商品标错价格，但由于表示内容属于表意人自己的内部领域，相对人对此不负提示义务，故标价错误之风险应由商家自己承担。消费者趁机以低价买下，虽有恶意下单之嫌，但趋利避害是消费者之天然性格，故购买低价商品亦属于正常购物行为。因此，一审法院认定商家不存在重大误解实属合理。

不难发现，不少商家出于投机心理，借助刷单行为谋取利益，这种行为本质上属于真意保留；此时如果双方当事人均为故意（即“明知”），那么在双方具有同等可归责性的情况下，法律将利益天平倒向任何一方都会产生不公正的评价结果。有鉴于此，既然按照主观标准难以对案件作出妥当处理，不如改采客观标准，以风险领域为基础分配风险，由管控风险之一方承担不利后果。如此一来，可促使当事人在各自领域尽其最大程度之注意义务，以最小之预防成本避免意思表示出错之可能。① 不难发现，唯有从整个交易行为的最前端“发

① 不难发现，经济分析的方法更强调社会调查以及实验结果，相比于价值判断，其对共识的要求有所降低，换言之，其论证模式逐渐由真理共识论导向真理符合论。事实上，在方法论领域，Weber 早就提出价值理性与工具理性的区分。对此，参见 Max Weber, Wirtschaft und Gesellschaft. Die Wirtschaft und die gesellschaftlichen Ordnungen und Mächte. Nachlaß, Teilband Ⅰ：Herrschaft, ed. Edith Hanke, with Thomas Kroll（Max Weber Gesamtausgabe I/23 – 1；Tübingen, Mohr Siebeck, 2013）, pp. 175 – 176。价值理性与工具理性具有较大的属性差异：工具理性的计算是一种事实判断，其所涉及的成本和收益等实体范畴皆是客观事实，因而具有确定的计算标准；价值理性的权衡是一种价值判断，其所关系的各种价值形态充满了主观色彩，因而没有精确的衡量标准。在当今社会，工具理性不断扩张，造就了一种以市场配置资源、以供求调节价格、以技术提高效率的经济形态与文化观念。

力”，在事实因果层面避免损害之发生，才是稳定经济市场秩序的治本之策。

不过，如果表意人的错误极为明显，以至于相对人能够轻易察觉该错误，此时必须改采主观归责标准，认定相对人“明知”错误之存在，进而允许表意人主张构成重大误解（诱发型错误），或者直接按照自然解释（《民法典》第142条）处理。

例如，在刘某与M公司信息网络买卖合同纠纷案中，在天猫商城经营者M公司开展“Gap电子卡98折优惠”活动之际，刘某下单选购“Gap电子礼品卡购物卡1000元”1张，实际支付490元，随后再次下单购买礼品卡2张，实际支付980元。M公司未按照订单向刘某发货，并在首页公告称面额为1000元的电子卡的折后售价应为980元。刘某遂诉至法院请求M公司按订单发货。M公司在一审诉讼中提起反诉，以重大误解为由请求法院撤销合同。生效判决认为，经营者基于重大误解行使撤销权已超过法定期限，人民法院不予支持；但撤销权消灭后消费者主张履行合同，违背诚信原则，人民法院亦不予支持。①

在此案中，虽然与前述例7同属于标价错误，但本案中的相对人具有更强的可归责性，因为商家已在网页用红底图片标明“Gap电子卡98折优惠”，消费者稍加注意即可察觉错误之存在。通过比较双方可归责性之大小，可推知消费者对错误标价不存在合理信赖。因此，法院排除消费者的履行请求权实属正当。

在表意人表示错误场合，在判断标准上采用“相对人引起（客观标准）+相对人知道（主观标准）”之二分格局，于法技术之改善而言具有重要意义。已如前述，在实质要件的设计上，实质主义一元论采用相对人引起（客观标准）、相对人知道（主观标准）以及相对人应当知道（主观标准）之三分标准。其中，对于相对人引起与相对人知道两种判断标准来说，具有较为清晰的外在轮廓，可操作性较强；然而，对于相对人应当知道这一处于“中间地带”的事实要素来说，却过于抽象模糊，其可操作化标准并不容易把握。有鉴于此，实质主义二元论通过剔除相对人应当知道这一“中间地带”，保留相对人引起

---

① 参见刘某与M公司信息网络买卖合同纠纷案，北京互联网法院（2019）京0491民初11410号民事判决书。

（客观标准）与相对人知道（主观标准）之“两端地带”，将重大误解的实质要件由三分格局转变为二分模式，使得制度的可操作性得以显著提升。不过，鉴于相对人知道错误已属于极端例外情形，因此，重大误解的实质标准原则上仅限于相对人引起这一客观要素。

其二，相对人内部领域的重要信息，由相对人对此履行披露义务。例如，标的物品种、质量、规格等内部情况（参考《总则编司法解释》第 19 条第 1 款），属于出卖人（相对人）的信息领域，出卖人就此等信息负有信息披露义务。如果出卖人未履行该项义务，则表意人即可依据重大误解（诱发型错误）主张救济，至于出卖人有无过失，则在所不问。体系脉络上，根据《民法典》第 610 条第 1 句之规定，“因标的物不符合质量要求，致使不能实现合同目的的，买受人可以拒绝接受标的物或者解除合同”，不难发现，法律并未区分因可归责因素抑或不可归责因素导致的质量瑕疵，一概将有关情况纳入出卖人之内部领域，由出卖人承受因质检失误所引起的交易风险。

例如，在萧某、林某等买卖合同纠纷案中，案涉买卖合同因萧某对案涉摩托车的质量、价格等产生错误认识，虽无证据证明林某在自向他人处受让案涉摩托车时已知道该车辆曾发生过重大事故或进行了重大维修，但法院仍然（正确地）认定买卖合同存在重大误解，应予撤销。①

其三，处在双方“中间领域”的有关信息，由形成竞争优势之一方负有披露义务。对于税务、融资、补贴以及法律法规、行政管制等情况，由于信息优势仅仅是基于业务上的便利性而形成，如果一方受限于特定交易领域的经验欠缺，那么以特定交易为常业之一方负有信息披露义务。② 一方履行风险揭示义务之后，交易风险移转给相对人之一方，相对人不得再以重大误解为由主张撤销。反之，对于古董、工艺品等古玩类商品及宝石、原石等特殊商品，由于年代久远等因素，导致此等商品真假难辨，出卖人难以形成竞争优势，不必承担

① 参见萧某、林某等买卖合同纠纷案，广东省茂名市中级人民法院（2023）粤 09 民终 185 号民事判决书。类案，参见北京市第二中级人民法院（2023）京 02 民终 6132 号民事判决书。

② 参见李潇洋：《重大误解的范式之变 从错误论到归责论》，载《中外法学》2022 年第 5 期，第 1359 页。

信息披露义务。根据交易习惯，此等情形由各方当事人自己承受错误判断之风险，表意人无权请求撤销合同（《总则编司法解释》第19条第2款）。[①]

综上所述，在诱发型错误场合，实质主义二元论以客观归责标准——风险领域——取代实质主义一元论模式下的主客观双重归责标准，能够在司法层面与社会层面产生双重效益。其一，在司法效益层面，客观归责标准大大拓展了重大误解的可操作化空间，提高了司法适用的确定性。在评价行为人对错误之形成是否可归责时，原则上仅须按照更为客观的风险领域标准来确定，毋庸考察相关义务人所在交际圈的普通成员的知识水平（论证模式由“场域依赖型”转变为“场域不变型”）。针对诱发型错误之举证，表意人只需证明相对人未履行信息披露义务，无须就其他事实提供证据。其二，在社会效益层面，客观归责标准能够有效契合经济效率原则，将交易的稳定性与缔约的快捷性提升至最大化。一方面，当事人只要在各自领域合理行为，就可以按照预期取得各自的利益，而不必担心遭遇不测之损害；另一方面，由当事人在各自领域控制错误风险，通常比其他任何人都更容易做到，因而可以有效避免无效益的成本支出。在这种双向激励机制之下，意思表示出错的概率被降到最低，市场交易的安定与快捷获得最大化提升，故而比其他任何理论模式都更加有利于推动社会高效运作。

（二）自发型错误：给付对等标准

在自发型错误场合，由于错误之发生归结于表意人自身，原本不应影响法律行为的有效性，但考虑到履行合同会抵触公平正义，因而不得不在“风险领域”标准之外，提炼出“给付对等”这一判断标准，从而建立起重大误解的双重实质标准。不过，由于给付均衡的概念内涵并不明确，如何在裁判规范视角下确立权益权衡的可操作标准，乃是实务界所共同面临的重大难题。依本文之见，应当根据客体层面的等价性与主体层面的平等性之双重要素，综合判断给付与对待给付之间是否具有对等性。

---

① 参见路某诉胡某买卖合同纠纷案，江苏省南京市白下区人民法院（2011）白民初字第2694号民事判决书。

其一，给付客体的等价性。这一要素所涉及的信息是，合同内容的公平性或合理性问题。这方面，给付障碍领域的情势变更（《民法典》第533条）与经济不能（《民法典》第580条第1款第2项）两种制度所确立的“双重均衡模式”，即给付本身的等价性与给付结果的等价性，可资借鉴。

均衡模式A：给付本身的等价性。这一模式所比较的客体是双方之给付利益与其对待给付利益。在前述例4中，甲和乙就不能生育的牛以一个低价成交，但实际上甲所给付的牛是具有生育能力的高价牛，如此一来，给付与对待给付之间就失去了均衡性。

均衡模式B：给付结果的等价性。这一模式所比较的客体是债务人之履行费用与债权人基于给付所获得之利益。例如，甲以100元之价格将一枚银针出售于乙，但甲所不知情的是，这枚银针事前已落入海中，寻找这枚银针需要付出极高代价（以下简称“大海捞针案”）。在本案中，尽管给付与对待给付本身具有等价性，但如果强制履行合同，就会对甲造成难以承受的后果。鉴于乙基于给付所获得的利益与甲的履行费用显然不成比例，因而可以认为合同在给付结果上不具有等价性。

上述两种均衡模式只是提供了一种初级的思维模型，但现实情况往往更为复杂，因而在必要时，对给付标准的考量还应当立足于更为深远的视角，顾及那些更为边缘化的但同时又不可忽视的“高位阶”利益。例如，小提琴业余爱好者B以200元之价格出售一把小提琴，A身为小提琴专家，凭借资深的专业技能，立即察觉到这是一把价值20000元的古琴，遂以200元之价格成交。B以重大误解为由主张撤销买卖合同。①

在该案中，若仅立足于合同具体内容考察，则给付与对待给付的等价性当然不成比例；然而，这一情形在计算相关费用时必须着眼于更为久远的时空背景：考虑到当事人在积累乐器知识期间为此付出过巨大努力、作出过大量投资，出于公平考虑，这些特殊成本必须被例外地纳入给付的对价之中。如此一来，也就排除了给付失衡的情况。另外，对这些间接性缔约成本进行保护，还能够

---

① See Anthony T. Kronman, Mistake, Disclosure, Information, and the Law of Contracts//The Journal of Legal Studies, Vol. 7, No. 1 (Jan., 1978), p. 29.

获得来自更高层次的社会效益层面的正当性支撑。正如 Hayek 所言，发现利用物质资源或自身能力的较佳方法，是个人能够为他人的福祉作出的最大贡献之一。在一个自由社会中，这种创造能力（在探索自身能力的最佳用途时，我们都是创造者）的成功利用应当是回报率最高的活动，如果有人把机会留给那些善于利用自己能力的人，则他必须以牺牲自我的方式满足于较少的回报。[①] 由此可见，引导市场参与者通过储备知识来扭转自己的命运或法律地位，在法政策学上无疑是一种最佳的行为激励机制。

其二，交易主体的平等性。这一要素所牵涉的情况是，双方当事人在法律地位上是否形成差异。对于很多类型的合同尤其是消费领域的合同，在主体地位上皆不具有完全的平等性，相对弱势之一方理应得到权益保护上的必要倾斜，因而原则上只应允许“弱势缔约主体”主张重大误解。

之所以将主体的平等性作为重大误解的考量因素，主要基于以下事由：

（1）基于经济实力（客观层面）。一般而言，对于非弱势缔约主体（如公司等法人主体）来说，他们具有足够的经济实力承担法律责任，即使在诉讼中失利，也通常不致遭遇经济上的厄运。但是，对于弱势缔约主体（通常为自然人主体）而言，显然不能奉行同样的标准。例如，在前述例 3 中，倘若失主因丢失爱犬而寻狗心切，仓促之下将悬赏数额 1000 元写成 1000 万元，此时若不顾及该当事人的经济情况，径直认定悬赏广告不存在重大误解，使其陷于无底的债务深渊，难免与民众的一般法律信仰未尽相符。

（2）基于判断能力（主观层面）。非弱势缔约主体具有健全的判断能力，掌握了充沛的缔约信息，因而能够在整个缔约过程中占据优势地位。然而，弱势缔约主体罹于年龄、智力、知识、经验等不利因素，对合同的性质、合同订立的法律后果以及交易中存在的特定风险缺乏应有的认知能力，因而应被给予特殊关怀。例如，在方某诉刘某等合同纠纷案中，方某作为相对弱势的一方，与形成经营优势的博某轩在信息获取能力上形成巨大反差。通过衡量双方在交易中所遭受的实际损失，以及双方当事人的地位平等性等因素，法院最终认定

---

① See Friedrich August Hayek, *The Constitution of Liberty*, The University of Chicago 1960, p. 81.

买卖合同存在重大误解。① 与此相反，在前述例 7 中，商家标价错误导致对价严重失衡，以致合同之履行变得极不合理，但立足于合同主体地位的平等性角度考虑，经营者在信息的搜集、运用与更正方面占尽优势，因而并无太多值得法律特别顾及的“福祉”。本于私人自治优先以及鼓励交易原则考虑，法院肯定了合同的有效拘束力，并依法驳回商家基于重大误解撤销合同之请求，这值得赞同。由此可见，交易主体的平等性这一主体因素在法官的自由心证过程中发挥着非常强劲的作用。

应予注意，在以下两种情形，由于相对人不存在合理信赖，故只需判断给付客体是否符合等价性要求，无须考虑表意人是否满足“弱势缔约主体”这一要素：

情形一，利益关系绝对失衡。利益关系绝对失衡包括两种情况：一是欠缺对价关系。在前述例 6 中，B 厂疏忽之下清偿了他人的债务，由于 A 公司本就与 B 厂就该笔债务自始不存在合同基础，A 公司所受利益不具有正当性，因而即使 B 厂并非当然地属于“弱势缔约主体”，也应允许其基于重大误解撤销付款行为。二是自始给付不能。在前述“大海捞针案”中，甲的履行费用与乙所获利益极不相称，无论甲是否属于“弱势缔约主体”，均应允许其基于重大误解主张救济。

情形二，双方共同参与评估。在前述例 4 中，甲和乙在订立合同时均认为案涉之牛不能生育，就此而言，相对人与表意人共同参与了标的物性质的评估，因而相对人对错误之形成具有一定的归因性。由于来自相对人一侧的“事实上的归因性”因素抵消了表意人一侧的“弱势缔约主体”要素，因而只要给付的

---

① 参见方某诉刘某等合同纠纷案，陕西省西安市中级人民法院（2018）陕 01 民终第 11409 号民事判决书。类案裁判：在“于某、崔某等共有物分割纠纷案”中，于某与某公司签订总金额为 240 万元的赔偿协议，二上诉人与二被上诉人应对各类赔偿金予以分割。按照实际标准，二上诉人应分得于某 1 死亡赔偿金总额为 76 万 +20 万 =96 万元，然二上诉人在签订赔偿协议时因存在错误认识实际只分得 20 万元，与其二人应分得的款项差额巨大；再结合二上诉人均已年过八十、小学文化，生活经验与涉案法律法规认知存在较大偏差，且二上诉人唯一的儿子于某 1 于 2021 年 9 月 11 日死亡之事实必然影响老人的精神状态及判断能力等多重因素，法院遂认定二上诉人对该协议中所涉一次性工亡补助金部分的分配存在重大误解，参见山东省烟台市中级人民法院（2022）鲁 06 民终 2555 号民事判决书。

等价性出现显著失衡的情况，则即可允许表意人基于重大误解主张救济。

综上所述，在自发型错误场合，实质主义二元论所采用的客观认定标准——给付对等标准——同样能够在司法层面与社会层面产生双重效益。其一，在司法效益层面，给付对等标准进一步扩大了重大误解的“可观测范围”，提高了法技术上的可操作性。表意人如欲举证构成自发型错误，只需围绕给付客体的等价性以及交易主体的平等性等客观方面进行证明，无须就表意人意思表示的真实性（根据前述客观事实进行推定即可），以及相对人对错误的知悉性等主观事实提供证据。如此一来，便大范围地减轻了当事人在举证方面所产生的负担。其二，在社会效益层面，给付对等标准在制度层面为个别弱势缔约主体提供了“最低权益保障”，体现了民法中所蕴藏的人文主义思想。如果说诱发型错误具有严法规范（*ius strictum*）之性格，能够以其清晰锐利的事实构成通观同类案件的多数之人，那么自发型错误便具备衡平规范（*ius aequum*）之特色，能够在一般规范观点下检视案件之特性而彰显个案正义。

（三）诱发型错误与自发型错误的衔接与互动

另需注意，诱发型错误与自发型错误之间并非泾渭分明，二者存在一定的交织与重叠，因而法官在必要时可以合并审查各项实质要件，根据要件事实的总体效力强度决定是否允许表意人主张撤销。

例如，在前述方某诉刘某等合同纠纷案中，上诉人口头承诺帮助拍卖且能够升值给被上诉人造成错误认知。法院认为，被上诉人在购买博某轩出售的斐济及索契纪念钞时已年届八十，对纪念币等收藏品无基本鉴别认知能力，对卢布、斐济元与人民币的汇率等亦不明确知晓，且在购买时基本无能力通过其他途径获取相关信息。博某轩利用其销售纪念币、邮票等经营优势，使被上诉人按照纪念钞面值的人民币价格先后两次购买涉案纪念钞并支付19.6万元，数额较大。综合考虑被上诉人在与博某轩形成涉案纪念钞买卖合同关系中的年龄、对涉案收藏品的鉴别判断能力、信息获取能力、市值评估能力以及博某轩在销售涉案纪念币方面等经营优势等事实，能够认定构成重大误解。

就本案而言，上诉人与被上诉人在纪念币方面的信息虽极不对称，但在收藏品买卖中本就潜藏着较多的风险因素，因此不能仅凭上诉人利用了自己的信息优势就径直认定其构成误导行为，决定本案审理方向的，毋宁还有建立在“保护弱势缔约主体”观念之上的公平正义理念。本案法院综合考虑相对人对错误的参与程度以及表意人信息获取能力等多方面因素，最终认定构成重大误解，这种谨慎行使释明权的做法值得肯定。

四、功能补足之后的逻辑承接

对于法释义学而言，功能主义视角下的价值论与技术论或许只能提供粗略和肤浅的解决方案，若要达致更为稳妥的结论，就必须通过获取更多的法律素材，对法律规范展开更广泛、更深入的比较与检验，以大幅度增加论据上的强度。① 这方面，民法的外在体系所提供的形式逻辑视角或可满足这一要求。② 对此，主要涉及重大误解与给付障碍、意思瑕疵两大核心领域的体系互动与规范衔接问题。

（一）重大误解与给付障碍的体系互动

我国曾有学者主张，应采用 Ernst A. Kramer 在《慕尼黑民法典评注》中所提出的“事实错误扩张说”，③ 将缔约过失废止合同、法律行为主观基础障碍等外部方案整合至错误法之中。④ 站在本文的视角，鉴于法律行为基础障碍系以

---

① Vgl. Franz Bydlinski，System und Prinzipien des Privatrechts，1996，S. 55 f.

② 针对外在体系在法律适用中的重要作用，Hayek 指出：法律人努力使整个法律系统保持协调一致，实则是法律思维和公正判决的精髓所在。每一位法律人在解释或适用某项与法律体系其他规定不一致的规则时，都会努力对该项规则进行修正，使其与其他规则保持和谐一致。因此，作为一个整体的法律从业者群体，有时也会背弃立法者的意志，这并非出于对法律的不尊重，而是因为他们的技术促使他们这么做，即优先考虑法律体系中仍占据主导地位的部分，并通过对异常因素加以改造，使其与整体相协调，从而将其纳入整个法律体系之中。See Friedrich August Hayek，*Law*，*Legislation and Liberty*：*A New Statement of the Liberal Principles of Justice and Political Economy*，Routledge Classics 2013，p. 63.

③ Vgl. Ernst A. Kramer，in：Münchener Kommentar zum BGB，5. Aufl.，2006，§ 119，Rn. 113 ff.

④ 参见李潇洋：《重大误解的范式之变 从错误论到归责论》，载《中外法学》2022年第5期，第1354页。

公平正义为价值基点，将自发型错误与法律行为基础障碍相衔接应无障碍；但在私人自治这一层面，把诱发型错误纳入缔约过失框架下，似有不妥。理由在于："缔约过失制度从结果上当然反映了对信赖合同会有效成立的保护，然而，当事人的信赖却并不足以成为消极利益损害赔偿的正当性基础，真正能够正当化消极利益获得赔偿的原因，应当是被告明知或应知存在无效事由而仍然与原告订立合同的可归责状态。"[①] 在此意义上，缔约过失制度系单方面根据一方当事人的可归责情况，而非根据双方当事人的利益状况来决定是否给予保护，这实为"单边私人自治"原则继续发展的自然结果，显然与重大误解场合的"双方私人自治"模式未尽相符。如果以缔约过失制度为视角观照诱发型错误，只会将重大误解制度再度引向一个"意思教条"的怪圈：由于缔约过失制度不能顾及积极利益（履行利益）之损失，因而相对人的赔偿范围也就限制在了消极利益的范围之内，[②] 如此一来，即使表意人能够以相对人具有可归责性为由主张撤销，他也无法就履行利益之损害主张赔偿，这可能会与其他法律制度如给付障碍法滋生冲突。目前来看，尽管学界一致认为，基于重大误解撤销合同之后的赔偿范围，应被限定在信赖利益的赔偿数额之内，从而区别于给付障碍场合的履行利益之赔偿，但现有学术成果已经表明，这其实是一种规范矛盾，应予纠正。[③]

例如，K 与 V 缔结古画交易。在 V 的过失诱导之下，K 将一幅市价 500 元的古画仿作当作真迹并以 500 万元之价格买下，共产生缔结费用 1 元，其后 K 以 600 万元转售于 M，不料事后得知古画为仿作。K 请求撤销或废止合同之前，古画因不可归责之事由毁损灭失。在本案中，若 K 基于缔约过失请求废止合同，在合同消灭之后，其仅有权主张 1 元的针对信赖利益的损害赔偿；反之，若 K 基于给付障碍请求解除合同，在合同解消之后，他还有权主张 100 万元的针对履行利益的损害赔偿。由此可见，相较于给付障碍规则，缔约过失制度对

① 参见潘重阳：《论信赖利益与信赖的剥离》，载《华东政法大学学报》2023 年第 3 期，第 146 页。

② 参见韩世远：《合同法总论》（第 4 版），法律出版社 2018 年版，第 185 页；黄薇主编：《中华人民共和国民法典合同编解读》（上册），中国法制出版社 2020 年版，第 135 页。

③ 参见江辉：《错误法的新范式——义务违反论》，载苗萍主编：《中财法律评论》（第 15 卷），当代中国出版社 2023 年版，第 139、172 页。

权利人的救济力度明显不足。如果一种制度不能够给当事人提供充分救济，填平权利人之全部损失，那么这种制度在功能上当然是不健全的。有鉴于此，本文不再立足于缔约过失制度这一视角，而是考虑通过融合其他更为稳妥的体系框架，来理解实质主义二元论模式下的重大误解制度。而这一体系框架，正是给付障碍体系。

从正当性角度考虑，以给付障碍体系融合重大误解制度，能够准确锁定违反义务的当事人，并进一步界定该方当事人所应当承担的法律责任。具体而言，在私人自治框架下的诱发型给付障碍场合（各种法定解除事由，如给付瑕疵），债务人是违反合同义务的主体，他不仅有义务容忍权利人解除合同，还应当承受由违反义务所引起的价款风险、返还不能之风险，并对违反合同义务所导致的全部损害负赔偿责任（《民法典》第566条第2款、第610条等）；在公平正义框架下的自发型给付障碍场合（如给付不能），权利人（享有履行拒绝权的权利人）是违反合同义务的主体，他虽然有权主张消灭原给付义务，但是应当承受由此引起的（对受领标的物）返还不能之风险，并对违反合同义务所导致的损害结果负赔偿责任（《民法典》第580、577条等）。

直观来看，《民法典》第563（法定解除）、第533条（情势变更）、第580条（给付不能）所规定的诱发型给付障碍与自发型给付障碍两种给付障碍类型，与《民法典》第147条意义上的诱发型错误与自发型错误在体系上并行而立，一并构成了意思瑕疵法与给付障碍法两大核心体系框架下的平行规范（参见表1）。就此而言，依据平行置入的方式建立体系关联具有方法上的可行性。

首先，诱发型错误与诱发型给付障碍（法定解除）的体系关联。以前述古画买卖为例，V的误导行为一方面满足给付瑕疵的前提要件，另一方面导致K的决定自由遭受破坏（构成重大误解），在此意义上，诱发型错误与诱发型给付障碍产生竞合，此时K既有权基于重大误解主张撤销合同，也有权基于给付瑕疵主张解除合同。①

① 参见金晶：《〈合同法〉第111条（质量不符合约定之违约责任）评注》，载《法学家》2018年第3期，第174页；陈自强：《台湾民法契约错误法则之现代化》，载《月旦法学杂志》2015年第4期，第117—119页；王泽鉴：《民法总则》（2022年重排版），北京大学出版社2022年版，第384页。

其次，自发型错误与自发型给付障碍（情势变更、给付不能）的体系关联。这里所涉及的情况是，如果在合同成立之前就已经发生了情势变更以及给付不能之事由，而双方对此皆不知情（事实认知错误）。此种情形，由于履行合同对当事人一方明显不公，理论界皆普遍承认，遭受不利之一方享有重大误解救济权。①

综上可知，在实质主义二元论理论模式之下，重大误解与给付障碍在体系上实现了形式构成及制度功能层面的对称效应，从而形成了一个能够容纳私人自治与公平正义两种原则的双轨制价值体系。有鉴于此，本文拟将这种以给付障碍为视角来整合重大误解制度的理论范式称为“给付障碍扩张说”。②

表1　《民法典》第147条（重大误解）的平行规范：给付障碍

重大误解（《民法典》第147条）		给付障碍（《民法典》第563、533、580条等）	
诱发型错误（私人自治） 前合同义务违反	自发型错误（公平正义） ①自始情势变更； ②自始给付不能	诱发型给付障碍（私人自治） 合同义务违反（法定解除，《民法典》第563条）	自发型给付障碍（公平正义） ①嗣后情势变更（《民法典》第533条）； ②给付不能（《民法典》第580条）
法律规定的前后一致性			

透过给付障碍法这一视角，实质主义二元论所贯彻的双轨制价值体系能够确保当事人获得充分救济。例如，在前述古画交易案中，K有权基于重大误解

① 参见陈甦主编：《民法总则评注》（下册），法律出版社2017年版，第1054、1064页（韩世远执笔）；杨代雄：《法律行为论》，北京大学出版社2021年版，第303页。

② Kramer在《慕尼黑民法典评注》中所主张的“事实错误扩张说”因超出现行法体系，曾被指责偏离规范文义过远。对此，参见Karl Larenz, Allgemeiner Teil des Deutschen Bürgerlichen Rechts, 7. Aufl., 1989. S. 521。本文所提出的“给付障碍扩张说”亦有破坏现行法律体系之嫌，因而似乎也难免遭人批判。但事实上，落实法律的功能目标远比固守体系本身更为重要。恰如王泽鉴先生所言：法律体系虽是表现法律上价值判断或利益衡量之外部形式结构，但其本身并非绝对不可变更。为实现新的价值判断或利益衡量，立法机关或法院判决于必要时自得调整现行法律体系结构，期能适应社会需要，贯彻公平正义原则。参见王泽鉴：《民法学说与判例研究》（重排合订本），北京大学出版社2015年版，第454页。

（诱发型错误）撤销合同。K 行使撤销权之后，标的物毁损灭失之风险逆转给出卖人。这意味着，若标的物因不可归责因素毁损灭失，则 K 的返还型给付义务就会因给付不能事由被排除（参考《民法典》第 580 条第 1 款），但 V 仍须履行退还 500 元价款的对待给付义务（参考《民法典》第 610 条；另参考《德国民法典》第 326 条第 2 款）；除此之外，V 还应承担 100 万元的针对履行利益的损害赔偿义务。再如，在前述例 4 中，甲有权基于重大误解（自发型错误）主张撤销。甲行使撤销权之后，若母牛因不可归责事由毁损灭失，则乙的返还型给付义务因给付不能事由被排除（参考《民法典》第 580 条第 1 款），并且不必承担折价补偿之义务（替代给付的损害赔偿义务），而甲的对待给付义务（返还价款的义务）亦被排除。[1] 由此可见，通过融入给付障碍法的基本思想，使当事人对各自的义务违反行为负责到底，将更能彰显正义法上的公正理念。

（二）重大误解与意思瑕疵的体系互动

意思瑕疵法包含了虚伪表示（《民法典》第 146 条）、重大误解、恶意欺诈（《民法典》第 148 条）、非法胁迫（《民法典》第 150 条）、显失公平（《民法典》第 151 条）及恶意串通（《民法典》第 154 条）等多项制度。通常认为，这些制度彼此之间界限分明，在构成要件上具有较强的连贯性。但在功能主义视角下，这些制度在规整内容上却并不严密，制度之间存在较多规范裂隙；尤其在重大误解与恶意欺诈、显失公平等并列规范之间，规整漏洞最为明显。

首先，形式主义二元论视角下，重大误解强调表意人单方面陷于错误，[2] 恶意欺诈以相对人故意诈害为要件，但对于相对人过失诱导等情形的意思瑕疵，在体系上并无对应的规范方案。如今，对于二者之间的规整漏洞，系由实质主义二元论框架下的诱发型错误予以填补。

其次，实质主义一元论视角下，重大误解与显失公平两种制度在相对人不当影响这一方面具有共性，而对于那些非受相对人之不当影响但给付之间显著

---

① 参见江辉：《错误法的新范式——义务违反论》，载苗萍主编：《中财法律评论》（第 15 卷），当代中国出版社 2023 年版，第 170—171 页。

② 参见朱庆育：《民法总论》（第 2 版），北京大学出版社 2016 年版，第 266 页；朱庆育：《中国民法总则的希尔伯特问题》，载《中外法学》2023 年第 2 期，第 403 页。

失衡的情况，在体系上缺乏对应的规整措施。如今，对于二者之间的规范裂隙，系由实质主义二元论框架下的自发型错误予以补充。

由此可见，采用诱发型错误与自发型错误这一区分模式，能够使得意思瑕疵领域的各项制度在构成要件的排列上呈现出高度的连续性，有效避免了体系之间出现大规模的规整漏洞（参见表2）。

表2　重大误解与恶意欺诈、显失公平的体系互动

瑕疵类型	构成要件			
	形式要件		实质要件	
	意思真实受干扰	决定自由受侵害	相对人可归责性（私人自治）	给付失衡（公平正义）
诱发型错误（《民法典》第147条）	+ + +	+	+	－
恶意欺诈（《民法典》第148条）	+	+ +	+ + +	－
自发型错误（《民法典》第147条）	+ + +	－	－	+ + +
显失公平（《民法典》第151条）	－	+ +	+ +	+ + +

注：“－”与“+”为程度符号，“－”为无，“+”为低，“+ +”为中，“+ + +”为高。

综上可知，在实质主义二元论所提供的功能主义视角下，重大误解不仅能够与较为遥远的规范群体——给付障碍法——实现协调一致，而且能够与较为临近的规范群体——意思瑕疵法——维持和谐统一。这种体系上的融贯性的实现并非出于巧合，而是功能与体系完美交融的结果。立足于法学方法论视角，功能代表着实质，体系代表着形式，二者互为表里且合二为一，因此形式从来就不可能脱离实质而单独存在。反之，一旦形式脱离了实质去孤立打造“自我封闭”的知识框架，那么这种框架不可能成长为那种系统化的有机整体。形式主义二元论在实质层面未能完整把握私人自治之全部内涵，而实质主义一元论也没有将私人自治与公平正义这组价值实体有效结合在一起，以致其所建构的重大误解理论框架难以覆盖法律生活之全部面貌，由此引发大量的规范漏洞或规整漏洞。实质主义二元论兼顾实质与形式之双方面，其所型构的理论框架不仅在功能上较好地贴合生活实际，而且在体系结构上体现出高度的严密性与统一性，使个案正义与法的安定性均获得有效保障。

五、结　　语

民法规范具有行为规范与裁判规范之双重属性，但在法教义学视野下，二者呈现出高度割裂的状态：法教义学通常仅以行为规范为视角研究法价值问题，无法在裁判规范视角下应对举证困难的法技术问题，最终造成行为规范层面的价值目标与裁判规范层面的实践方案严重脱节。法价值层面的问题，能够在根本意义上决定案件审理的基本方向；而法技术层面的问题，也在很大程度上决定了个案正义能否实现。因此，功能主义需要一并回应上述两种问题。

具体到重大误解制度，法教义学与功能主义两种研究范式具有如下区别：法教义学视角下，重大误解的理论模式主要分为形式主义二元论与实质主义一元论两大阵营。形式主义二元论是“单边私人自治”原则逻辑演绎的自然结果，其单方面地自表意人视角出发，考察意思与表示是否相一致。这一单维度视角不仅在价值论（行为规范）层面无法对相对人之信赖利益加以合理关照，而且在技术论（裁判规范）层面也难以通过相应的举证方案查明表意人之真实意思。实质主义一元论通过借鉴国际法上的信赖保护思想，分离出“相对人的参与性”这一实质要素，并在确立了双重归责标准，即客观归责标准（相对人引起错误）与主观归责标准（相对人知道或应当知道错误，双方存在共同错误）。然而，这一理论模式未能将公平正义这一客观化价值形态予以显现化，在价值论（行为规范）层面造成大量案件无法被给予合理化评价。并且，主观归责标准所涉及的主观事项也欠缺完备的举证方案，在技术论（裁判规范）层面亦无法准确设计出一套可操作化的构成要件。功能主义视角下，实质主义二元论通过与给付障碍法建立体系关联，建立了一组对峙而立的双轨制价值体系——私人自治与公平正义；并且，通过借鉴诱发型给付障碍与自发型给付障碍的基本构造，将重大误解型塑为诱发型错误与自发型错误两种基本型态。据此，如相对人在自己管控的风险领域范围内未履行信息披露义务，则构成诱发型错误；如给付客体不具有等价性并且交易主体也不具有平等性，则构成自发型错误。客观来看，无论是风险领域标准还是给付对等标准，所涉及的要件事实不仅填补了重大误解的价值缺位，并且同属于可操作化的、易于举证的判断事项。在此意义上，行为规范层面的价值方针与裁判规范层面的技术方案能够维持高度的协调一致。

综上观之，在功能主义视角下，行为规范所预设的价值定位能够契合正义法的良善品质，而裁判规范所指明的要件事实亦能够反映法律生活之真实面貌。通过二者之协力，法的实体要素与程序要素在功能目标上由此呈现出高度融合的状态，其司法效益与社会效益也由此获致最大化提升。

（初审：宋博涵；校对：尹鑫鹏）

论抵押物限制转让特约登记规则

余书林*

摘　要：《民法典》第406条允许抵押物自由转让，并允许当事人另行约定限制转让特约。特约是利益平衡下的制度选择，也是抵押物转让“自由”的一部分，特约类型不影响抵押物转让生效，其具备生效逻辑前提。原则上特约仅对抵押权人和抵押人发生效力，例外可对抗知情第三人。由于追及效力有时对抵押权人保障不足，应有条件地允许特约通过特殊处置对抗一切受让人。赋予特约登记能力不违背物权法定原则，其具备登记必要性，且不会增加过多成本。故《担保制度解释》第43条具有正当性和合理性，但应进一步解释完善。首先，基于动产和不动产物权特性、物权移转方式和登记方式不同，应仅允许特约登记适用于动产。其次，第43条效果上自始限制抵押物移转自由，与动产物权变动模式冲突，应明确第43条仅相对抵押权人无效，并引入“可能损害抵押权”标准，法院判断可能损害抵押权的，才判决物权不发生移转。最后，除买受人基于行业惯例、交易习惯应当查询而未查询的情形外，特约登记原则上不能对抗正常经营活动买受人。

关键词：限制转让特约；抵押物自由转让；合同相对性；登记能力；利益平衡

* 余书林，北京市西城区人民检察院行政见习人员。

一、问题的提出

正所谓抵押乃“担保之王”①，抵押权本质上属于通过让渡财产的交换价值而设立的一种物权，其无须移转抵押财产的实际控制。② 由于抵押物处分权利行使影响抵押权人和受让人利益，对于是否允许抵押物自由转让，学界存在“限制转让说”与“自由转让说”两种分歧，前者强调保护抵押权人利益、防止欺诈，主张限制自由移转，后者则认为转让有助于发挥抵押权作用，也不会对抵押权造成实质影响，应允许自由移转抵押物。③ 在《民法典》出台前，立法也曾经历从完全禁止到限制转让、自由转让、再到限制转让的态度变化。其中，原《物权法》规定除非抵押权人同意，否则抵押人不得转让抵押财产，如转让，抵押人需提前清偿或提存。④ 对此，许多学者曾积极主张应允许抵押物自由转让，并承认抵押权追及效力。⑤《民法典》吸收了这一主张，于第406条确立“自由转让+追及效力”规则，并对不动产和动产抵押权统一规定、一体保护。其规定，抵押人可以自由转让抵押物，无须获得抵押权人同意，仅需履行通知义务，并确认了抵押权的追及效力，抵押物转让，抵押权不受影响。这一变化回归了抵押物移转自由的传统大陆法立场，有助于促进物尽其用、提升交易便捷。⑥ 同时，第406条第1款第2句增设“当事人另有约定的，按照其约定”规定，有学者认为，这是通过允许当事人订立禁止或者限制抵押物转让的

---

① 参见梁慧星、陈华彬：《物权法》（第7版），法律出版社2020年版，第324页。

② 参见崔建远：《物权法》（第5版），中国人民大学出版社2021年版，第434页。

③ 参见王胜明：《物权法制定过程中的几个重要问题》，载《法学杂志》2006年第1期，第35页；孙宪忠、朱广新主编：《民法典评注·物权编》（第4册），中国法制出版社2020年版，第169页。

④ 参见胡康生主编：《中华人民共和国物权法释义》，法律出版社2007年版，第418—419页。

⑤ 参见许明月：《抵押物转让制度之立法缺失及其司法解释补救——评〈中华人民共和国物权法〉第191条》，载《法商研究》2008年第2期，第140—147页；梁上上、贝金欣：《抵押物转让中的利益衡量与制度设计》，载《法学研究》2005年第4期，第17—28页。

⑥ 参见黄薇主编：《中华人民共和国民法典物权编解读》，中国法制出版社2020年版，第681页。

约定（以下简称限制转让特约或者特约），[①] 解决抵押物自由转让可能导致的抵押权人监管成本过高、未登记动产追及难度较大等问题。进一步，有学者提出，应当使限制转让特约通过登记产生对抗第三人的效力。[②]《最高人民法院关于适用〈中华人民共和国民法典〉有关担保制度的解释》（以下简称《担保制度解释》）采纳了该观点，于第 43 条第 1 款明确特约对抗知情第三人，第 2 款则赋予特约以登记能力，如特约已登记，即使抵押物已交付或登记，当事人有权请求确认不发生物权效力，除非受让人代替债务人清偿债务。[③]

上述规定共同构建起限制转让特约登记制度，该制度引发学界较大争议，主要在三个问题上存在分歧：一是限制转让特约的效力问题。特约本身能否生效？能否产生对外效力？能否对抗恶意第三人？是否有必要使特约效力及于第三人？二是限制转让特约的登记问题。特约是否能够产生登记能力？是否违背《民法典》的抵押物移转自由精神？三是《担保制度解释》第 43 条的适用问题。学界不乏对第 43 条的批评，认为其过度限制了抵押物移转自由。就实践来看，[④] 抵押权设立与债权债务发生如影随形，抵押权人作为债权人，能利用强势地位迫使抵押人订立特约并登记，无论转让是否影响抵押权实现，当事人普遍选择订立特约并登记[⑤]，甚而约定在格式条款中，滥用特约登记较为普遍，主体又主要为典当公司、银行、企业等强势债权人，导致抵押人难以拥有转让

---

① 司法实践和学理存在“禁止转让特约”“限制转让特约”“禁止或者限制转让特约”等不同表述。从文义解释出发，“禁止转让”亦属于“限制转让”的含义内，仅限制程度不同。

② 参见王利明：《〈民法典〉抵押物转让规则新解——兼评〈民法典〉第 406 条》，载《法律科学（西北政法大学学报）》2021 年第 1 期，第 40—41 页。

③ 参见高圣平：《民法典担保制度及其配套司法解释理解与适用》，中国法制出版社 2021 年版，第 629 页。

④ 本文案例结果均来自北大法宝，检索关键词为“限制转让约定”“禁止转让约定”“抵押财产转让”“抵押物转让”，限制时间为民法典出台后，最终检索时间为 2023 年 9 月 8 日。

⑤ 参见某库资产管理有限公司与某丽金融借款合同纠纷案，山东省济宁市兖州区人民法院（2023）鲁 0812 民初 1349 号民事判决书；某利典当有限公司与汪某某等借款合同纠纷案，山东省青岛市黄岛区人民法院（2022）鲁 0211 民初 12628 号民事判决书；某昇新材料有限公司与某友纺织有限公司等追偿权纠纷案，江苏省如东县人民法院（2022）苏 0623 民初 6055 号民事判决书；赵某、臧某确认合同无效纠纷案，天津市南开区人民法院（2022）津 0104 民初 6571 号民事判决书。

抵押物自由。进一步而言，这种过度限制的本质原因还在于：第一，《担保制度解释》第 43 条沿袭《民法典》第 406 条对动产抵押和不动产抵押一体规定，未能考虑《民法典》动产和不动产物权移转与登记规则的不同，导致动产或不动产抵押权中第 43 条的利益保护效果不同。不动产公示制度较为完备，似无再予以特约登记保护之必要，反而导致纠纷，实践中即使移转不会对抵押权人利益造成明显损害，当事人依然受特约登记限制无法移转，[①] 给抵押人和受让人带来过大负担。第二，第 43 条仅规定适用以"抵押财产已经交付或者登记"为前提，似乎体现为事后规制，但表述较模糊，导致实践中登记机构和法院依据第 43 条直接认定抵押物自始不得移转。在配套落实上，《自然资源部关于做好不动产抵押权登记工作的通知》规定，若存在特约并登记，应由受让人、抵押人和抵押权人共同提出申请，方能转让抵押物。司法案例也基本表现为，因无法办理转移登记，受让人向法院起诉请求判决抵押物移转。而多数法院将第 43 条理解为事前阻止抵押财产移转，无论转让是否影响抵押权实现，均判决不支持移转，并作为合同不能继续履行的理由，[②] 更有法院将未订立特约的举证责任归结于受让人，使其承担举证不利后果，[③] 这加重了对抵押物自由流转的阻碍，并需要进一步其与动产物权变动规则的协调。第三，第 43 条未明确与正常经营活动买受人规则的适用。《民法典》第 404 条规定，即使动产抵押权已登记，也不得对抗正常经营活动中已经支付合理价款并取得抵押物的买受人，抵押权追及效力被阻断。如果动产抵押权上存在限制转让特约并登记，能否对抗正常经营买受人，对此没有明确规定。据此，对于《担保制度解释》第 43 条的适用，如何通过解释缓和其对抵押物移转自由的过度限制？如何使其与动产物权变动规则及正常经营买受人规则相协调？也有必要予以讨论。

---

① 参见某邦智能科技有限公司、王某等公司分立纠纷案，山东省青岛市黄岛区人民法院（2022）鲁 0211 民初 11186 号民事判决书。

② 参见董某、吴某等房屋买卖合同纠纷案，江苏省无锡市中级人民法院（2022）苏 02 民终 5208 号民事判决书；某象牙雕刻厂有限责任公司与某业地产股份有限公司合同纠纷案，北京市东城区人民法院（2022）京 0101 民初 7986 号民事判决书；宋某与郑某房屋买卖合同纠纷一案，北京市延庆区人民法院（2022）京 0119 民初 356 号民事判决书。

③ 参见刘某、刘某 1 赠与合同纠纷案，安徽省马鞍山市中级人民法院（2021）皖 05 民终 363 号民事判决书。

本文将讨论聚焦在如上三个方面，通过解释论方式回答上述问题，有助于厘清限制转让特约登记规则，更好地实现抵押人、抵押权人与受让人利益平衡，增加正当性与可操作性，也有助于规则运用和司法实践的认定统一。

二、抵押物限制转让特约效力

限制转让特约的效力与登记制度紧密相连、不可分割，是讨论登记制度的前提。欲对限制转让特约登记制度全面考察，须回应学理争议，首先厘清特约的效力问题。

（一）限制转让特约生效的逻辑前提

在《民法典》编纂过程中，曾有学者建议，“当事人另有约定的除外”有违“自由转让”，应予以删去。[①]《民法典》出台后，有学者说明，限制转让特约不违反《民法典》第406条的规范意旨，能够生效。[②] 此外，还有学者主张区分类型讨论特约生效问题。故有必要首先对特约能否生效予以论证。

1. 限制转让特约是利益平衡下的制度选择

必须承认的是，部分学者对于特约的批判合理的确会影响抵押物自由转让。然而，抵押物转让规则的构建是在抵押权人、抵押人以及抵押物受让人的利益博弈中寻求平衡的结果，也是在利益保障和自由流转经济效益做价值取舍的过程，对于任一方利益保护的失衡都会影响交易和适用抵押权的积极性。[③] 原《物权法》的“限制转让”模式曾备受学者质疑，被认为过于着眼对抵押权人

① 参见《民法典立法背景与观点全集》编写组编：《民法典立法背景与观点全集》，法律出版社2020年版，第113页。

② 参见王利明：《〈民法典〉抵押物转让规则新解——兼评〈民法典〉第406条》，载《法律科学（西北政法大学学报）》2021年第1期，第40—41页。

③ 参见梁上上、贝金欣：《抵押物转让中的利益衡量与制度设计》，载《法学研究》2005年第1期，第24页。

的保护，而忽视了抵押物自由转让价值。[①] 反之，如《民法典》仅允许抵押人自由转让抵押物，而不允许抵押权人和抵押人决定是否约定限制转让，同样存在问题。我国动产抵押权之设立仅需抵押权合同生效，而无须登记，多数动产流通性高、易损耗和被隐匿，追及效力有时无法保障动产抵押权人对抵押物交换价值的控制。立法利益的天平不能武断地从一边倒向另一边，而应课以谨慎态度。《民法典》在抵押物自由转让后，预留一定磋商空间，允许抵押权人事先判断风险，以约定限制转让，这并非对《民法典》第406条的违反，而是在社会经济背景下，力求实现三方主体利益平衡之目的的折中选择。

2. 限制转让特约是抵押物转让“自由”的一部分

法为自由提供选择的机会。[②] 物之所有权属于在法律规定限制内，对物全面支配的权利，[③] 除法律规定限制外，应允许当事人享有对所有权行使之自由。《民法典》第406条第1款第1句使用“可以”一词，揭示其为授权性规则，抵押人既可以行使权利转让抵押财产，也可以不行使该权利；第2句允许当事人“约定”，相较于《物权法》第191条的“同意”，更具合意基础。既然允许抵押物自由转让，也应允许当事人自由预先对转让权利作出安排。换言之，当事人约定限制转让特约的“自由”是抵押物自由转让的一部分。只要合意真实合法，就应予以尊重。故允许限制转让特约与抵押物自由转让并不冲突。

同时，约定对处分自由的限制，也不会导致特约不能生效。域外如德国、瑞士认为，抵押人处分自由较契约自由更具保护价值，这是抵押领域的公序良俗，不允许当事人通过约定限制，[④]《美国统一商法典》中也体现了合同自由劣

---

① 参见邹海林：《论抵押权的追及效力及其缓和——兼论〈物权法〉第191条的制度逻辑和修正》，载《法学家》2018年第1期，第138—139页；景光强：《论抵押物转让规则之重构——以追及效力和物上代位效力的合理配置为主线》，载《私法研究》2018年第1期，第37页。

② 参见张文显主编：《法理学》（第5版），高等教育出版社、北京大学出版社2018年版，第331页。

③ 参见王泽鉴：《民法物权》（第2版），北京大学出版社2023年版，第109页。

④ 参见常鹏翱：《限制抵押财产转让约定的法律效果》，载《中外法学》2021年第3期，第642—643页。

后于处分自由的理念。① 笔者认为，固然从促进财产自由流动、提高经济效益出发，处分自由较契约自由更具保护价值，但不代表一味让路。一方面，“限制经济自由型行为”是否被纳入类型化背俗行为未形成一致意见，② 公序良俗的类型化必须基于本土国情并与时代发展相适应，此前我国很长时间内抵押物自由转让都受到限制，加上社会信用建设尚不完备，目前我国限制抵押物自由转让未完全具备违背公序良俗的现实土壤。另一方面，恰如《民法典》规定禁止债权让与约定有效，如果存在正当理由，应保持效力认定的谦抑，特约并非无正当理由地滥用权利，而是具有保护抵押权人、利益平衡的法律意义，因此，特约的效力值得被肯定。

3. 区分限制转让特约类型不影响效力判断

有学者认为，应区分限制转让特约是“绝对限制”还是“相对限制”，讨论其生效问题。③ 绝对限制是指“不得转让”等完全否定条款，“相对限制”则是“未经抵押权人同意”“提供等值担保”等未完全否定条款。由于“绝对限制”违反《民法典》第 406 条立法目的，应当无效，仅有相对限制有效。《德国民法典》第 137 条规定不得以法律行为排除或者限制处分可让与权利，④ 可为该观点提供域外法的例证。但也有学者认为，该区别方案没有实质意义，⑤ 无论何种限制，都应有效。⑥ 笔者亦赞成这一观点，这一方案虽然理论上具有合理性，却难以进行实践操作。第一，从规范文义角度出发，《民法典》第 406

---

① 参见林清汶：《对于民法第八六七条抵押权追及性之研究与建议》，载《月旦法学杂志》2013 年第 9 期，第 269—272 页。

② 梁慧星教授曾类比域外法将“限制经济自由型行为”纳入类型化背俗行为，王利明教授则持相反观点。详见梁慧星：《民法总论》（第 6 版），法律出版社 2021 年版，第 208—209 页；王利明：《民法总则研究》（第 3 版），中国人民大学出版社 2018 年版，第 129—130 页。

③ 参见常鹏翱：《限制抵押财产转让约定的法律效果》，载《中外法学》2021 年第 3 期，第 646—648 页。

④ 参见台湾大学法律学院、台大法学基金会编译：《德国民法典》，北京大学出版社 2017 年版，第 119—120 页。

⑤ 参见景光强：《抵押物转让新规则释论》，载《山东法官培训学院学报》2021 年第 5 期，第 51 页。

⑥ 参见程啸、高圣平、谢鸿飞：《最高人民法院新担保司法解释理解与适用》，法律出版社 2022 年版，第 265 页。

条未区分不同约定的效力，类型化区分效力缺乏解释空间；第二，“绝对限制”和“相对限制”界限模糊，实践难免出现名为“相对限制”但实际发挥“绝对限制”作用的条款，如约定“唯债权清偿比例达到90%，方能转让抵押财产”，绝对限制条款无效无法发挥作用；第三，特约内容丰富，对“绝对限制”和“相对限制”的判断难以量化，会导致司法适用的不统一。因此，无论特约是“绝对限制”或“相对限制”，应不加区分地承认其能够生效。

（二）限制转让特约的效力范围

1. 原则上仅在抵押权人和抵押人间发生效力

合同具有相对性，合同的各项权利义务仅由合同当事人承受，第三人不负担合同义务，除非法律另有规定，否则无论第三人是否知晓该约定，均不能产生对外效力。[①] 合同相对性既是民法典物权和债权二元区分的构建基础，是契约自由的制度基础，也是违约责任与侵权责任划分的基础。[②] 除非法律另有规定，或者当事人利用特殊机制、实施特定行为对其予以改变，否则合同的相对效力应始终得到维持。

限制转让特约本为贯彻意思自治原则应然之理[③]。如我国台湾地区通说认为，对于当事人订立的不得转让抵押物的合同，应属有效，但不应对受让人发生效力。[④]《美国统一商法典》规定，债务人违反其与受担保方所约定的禁止转让条款的，构成违约，但不妨碍物之转让行为的效力。[⑤] 基于合同相对性原则，原则上限制转让特约仅产生债法上的拘束力，在合同当事人间发生效力，而不能对作为第三人的受让人生效，抵押权人不能基于特约向受让人主张不发生物

---

① 参见崔建远：《论合同相对性原则》，载《清华法学》2022 年第 2 期，第 129—133 页。

② 参见李永军：《〈民法典〉涉他合同中第三人利益的实现途径》，载《苏州大学学报（法学版）》2021 年第 1 期，第 21—22 页。

③ 参见李泓霖：《〈民法典〉第四百零六条（抵押财产转让规则）评注》，载《南海法学》2022 年第 3 期，第 5 页。

④ 参见谢在全：《民法物权论（下册）》（修订 5 版），中国政法大学出版社 2011 年版，第 206 页。

⑤ 参见潘琪译：《美国统一商法典》（中英汉语），法律出版社 2020 年版，第 604 页。

权变动，或主张抵押物转让合同无效。在违反特约的救济上，抵押权人可以向抵押人追究违约责任，包括继续履行、支付违约金、采取补救措施、赔偿损失等。①

2. 例外可对抗恶意第三人

进一步而言，限制转让特约之不得对抗受让人，是否以受让人善意为前提?《担保制度解释》第 43 条第 1 款规定，如果抵押权人有证据证明受让人知道限制转让特约，则有权主张受让人不得取得该抵押物。允许特约对抗恶意受让人，突破了合同相对性原则。② 该规定是否合理，学界存在较大争议，笔者认为该规定是合理的，理由如下：

首先，使特约对抗恶意第三人有必要性。抵押人违反特约转让财产，第三人明知特约存在仍然受让，未来抵押权人追及权受到阻碍概率将极大提升，抵押权人利益有保护价值。且对于特约的效力解释，应当与抵押物转让规则相协调，以及登记对抗规则所蕴含的善意受保护、恶意不受保护的价值判断相一致，从而保证体系上的融贯性，否则会鼓励违约，也违背诚实信用原则。

其次，该规定不违反合同相对性。有学者认为，物权与债权区分明确，约定的债受限于合同相对性，未经法定公示机制，不能取得与物权相当的对世性，即便第三人知道约定，也不受约束。特约作为债的约定，不能渗透影响至抵押财产物权的处分权能。纵然可以存在例外，但使债的约定产生对抗第三人物权的效力，也须遵循“法律保留”，而非由当事人主观限制达成。笔者认为，一方面，虽物权具有绝对性、债权具有相对性，内部约定的对外效力须严格控制，但这不表现为绝对的泾渭分明，可以允许约定的债在例外情形下突破合同约束恶意第三人，如《民法典》第 545 条第 2 款规定允许非金钱债权禁止转让约定对抗恶意第三人，这是由于债权转让可能对债务人利益造成实质影响，有特别保护债务人的需要。在某些场合，如果抵押物的所有权人变动，也会实质影响抵押权实现，对于抵押权人同样有特别保护之需要。另一方面，对抵押人处分自由的限制虽属于法律保留，但特约的债务内容即在于限制抵押财产处分权能，

---

① 参见崔建远：《违约责任探微》，载《法治研究》2022 年第 6 期，第 18—19 页。

② 参见崔建远：《论合同相对性原则》，载《清华法学》2022 年第 2 期，第 132 页。

既然《民法典》第406条允许当事人订立特约，在内涵上已包含允许当事人通过约定限制抵押人处分自由，不违反《立法法》第8条规定。况且，这种对合同相对性的突破并非及于一切第三人，仍恪守在合理范围内。

最后，该规定有类似制度参照解释。支持观点中，有学者认为，如果类推适用《民法典》第545条第2款禁止非金钱债权让与的约定不得对抗善意第三人的规定，限制转让特约亦不得对抗善意第三人。从反面推论得出，该约定似可对抗恶意受让人，这也与部分《民法典》立法工作人员的释义相吻合，[①] 也有学者认为，特约作为具有涉他性质且与抵押权保护密切相关的合同，使其对抗恶意第三人具有现实必要性，可参照适用《民法典》第311条无权处分的规定解释。[②] 反对观点则认为，特约不宜参照善意取得法理，否则将导致受让人为避免面临抵押人无权处分的隐患，必须探知是否存在限制转让特约，这会打破抵押财产转让的基本交易秩序。财产流通是社会公共观念和经济运转常态，即使允许私人安排打破这种常态，也必须课以谨慎态度，对于特约的安排也是如此，需要兼顾利益平衡。[③] 此外，特约与动产抵押权、土地承包经营权等物权变动存在本质差异，也不宜参照不动产登记的对抗效力。

笔者认为，对第三人“善意”“恶意”主观状态的考察往往基于相关交易能够对第三人产生影响，限制转让特约对于第三人能否顺畅地取得抵押财产具有影响，特约可以参考善意取得的法理思路，一方面，在抵押权人和抵押人之间，抵押人应受该约定限制，从而一定程度丧失抵押物处分权能，满足参照适用善意取得无权处分的前提。另一方面，这也不会导致学者所担忧的受让人必须始终探知拟交易标的是否存在特约或破坏基本交易秩序的问题。《民法典》第545条第2款在处理非金钱债权禁止让与约定的对外效力时，也曾存在“绝对效力”“相对效力”之争，背后即是对债务人保护和债权流通的两大价值的

---

① 参见黄薇主编：《中华人民共和国民法典物权编释义》，法律出版社2020年版，第508页。

② 参见景光强：《抵押物转让新规则释论》，载《山东法官培训学院学报》2021年第5期，第51页；何林峰：《解释论下我国抵押动产转让规则的适用》，载《兰州学刊》2021年第2期，第1—17页。

③ 参见常鹏翱：《限制抵押财产转让约定的法律效果》，载《中外法学》2021年第3期，第653—655页。

权衡，最终《民法典》采取了弱化绝对效力的方式，规定其可以对抗恶意第三人。① 可见对于财产流通的保护并非一味让步，经过弱化对抗效果，也能够在保护当事人利益的同时，不过分影响财产流通。《担保制度解释》从多角度弱化了特约对抗恶意第三人的效力。具体来说，一是缩小了“恶意”的范围。民法上的“善意”有两种含义，其一是指行为人不具有通过损害他人利益，谋求自身利益的目的；其二是指行为人不知道且不应当知道其行为将影响他人行为法律效力的主观意思。② 限制转让特约的“善意”指第二种，并来自其对出让人具备完整处分权的充分信赖。《民法典》对于“善意”的标准在不同制度中存在明知、知道、应当知道以及兼顾其他认定标准等多种表述形式，③ 如表见代理中要求相对无权代理情形不知情且对该不知情无过失，④ 动产善意取得中则为受让人不知转让人无处分权且无重大过失，⑤ 非金钱债权禁止让与约定的“恶意”为“明知或重大过失”。⑥ 由于特约作为债权具有非公示性，⑦ 并对物之交易有重大影响，尤其在动产交易中受让人难以探知是否存在特约，故《担保制度解释》第 43 条第 1 款规定中使用“知道”一词，将“应当知道”所涵盖的重大过失等情形排除在外，未对受让人的主观状态提出过高标准。二是对效力的限制。《民法典》第 545 条规定恶意受让人仍取得该非金钱债权，债务

---

① 参见朱虎：《禁止转让债权的范围和效力研究：以〈民法典〉规则为中心》，载《法律科学（西北政法法学学报）》2020 年第 5 期，第 120—125 页。

② 参见王利明、王轶：《动产善意取得制度研究》，载《现代法学》1997 年第 5 期，第 5—14 页。

③ 参见张继成：《对“知道”“应当知道”“明知”及其关联概念的法逻辑诠释》，载《法学》2023 年第 6 期，第 20—33 页。

④ 参见杨代雄：《表见代理的特别构成要件》，载《法学》2013 年第 2 期，第 65—66 页。

⑤ 参见庄加园：《动产善意取得的理论基础再审视 基于权利外观学说的建构尝试》，载《中外法学》2016 年第 5 期，第 1346—1366 页。

⑥ 参见朱虎：《禁止转让债权的范围和效力研究：以〈民法典〉规则为中心》，载《法律科学（西北政法大学学报）》2020 年第 5 期，第 120—125 页。

⑦ 参见王泽鉴：《民法学说与判例研究》（5），中国政法大学出版社 1998 年版，第 201 页。

人仅能主张债权不得转让的抗辩。[①] 从《担保制度解释》第43条第1款规定来看，特约仅赋予受让人可主张不发生转让的抗辩。三是从举证责任角度，将受让人是否知道特约存在的举证责任归属于抵押权人。通过如上安排，实际上受让人不必事先穷尽探知是否存在特约，以避免因被认定为“应知”或“因重大过失未知”而面临无权处分之害，而是仅需不属于“知道”即可，更不必承担举证责任，《担保制度解释》妥善地权衡了债权人利益保护和财产流通，是合理的。

3. 应有条件地使限制转让特约对抗一切受让人

由于违约责任对抵押权人救济有限，且特约虽可以对抗知情第三人，但动产抵押场合下对于第三人知情的举证难度极大，特约不足以保障部分抵押权人利益。由此，是否有必要通过特殊处置，使特约产生对抗第三人的效力？学界存在较大争议，梳理赞成说和反对说两类观点，主要分歧如下：第一，这是否符合《民法典》第406条意旨。有学者认为，这违背了《民法典》抵押物自由转让的宽容态度。[②] 但正如有学者观点，第406条“另有约定”之意旨在于赋予特约对抗一切受让人效力，违约责任救济不足以实现《民法典》的立法目的。虽然特约属于债权，但其依附于抵押权之上，《民法典》非但不禁止，反而认可其作为自由转让抵押物的例外，足见立法的肯定态度。第二，这是否违背合同相对性。有学者认为，特约效力及于第三人不违反合同相对性，而是属于《民法典》第465条第2款“但书”规定。[③] 也有学者主张，如使特约效力对抗第三人，无论受让人是否知晓特约，抵押权人都有权阻却受让人取得抵押物，这构成对合同相对性的严重突破，并不妥当。[④] 笔者认为，近年来合同相

① 参见黄薇主编:《中华人民共和国民法典释义》(中册)，法律出版社2020年版，第1046页。

② 参见刘家安:《〈民法典〉抵押物转让规则的体系解读——以第406条为中心》，载《山东大学学报(哲学社会科学版)》2020年第6期，第75—76页。

③ 参见王利明:《〈民法典〉抵押物转让规则新解——兼评〈民法典〉第406条》，载《法律科学(西北政法大学学报)》2021年第1期，第41—42页。

④ 参见崔建远:《论合同相对性原则》，载《清华法学》2022年第2期，第132、134页；张永:《抵押权追及力的确认及空洞化——〈民法典担保制度解释〉第43条第2款的效力检讨》，载《北方法学》2023年第2期，第55页。

对性的边缘已有所突破，如利益第三人合同、买卖不破租赁、预告登记制度、异议登记制度等，通过特殊处置，允许特约发生对外效力，不会违反合同相对性。第三，这是否影响追及效力制度。有学者认为，即使抵押物移转，追及效力能够保障抵押权人利益，没有必要再赋予抵押权人如此大的权利，否则会破坏抵押权人、抵押人和受让人之间的平衡。[①] 抵押权人地位强势，本就存在滥用特约风险，如再赋予特约对抗第三人效力，会严重限制抵押物自由转让，甚而架空抵押物追及效力。[②] 笔者认为，允许特约通过特殊处置对抗第三人不影响追及效力作用发挥，实际抵押权追及效力并非能始终发挥作用，尤其体现为动产，动产容易移转、隐匿性强，动产抵押权对所有权人以及使用人的信用情况依赖性高，出现追及受阻或者毁损风险大，相反使特约效力及于第三人有助于克服抵押物自由转让的弊端，弥补追及效力之不足。

因此，笔者对允许特约效力通过特殊处置及于第三人持赞成态度。应当明确，由于特约仅对抵押人的处分权能做出限制，因此“第三人”范围并非指一切第三人，而是指一切抵押物的受让人。且由于实践已存在滥用特约限制抵押物自由转让情况。特约效力及于一切受让人的特殊处置不应一概适用，而是要考虑其他法律规则协调及实践情况，从利益平衡出发有条件地赋予。

三、抵押物限制转让特约登记的登记能力

既已明确应有条件地使特约对抗一切受让人，还需考虑具体特殊处置方式的问题。《担保制度解释》通过允许限制转让特约登记，凭借登记的公示能力，使特约得以对抗第三人。该规定引发较大争议，核心在于特约能否登记于抵押权登记簿之上，这属于登记能力的问题。[③] 支持者认为，特约属于当事人以意

---

① 参见高圣平、罗帅：《〈民法典〉不动产抵押权追及效力规则的解释论》，载《社会科学研究》2020 年第 5 期，第 29 页。

② 参见张永：《抵押权追及力的确认及空洞化——〈民法典担保制度解释〉第 43 条第 2 款的效力检讨》，载《北方法学》2023 年第 2 期，第 58 页。

③ 参见李永军：《论财产权利“登记能力”对物权效力体系的影响》，载《法商研究》2021 年第 6 期，第 158 页。

思自治对抵押权的限制，能够具有登记能力，[①] 并从我国类似制度做法以及比较法的视角论证正当性。[②] 特约作为债的约定，可以借助特定的法定公示机制取得与物权相当的对世性，如《德国地上权条例》通过登记将债的约定作为地上权内容，又如我国台湾地区对于共有不动产的管理约定，通过登记产生约束份额受让人的效果。[③] 反对者认为，特约不具备登记能力，[④] 允许特约登记违反物权法定原则，有司法权超越立法权的嫌疑，将造成比原《物权法》第 191 条更为严重的限制结果，[⑤] 甚而会产生模糊物债二分的严重影响[⑥]；又或者有观点认为，虽然理论上存在载入登记簿的可能，但由于欠缺显著的法律利益，将特约认定为抵押权登记簿上的相关权利限制或提示事项并不妥当。[⑦]

虽《担保制度解释》已做出规定，但鉴于学界对此存在诸多质疑，有必要讨论特约的登记能力，以澄清和回应。

（一）登记能力的范围及具体判断标准

1. 可以登记的权利和事项范围

所谓登记能力，是指能够与法律要求的公示方式相衔接、经登记后具有可

① 参见最高人民法院民事审判庭第二庭：《最高人民法院民法典担保制度司法解释理解与适用》，人民法院出版社 2021 年版，第 390 页。

② 参见程啸、高圣平、谢鸿飞主编：《最高人民法院新担保司法解释理解与适用》，法律出版社 2021 年版，第 265 页。

③ 参见常鹏翱：《限制抵押财产转让约定的法律效果》，载《中外法学》2021 年第 3 期，第 654 页。

④ 参见高圣平、叶冬影：《民法典动产抵押物转让规则的解释论》，载《比较法研究》2020 年第 4 期，第 86 页。

⑤ 参见许中缘：《论〈民法典〉的功能主义释意模式》，载《中国法学》2021 年第 6 期，第 188 页；崔建远：《担保制度司法解释的制度创新与难点释疑》，载《财经法学》2021 年第 4 期，第 57—58 页。

⑥ 参见张永：《抵押权追及力的确认及空洞化——〈民法典担保制度解释〉第 43 条第 2 款的效力检讨》，载《北方法学》2023 年第 2 期，第 58 页。

⑦ 参见刘家安：《〈民法典〉抵押物转让规则的体系解读——以第 406 条为中心》，载《山东大学学报（哲学社会科学版）》2020 年第 6 期，第 76 页；李宇：《禁止或限制抵押财产转让约定的效力》，载《中国社会科学报》2021 年 9 月 15 日；崔建远：《担保制度解释的制度创新与难点释疑》，载《财经法学》2021 年第 4 期，第 57—58 页。

识别性并能够独立出来的“资格”。[①] 因其具备可识别性，成为判断能否被记载于登记簿的前提条件。我国目前动产登记规定较少，但不动产登记制度较完善，现行《不动产登记暂行条例》第5条以“列举+兜底条款”的形式规定了不动产可登记的权利和事项，前9项列举了常见不动产权利，并规定“法律规定需要登记的其他不动产权利”作为兜底。此外，该条例第8条第3款规定了能够载于登记簿之上的事项，其中第3项规定可以登记的范围包括“涉及不动产权利限制、提示的事项”。[②] 据此，我国不动产登记程序法上规定的可以登记的权利和事项包括：一是实体法律规定的需要采取公示形式的不动产物权，以及未来法律可能规定的不动产权利；二是与不动产权利相关的事项。

学理上的界定与之基本一致，强调不动产或动产权利为登记主体，与不动产或动产权利有法律关系的限制性事项构成补充。[③] 同时，虽然我国登记制度作为物权法定原则之延伸，其构建理应围绕物权展开并受其约束，[④] 但伴随商业交易需要及登记技术发展，我国登记效能扩容，除居住权等新型权利出现，可登记的财产权进一步丰富外，[⑤] 限制性事项在趋势上也逐步向某些与物权存在支撑或帮助关系的内容扩张，这有助于进一步明确和保护物之权利内容和财产状态，缓和物权法定原则和登记法定原则导致的僵化问题。[⑥]

2. 是否具有登记能力的判断标准

对于可以登记的权利和事项是否具备登记能力，需符合如下标准：

---

① 参见李永军：《论财产权利“登记能力”对物权效力体系的影响》，载《法商研究》2021年第6期，第158页。

② 参见常鹏翱：《不动产登记簿的制度构造》，载《法律科学（西北政法大学学报）》2009年第5期，第128页。

③ 参见程啸：《财产权保护与不动产权利的登记》，载《浙江社会科学》2020年第6期，第31页；高圣平：《不动产权利的登记能力——评〈不动产登记暂行条例（征求意见稿）〉第4条》，载《政治与法律》2014年第12期，第11页。

④ 参见孙宪忠：《不动产登记条例草案建议稿》，中国社会科学出版社2014年版，第42页。

⑤ 参见常鹏翱：《论可登记财产权的多元化》，载《现代法学》2016年第6期，第59—60页。

⑥ 参见韩英夫：《〈民法典〉视域下登记制度革新与物权效力扩张》，载《北方法学》2023年第21期，第38—42页。

第一，要符合物权法定原则，判断该物权或限制性权利是否有明确法律依据。[①] 此处法律依据应当指实体法律规范，[②] 登记程序法是对实体法的二次确认和重述，判断哪些权利和事项具有登记能力时，要回归实体法律规范解决。[③]

第二，要有登记必要性。是否能够适用登记这一手段，不能由登记机构决定或当事人自行约定，否则将增加登记负担，损害登记簿的公示与公信效力，由此产生登记必要性的判断。一方面，对于当事人要有显著的法律利益，且不会造成权利冲突、影响公共利益、限制交易自由等消极后果。另一方面，需要与对外公示或交易有重大法律意义。域外法如德国，对于哪些权利和法律关系可以登记，从《德国民法典》第 892 条能够推导出，对外公示对权利交易有重大意义的内容，可以认定具备登记能力。[④] 其中，善意取得与登记对抗衔接紧密，[⑤] 对于“与交易具有重大法律意义”的判断，还需要考虑该事项能否影响善意第三人在交易中的权利。如基于破产程序的处分限制、基于遗嘱执行的处分限制，即使该权利并非物权，但只要该权利的登记对于保护不动产人及不动产交易必要，能为善意取得突破，就具有登记能力，[⑥] 这也是登记制度与公示公信原则、善意第三人紧密衔接的结果。

第三，要考虑登记成本。[⑦] 在衡量某一权利和事项是否具有登记能力时，必须考虑该权利或事项如纳入登记，是否会给登记义务人或者登记查询义务人增加过高的经济成本或注意成本，成本是否符合比例原则而不会远超登记能带

---

① 参见肖攀：《不动产登记能力的阐释与完善》，载《中国不动产法研究》2019 年第 1 辑，第 206—208 页。

② 参见程啸：《财产权保护与不动产权利的登记》，载《浙江社会科学》2020 年第 6 期，第 31 页。

③ 参见程啸：《我国法上的不动产权利体系与不动产登记能力》，载《中国不动产法研究》2016 年第 13 期，第 55 页。

④ 参见［德］鲍尔、施蒂尔纳：《德国物权法》（上册），张双根译，法律出版社 2004 年版，第 290 页。

⑤ 参见魏振华：《登记对抗与善意取得：关系辨析与法律适用》，载《社会科学》2018 年第 11 期，第 97 页。

⑥ 参见程啸：《财产权保护与不动产权利的登记》，载《浙江社会科学》2020 年第 6 期，第 31—32 页。

⑦ 参见常鹏翱：《论可登记财产权的多元化》，载《现代法学》2016 年第 6 期，第 49—50 页。

来的利益。

第四，法律政策的指向对登记能力有一定影响，有时虽然没有法律明确支持，但基于司法政策或者相关主管部门公共利益管理需要，也会允许某些权利或者事项发生视同具备登记能力的结果，如司法查封之于登记簿上的体现。

（二）限制转让特约具有登记能力

具体到限制转让特约登记能力的判断，特约属于与抵押权有法律关系的限制性事项，《担保制度解释》以明文规定具有登记能力，具备法律政策指向自不待言，学理质疑主要集中于前三个标准，以下逐一分析判断。

1. 登记限制转让特约不违背物权法定原则

所谓物权法定原则，是指在一个统一的法律效力地域内的物权，种类和内容必须由法律明确规定，① 前者指当事人既不能超出法律规定创设新的物权种类，也不能或者仅得以在极为有限的范围内改变既有物权种类；② 后者指物权的内容在轮廓上必须由法律强制性地予以确定。登记限制转让特约构成对物权法定原则的违背，是学理上主张其没有登记能力最主要的理由。主要质疑有二：

一是特约作为债的约定，使其具有登记能力，违背了“物权种类和内容法定”。笔者认为，特约属于债的约定不等于没有登记能力。虽然我国民法继受了德国民法的潘得克吞体系，物权法定原则成为物债二分的基础，③ 但有时某些权利虽属债权，但具有特定的物权特征，从而具有不同程度的绝对效力，此乃“债权物权化”，④ 又或者称之为“相对权绝对化”，在此类具体的债的法律关系中，合同债权不是标的，而是作为引导物权发生变动的媒介。⑤ 这些债权

---

① 参见孙宪忠：《中国物权法总论》（第 3 版），法律出版社 2014 年版，第 234 页。

② 参见［德］M. 沃尔夫：《物权法》，吴越、李大雷译，法律出版社 2004 年版，第 14—15 页。

③ 参见李星：《物权法定原则的立法论——兼评〈民法典〉的抉择》，载《辽宁大学学报（哲学社会科学版）》2021 年第 2 期，第 89 页。

④ 参见王泽鉴：《民法债编总论（一）》（第 1 册），台北，三民书局 1992 年版，第 20 页。

⑤ 参见袁野：《“债权物权化”之范畴厘定》，载《法学研究》2022 年第 4 期，第 73—78 页。

与物权人利害攸关，并能够因登记而产生公示和对抗效力，为了防止其在物权人之间、物权人与受让人之间造成利益失衡，必须由法律予以明确引导，将其扩展至物权法定原则的范围之内，由法律规定当事人可以约定的事项。如我国台湾地区的“民法”物权编规定了在不动产登记专簿中所载有的债权。又如瑞士将其称为“物上之债”。[①]

我国现行法中“债权物权化”并不鲜见，通过登记使内部约定发生外部效力也并非首例。比如，预告登记采“限制处分模式”，一旦登记，未经预告登记权利人同意，预告登记义务人处分行为不发生物权移转，[②] 本质是使被登记的请求权产生物权效力。在特定法政策考量之下，将标的物权的归属锁定于受保护的债权人一方，并通过登记保障其对标的物权的取得。[③] 又如，异议登记制度通过登记使债权发生公示效力。再如，《信托法》第47、48条以及2019年《全国法院民商事审判工作会议纪要》第95条第2款认可了信托文件中禁止或者限制受益权转让约定的物权效力。[④] 以上均是基于特殊利益保护考量，债权被赋予对抗第三人效力的体现。这种从物权向债权性内部约定的扩张，使隐秘债权经登记法定形式共享物权的排他性。[⑤] 据此，特殊情形下债的约定能通过登记产生绝对效力。换言之，具有登记能力的事项不仅包括权利本身，而且应当包括特定的法律关系。关键在于，是否存在特殊利益保护考量，从而有必要突破债权相对性，产生对抗第三人的效力。[⑥] 而限制转让特约以保障抵押权为目的，具有增加对抵押权人保护的政策考量，登记特约不违反物权法定原则。

---

① 参见常鹏翱：《论可登记财产权的多元化》，载《现代法学》2016年第6期，第59—60页。

② 参见庄加园：《预告登记在强制执行程序中的效力》，载《当代法学》2016年第4期，第134页。

③ 参见程啸：《财产权保护与不动产权利的登记》，载《浙江社会科学》2020年第6期，第32页。

④ 参见肖攀：《不动产登记能力的阐释与完善》，载《中国不动产法研究》2019年第1辑，第206—208页。

⑤ 参见韩英夫：《〈民法典〉视域下登记制度革新与物权效力扩张》，载《北方法学》2023年第21期，第38—42页。

⑥ 参见谢在全：《物权法争议问题之挑战 常鹏翱教授〈物权法的“希尔伯特问题”〉之启发》，载《中外法学》2023年第2期，第411—413页。

二是《担保制度解释》在位阶上属于司法解释，由其赋予特约登记能力，违背了“由法律明确规定”。虽然学理上普遍将物权法定标准置于法律层面，但实践存在一定偏离，如房地产交易的网签备案系统，房屋网签备案登记可以阻却新的备案登记或者物权移转登记，行政管理措施发挥了限制物权处分的功能。[①] 从实践出发，在不违背法律引导方向的前提下，可以通过解释技术，将行政法规、司法解释等作为法定标准。[②] 一方面，限制转让特约属于现行法规定的“涉及不动产权利限制、提示的事项”登记事项，并非由《担保制度解释》创造了新的登记事项。另一方面，“不动产登记程序法仅是对实体法上已确认有登记能力的权利加以重述”。[③]《民法典》允许当事人约定限制抵押物自由转让，可见其持肯定态度，登记仅是使特约进一步发挥对抗第三人效力的工具手段。《担保制度解释》第 43 条的规范效果，也不构成创设了新的法律规范，而是对已有实体规范的重述，不违背“由法律明确规定”。

2. 限制转让特约具有登记的必要性

应当明确的是，“是否具备登记的必要性”与前述“应有条件地使特约效力及于第三人的必要性”不同。在具体判断上，第一，特约对于当事人具有显著的法律利益，允许当事人通过意思自治和登记法定形式，弥补某些情形下抵押物自由转让对抵押权人保护的失衡，这既保护了抵押权人基于特约的债权请求权，也能保障抵押权的顺利实现。且在登记规则的合理设计下，这种法律利益不会过度限制交易自由、不当影响抵押权人利益，符合比例原则。第二，特约限制的是抵押财产的移转，直接影响作为交易第三方的善意第三人能否取得抵押物，这既会构成对外公示、权利交易的重大法律意义，也对作为交易第三方的善意第三人存在重大影响，经登记能够突破善意取得。因此限制转让特约具有登记必要性。

---

① 参见常鹏翱：《中国式买房：网签备案的功能分析》，载《法律科学（西北政法大学学报）》2020 年第 4 期，第 106 页。

② 参见常鹏翱：《多元的物权法源及其适用规律》，载《法学研究》2014 年第 4 期，第 114—137 页。

③ 参见程啸：《我国法上的不动产权利体系与不动产登记能力》，载《中国不动产法研究》2016 年第 1 期，第 55 页。

3. 登记限制转让特约不会增加过多登记成本

对于登记成本的考虑，包括两个方面：

第一，登记行为本身的成本。有学者认为，虽然可在“抵押人、抵押权人认为其他应当登记的抵押权信息”中登记限制转让特约，但这违反了简化登记内容要求。[①] 笔者认为，登记内容简繁的要求应基于登记及查询成本决定，过去主张控制登记内容，是因为受限于技术水平落后，登记簿难以呈现复杂的信息，否则耗费大量人力、财力。但当前登记信息化程度显著提高，电子技术、人工智能极大地降低了登记运行成本，能通过登记展现交易全貌，[②] 不宜再固守简化登记簿，而应以包容开放的态度，在物权法定、特定原则限制下，[③] 增加与物权联系密切的、需要登记的内容。我国不动产及特殊动产抵押由各地区不动产登记机构负责，特约可记载于抵押权的权利登记簿之上；普通动产抵押权由中国人民银行征信中心提供动产和权利担保的登记和查询服务，限制转让特约亦被纳入线上登记簿中。无论是对于登记机构还是抵押权人，将特约登记的边际成本几乎为零。

第二，第三人的注意义务成本。对于不动产，第三人最迟在办理移转登记时知晓限制转让特约，不会带来额外注意义务成本。对于动产，此前有学者认为，动产以交付为物权转移要件，动产受让人信赖抵押人对动产的占有，[④] 不应负担查询动产登记簿的强制注意义务。[⑤] 这涉及交易习惯的问题。《民法典》第 403 条使受让人查询动产担保登记簿构成法定义务，[⑥] 对于有担保价值的动

---

① 参见高圣平、叶冬影：《民法典动产抵押物转让规则的解释论》，载《比较法研究》2020 年第 4 期，第 84 页。

② 参见常鹏翱：《物权法的“希尔伯特问题”》，载《中外法学》2022 年第 1 期，第 324 页；程啸：《财产权保护与不动产权利的登记》，载《浙江社会科学》2020 年第 6 期，第 33—34 页。

③ 参见张双根：《物权公示原则的理论构成——以制度正当性为重心》，载《法学》2019 年第 1 期，第 56 页。

④ 参见孙鹏、杨会：《论动产抵押物的转让——兼析动产物权公示方式之调整》，载《西南政法大学学报》2005 年第 2 期，第 31 页。

⑤ 参见景光强：《论抵押物转让规则之重构——以追及效力和物上代位效力的合理配置为主线》，载陈小君主编：《私法研究》（第 23 卷），法律出版社 2018 年版，第 50 页。

⑥ 参见高圣平、叶冬影：《民法典动产抵押物转让规则的解释论》，载《比较法研究》2020 年第 4 期，第 84 页。

产，参与商业交易的理性受让人本就应保持更加谨慎的态度，积极查询动产登记簿，否则就可能面临抵押权效力的负担。伴随我国动产融资统一登记公示系统完善落实[①]，动产作为抵押担保及登记的适用显著增加，[②] 受让人基于商业行为查询动产登记簿正成为新的交易习惯。动产受让人只要查询是否存在抵押权，就能注意到是否存在限制转让特约，且当前动产权利及担保的登记簿、申请材料及申请过程均电子化，信息互通共享，受让人查阅不受时间、空间效力限制，[③] 受让人查询成本不会超过特约登记的保护收益，也在合理范围内。

四、抵押物限制转让特约登记规则的适用完善

基于以上分析，《担保制度解释》第 43 条有其正当性和合理性，应予以肯定。但《担保制度解释》采取了无论何种情形，一律允许登记特约以对抗第三人的模式，过度保护抵押权人，导致实践严重限制了抵押物的自由转让，为学界所质疑。[④] 同时，其与《民法典》在适用衔接上也存在问题。如何通过解释，限制《担保制度解释》第 43 条适用，以及实现其与动产物权变动模式、正常经营买受人规则的制度衔接，需进一步探讨。

---

① 学理上对于动产抵押登记制度本身是否有公示效力还存在争议，但该制度已为现行法规定即是大势所趋。本文均基于肯定动产抵押登记制度展开。对于动产抵押登记制度的讨论，详见高圣平：《统一动产融资登记公示制度的建构》，载《环球法律评论》2017 年第 6 期；王洪亮：《动产抵押登记效力规则的独立性解析》，载《法学》2009 年第 11 期，第 88—98 页。

② 笔者于 2023 年 9 月 19 日访问中国人民银行征信中心网站，截至 2023 年 8 月，动产融资统一登记公示系统已注册登记用户 105516 个，累计登记数 27779029 笔，自 2019 年以来，登记数量大幅上涨。

③ 参见常鹏翱：《物权法的“希尔伯特问题”》，载《中外法学》2022 年第 2 期，第 323 页。

④ 参见常鹏翱：《限制抵押财产转让约定的法律效果》，载《中外法学》2021 年第 3 期，第 642—663 页；刘家安：《〈民法典〉抵押物转让规则的体系解读——以第 406 条为中心》，载《山东大学学报（哲学社会科学版）》2020 年第 6 期，第 75 页；张尧：《抵押财产转让规则的适用》，载《政治与法律》2021 年第 8 期，第 20 页。

（一）限制转让特约登记规则的适用限制

1. 约束限制转让特约登记适用的方案比较

对于应当增加何种条件限制特约登记制度的适用，目前学界主要有三种方案，具体如下：

方案一，区分限制转让特约是“绝对限制”还是“相对限制”限制适用。当事人禁止抵押物转让的绝对限制不能登记，而仅有相对限制才可以登记。笔者认为，绝对限制和相对限制的边界较为模糊，操作中存在困难。在不动产抵押物转让时，登记机构奉行高于形式审查的实质审查标准，[①] 不适宜由其判断特约属于绝对限制还是相对限制。这导致在不动产抵押物转让过程中，没有适格主体对该条款属于“绝对限制”抑或“相对限制”加以判断。在动产抵押物的转让时，由于动产以交付为移转要件，更没有适格主体能够作出判断。

方案二，结合《民法典》第406条第1款第2句，对限制转让特约登记适用做限缩解释，只有当转让可能损害抵押权时，抵押权人才能基于已登记的特约主张不发生物权效力。[②] 该方案存在合理性，但该方案的适用前提是，即使存在特约且已登记，也应当首先允许抵押财产转移给第三人，并为第三人办理移转登记。但在不动产执行实践中并非如此，且特约登记属于登记机构义务范围内，若此时登记机构同意办理移转登记，无疑违反职责，使对存在特约登记知情的受让人取得抵押物，也违背了登记的公示效力，甚至鼓励恶意受让行为。因此，该方案在不动产抵押中不具备适用前提，从而缺乏适用空间。

方案三，区分抵押物属于动产还是不动产限制适用。又可分为特约登记应仅适用于动产和仅适用于不动产两种观点。笔者认为，《担保制度解释》第43条忽视了特约虽为保护抵押权而生，但一经登记，就会影响动产或者不动产移转，从而必须考虑动产和不动产之区别。该方案注意到了这种区别，最为恰当。

---

① 参见黄薇主编：《中华人民共和国民法典物权编解读》，中国法制出版社2020年版，第21—22页。

② 参见张尧：《抵押财产转让规则的适用》，载《政治与法律》2021年第8期，第20页。

2. 限制转让特约登记应仅适用于动产

但究竟是仅适用于动产还是仅适用于不动产，需回归动产和不动产的区别考察。

第一，从物权特性上，不动产相对固定，交易相对不频繁，价值不易减损，这不仅体现在对于不动产的使用行为对不动产带来的损耗比较小，还体现在不动产所有权人的变更通常不会对不动产的担保价值造成不利影响。这也决定了不动产成为财产担保的最优选择。相较之下，除特殊动产外，生产设备、原材料、产品等普通动产容易移动，位置不固定，交易频繁，[①] 对于动产的使用不可避免带来动产价值的损耗甚至消失，动产价值的维持相当依赖于动产的使用人的保护程度，这也是以动产作为债之担保适用较少的原因。

第二，从物权移转方式上，不动产以登记为物权移转要件，登记是公示不动产所有权的唯一手段；动产则区分普通动产和特殊动产，普通动产物权的设立与转让，自交付行为完成，船舶、航空器、机动车等特殊动产物权的设立和转让，同样自交付时发生效力，未登记不得对抗善意第三人，交付占有作为公示动产所有权的主要手段。

第三，从登记方式上，不动产和特殊动产采用“物的编成主义”，以具体、特定的不动产作为登记的标的物。[②] 当事人在办理不动产登记时需提供完整的基础交易文件，登记机构对于不动产登记的审查也高于形式审查，审查内容涵盖物权变动的实体要件。从而，不动产登记簿产生权利正确性的推定效力[③]，全面地体现物权的公示公信原理，具有物权变动效力、权利推定效力和善意保护效力。[④] 对比而言，普通动产根本没有登记适用的空间，唯有基于动产而设立的抵押权得以与登记产生关联。动产抵押权登记采“人的编成主义”，以担

---

① 参见王洪亮：《动产抵押登记效力规则的独立性解析》，载《法学》2009 年第 11 期，第 91 页。

② 参见高圣平：《统一动产融资登记公示制度的建构》，载《环球法律评论》2017 年第 6 期，第 78—79 页。

③ 参见黄薇主编：《中华人民共和国民法典物权编解读》，中国法制出版社 2020 年版，第 21—22 页。

④ 参见王利明：《物权法研究》（下册），中国人民大学出版社 2018 年版，第 168 页。

保人的姓名或名称等信息作为登记簿的编制标准和检索标准，[1] 登记机关不会审查权利发生的实质要件，也不对登记错误承担责任，当事人承担登记文件真实的责任。[2] 如域外《美国统一商法典》严格的声明登记制，动产担保物权登记发挥声明的推定效力，仅限于警告后续受让人可能存在的担保权益，并使其获得必要信息，以便进一步调查。[3] 不过，我国动产抵押登记未完全继受严格的声明登记制，受到不动产登记制度影响颇深，动产抵押权通过登记的方式表征效力，以登记簿公示抵押权的存在及变动，登记公信力的发生使抵押权人得以对抗善意第三人。[4] 然而，动产所固有的种类难以区分以及流动性物权特性，导致动产抵押权公示方式存在重大缺陷，[5] 当事人在交易过程中，即使已查询到交易对手名下没有抵押财产登记，也不等同于拟交易动产上不存在抵押权，动产抵押权登记能够产生的公示能力有限，从而抵押权追及效力对抵押权人的保护程度也十分有限。

通过对比，在抵押物自由转让场合，对于不动产而言，物之移转通过登记完成，受让人办理登记时，必然查询不动产登记簿的内容，受让人应当知晓该不动产有抵押权，若其仍选择受让，则将承受不动产上的抵押权，且移转对抵押权交换价值影响不大，无论不动产移转至何人之手，抵押权追及效力均得以实现，此时抵押权人利益已得到保障。同时，结合《自然资源部关于做好不动产抵押权登记工作的通知》对于登记机构的要求以及法院判决，特约登记后实际发挥了冻结不动产转移登记的效果，对抵押不动产流通造成十分严重限制，

---

① 参见高圣平：《〈民法典〉视野下统一动产和权利担保登记制度的构造》，载《浙江工商大学学报》2020 年第 5 期，第 39—52 页。

② 参见高圣平：《动产抵押登记的审查责任——基于裁判分歧的分析和展开》，载《法学评论》2018 年第 1 期，第 170 页。

③ 参见庄加园：《动产抵押的登记对抗原理》，载《法学研究》2018 年第 5 期，第 82—83 页。

④ 参见叶金强：《动产他物权的善意取得探析》，载《现代法学》2004 年第 2 期，第 118 页。

⑤ 参见姜战军：《动产抵押制度质疑——以质疑动产抵押的公示及效力为中心》，载《法律科学（西北政法学院学报）》2005 年第 6 期，第 76 页。

背离了《民法典》第406条的意旨。[①] 因此，没有允许不动产登记限制转让特约的必要。

对于动产而言，动产容易移动，移转也不必办理登记，一旦出现多次流转，抵押权人难以追及，即使一次流转，也可能对那些价值容易减损的动产造成无法挽回的损失，抵押权追及效力对动产抵押权人的保障有限。既往以来，动产作为债之担保在实践中运用较少，和动产的担保价值保障有限有很大关系，实践中不得不增设监管方，增加了动产抵押成本。如允许动产登记限制转让特约，在不影响抵押人继续使用动产的同时，相对固定了动产，一定程度上产生了"使动产不动产化"的效果，有助于动产担保价值的发挥，实现物尽其用。因此，限制转让特约登记规则在动产场合应当适用。

不过，限制转让特约登记应仅适用于动产的结论，乃从应然角度得出。在实然状态中，由于《民法典》第395条及第403条将原材料、半成品等动产担保物权都赋予登记能力，类型繁多、情况复杂，但现行动产统一担保公示系统在运转上还存在问题，并进而影响了特约登记在动产的适用，不过，虽然存在以上问题，也不能因此否定特约登记在动产的适用。期待未来伴随动产抵押登记的完善，在解决动产抵押权公示效力问题的同时，特约登记适用于动产的困境也会迎刃而解。

（二）《担保制度解释》第43条与动产物权变动模式之协调

《担保制度解释》第43条对特约经登记产生的效力，表述为"抵押人违反约定转让抵押财产，抵押权人请求确认转让合同无效的，人民法院不予支持""抵押权人主张转让不发生物权效力的，人民法院应予以支持"表述较为模糊。既已明确本条规定应仅适用于动产，有必要进一步讨论第43条在动产的效力。

1.《担保制度解释》第43条与动产物权变动模式相冲突

实践中，动产无明确依据以及司法案例，考察不动产情形，特约登记后，除非由三方当事人共同申请，否则登记机构拒绝办理。在不动产情形中，登记

---

① 参见刘家安：《〈民法典〉抵押物转让规则的体系解读——以第406条为中心》，载《山东大学学报（哲学社会科学版）》2020年第6期，第75页。

机构具有审查义务，倘若已登记了特约，登记机构不得不办理移转登记，且《担保制度解释》第43条在第1款中使用“确认”一词，似乎有对不发生物权变动的权利现状予以确认的意思，实践如此执行是《担保制度解释》规定模糊下的必然结果。

但对于动产场合，如将限制转让特约登记后的效力也理解为自始限制物权移转，将导致《担保制度解释》第43条对动产物权变动模式的冲击。普通动产移转无须交付，没有登记机构参与，特殊动产登记仅是对物权效力的确认。学说上以为，占有具有权利推定效力，① 如果具备动产占有事实以及占有人有物权享有的意思，除非有瑕疵或有相反证据足以推翻，否则交付构成对动产物权变动的公示。此时出现了一个悖论，假如限制转让特约已经登记，抵押人违反约定出卖动产，按照动产物权变动规则，动产已伴随交付完成物权移转，但受已登记特约的限制，似乎又并未发生物权移转。除特殊动产外，本身动产担保权利登记制度在公示能力上存在天然缺陷，其公示内容仅包括是否存在权利担保以及权利清偿顺位，而不包括动产归属。如果允许特约自始限制抵押动产移转，受让人将不再信任交付占有，严重减损交付对动产物权变动的公示效力。

2. 应明确《担保制度解释》第43条仅相对抵押权人无效

因此，有必要明确第43条“不发生物权效力”的内涵。《担保制度解释》出台前，有学者主张由于特约登记公示在先，应当不予办理物权移转的变动登记。② 也有学者将其理解为，即使特约已登记，不妨碍抵押财产的受让人进行后续物权变动登记，否则《担保制度解释》第43条规定丧失适用前提。③

笔者认为，在第43条仅适用于动产前提下，第二种解释方式更佳，应明确《担保制度解释》第43条的“无效”仅相对抵押权人无效，在条款表述上修改为“判决”，使规定不再模糊。当事人已登记特约的，如抵押人移转物权，第

---

① 参见梁慧星、陈华彬：《物权法》（第7版），法律出版社2020年版，第264页；张双根：《物权法释论》，北京大学出版社2018年版，第253页；王利明：《物权法研究·上卷》（第4版），中国人民大学出版社2016年版，第727页。

② 参见王利明：《〈民法典〉抵押物转让规则新解——兼评〈民法典〉第406条》，载《法律科学（西北政法大学学报）》2021年第1期，第41—42页。

③ 参见张尧：《抵押财产转让规则的适用》，载《政治与法律》2021年第8期，第20页。

三人可以取得所有权。唯有抵押权人向法院起诉，由法院实现特约登记制度的公示效力，判决已发生物权移转的动产恢复成原来的状态。

3. 可能损害抵押权判断标准之引入

既已明确仅动产适用特约登记，且仅能由法院判决不发生物权变动，此时法院能够对物权移转对抵押权人的影响作出判断，且当移转不会影响抵押权时，仍然判决不发生物权移转，也不符合诚实信用原则，此时前述学者提出的“可能损害抵押权”限制方案就有了适用空间。因此可以引入可能损害抵押权标准，由法院判断，对于可能损害抵押权的，方才判决物权不发生移转。

对于“可能损害抵押权”的判断，应与《民法典》第406条第2款一致，立法者举例说明为“抵押物用途变更而可能导致的损害”。[①] 笔者认为，既然《民法典》第406条第2款使抵押权人主张提前清偿或提存的前提是追及效力已无法保障，“可能损害抵押权”的标准也应以此为前提，可将判断标准定义为：仅限于因转让行为使得抵押权的追及效力难以行使或者行使成本过高，抑或抵押财产价值将面临超过商业风险的减损时。[②]

（三）限制转让特约登记规则与“正常经营买受人规则”的体系适用

但不容否认的是，允许特约登记规则适用于动产，会导致动产的受让人无论于何情形、受让何种动产，都一概需要查询是否已登记限制转让特约，以免受特约登记对抗效力影响，这将严重影响现实生活的交易秩序。因此，需要讨论其与“第三人”中的正常经营买受人的规则处理。

1. 原则上不能对抗正常经营活动买受人

正常经营买受人规则是指，正常经营活动中已经支付合理价款并取得抵押财产的买受人，能够对抗动产抵押权，毫无负担地取得抵押物。[③]《民法典》第404条将该规则由原《物权法》的动产浮动抵押交易扩大至所有动产抵押交易。

---

① 参见黄薇主编：《中华人民共和国民法典物权编释义》，法律出版社2020年版，第512页。

② 参见李泓霖：《〈民法典〉第四百零六条（抵押财产转让规则）评注》，载《南海法学》2022年第3期，第9—10页。

③ 参见庄加园：《探析抵押动产的正常经营买受人规则》，载《法学》2023年第1期，第108页。

有学者认为，本规则下买受人的合理预期为不具有查询义务。[①] 但也有学者认为，买受人的合理预期是指正常经营者出卖动产不存在权利负担。[②] 笔者赞成后一观点，既然抵押权人认可抵押人以正常经营活动中持续销售的商品作为担保，法律推定其默认抵押人在后续经营活动中可能出售该抵押物。买受人有理由相信担保权人授权担保人销售无负担的担保动产，或主动放弃担保物权。从而即使正常经营买受人明知抵押权存在，也能够取得无负担的动产。

那么，已登记的特约能否对抗正常经营活动买受人呢？笔者认为，第一，虽根据《民法典》动产登记对抗规则，伴随动产融资统一登记公示系统的完善，受让人查询动产担保登记簿已构成受让人的法定义务，[③] 并正逐渐成为新的交易习惯，但若将该项义务赋予所有动产交易相对人，则每项动产交易均需承担查询成本，影响交易效率，进而动摇物权变动规则，[④] 这与现实生活和交易习惯不符。[⑤] 第二，应保护买受人对动产“占有”公示效力的信赖。《民法典》第 404 条的规定使正常经营活动买受人免于查询义务，对于正常经营活动而言，如果当事人不再能够仅凭借他人占有作出判断，而是必须对拟交易标的展开调查，确认是否存在担保物权或限制转让特约的登记，况且动产担保登记采“人的编成主义”，买受人难以确认和追溯前手的担保登记，这会使当事人不再信赖占有的公示效力，给商业交易带来重大障碍。反之，保护买受人的合理信赖有助于激励商事交易活动。第三，在适用关系上，《民法典》第 404 条构成第 403 条的特别规范，抵押权追及力本身不能对抗正常经营买受人，买受人可以毫无负担地取得抵押物，限制转让特约登记规则作为保障抵押权而生的

---

① 参见林文学、杨永清、麻锦亮、吴光荣：《〈关于适用民法典有关担保制度的解释〉的理解与适用》，载《人民司法》2021 年第 4 期，第 41 页。

② 参见纪海龙：《〈民法典〉第 404 条（正常经营买受人规则）评注》，载《清华法学》2023 年第 4 期，第 161 页。

③ 参见高圣平、叶冬影：《民法典动产抵押物转让规则的解释论》，载《比较法研究》2020 年第 4 期，第 84 页；王琦：《论抵押财产转让对抵押权的影响——以〈民法典〉第 403，404，406 条的协调适用为视角》，载《北京航空航天大学学报（社会科学版）》2020 年第 5 期，第 1—10 页。

④ 参见景光强：《抵押物转让新规则释论》，载《山东法官培训学院学报》2021 年第 5 期，第 50 页。

⑤ 参见龙俊：《动产抵押对抗规则研究》，载《法学家》2016 年第 3 期，第 49 页。

手段，更不能对抗正常经营买受人规则。因此，原则上即便特约并已登记，也不能对抗正常经营活动中的买受人。

2. 非善意时排除适用正常经营买受人规则

不过，仍存在的问题是，当买受人非善意时，已登记特约又能否对抗正常经营活动买受人？这涉及正常经营买受人规则是否以善意为要件的问题，对此学理有不同意见，反对观点认为从《民法典》第 404 条出发，善意并非该制度的要件，已被正常经营这一特殊要件搁置，[①] 仅需满足“支付合理对价”即可实现买受人和其他债权人的利益平衡。[②] 如果引入善意标准，将使第 404 条的规范保护逻辑转变，不当限制正常经营买受人。[③] 也有学者认为善意已融入“正常经营”的解释范围。[④] 支持观点则认为，只有善意的买受人才具有信赖的必要。[⑤] 笔者赞成后一种观点。第一，从构造上，正常经营买受人规则与善意取得规则都具备信赖保护、提升交易效率等价值，[⑥] 具有诸多相似之处。[⑦] 第二，域外普遍将善意纳入，如联合国《贸易法委员会担保交易示范法》关于与设保资产买受人或其他受让人的规定。第三，对于《担保制度解释》第 56 条第 1 款列举的排除适用正常经营买受人规则情形的判断，往往需要结合善意作

---

① 参见董学立：《论“正常经营活动中”的买受人规则》，载《法学论坛》2010 年第 4 期，第 92 页。

② 参见刘竞元：《民法典动产担保的发展及其法律适用》，载《法学家》2021 年第 1 期，第 60 页；王琦：《论抵押财产转让对抵押权的影响——以〈民法典〉第 403，404，406 条的协调适用为视角》，载《北京航空航天大学学报（社会科学版）》2020 年第 5 期，第 1—10 页；高圣平：《民法典动产担保权登记对抗规则的解释论》，载《中外法学》2020 年第 4 期，第 968—970 页。

③ 参见郑永宽：《论“正常经营买受人”的善意要求》，载《中国法学》2023 年第 4 期，第 184—199 页。

④ 参见高圣平、叶冬影：《民法典动产抵押物转让规则的解释论》，载《比较法研究》2020 年第 4 期，第 90 页。

⑤ 参见王利明：《论正常经营买受人规则》，载《东方法学》2021 年第 4 期，第 99 页。

⑥ 参见张素华、李鸣捷：《〈民法典〉“正常经营买受人规则”的解释论》，载《北方法学》2021 年第 3 期，第 16 页。

⑦ 但正常经营买受人规则不能为善意取得规则所取代，二者的适用范围、理论基础、构成要件和法律效果不同。详见王利明：《论正常经营买受人规则》，载《东方法学》2021 年第 4 期，第 95—96 页。

出，暗含将善意作为正常经营买受人规则的要件。第四，完全将善意排除，会影响抵押权人和买受人的利益平衡。

但对于善意的理解应有特殊之处。《担保制度解释》第56条第1款以“列举+兜底条款”的形式规定了排除适用正常经营买受人规则的情形，兜底条款为“买受人应当查询抵押登记而未查询的其他情形”。司法解释起草者认为，这是因为，如果买受人知道或应当知道标的物已设定担保物权，就不能适用正常经营买受人规则，毫无负担地取得标的物。[①] 可见其将非善意的内涵理解为“知道或者应当知道已设定担保物权”。但由于“应当查询而未查询”的情形并不明确，该规定易被误解为买受人普遍负有查询义务。这与《民法典》第404条在结果上免除其查询义务相违背，且该规则事关动产抵押的效果和交易信任与安全，域外法上一般也不设置兜底条款，如《美国统一商法典》。[②] 正常经营活动买受人的合理预期除了指不存在权利负担以外，还包括担保物权人会主动放弃担保物权。故作此理解并不合理，而是应指向为买受人不知抵押权人不期望抵押财产转让，也即不知存在限制转让特约。[③]

但是，也不能将该兜底条款理解为买受人对限制转让特约登记有普遍查询义务，否则只要动产担保上登记了特约，正常经营买受人就会因此无法取得交易标的，有架空正常经营买受人规则风险。因此，应将该兜底条款理解为，买受人不普遍负有查询义务，也不能直接依据特约已登记认定买受人非善意，而仅在有明确指向特约存在，以及存在查询登记的行业惯例、交易习惯时，方能构成“应当查询而未查询”。同时，应由抵押权人承担举证责任，若其不能证明，则不能排除适用正当经营买受人规则。[④]

---

① 参见林文学、杨永清、麻锦亮、吴光荣：《〈关于适用民法典有关担保制度的解释〉的理解与适用》，载《人民司法》2021年第4期，第41页。

② 参见庄加园：《动产抵押的登记对抗原理》，载《法学研究》2018年第5期，第76—94页。

③ 参见纪海龙：《〈民法典〉第404条（正常经营买受人规则）评注》，载《清华法学》2023年第4期，第161—174页。

④ 参见王利明：《论正常经营买受人规则》，载《东方法学》2021年第4期，第100页。

五、结　　语

概言之，在《民法典》允许抵押物自由转让的大前提下，第406条规定的限制转让特约具备生效逻辑前提，基于合同相对性原则，特约原则上仅发生债的相对效力，除对抗恶意第三人的情形外，抵押权人仅能主张违约责任。进一步，基于部分情形下特约对抵押权人保障不足，应有条件地使特约获得对抗一切受让人效力，且特约具有登记能力，能够通过登记取得此种效果。总的来说，《担保制度解释》第43条规定不违反《民法典》意旨，具有合理性。但不能忽视的是，首先，《担保制度解释》第43条未对特约登记对抗"有条件地赋予"，过度限制了抵押物自由转让，基于动产和不动产的内在区别，应将特约登记制度仅适用于动产领域。其次，针对第43条限制抵押物移转自由和与动产物权变动模式相冲突的问题，应明确《担保制度解释》第43条仅相对抵押权人无效，并引入"可能损害抵押权"判断标准，由法院判决是否发生物权不移转的效力。最后，除出现买受人基于行业惯例、交易习惯应当查询而未查询的情形外，即使特约已登记，原则上也不能对抗正常经营活动买受人。如此，方能更好地实现抵押物转让中的利益平衡，做好与《民法典》的衔接适用。

其实，无论是《物权法》的"禁止转让"，还是《民法典》的"自由转让+追及效力+限制转让特约登记"，抑或更早的法律规则，关于抵押物转让规则的制度设计，都是在抵押人、抵押权人、受让人利益博弈中寻找平衡。未来，伴随经济社会生活发展，以及技术对于登记规则的冲击，抵押物的种类、设定方式将进一步丰富，期待在制度的不断完善和技术保障下，能够找寻到既充分发挥抵押权"担保之王"经济效用，又能保障抵押权人利益的最佳规则。

（初审：林沛玟；校对：李楠）

《民法典》视野下中标合同的成立生效研究

滕帅坤[*]

摘　要：《民法典》颁行后，我国的民法体系趋于完善，这对《招标投标法》存在的司法适用问题具有重要意义。《招标投标法》的立法瑕疵导致理论上产生了对中标通知书性质与效力的不同学说，也导致司法实践中对中标合同成立与毁标责任的认定不一。通说认为中标通知书系承诺，然而学界对作为承诺的中标通知书的生效时间少有探讨，综合《民法典》之规定，应当认为其到达中标人时生效更为妥善。此外，中标通知书的效力在理论上主要有四种不同学说，相较而言中标合同成立生效说值得赞同，但该说中部分观点对《招标投标法》第46条的“书面合同”的认定和解释存在问题。衡诸立法目的与逻辑，“书面合同”应专指合同书，但不属于中标合同成立的特殊要件，仅系行政管理规范，中标合同的成立仍应以中标通知书生效的时点为准。《招标投标法》目前已有修订计划，此次修法应注意厘清中标通知书生效时间的歧义，明确中标通知书生效产生中标合同成立的效果与毁标行为承担的违约法律责任，以统一理论分歧与司法适用。

关键词：《民法典》；《招标投标法》；中标合同；书面合同；毁标行为

---

* 滕帅坤，中国工商银行河南省分行员工。

一、问题的提出

招标投标活动是一种特殊的缔约活动，其本质仍为合同的缔结，属于民法规制的行为。自我国引入招标投标制度以来，该制度在诸多领域体现了重要的价值，能够提高经济效益，保证项目质量。现行《招标投标法》将大型基础设施、关系公共利益或社会安全、使用国有资金投融资等工程建设项目及采购规定为必须进行招标的项目范围，但实际上招标投标制度的适用范围更加广泛。由于招标投标项目往往涉及金额较大、牵涉利益较广，关乎社会利益、公共安全，因此招标投标规范完善与否深刻影响着制度效用的体现与发挥。目前我国《招标投标法》尚存在一些不足，从而导致理论产生分歧，司法裁判难以统一，亟须完善。

首先，《民法典》第483条规定“承诺生效时合同成立”，第490条规定“当事人采用合同书形式订立合同的，自当事人均签名、盖章或者按指印时合同成立”，同时《招标投标法》第46条又要求招标人和中标人应当自中标通知书发出之日起30日内订立书面合同。通说认为中标通知书为承诺，但此时中标通知书生效时合同成立的规则与当事人签订书面合同时合同成立的规则似乎产生了矛盾。因此，在以招标投标方式缔约的情况下，中标通知书生效后，对于中标合同成立与生效存在一定的理论争议，产生了几种不同的学说。

其次，《招标投标法》第45条未明确规定中标通知书产生何种法律效力，同时根据该规定难以明确得出中标通知书的生效时间。而根据《民法典》第473条的规定，招标公告的性质为要约邀请，依照要约与承诺理论，通说认为中标通知书之性质为承诺。值得注意的是，原则上承诺到达时方生效力，但是通说在确定了中标通知书的性质后，对于中标通知书的生效时间却表现得“熟视无睹”。例如，有观点简单从文义解释出发认为《招标投标法》第45条规定将中标通知书生效的时间提前到中标通知书发出时。[①] 对此问题，学者们并未

① 参见毛亚敏：《论中标通知书的法律效力及毁标行为的法律责任——兼论我国〈招标投标法〉及〈合同法〉的完善》，载《政法论坛》2002年第4期，第64页。该文认为“作为承诺的中标通知书一旦发出，即具有法律效力”。

给予专门关注和探讨，在论述中标通知书相关问题时往往忽视该问题或者直接默认中标通知书于发出时生效。[①] 但是该观点没有对发出即生效的原因作出深刻研究和探讨，缺乏理论支持。

最后，中标合同的成立与否决定了毁标行为应承担何种责任，但由于立法对于中标合同的成立生效问题规定较为模糊，以至于前述问题和分歧也体现在各级各地法院对中标合同的成立以及毁标责任的认定上，出现了司法适用不统一的乱象。例如，有学者曾对毁标行为的责任承担问题做了司法案例实证研究，在中国裁判文书网上以不同关键词进行检索，最终得到相关案例共计 104 个。其中，认为中标合同未成立，毁标行为因违背订立合同义务应承担缔约过失责任的案件占比 24%；认为中标通知书为预约承诺而成立预约合同，毁标行为承担预约的违约责任案件占比 23.1%；认为中标通知书为本约承诺，因而毁标行为一方应当承担违约责任的案件占比 52.9%。[②] 相比招投标领域内众多的司法纠纷案件，该实证研究的样本数量不够丰富，但管中窥豹仍可见一斑。裁判者对同一法律问题无法得出同样的裁判结果，使得司法适用失去了统一性，有损立法的权威性和司法的公信力，难言“让人民群众在每一个司法案件中感受到公平正义”。

鉴于此，本文将探讨的问题聚焦于：中标通知书的法律性质及其生效的时间应当如何合理界定；对中标通知书的效力与中标合同的成立生效情况的现有不同理论学说作出全面评析，在《民法典》实施的背景下得出更加符合实践需要的理论；尤其是在《民法典》视野下如何确定第 46 条“书面合同”的含义，并通过解释使《招标投标法》与要约承诺及合同相关规定达到法理上的契合以解决矛盾，完善中标合同成立生效说的理论逻辑，以期回应当前学界与司法实践中存在的理论分歧，加强招标投标活动的规范性，更好地发挥招投标制度的价值与作用。

---

① 参见何红锋：《〈招标投标法〉应明确中标通知书发出后拒签合同的法律责任》，载《招标采购管理》2018 年第 10 期，第 18 页。认可此观点的还有赵飞龙：《论政府采购的法律性质》，载《行政法学研究》2016 年第 6 期，第 98 页。

② 参见何红锋、郭光坤：《中标通知书法律性质的实证研究》，载《招标采购管理》2019 年第 7 期，第 34—36 页。

二、探讨与界定：中标通知书的性质与生效时间

根据《招标投标法》第二、三、四章的相关规定，中标合同的订立须经过招标人发布招标公告公开招标或对特定人进行邀请招标，投标人按照招标文件的要求编制投标文件送达投标地点以作出响应，随后由招标人主持、投标人参加进行开标，开标后由评标委员会进行评标，最后招标人根据评标委员会提出的书面评标报告和推荐的中标候选人确定中标人并向其发出中标通知书。因此，“发出中标通知书”是订立中标合同的必要法律程序，对中标合同的判断亦会产生关键影响。但《招标投标法》第 45 条仅规定中标通知书产生法律效力，却未明确中标通知书的性质。因此，探讨中标合同成立生效问题的必要前提是统一对中标通知书的性质及其生效时间的认定，否则对于中标合同成立生效的判断问题的回答难免如无源之水、无本之木。

（一）中标通知书性质为承诺

如前所述，依照法律程序，若要确定中标通知书的性质，则必须先厘清招标与投标的法律性质。

对于招标行为的法律性质，两大法系的定性几乎一致，即属于要约邀请，而非要约。[①] 要约是希望与他人订立合同的意思表示，其内容应具体确定；要约邀请则不包含与他人缔约的意思或目的，而是希望他人向自己发出要约。[②] 招标公告或投标邀请书乃招标人希望符合资质条件的主体积极响应并发出投标文件所作的意思表示，没有与投标人直接订立合同的意思，因此不具备要约的法律效力。《民法典》第 473 条将招标公告定性为要约邀请显然是更为妥当的。

认定招标为要约邀请，在逻辑上也就意味着投标系要约。投标行为直接表达了投标主体希望与招标人订立合同的明确意图，投标文件中也包含了对招标

---

① 参见王利明：《合同法研究·第一卷》（第 3 版），中国人民大学出版社 2015 年版，第 241 页。

② 参见王利明：《合同法研究·第一卷》（第 3 版），中国人民大学出版社 2015 年版，第 234 页。

文件、招标项目的具体响应，其按期递交投标文件的目的即在于希望中标并完成缔约，契合要约的各项构成要件。因此投标的法律性质确定为要约是毋庸置疑的。

依照招投标程序，投标人在截止日期前提交投标文件之后，招标人将依法进行开标、评标，最后招标人向中标人发出中标通知书。在法律上，开标、评标均是为了确定合适的中标人，而中标通知书则是招标人向中标人发出的确定的意思表示。中标通知书系对投标人的投标文件作出的响应，表达了招标人同意投标文件的意思表示，其性质应为承诺，对于这一点，目前的学界与实务界人士基本不存在争议。①《中华人民共和国招标投标法释义》（以下简称《招标投标法释义》）中也明确认为招标公告属于要约邀请的范畴，投标人投标的意思表示属于要约，因此中标通知书实质上就是招标人的承诺。②

（二）中标通知书的生效时间

在探讨中标通知书的效力问题时，学者们大多将目光聚焦于中标通知书生效后产生何种法律效果，或者中标通知书生效后，毁标行为应当承担何种责任，但是却鲜有学者关注中标通知书的生效时间问题并对其作出探讨。如前所述，有观点认为从文义解释来看即可认为中标通知书系发出后产生法律效力，在探讨中标通知书效力问题时，直接认定《招标投标法》规定了中标通知书发出即产生法律效力。③ 对此，笔者认为有必要作出检视，探讨确定中标通知书的生效时间。

《招标投标法》第 45 条第 2 款规定："中标通知书对招标人和中标人具有法律效力。中标通知书发出后，招标人改变中标结果的，或者中标人放弃中标项目的，应当依法承担法律责任。"在该条规定中，毁标行为的责任承担确实以"发出"为起始点，似乎可以由此解释出中标通知书也应当以"发出"为生

---

① 参见王建东：《论建设工程合同的成立》，载《政法论坛》2004 年第 3 期，第 55 页。

② 参见卞耀武主编：《中华人民共和国招标投标法释义》，法律出版社 2000 年版，第 105—106 页。

③ 参见毛亚敏：《论中标通知书的法律效力及毁标行为的法律责任——兼论我国〈招标投标法〉及〈合同法〉的完善》，载《政法论坛》2002 年第 4 期，第 64 页。

效时点。同时，《招标投标法释义》中也给出了如此规定的理由——“中标通知书发出后产生法律效力。本法规定中标通知书以发出后具有法律效力而不是以中标人收到中标通知书后发生法律效力，是因为这样更适合招标投标的特殊情况。如果中标通知书在中标人收到后产生法律效力，若招标人及时发出了中标通知书，但是中标通知书在传送过程中并非由于招标人的过错而出现延误、丢失或错投，致使中标人没有在投标有效期终止前收到该中标通知书，招标人则丧失了对中标人的约束权。而规定中标通知书发出后即产生法律效力，招标人的上述权利可以得到保护”。[①] 甚至还有学者提出由于法律规范在适用上采取“特别法优于一般法”原则，因此《招标投标法》规定的发出主义属于民法规则的例外。[②]

但笔者认为中标通知书属于通知方式的承诺，中标通知书的生效时间仍应采到达主义而非发信主义。

第一，从《招标投标法》第45条第2款规定来看，不能得出中标通知书是以发出为生效时点的唯一结论。从文义解释来看，该条规定提出中标通知书发出的时点，目的是明确后半句中责任承担的前提，即毁标行为的责任承担以中标通知书的发出为起始点。但是因目前立法没有明确毁标行为的具体法律责任，因此无法当然反推得出中标通知书发出即生效的结论。进一步分析，若此处的法律责任是民法上的缔约过失责任，那么缔约过失责任的承担要求双方处于缔约过程中，并不要求作为承诺的中标通知书已经生效，此时发出的规定仅为立法上释明缔约过失责任承担的时间起点，并不能推出中标通知书发出即生效的含义。换言之，在缔约过失责任的情况下，承诺是否生效、何时生效与责任承担无关。[③] 如果认为法律规定的是民法上的违约责任，那么违约责任存在的前提是合同已经成立，此时方有通过解释得出中标通知书作为承诺发出时生效的可能和空间，即承诺生效时合同已经成立，此时的毁标行为属于违约行为，应

① 参见卞耀武主编：《中华人民共和国招标投标法释义》，法律出版社2000年版，第106页。

② 参见赵飞龙：《论政府采购的法律性质》，载《行政法学研究》2016年第6期，第98页。

③ 参见王利明：《合同法研究·第一卷》（第3版），中国人民大学出版社2015年版，第336—337页。

承担违约责任。如果此处的法律责任是指行政法律责任，即如《中华人民共和国招标投标法实施条例》（以下简称《实施条例》）第74条规定的责令改正、行政罚款等行政责任，此时第45条第2款所规定的就是对应承担行政责任的情形作出的具体细化，此时行政责任条款与中标通知书的民法性质无涉，自然无法根据行政责任条款判断作为承诺的中标通知书系发出生效。综上，由于第45条第2款规定的法律责任性质尚未明确，在对法条的诸多解释上也不能得出发出生效的唯一确定解释，因此不能仅从不完善的规定本身得出中标通知书以发出为生效时点的结论，认为法条采取发出主义的解释显然是站不住脚的。此外，特别法优于一般法的原则是指当不同的法律对同一事项作出的规定存在冲突时，应当适用特别法的规定。但是如前所述，由于不能当然得出该条规定了承诺的发出主义，因此所谓“特别法优于一般法”的理由也就失去了适用的前提从而不攻自破。

第二，招标投标作为合同的订立方式之一，《民法典》中关于要约、承诺的规定也同样应当适用于招标投标活动。对于以非对话方式作出的意思表示生效规则，我国多年来的立法和司法实践所采纳的观点为到达主义，尤其是在合同订立中，对要约、承诺的生效采取的均是到达主义。[①] 此外，缔结合同时，合意是合同成立的基础，是合同制度存在的前提，[②] 而合意在合同订立过程中的具体表现则为要约与承诺达成一致的过程。依上述分析可得中标通知书应属于承诺，因此招标投标形式下缔结的合同也应符合要约承诺的基本理论，若承诺尚未到达而合同已然成立，显然未尊重合意的达成，不符合我国多年来的立法规则与司法实践。不仅如此，我国现行法对有相对人的意思表示普遍采用到达生效规则，[③]《民法典》也没有给承诺的发出主义留下法律上适用或解释的空间。《民法典》第484条规定以通知方式作出的承诺，生效的时间应适用137条，而137条第1款则封闭式规定了“以非对话方式作出的意思表示，到达相

① 参见王利明：《民法总则研究》（第3版），中国人民大学出版社2018年版，第517页。

② 参见尹飞：《合同成立与生效区分的再探讨》，载《法学家》2003年第3期，第121—122页。

③ 参见耿林：《论意思表示的到达效力》，载《东南大学学报（哲学社会科学版）》2016年第5期，第54页。

对人时生效”。因此，认为中标通知书以发出为生效时点违背了《民法典》总则编的规定，有悖于我国要约承诺的基本理论，有损于我国民法体系的一致性和系统性。

第三，相较于发出生效而言，采到达生效的观点更有利于平衡招标人和投标人利益。《招标投标法释义》中认为，当中标通知书发出后因各种原因导致中标人未能在投标有效期内收到时，招标人可能会丧失对中标人的约束权，容易导致招标投标活动的失败。[①] 对此，笔者认为该观点的理由并不充分。相比于英美法系的发信主义，我国民法上对承诺的生效一贯采到达主义，其目的是保护当事人的交易安全，平衡双方当事人的利益。尽管发出主义能够更好地促进交易的迅速达成，[②] 但是招标投标活动之所以需要严密的程序予以规范，正是因为我国招标投标制度价值取向不完全在于交易的效率，而是更要注重交易项目的质量与安全，确保招标项目的最优合作方。况且，在非因受要约人之过错而导致要约人未收到承诺的情况下，仅为维持招标人对中标人的约束而采发信主义显然未能平衡招标人与中标人的利益，忽视了中标人不存在过错的情形，可能导致招投标市场上的主体不平等，影响招标投标制度的健康运行。

第四，《招标投标法》第 45 条规定出“中标通知书发出后”，实质是立法上的瑕疵，未被司法实践普遍支持。现行《招标投标法》是由发改委牵头于 1999 年制定，在立法上着重明确了招标范围、招标方式、招投标规则等问题，初步建立起招标投标制度规范体系，但是对于中标合同本身与同年公布施行的《合同法》、国际招标规则之间的衔接欠缺考虑。[③] 颁布实施二十余年来，《招标投标法》仅在 2017 年作了较小改动。随着我国的招标投标市场日趋壮大，监管体制不断完善，市场和社会需要更为精确、与民法典体系相契合的招投标规则。此外，近年司法实践中鲜有对《招标投标法》第 45 条作出中标通知书采发出

① 参见卞耀武主编：《中华人民共和国招标投标法释义》，法律出版社 2000 年版，第 106 页。

② 参见王利明：《合同法研究 · 第一卷》（第 3 版），中国人民大学出版社 2015 年版，第 286—289 页。

③ 参见《关于〈中华人民共和国招标投标法（草案）〉的说明》《全国人大法律委员会关于〈中华人民共和国招标投标法（草案）〉审议结果的报告》。载北大法宝。

主义的解释或理解的情况。在实践中，仍多认为中标通知书送达中标人时生效。[①] 无论对中标合同的成立生效采纳何种学说，在承诺的生效时间问题上法院都明示或默认地支持到达生效。如在某兴公司与某石公司房地产合同纠纷再审案中，最高人民法院明确认可到达生效原则，裁定书中写明："在招标活动中，当中标人确定，中标通知书到达中标人时，招标人与中标人之间以招标文件和中标人的投标文件为内容的合同已经成立"；[②] 在某教育公司诉某餐饮公司房屋租赁合同纠纷案中，深圳市中级人民法院在判决书引用《招标投标法》第45条规定，并默示写明："……中标通知书对招标人和中标人具有法律效力。故承诺一经到达即发生法律效力，承诺生效时即房屋租赁合同已经成立。"[③]

综上所述，中标通知书作为承诺，其应当符合民法对要约承诺的一般规定，即于到达相对人时生效。2020年，国家发展改革委发布了《关于〈中华人民共和国招标投标法（修订草案公开征求意见稿）〉公开征求意见的公告》，国家发展改革委牵头起草了《中华人民共和国招标投标法（修订草案公开征求意见稿）》（以下简称《招标投标法草案（征求意见稿）》），在《招标投标法草案（征求意见稿）》中，原第45条中"中标通知书发出后"改为第52条"中标通知书到达中标人后"也佐证了笔者的论述。不仅如此，最高人民法院出台了《关于适用〈中华人民共和国民法典〉合同编通则部分的解释（征求意见稿）》（以下简称《民法典合同编通则解释（征求意见稿）》），其中第4条更是明确指出"采取招标方式订立合同，当事人请求确认合同自中标通知书到达中标人时成立的，人民法院应予支持"，也明确赞同了中标通知书到达中标人时合同成立的观点。若《招标投标法草案（征求意见稿）》的改动最终保留在正式稿，则能够在立法层面根本地解决中标通知书生效时点的问题，同时也能够与《民法典》保持一致。

---

① 参见袁华之：《建设工程索赔与反索赔》，法律出版社2016年版，第89—90页。

② 参见某兴公司诉某石公司房地产合同纠纷案，最高人民法院（2019）最高法民申2241号民事裁定书。

③ 参见广东省深圳市中级人民法院民事判决书，（2017）粤03民终2191号。

三、分歧与评析：中标合同的成立与生效

在确定了中标通知书作为承诺自到达中标人时生效后，则可以在此基础上探讨中标通知书的法律效力以及中标合同成立与生效的规则。目前主要存在以下四种不同的学说。①

（一）中标合同未成立说

该说认为中标通知书生效后，中标合同尚未成立，自依法签订书面合同时中标合同成立。② 支持该说的依据是，尽管《民法典》规定承诺生效时合同成立，但是《招标投标法》规定了招标人与中标人应当订立书面合同，书面合同系指合同书，因此应当依照合同书的规则，即双方当事人签字或盖章时合同方能成立。该说认为第46条“招标人和中标人在法定期限内订立书面合同也属于强制性规定，是以专门法律规定招标人和中标人必须订立合同书……是与合同法的相关规定的精神是一致的。”③ 在某利公司与某投公司缔约过失责任纠纷案中，安徽省高级人民法院即认为：“某利公司收到中标通知书时，其与某投公司之间的合同尚未成立，某投公司拒绝签订承包合同，违背了诚实信用原则，应属于违反先合同义务而造成对方信赖利益损失的缔约过失责任”④。

笔者认为该说不值赞同，该说认为合同的成立应当以合同书签订的时间为准，但此时无法解释作为承诺的中标通知书在生效时产生的法律效力。先不论将“书面合同”界定为合同书是否合适，《招标投标法》第45条规定“中标通

---

① 学说由笔者结合理论文章整理所得，学说陈列可参考最高人民法院民法典贯彻实施工作领导小组主编：《中华人民共和国民法典合同编理解与适用》（二），人民法院出版社2020年版，第1114页以下。

② 相关案例可参见海南省高级人民法院民事判决书，（2014）琼环民终字第11号；福建省厦门市中级人民法院民事判决书，（2016）闽02民终862号；湖南省邵阳市中级人民法院民事判决书，（2018）湘05民终2054号；广东省广州市中级人民法院民事判决书，（2023）粤01民终3207号等。

③ 参见卞耀武主编：《中华人民共和国招标投标法释义》，法律出版社2000年版，第107—108页。

④ 参见安徽省高级人民法院民事判决书，（2014）皖民二终字第00659号。

知书对招标人和中标人具有法律效力”，如果认为中标通知书作为承诺生效时合同未成立，则此时亟待解决的问题是立法上所规定的中标通知书的法律效力如何解释和界定。在某晟公司、某经济联合社缔约过失责任纠纷案中，广州市中级人民法院将该法律效力解释为：“中标通知书对招、投标双方均具有法律效力。该法律约束力是拘束招标人和中标人签订合同的法律约束力，对这种法律强制力的违反所承担的是合同订立过程中的缔约过失责任，即因招标人改变中标结果，不与中标人签订合同或中标人放弃中标，不与招标人签订合同，导致双方之间合同不能缔结，而应承担的缔约过失责任”①。但该解释的问题在于，中标通知书到达生效后，招标人和中标人之间却未成立中标合同，此时中标通知书将丧失对招标人和中标人的约束力，导致中标通知书丧失确定“中标”的应有之义。所谓“拘束招标人和中标人签订合同的法律拘束力”的说法，实质上就是诚实信用原则要求下，缔约一方对另一方的信赖要求而已。即使《招标投标法》不规定中标通知书的法律效力，在经过招标、投标、评标和开标等一系列复杂费力的法律程序后，也可以有理有据地认为招投标双方均处于缔约过程当中，此时一方拒不签订合同的行为违背了诚实信用原则，依法应承担缔约过失责任。因此，将中标通知书的法律效力解释为签订合同的拘束力太过狭隘，将使合同的签订成为真正具备约束力的步骤，中标通知书失去了存在的意义。该说不利于保障招标人的合法权益，可能导致招投标活动中毁标行为的增加，造成招投标市场的动荡，影响交易安全和市场秩序。不仅如此，该说有悖于当事人在发出中标通知书时希望缔结合同的真实本意，也不利于招标投标活动目的的实现和招投标制度价值的发挥。因此，笔者认为该说与法有悖，不符招标投标活动之根本目的，应予抛弃。

（二）中标合同成立生效说

该说认为中标通知书生效后，中标合同成立并生效。② 与前述学说相反，

① 参见广东省广州市中级人民法院民事判决书，（2023）粤01民终3207号。

② 相关案例可参见重庆市高级人民法院民事判决书，（2017）渝民终221号；福建省高级人民法院民事判决书，（2017）闽民再391号；广东省深圳市中级人民法院民事判决书，（2017）粤03民终2191号；最高人民法院民事判决书，（2016）最高法民再11号；最高人民法院民事裁定书，（2019）最高法民申2241号等。

该说认为招标人和中标人通过招标、投标、中标等活动已经明确了双方的合同权利义务关系，中标合同自中标通知书生效时成立。而对于《招标投标法》要求订立书面合同的规定，该说中有不同观点，观点一认为“书面合同”即指合同书，但是其不影响合同的成立；观点二认为“书面合同”系指书面形式的合同，不仅包含合同书，也包含其他书面形式，中标合同的主要条款已通过招投标文件等书面形式确定。中标合同成立后，若无其他无效事由则当然生效。支持观点一的如前文已述及的某兴公司与某石公司房地产合同纠纷再审案中，最高人民法院认为：“《中华人民共和国招标投标法》第四十六条和涉案招标文件、投标文件要求双方按照招标文件和投标文件订立书面合同的规定和约定，是招标人和中标人继中标通知书到达中标人之后，也就是涉案合同成立之后，应再履行的法定义务和合同义务，该义务没有履行并不影响涉案合同经过招投标程序而已成立的事实”①。支持观点二的如在某安装公司诉某投资公司建设工程施工合同纠纷案中，重庆市高级人民法院就认为：“书面形式是指合同书、信件和数据电文等可以有形地表现所载内容的形式。就本案而言，招投标文件和中标通知书符合‘有形地表现所载内容’的构成要件，可以认定双方已采用书面形式订立了合同”②。

该说认为中标通知书到达生效，合同即成立生效，笔者认为较为合理，值得赞同。但在面对《招标投标法》第46条“书面合同”规定时的理论解决路径上，笔者认为观点一更为合理。观点二认为在解释上“书面合同”是指书面形式，也即《民法典》第469条规定“当事人订立合同，可以采用书面形式、口头形式或者其他形式”，“书面形式是合同书、信件、电报、电传、传真等可以有形地表现所载内容的形式”，《招标投标法》要求的“书面合同”实际上指书面形式，即招标文件、投标文件及中标通知书文件的内容相互可以构成合同的书面形式，③ 因此已经实质上满足了《招标投标法》的要求。但应当注意的是，将招投标文件等书面材料解释为书面合同形式的一种，虽然表面上看起来

① 参见最高人民法院民事裁定书，(2019) 最高法民申2241号。

② 参见重庆市高级人民法院民事判决书，(2017) 渝民终221号。

③ 参见林镥海：《论中标通知书的法律效力和悔标的法律后果》，载《法治研究》2009年第5期，第92页。

逻辑严密，但是实际上违背了《招标投标法》的立法本意，系利用了立法上的缺陷而作出的强行解释。① 《招标投标法释义》也直接将“书面合同”认定为合同书。② 因此，将“书面合同”解释为书面形式的合同而非合同书，该论证存在瑕疵。对此笔者将于下文详细探讨。

（三）中标合同成立未生效说

该说认为中标通知书生效后，中标合同成立，但合同于签订书面合同时生效。③ 该说为调和合同成立时间上的矛盾，认为中标通知书生效后中标合同即成立，对于《招标投标法》要求招标人和中标人订立书面合同的规定，该说认为“招投标程序和合同履行过程比较长，合同内容比较复杂，往来文件比较多，且招投标过程中不允许招标人与投标人就实质性内容谈判，招标人和中标人需要通过签订书面合同确认合同内容”，因此将书面合同的签订作为中标合同生效的特别要件。④ 该说在实践中鲜有案例支持。

笔者认为，该说将书面合同的签订作为中标合同生效的特殊要件缺乏现行法律基础，与法有悖。在民法体系中，区分合同的成立与生效是十分重要的。合同成立与否是一个客观的事实判断问题，合同的成立是合同生效的前提，合同的成立体现个人私法效果的追求，而合同的生效则必然受到国家制定法的影响，体现国家的意志。⑤ 在学理上，一般认为依一定方式为之才能成立的法律行为系要式行为，而法律规定的书面形式即为法定要式，因此一般将法定书面

---

① 参见王建东:《论建设工程合同的成立》，载《政法论坛》2004 年第 3 期，第 60 页。

② 参见卞耀武主编:《中华人民共和国招标投标法释义》，法律出版社 2000 年版，第 107—108 页。

③ 司法实践中罕见采用该说的案例。支持该说的理论可参见刘长春、张嘉强、丛林编著:《中华人民共和国招标投标法释义》，中国法制出版社 1999 年版，第 80 页。

④ 参见国家发展和改革委员会法规司、国务院法制办公室财金司、监察部执法监察司编著:《中华人民共和国招标投标法实施条例释义》，中国计划出版社 2012 年版，第 143 页。

⑤ 参见尹飞:《合同成立与生效区分的再探讨》，载《法学家》2003 年第 3 期，第 122 页。

形式作为法律行为的特别成立要件而非生效要件。① 根据《民法典》第502条的规定，依法成立的合同，自成立时生效，但是法律另有规定或者当事人另有约定的除外。但《民法典》以及《招标投标法》均未明确将合同书面形式的要求规定为生效要件，因此不能从法律条文的规定中推理出书面形式的要求是合同成立的要件或是生效要件之一。② 我国现行法没有将书面形式明确作为合同生效要件的先例，贸然将签订书面合同作为生效要件与既定民法体系相悖。并且，出于鼓励交易的原则，我国法律对于合同效力的否定应当有明确的效力性规定，缺乏明确规定的前提下不能推定其为否定合同效力的规则。因此该说将书面合同的签订作为特殊生效要件显然缺乏现行法基础，难以立足，应予摒弃。

（四）预约合同成立生效说

该说认为中标通知书生效后，招标人与中标人之间成立预约合同，双方有依照《招标投标法》订立招投标本约合同的义务。③ 该说依托预约合同理论，将承诺生效时合同成立与《招标投标法》要求30日内订立书面合同的冲突通过预约合同和中标合同（本约）两个合同的架构加以解决，即中标通知书到达生效时，招标人与中标人之间成立预约合同；而招标人与中标人应依据《招标投标法》规定另行订立中标合同为本约。④

预约合同说目前得到了部分学者的论述与支持。《中华人民共和国民法典合同编理解与适用（二）》更是提出："中标通知书就是招标人确认向中标人购买商品或服务的意向，并约定将来签订书面合同的承诺，与认购书、订购书、意向书等在内容和性质上并无不同……将中标通知书发出定性为成立预约合同，

---

① 参见陈华彬：《民法总则》，中国政法大学出版社2017年版，第468—480页。

② 参见王利明：《合同法研究·第一卷》（第3版），中国人民大学出版社2015年版，第511页。

③ 相关案例可参见安徽省淮南市中级人民法院民事判决书，（2017）皖04民终620号；最高人民法院民事裁定书，（2014）民申字第952号；新疆维吾尔自治区高级人民法院民事判决书，（2021）新民终293号；山东省淄博市中级人民法院民事判决书，（2022）鲁03民终249号；宁夏回族自治区吴忠市中级人民法院民事判决书，（2022）宁03民终853号等。

④ 参见郑旸：《从司法实践看〈招标投标法〉第46条第1款的理解与适用》，载《中国招标》2022年第8期，第19—21页。

与《买卖合同司法解释》第2条[①]的精神是一致的。”[②] 还有学者通过比喻论述预约合同理论的合理性，其认为招标投标活动类似于交通信号灯，而预约合同就像是交通指示灯中的黄灯一样：预约给了中标合同的签订一个过渡，预约合同既符合法律规定，又不许任何一方随意毁约，还能够允许招标人和中标人在定标后具体谈论确定一些细节问题。[③] 该说也不乏司法判例支持，如在某能源公司与某人民医院合同纠纷案中，安徽省淮南市中级人民法院认为：“可见，通过招投标，双方就合同多数内容已经达成一致，但尚缺乏某些合同必要条款需要继续磋商。因此，双方成立的是预约合同关系，本约合同尚未订立”。[④] 又如在某能源公司、某煤公司合同纠纷案中，新疆维吾尔自治区高级人民法院认为：“由于招标投标的程序要求，招标人某能源公司向某煤公司发出中标通知书后双方构成预约合同……本案中某能源公司向某煤公司发出《中标通知书》的时间是2019年10月28日，该《中标通知书》即应视为其与某煤公司构成预约合同关系”。[⑤]

但是笔者认为该说存有漏洞，仍不足取。

第一，与买卖合同不同，中标合同往往承载着公共利益，《中华人民共和国民法典合同编理解与适用（二）》援引《原买卖合同司法解释》的规定以解释预约合同说的合理性本身欠缺说服力。暂撇开上述司法解释条款已被修改不论，招标投标合同具有极强的专业性，招标投标程序往往适用于浩大长期的工程项目，根据《招标投标法》第1条，其制度目的在于“保护国家利益、社会

---

① 此处《买卖合同司法解释》是《最高人民法院关于审理买卖合同纠纷案件适用法律问题的解释》（法释〔2012〕8号），以下简称为《原买卖合同司法解释》。该司法解释已于2020年12月23日修正，现为《最高人民法院关于审理买卖合同纠纷案件适用法律问题的解释》（法释〔2020〕17号）。《原买卖合同司法解释》第2条规定：“当事人签订认购书、订购书、预订书、意向书、备忘录等预约合同，约定在将来一定期限内订立买卖合同，一方不履行订立买卖合同的义务，对方请求其承担预约合同违约责任或者要求解除预约合同并主张损害赔偿的，人民法院应予支持。”

② 参见最高人民法院民法典贯彻实施工作领导小组主编：《中华人民共和国民法典合同编理解与适用》（二），人民法院出版社2020年版，第1114—1117页。

③ 参见李显冬、门向飞：《关于中标通知书法律效力的再思考》，载《中国招标》2021年第10期，第12—14页。

④ 参见安徽省淮南市中级人民法院民事判决书，（2017）皖04民终620号。

⑤ 参见新疆维吾尔自治区高级人民法院民事判决书，（2021）新民终293号。

公共利益和招标投标活动当事人的合法权益，提高经济效益，保证项目质量”，具有较强的公共利益属性，与买卖合同存在价值取向上的根本不同。尽管《民法典》第646条规定其他有偿合同没有明确规定时可以参照适用买卖合同的有关规定，但是中标合同显然与买卖合同存在根本差异，因此认为中标通知书的性质与订购书、意向书、认购书的性质“并无不同”显然忽略了招投标活动背后所承载的巨大公共利益属性。

第二，尽管预约合同能够从逻辑上弥补法律规定上的矛盾，但是预约合同的“过渡”不具有明显的意义和价值，多此一举。看起来似乎预约为中标合同的订立提供了前置空间，有利于在中标后确定项目的细节问题，但是实际上并非如此。《实施条例》规定中标合同的标的、价款、质量、履行期限等条款应与招标文件、投标文件内容基本一致，不得进行实质性修改。为了避免当事人恶意串通，形成黑白合同，招投标双方在中标后对于招标项目可探讨的空间寥寥无几，更不得进行实质性修改，那么此时预约合同与本约中标合同内容几乎一致，仍然相当于“红灯之后直接转为绿灯”，难以发挥所谓的“黄灯”过渡效用，不符合预约合同本身应有的功能，也失去了架构出预约合同的意义。①

第三，该说不符合招标投标的实践情况，预约和本约的架构难以涵盖所有的招标投标项目类型，预约的架构甚至可能得不偿失。如果依照该说，则中标通知书发出后，招标人和中标人需要进行磋商并订立本约，然而在实践中招标投标涉及领域广、项目类型多，多一道法律程序的架构对不同招投标项目而言也有深刻的影响。若不区分招标项目，对于一部分较为简单、规模较小的招标项目，在预约基础上另行磋商订立本约显然降低了交易效率，过于麻烦，不利于实践中当事人迅速达成交易，增加了当事人的交易成本而难以得到遵守；对于一些复杂重大的招标项目，则招标方在招标材料中已经对中标条件作出严密筹划和要求，预约的架构表面看来为招中标双方提供磋商空间，但实际上不利于对招标项目的严格执行，甚至可能导致黑白合同等违法情形。若区分不同的招标项目，即对于简单项目则省去本约订立的步骤，对于复杂项目则严格依照

---

① 参见朱海平：《招投标合同引入预约制度的法律思考——驳招投标合同定性为预约合同》，载《招标与投标》2015年第6期，第19—21页。

预约合同理论要求订立本约，此时将产生新的问题——如何合理区分和认定简单和复杂的招标项目，从而导致该说失去统一适用的可能性。[①]

第四，该说将中标通知书的法律效力解释为成立预约最关键的漏洞在于其明显违背了招投标双方的缔约意愿和真实本意。《民法典合同编通则解释（征求意见稿）》第7条对预约合同作出了规定，该条第2款规定尽管当事人订立的认购书、订购书、预订书、意向书、备忘录等已就合同的主体、标的、数量、价格或者报酬等主要内容达成合意，但如果没有“明确约定将来一定期限内另行订立合同”，法院应当认定本约合同成立。因此，即使是当事人签订的预订书、认购书等，要判断其是否构成预约合同，关键还要看当事人是否对在将来一定期限内订立本约达成合意。[②] 招标投标是程序严密复杂的活动，经过招标、投标、评标、开标等一系列行为，招标人与中标人从事如此繁复活动的目的是缔结本约和承接项目，强行将其意思表示解释为缔结预约，显然不符合当事人的内心真意，侵害了当事人的意思自由。[③] 况且，如果将中标通知书之效力解释为成立预约，则预约对双方当事人的约束程度明显降低，招标人可能拒绝同投标人订立本约合同，甚至存在改变招标、投标条件的可能性，不利于保障投标人的合法利益。[④]

值得说明的是，在实践中，中标通知书往往含有这样的条款——逾期未签订合同视为放弃中标资格（以下简称为“逾期”条款）。“逾期”条款常被当作当事人成立预约的意思表示，如在某医院、某残疾人联合会合同纠纷案中，宁夏回族自治区吴忠市中级人民法院认为：“根据《成交通知书》的约定，‘某医院接此通知后在三十日内与招标人签订合同，并按招标文件要求及投标文件

---

① 参见何红锋：《再论中标通知书生效后拒签合同的法律后果——与陈川生、李显冬、沈玥同志商榷》，载《中国招标》2021年第4期，第10页以下。

② 参见黄薇主编：《中华人民共和国民法典合同编释义》，法律出版社2020年版，第78页以下。

③ 参见王利明：《预约合同若干问题研究——我国司法解释相关规定述评》，载《法商研究》2014年第1期，第56页。王利明教授认为，预约合同应当具有订立本约的意图，以订立本约合同为目的。

④ 参见王利明：《合同法研究·第一卷》（第3版），中国人民大学出版社2015年版，第303页。

承诺履行合同。逾期未签订合同视为放弃中标资格。’因此应当认为《成交通知书》的发出使得双方之间成立以签订书面合同为义务的预约合同”①。诚然，逾期未签订合同视为放弃中标资格的表述容易使人反推得到按时签订合同才是最终确定了中标资格的理解。那么首先要解决的是，中标通知书到达生效后，投标人是否已经获得中标资格而成为中标人？如果认为收到中标通知书的投标人尚未成为中标人，放弃中标资格实际上是指签订合同后才真正取得中标资格、成为中标人，此时则已如前述，该理解再次陷入了将签订合同作为真正具有约束力的行为，导致中标通知书失去意义和价值，断不可取。如果认为收到中标通知书的投标人已经成为中标人，则放弃中标资格实际上是指逾期不签订合同则取消中标人的中标资格。根据《招标投标法》及其《实施条例》，中标人放弃中标项目，无正当理由不与招标人订立合同或签订合同时提出附加添加的应当依法承担法律责任，而所承担的责任中就包括取消中标资格。因此“逾期”条款实际上是对毁标行为法律后果的明示，是行政监管意志之体现。因此，实践中这一条款不应被简单理解为订立预约合同的意思表示。

综上，笔者认为预约合同说不符合招标投标实际，故不可取。

四、梳理与论证：中标合同成立生效说

上述学说中，中标合同成立生效说较为中肯，符合我国招投标实际情况，实值赞同。但是在面对《招标投标法》第 46 条要求订立书面合同的规定时，该说对“书面合同”一词产生了不同的理解。有观点认为此处“书面合同”指订立合同应采取书面形式，② 招标投标文件已经符合第 46 条要求的书面形式，因此中标合同成立；而有的观点则指出此处“书面合同”本意是指“合同书”，

---

① 参见宁夏回族自治区吴忠市中级人民法院民事判决书，（2022）宁 03 民终 853 号。

② 赞同该观点的可参见林镥海：《论中标通知书的法律效力和悔标的法律后果》，载《法治研究》2009 年第 5 期，第 92 页；毛亚敏：《论中标通知书的法律效力及毁标行为的法律责任——兼论我国〈招标投标法〉及〈合同法〉的完善》，载《政法论坛》2002 年第 4 期；袁华之：《建设工程索赔与反索赔》，法律出版社 2016 年版，第 91 页；等等。

不同于一般书面形式，但“书面合同”并非中标合同的成立要件。[①] 不同的理解就意味着规则适用的差异，因此有必要厘清“书面合同”的具体所指以及是否为中标合同成立的要件。

（一）“书面合同”应指合同书

对“书面合同”的理解产生歧义的根本原因在于法律用语的不明确和不统一。

一方面，从文义角度来看，“书面合同”不能简单等同于合同书。合同包含书面形式、口头形式和其他形式，因此“书面合同”一般可能被直接理解为书面形式的合同，与“书面形式”一词存在的差异不大，与“书面合同”对应的应当是“口头合同”（即指口头形式的合同）。尽管实践中合同书是书面形式的合同中应用最广泛最典型的一种，但是据此反推立法上“书面合同”就是专指合同书显然缺乏依据，难以令人信服。由于法律用语的不明确，因此难以从法律规定中直接断定“书面合同”的具体含义。

另一方面，从立法用语来看，可以参照观察《民法典》及其他法律的用语来尝试分析“书面合同”的含义。可以明确的是，“书面形式”的合同当然不专指合同书，但“书面合同”却可能产生歧义。在此前提下观察《民法典》可得，《民法典》合同编中的用语多为“书面形式”，只有在保证合同一章第685条中用语为“保证合同可以是单独订立的书面合同”，“书面合同”这一用语也仅在《民法典》中出现过这一次。回溯该条文的前身，即原《担保法》第13条“保证人与债权人应当以书面形式订立合同”，可以发现这里的用语又是“书面形式订立合同”。前后对比来看似乎《民法典》将“书面形式”改为“书面合同”并无特殊意义。并且，《民法典合同编释义》第469条释义在对合同的书面形式作出解释时直接将“书面合同”等同于“合同书”，[②] 但在第685条释义却未对立法上“书面合同”这一用语特别解释为合同书，而仍然仅写明

---

① 参见王建东：《论建设工程合同的成立》，载《政法论坛》2004年第3期，第60页。

② 参见黄薇主编：《中华人民共和国民法典合同编释义》，法律出版社2020年版，第24页。

保险合同应当以书面形式订立。①

除了《民法典》外，在《招标投标法》《建筑法》《专利法》《著作权法》《广告法》《草原法》等法律中，立法者均使用了“书面合同”的立法用语；在《旅游法》《劳动法》《保险法》《经济合同法》② 等法律中，则使用了类似于“书面形式”或“书面形式的合同”的用语；在《劳动合同法》《民用航空器法》《海商法》等法律中则既使用了“书面合同”，又使用了类似“书面形式”的立法用语。通过对比可以发现，无论我国早期立法还是近年立法修法，立法者均没有在立法用语中特别注重“书面形式”与“书面合同”之间的区别，出现了混用的现象。

所以，立法用语上的粗线条化和不统一导致不能盲目对某一条文或用语作出解释，更不能贸然直言《招标投标法》第46条的“书面合同”究竟是指书面形式的合同抑或是专指合同书。在文义解释外，应当具体综合该法或条文的立法目的、逻辑体系等方面作出解释才能得出具有说服力的结论。笔者认为，第46条所称的“书面合同”应专指合同书，并非指书面形式的合同。

从《招标投标法》的内部逻辑体系上可以发现，立法者在立法时未给“书面形式的合同”的理解留下解释和适用的可能与空间，第46条的书面合同只能专指合同书。合同书的特点包括三点：第一是合同书必须以文字凭据的方式为内容载体；第二是合同书必须载有合同条款；第三是合同书必须要有双方当事人或其代理人的签字或盖章，以表示对合同内容的认可。③ 书面形式的合同可以包括合同书、信件、电传等，但是只有合同书是在书面形式的基础上增加了合同条款、签字或盖章等格式或形式上的要求。因其与一般的书面形式要求不同，所以在民法上，当事人采用合同书形式订立合同的，才会有特殊的成立规则。④ 那么，《招标投标法》第59条规定了招标人和中标人之间若无正当理由

---

① 参见黄薇主编：《中华人民共和国民法典合同编释义》，法律出版社2020年版，第516页以下。

② 参见《经济合同法》第3条。该法因《合同法》颁布施行而于1999年10月1日失效。

③ 参见王利明：《合同法研究·第一卷》（第3版），中国人民大学出版社2015年版，第497页。

④ 参见《民法典》第490条。

不订立合同，则将受到有关行政监督部门的处罚，承担行政法律责任。招标文件、投标文件及中标通知书本身均为书面文件；在招投标活动普遍采用互联网招投标系统的今天，招标文件和投标文件仍是通过电子文档等数据电文的形式有形地表现所载内容，[①] 并且存储在特定系统中以供随时调取查用，因此仍属于“书面形式”的范畴。[②] 如果认为第46条要求的书面形式包括书面文件在内的所有形式，那么无论传统书面形式还是数据电文的书面形式，其书面形式本身已经完全符合第46条要求的“书面合同”，那么上述法律责任的规定则从根本上失去了适用的空间，即不可能出现没有订立“书面合同”的情形。

如此反推之，“书面合同”中只有合同书有特殊的形式要求，即具体列举合同条款以及双方当事人需要在合同签订处签字或盖章，那么仅在第46条“书面合同”专指合同书的情况下，对于不订立合同的第59条处罚责任条款才有存在的必要和适用的空间，法律内部的逻辑才能够通畅。同理，我们再审视第46条本身也可以发现，如果将“书面合同”解释为包含书面形式的文件，那么在中标通知书作为承诺到达中标人后，招投标文件所组成的书面文件已经可以构成书面合同了，此时第46条要求“招标人和中标人应当自中标通知书发出之日起三十日内，按照招标文件和中标人的投标文件订立书面合同”的规定则存在逻辑问题——如果立法者考虑到书面合同包含书面文件的形式，那么中标通知书到达时“书面合同”已经成立了，却为何又要求法定日期内按照招投标文件订立“书面合同”，岂不自相矛盾？如此也可得出，《招标投标法》在制定时就将“书面合同”直接等同于合同书，不存在所谓书面形式的合同的解释空间。

从《招标投标法》的外部逻辑体系上来看，《实施条例》的用语亦可以明确“书面合同”应指合同书。《实施条例》是《招标投标法》的具体实施和细化解释，因此该条例中所用的“书面合同”一般应与《招标投标法》用语作同一解释。《实施条例》第57条规定招标人和中标人应当依据条例和招标投标法规定签订书面合同，并且合同主要条款应当与招投标文件一致，本条规定的是对《招标投标法》第46条的具体实施办法。值得注意的是，合同的“签订”

---

① 参见《民法典》第469条。

② 参见黄薇主编：《中华人民共和国民法典合同编释义》，法律出版社2020年版，第25—26页。

不同于合同的“订立”，订立仅指合同的成立，而签订则属于动词并列结构，其强调签字或签署并订立的合同或协议。在此对用语上，《民法典》作了较为基本的区分，没有混淆使用。《民法典》将合同的订立作为专门一章，规定了合同成立的内容；但是在该章第491条处规定“当事人……订立合同要求签订确认书的，签订确认书时合同成立”，这里立法者区分使用了订立和签订。[①]《民法典》还有其他几处规定中使用了“签订”一词，但签订后所跟客体均为协议，如第221条规定的“当事人签订房屋买卖的协议或者签订其他不动产物权的协议”。以上均说明立法者意识到了订立和签订之间存在区别，含义不同。尽管《实施条例》并非法律而是行政法规，但《实施条例》中明确使用了“签订书面合同”一词。我国进入民法典时代后，在《民法典》的视野和统摄下，应对该用语作出书面合同需要经过签署订立的解释。而合同需要签字或者盖章的形式，符合该要求的书面形式合同仅包括合同书和确认书。“书面合同”用语本身就可明显排除“书面合同”指确认书，因此可得的唯一结论便是《实施条例》第57条规定的“书面合同”是指合同书。因此，从《实施条例》第57条也可推得《招标投标法》第46条的“书面合同”应指合同书。

并且，最高人民法院民事审判第一庭于2021年编著的《新建设工程施工合同司法解释（一）理解与适用》也明确写明：从文义角度理解，《招标投标法》及《实施条例》中规定的“合同”一词应专指合同书，《招标投标法》相应条款规定中的“书面合同”一词虽然没有明确指出“书面合同”就是合同书的形式，但是将“书面合同”理解认定为“合同书”是“殆无异议”的。[②]

（二）合同成立生效说的正确论证路径

合同的成立应当符合一般成立要件，其主要包括：其一，存在双方或多方

① 《民法典》第491条规定最早源于已经废止的《涉外经济合同法》中合同的订立一章的第7条：“当事人就合同条款以书面形式达成协议并签字，即为合同成立。通过信件、电报、电传达成协议，一方当事人要求签订确认书的，签订确认书时，方为合同成立。”由此可知，彼时在立法上已经意识到订立与签订之含义差异，开始区别使用。参见黄薇主编：《中华人民共和国民法典合同编释义》，法律出版社2020年版，第69页以下。

② 参见最高人民法院民事审判第一庭编著：《最高人民法院新建设工程施工合同司法解释（一）理解与适用》，人民法院出版社2021年版，第223页。

当事人；其二，当事人之间就要约和承诺达成合意。[1] 对合同的成立法律另有规定或当事人另有约定的，则属于特殊成立要件，满足特殊成立要件时合同方能成立。特殊成立要件是指法律行为成立所需要的特别要件，例如要式行为、要物行为等。[2] 笔者认为，“书面合同”要求并非特殊成立要件，中标通知书到达中标人后中标合同即成立，合同成立生效说正确的理论逻辑应是：“书面合同”确指为合同书，但《招标投标法》第46条合同书要求系管理性强制性规定，不属于合同成立的特殊要件，中标合同依照民法规则判断法律行为的成立与生效即可。以下展开论述。

1. 第46条要求非属合同成立要件之一

一方面，从立法目的来看，应将《招标投标法》中“书面合同”理解为行政领域的要求，系为了实现行政监管和履约便利，不属于合同成立要件，不影响民事法律行为。

我国民法以意思自治为原则，赋予当事人极大的行为自由以促进交易的达成，因此对合同的成立与生效尽量减少干预和限制，凡是不违反法律法规、民事主体双方自愿订立的合同就是合法有效的。[3] 在交易中，一般的商务合同是确定的双方进行谈判磋商，一方提出自己的条件即要约，另一方对此作出回应即承诺，经过多轮协商后最终达成满意的合作条件，此时的博弈是双方之间的；但是招标投标程序中，招标人已经确定，目的是提高竞争以寻找最优交易方，竞争机制不是双方竞争，而是单方竞争，即诸多投标人之间的竞争，招标人还需要在选出最优交易方后尽快约束中标人以保障交易的实现，因此招标投标缔约程序更加复杂。[4] 招投标程序结束后，竞争和博弈才最终转入招标人和中标

① 参见王利明：《合同法研究·第一卷》（第3版），中国人民大学出版社2015年版，第221页。

② 参见陈华彬：《民法总则》，中国政法大学出版社2017年版，第480页。

③ 参见黄薇主编：《中华人民共和国民法典合同编释义》，法律出版社2020年版，第23页。

④ 参见赵飞龙：《论政府采购的法律性质》，载《行政法学研究》2016年第6期，第99页以下。

人间，因为并非所有招标投标文件的内容都会自然转化为合同条款，[1] 故双方均需要在不背离实质性条款的前提下对招标文件、投标书等作出进一步细化和确认。因此《招标投标法》在要约承诺程序之外要求另行订立一份合同书的目的不是也不可能是增加中标合同的成立要件——因为合同成立越拖延则招标人的利益越难以得到周全之保障，而应是希望通过增设法定程序的方式以实现对中标合同与招投标行为的行政监管，同时便于中标合同的妥善履行。例如，原建设部制定的规章《建设工程施工合同管理办法》[2] 第 18 条规定合同签订之日起 5 日内，将合同文本报建设行政主管部门或其授权机构和开户银行备案。《北京市〈建设工程施工合同管理办法〉实施办法》第 4 条规定施工合同生效后应将合同副本及备案登记表报送相关机构备案。[3] 又如在住房城乡建设部制定的规章《房屋建筑和市政基础设施工程施工招标投标管理办法》中曾规定，订立书面合同后 7 日内，中标人应当将合同送工程所在地的县级以上地方人民政府建设行政主管部门备案。[4] 该规定要求建设工程书面合同提交备案的规定所凸显的正是《招标投标法》要求的行政监管价值。尽管随着“放管服”改革的深化，上述对建设工程合同的备案要求均已成为过去式，但是并不影响我们从中探寻第 46 条的目的和价值。

《招标投标法释义》第 59 条中也写明：“招标项目往往规模比较大，为了履约的方便以及合同履行过程中纠纷解决的方便，招标人一般都要与中标人签订一份书面的合同，这份合同只是对招标人与中标人之间的业已存在的合同关系的一种确认，并不是一份新合同。”[5] 《民法典合同编通则解释（征求意见稿）》第 4 条第 1 款规定：“采取招标方式订立合同，当事人请求确认合同自中

---

① 参见王利明：《合同法研究·第一卷》（第 3 版），中国人民大学出版社 2015 年版，第 242 页以下。

② 参见《建设工程施工合同管理办法》，于 2003 年 8 月 12 日被废止。

③ 参见《北京市〈建设工程施工合同管理办法〉实施办法》。

④ 参见《房屋建筑和市政基础设施工程施工招标投标管理办法》。该条规定于 2018 年 9 月 28 日根据《住房城乡建设部关于修改〈房屋建筑和市政基础设施工程施工招标投标管理办法〉的决定》删除。

⑤ 参见卞耀武主编：《中华人民共和国招标投标法释义》，法律出版社 2000 年版，第 138 页。

标通知书到达中标人时成立的，人民法院应予支持。合同成立后，当事人拒绝订立书面合同的，人民法院应当依据招标文件、投标文件和中标通知书等确定合同内容。”最新的《招标投标法草案（征求意见稿）》第52条也采取了同样的态度，将原45条的“……中标人放弃中标项目的，应当依法承担法律责任”明确为“应当依法承担违约法律责任”，从上述文件中能够推出中标通知书到达中标人时，中标合同已经成立，而不受《招标投标法》第46条要求订立“书面合同”的影响。

另一方面，合同书形式不属于中标合同成立要件是《招标投标法》立法价值的必然取向，是当事人的真实意思表示的明确要求，也是与国际招标投标规则相一致的。

首先，《招标投标法》的制定是为了规范招标投标市场，在行政监管下推动市场健康发展及招投标项目的顺利进行，因此招标投标制度的价值正是在于促进招标人寻找最优的投标人，经过协商达成合作，保障招标项目高质量完成。《招标投标法草案（征求意见稿）》的起草说明中明确写到要深化招投标领域的“放管服改革，降低制度性交易成本”，明确招标人的自主权，因此除必要监管外，法律不应过度干涉招投标活动所达成的合同，将原第46条的要求理解为合同的特殊成立要件显然不符合该价值取向。①

其次，招投标作为一种民事缔约形式，招标人和中标人的目的就是为了择优缔约，若因未签订合同书就认定合同未成立将不利于社会经济活动的开展，不仅不符合当事人意思表示，也将造成人力物力财力资源的浪费。招标人发布招标公告或邀请投标，投标人根据招标人发布的相关文件要求进行投标，招标人进行开标、评标等一系列流程后才能确定中标人并向其发出中标通知书，可见招标投标是专业且程序严密的活动，若招标人、投标人大费周章进行招投标活动，最终却在中标通知书到达中标人时不能确定已经达成缔约目的，反而还要求以签订合同书为特殊成立要件，这显然违背了当事人的真实意思表示，不利于保障投标人的合法权益，也不利于招标投标制度发挥其价值和作用，导致

① 参见《〈中华人民共和国招标投标法（修订草案公开征求意见稿）〉起草说明》，详见北大法宝。

社会资源的浪费。①

最后，随着我国经济的不断发展与全球化进程的进一步深化，我国更多的工程项目既需要“走出去”，更需要“引进来”，因此我国的《招标投标法》也迫切需要与国际接轨。国际咨询工程师联合会②明确认为：“以中标函形成签发的通知将构成合同的成立（The notification by the letter of acceptance will constitute the formation of the contract）。”③ 大多数国家的国际工程招标合同成立的时间都以中标通知书生效的时间为准，即使有少数国家要求书面形式，也不会导致合同成立的时间后延到签订书面合同时。④ 同样，《招标投标法草案（征求意见稿）》的起草说明明确了我国有必要推动招投标法律制度进一步与国际通行公共采购规则衔接，不断推动招投标行业转型升级，与国际接轨。⑤ 因此，将合同书形式作为中标合同特殊成立要件之一的观点是不符合我国招投标法律制度的改进方向的。

2. 依据民事规则判断中标合同成立生效与否

《招标投标法》是规范招投标缔约程序的法律，订立合同作为民事法律行为，合同成立生效与否应当依照《民法典》合同编规定加以判断。法律法规对合同书面形式的规定一般都是出于特定的目的，在判断欠缺法定形式的合同效力时，应当考虑该特定的目的再作出判断。⑥ 如前所述，《招标投标法》第46条要求在法定日期内订立合同书，但是本条的目的并非以法律规定为中标合同增设特殊成立要件，而是属于行政意义上的程序性要求，即以行政监管之需要

---

① 参见王利明：《合同法研究·第一卷》（第3版），中国人民大学出版社2015年版，第303—304页。

② 国际咨询工程师联合会，法文缩写为FIDIC，也称菲迪克。FIDIC是由欧洲三个国家的咨询工程师协会于1913年成立的，是国际工程咨询业的权威性行业组织。中国工程咨询协会于1996年正式加入FIDIC。

③ 参见国际咨询工程师联合会、中国工程咨询协会编译：《FIDIC招标程序》，中国计划出版社1998年版，第116—117页。

④ 参见何红锋、华心萌：《关于国际工程招标中合同成立时间的研究》，载《国际经济合作》2008年第2期，第70—71页。

⑤ 参见《〈中华人民共和国招标投标法（修订草案公开征求意见稿）〉起草说明》。详见北大法宝。

⑥ 参见王利明：《合同法研究·第一卷》（第3版），中国人民大学出版社2015年版，第509—510页。

为招标人和中标人施加法定义务，“只是对招标人与中标人之间的业已成立的合同关系的一种书面细化和确认，其目的是履约的方便以及对招投标进行行政管理的方便，不是合同成立的实质要件”①。因此中标合同欠缺合同书形式不会影响中标合同是否成立或生效。《招标投标法》及其《实施条例》主要解决招投标缔约过程中的程序问题，对于合同的成立、效力、实质性条款等问题，还是需要依据《民法典》合同编的相关规定进行认定。② 合同成立的形式包括书面形式、口头形式或其他形式，《民法典》规定部分合同属于书面要式合同，以法定形式增设特殊成立要件，但从未限制要式是指合同书形式。因此，招标人发出中标通知书到达中标人，招标人和中标人之间已经达成一致合意，且要约邀请、要约和承诺均符合《民法典》对书面形式的要求。依照《民法典》相关规定，中标合同于中标通知书到达中标人时成立，若无其他无效事由，则中标合同同时生效。

3. 违反管理性强制性规定不导致中标合同无效

《招标投标法释义》认为“书面合同”的要求属于强制性规定，③ 笔者认为《招标投标法》第 46 条的要求应为管理性强制性规定。《民法典》第 153 条规定违反法律、行政法规的强制性规定的民事法律行为无效，但是该强制性规定不导致该民事法律行为无效的除外。《全国法院民商事审判工作会议纪要》（以下简称《九民纪要》）第 30 条写明，对于强制性规定应当加以识别，违反管理性强制性规定，人民法院应当根据具体情形认定合同效力；违反效力性强制性规定的才能认定合同无效。《民法典合同编通则解释（征求意见稿）》第 18 条对此作出了解释，该条规定合同违反法律、行政法规的强制性规定，由行为人承担行政责任足以实现该强制性规定的目的，人民法院可以认定合同不因违反强制性规定无效。

一方面，《招标投标法》及其《实施条例》均未明确提出违反订立书面合

① 参见最高人民法院民事裁定书，（2019）最高法民申 2241 号。

② 参见最高人民法院民法典贯彻实施工作领导小组主编：《中华人民共和国民法典合同编理解与适用》（二），人民法院出版社 2020 年版，第 1112 页。

③ 参见卞耀武主编：《中华人民共和国招标投标法释义》，法律出版社 2000 年版，第 107—108 页。

同要求的中标合同无效，而是作出了承担行政责任的规定：招标人有无正当理由不与中标人订立中标合同等情况的，由有关行政监督部门责令改正，可以处以罚款并对单位负责的主管人员给予处分；中标人有无正当理由不与招标人订立中标合同等情况的，取消其中标资格，不予退还投标保证金并可以对中标人处以罚款。[①] 对于招标人违反签订书面合同义务而言，由行政监督部门责令改正、处以罚款并对单位负责主管人员给予处分，应当认定承担行政责任足以实现《招标投标法》对招标人的行政监管目的；而对中标人而言，则规定了取消中标资格，不予退还投标保证金并可以处以罚款。取消中标人的中标资格就意味着中标人不再享有中标资格，不符合中标的主体资格条件，也足以实现监管的目的。

另一方面，《九民纪要》第30条写明涉及金融安全、市场秩序、国家宏观政策等公序良俗的强制性规定应认为是效力性强制性规定，其中交易方式严重违法，如违反招投标等竞争性缔约方式订立的合同的应为无效。从《九民纪要》中可知，未依法订立书面合同的违法程度远低于前述示例，认定为效力性强制性规定是不当的。并且该条还写明了关于经营范围、交易时间、交易数量等行政管理性质的强制性规定，一般应当认定为管理性强制性规定。要求法定时间内订立书面合同更应属于对交易时间或形式上的行政管理要求，随着“放管服”的改革不断深化，此类要求应认定为管理性强制性规定更为妥当。

值得说明的是，有判例认为取消中标资格则意味着中标人违反了中标合同，招标人有权依法解除合同并要求其承担违约责任。在广某公司与台某公司合同纠纷案中，一审时福建省高级人民法院认为广某公司未按招投标文件的约定履行提交保证金的义务，台某公司与其并未签订书面协议，台某公司以书面方式通知广某公司取消中标、解除合同的通知合法有效；二审时最高人民法院虽认为一审法院认定事实不清，但同时指出了签约期限可以作相应合理顺延，台某公司无理由取消广某公司中标资格的行为违反合同约定，应当承担违约责任，但是上述裁判内容均是建立在“未在法定时间内订立书面合同的不导致中标合

---

① 参见《招标投标法》第46、59条，《招标投标法实施条例》第73—75条。

同无效”的前提之上的。[①] 该案例也说明了订立书面合同的要求并非效力性强制性规定。

退一步讲，即使是认为订立书面合同的规定属于效力性强制性规定，那么根据《招标投标法》第46条规定，其要求是招标人和中标人应当自中标通知书发出之日起30日内订立书面合同，30日系法定期间。如前所述，在中标通知书到达生效后，双方的中标合同已经成立生效，若经过30日期间仍未依法订立书面合同的，此时才会因违背效力性强制性规定而无效。但是不可否认的是，此时属于法定期间经过后违法而导致的嗣后无效，与本文所论述的中标通知书到达生效后中标合同即成立生效的观点不相矛盾。

综上，中标合同成立生效说中部分观点通过将“书面合同”扩大解释为包括书面形式的方式，从而推论出中标合同的成立，该论证逻辑存在瑕疵。其不仅是利用立法的不完善强行证成，而且也违背了本条的立法目的，导致合同成立生效说存在瑕疵。衡诸立法用语和法律逻辑，“书面合同”确指合同书，但是其属于行政程序上的要求，系为实现行政监管和合同履行便利之目的，与中标合同已经于中标通知书到达中标人时成立无涉；中标合同之成立生效应依据《民法典》加以判断。如此逻辑才能促使中标合同成立生效说臻于完善，能够实现理论指导实践的功能，为司法实践提供更优的理论路径。

同时，《民法典合同编通则解释（征求意见稿）》第4条规定：“采取招标方式订立合同，当事人请求确认合同自中标通知书到达中标人时成立的，人民法院应予支持。合同成立后，当事人拒绝订立书面合同的，人民法院应当依据招标文件、投标文件和中标通知书等确定合同内容。”该征求意见稿中明确了中标合同应自中标通知书到达中标人时成立，是否订立书面合同不影响合同已经成立的事实，法院可以依据招投标文件和中标通知书来确定合同内容。这与笔者论证的合同成立说观点完全一致，佐证了合同成立说的合理性，实现了《民法典》与《招标投标法》法律上的契合。

---

① 参见最高人民法院民事判决书，(2014) 民一终字第155号。

五、结　语

在《民法典》颁行以后，我国的民法体系更加完善，招标投标活动作为特殊的缔约形式，理应与《民法典》相契合，顺应体系要求，迈入新的阶段。招标投标活动关涉利益甚巨，存在分歧的观点不利于招投标活动的顺利开展，与时俱进地完善规范方能对招投标实践产生积极效益。此次《招标投标法草案（征求意见稿）》对原《招标投标法》作出了大幅度的修改，如将中标通知书的"发出后"修改为"到达中标人后"，与民法的要约承诺理论保持一致；招标人改变中标结果或者中标人放弃中标项目的应当依法承担违约法律责任，明确了中标合同成立及毁标行为的违约责任等。此次修订若能够保留至正式稿并最终颁布施行，将能够解决长期存在的司法适用不统一的问题，结束长期以来的理论分歧，推动招标投标规则的与时俱进，加快与《民法典》的体系统一，从而促进招标投标市场的高质量发展，实现维护公平正义的价值追求！

反之，现行《招标投标法》存在的问题也为我国立法敲响了警钟。立法用语的不统一不明确必然会导致法律理解和司法适用上产生更多的问题，从而阻碍立法目的的实现和法律制度的功能发挥。因此，逐步探寻立法语言精细化、统一化，不断在实质意义上提高立法水平，推动立法工作的"高精尖"发展，这些都应是我国建设社会主义法治国家和迈向社会主义法治现代化的关键一步。

（初审：李楠；校对：张效科）

论抵押权物上代位实现中的通知规则

魏宇晨*

摘　要：物上代位作为担保物权的典型特性之一，其理论基础源于公平原则。在规范层面，《民法典》第390条以及《担保制度解释》第42条分别规定了物上代位的一般规则与实现程序。物上代位实现程序的构造决定了物上代位制度能否切实发挥作用，而司法实践中却对此问题存在同案不同判的现象，故《担保制度解释》需要对物上代位实现程序进行完善。首先，物上代位的性质会影响实现程序的展开，采取法定债权质权说能够在法律没有单独规定时使得实现程序有据可循，进而起到利益平衡的作用。其次，值得注意的是，我国法下给付义务人并不负有查询登记的义务，物上代位实现与债权质押、债权让与规则一样采通知对抗主义，由于风险全部分配给了抵押权人而其并无法及时得知抵押物发生灭失的事实，此处存在法律漏洞，需要类推适用《民法典》第406条第2款确立抵押人对抵押权人的通知义务。最后，当抵押人违反通知义务时，抵押权人可以主张损害赔偿或者抵押权保全以寻求救济。

关键词：物上代位；抵押权；法定债权质权；通知对抗

* 魏宇晨，中南财经政法大学硕士研究生。

一、问题的提出

担保物权功能表现为“变价权”①，支配标的物的交换价值，那么当此种交换价值发生具体化或者形态转换之时担保物权的效力可以及于原标的物的代偿物，原因在于抵押人作为所有人通过代偿物弥补了自己的损失而抵押权则由于标的物的灭失而消灭，此时若允许抵押人从抵押关系中终局地解脱出去对抵押权人而言实在难谓公平。②

故《民法典》第390条基本延续了原《物权法》第174条的规定，允许担保物权人就担保财产毁损、灭失或者被征收后产生保险金、赔偿金或者补偿金等优先受偿。原《物权法》时代已有学者认为其第174的规定过于简单且与其他规范存在抵牾，难以真正发挥物上代位制度的作用。③ 更为重要的是，现行法律规范缺乏关于物上代位实现的具体规则导致物上代位制度被进一步架空，使得抵押人容易产生隐瞒财产灭失以及代位情况的道德风险进而影响债权人债权的实现，且同样关汲处在抵押关系之外给付义务人的保护问题。典型者表现为作为第三人给付义务人在抵押权人不知情的情况下已经向抵押人给付，待抵押权人想行使抵押权时，抵押物已经灭失且给付义务人给付的财产已经与抵押人的一般财产混同。当抵押权人寻求保护时，过往法院通常以给付义务人没有查询义务为由否定抵押权人损害赔偿请求，④ 近几年实践中大部分法院则认为拆迁办在拆迁之前有义务查询房屋抵押登记并且在向抵押权人给付之前与抵押权人进行协商，若非如此则需要承担侵权责任，⑤ 拆迁人在知道或者应当知道

---

① 参见［德］鲍尔、施蒂尔纳：《德国物权法》（下册），申卫星、王洪亮译，法律出版社2006年版，第63页。

② 参见［日］近江幸治：《民法讲义Ⅲ：担保物权》（第3版），徐肖天译，上海社会科学院出版社2023年版，第63页。

③ 参见邱国威：《论担保物权法定转换制度之入典——对物上代位规范表达路径的探索》，载《北方法学》2019年第1期，第150页。

④ 参见程啸：《担保物权人物上代位权实现程序的建构》，载《比较法研究》2015年第2期，第14页。

⑤ 参见A公司、B公司等财产损害赔偿纠纷案，新疆维吾尔自治区乌鲁木齐市中级人民法院（2022）新01民再78号民事判决书。

抵押权时仍然发放拆迁补偿款构成侵权责任中的过错，[①] 且抵押人在房屋拆迁时应该对抵押权人负有一定的通知义务。[②] 上述裁判中的观点固然有助于抵押权人，却忽视了在实践中第三人往往是作为侵权人或者补偿义务人的身份出现，对其施加过重的注意义务是否合理？在抵押权人、抵押人与给付义务人三方利益平衡中不应该倾向任一方而造成他方的失衡。故也有学者提出了质疑，其认为将查询义务施加给属于担保关系之外第三人的给付义务人并无正当性，给付义务人仅在知悉的情况下才必须向担保权人给付。[③]

《最高人民法院关于适用〈中华人民共和国民法典〉有关担保制度的解释》(以下简称《担保制度解释》) 第 42 条对抵押权物上代位的实现作出了进一步规定，并且引入“抵押权人对给付义务人的通知”规则来平衡可能产生的利益冲突。《担保制度解释》第 42 条的努力值得肯定，但在解释上需要进一步研讨的是：对于物上代位的性质在学界上存在一定争议，不同的模式是否会影响物上代位实现的展开？具体到《民法典》的体系之下，抵押权的登记是否会影响《担保制度解释》第 42 条的适用？更为重要的是，在抵押物发生毁损、灭失或者被征收等情况时，抵押权人如何知悉？以及违反相应的通知规则会产生何种法律效果？是以，本文以上述问题为脉络，探究在物上代位实现中如何平衡抵押权人、抵押人以及给付义务人的利益。

二、物上代位性质对实现程序的影响

通过比较不同的立法例发现，物上代位采何种性质在论证上均有解释的空间。对于目前国内学者关注较多的物上代位构成要件、法律效果等方面，采何种性质似乎只是一个选择问题。而对于少有关注的物上代位实现问题，性质不再是单纯的概念之争，由于发生物上代位时，抵押权人的利益可能会遭受抵押

① 参见华某公司、安某街道办事处等财产损害赔偿纠纷案，江苏省无锡市中级人民法院（2022）苏 02 民终 5907 号民事判决书。

② 参见 C 分行、D 服务中心财产损害纠纷案，山西省晋中市榆次区人民法院（2021）晋 0702 民初 2259 号民事判决书。

③ 参见郑永宽：《论担保物权物上代位的实现》，载《社会科学战线》2023 年第 9 期，第 223 页。

人与给付义务人行为的影响，性质的不同会直接决定实现构造规则的不同，故有必要将性质与实现程序结合展开分析。

（一）概念解释上的趋同

对物上代位性质的立法与理解主要有两种：法定债权质权说与担保物延长说。[①] 前者主张抵押物灭失后原抵押权消灭无法自然移转到产生的代偿物之上，但会在相应的赔偿金、保险金等请求权之上成立全新的法定债权质权。[②] 而担保物权延长说则是日本的主流通说，其认为以抵押权为代表的担保物权的效力自然可以因其性质移转于标的物的代位物之上。[③] 二者的主要区分点在于后者认为物上代位并不产生新的权利而是由法律直接规定使得原担保物权能够延续。

在我国《民法典》出台后，关于这一问题并未形成通说观点。有观点认为代位物由原担保物转化而来，故担保物权直接延续，[④] 也有学者认为由于原物灭失和代位物产生必然的时间差，应采取法定债权质权说。[⑤] 单纯概念上的区分对于物上代位这一重要制度的行使并无实益，在立法并未明确的前提下，二者虽皆存在瑕疵，但在解释上都可以维持其理论上的自洽。既然二者都能够维持原担保顺位进而使抵押权人继续支配代位物的交换价值，两种学说似乎选择哪种只是立法技术上的选择问题。法学方法作为一种正当化的学说，其任务之一就是为法官裁判提供思考和说理的规范进路。[⑥] 故对于两种学说的比较有必要从实践中的分歧展开，即物上代位的客体究竟是什么？如何确保抵押权人物上代位的实现？

---

① 参见王泽鉴：《民法物权》（第2版），北京大学出版社2023年版，第497页。

② 参见谢在全：《民法物权论》（修订7版），台北，新学林出版股份有限公司2020年版，第189页。

③ 参见［日］我妻荣：《新订担保物权法》，申政武、封涛、郑芙蓉译，中国法制出版社2008年版，第266页。

④ 参见最高人民法院民法典贯彻实施工作领导小组主编：《中华人民共和国民法典物权编理解与适用》（下），人民法院出版社2020年版，第1007页。

⑤ 参见杨代雄主编：《袖珍民法典评注》，中国民主法制出版社2022年版，第292页。

⑥ 参见［德］托马斯·M. J. 默勒斯：《法学方法论》（第4版），杜志浩译，北京大学出版社2022年版，第41页。

《民法典》第390条和原《物权法》第174条在文义上都使用的是担保物权人可以就保险金、赔偿金或者补偿金等优先受偿，对于物上代位标的的范围有观点从"等"字出发，主张可以解释出《民法典》第390条对物上代位范围实际持开放态度，如《民法典》第406条中转让抵押物的价款亦在第390条文义的射程范围之内。[①] 此问题涉及物上代位与抵押追及效力的关系，容后详述。

物上代位标的物范围的另一个争议在于抵押权人究竟对实际产生的保险金、赔偿金和补偿金享有抵押权，还是对相应的请求权享有质权。就文义而言，《民法典》第390条采取前种观点更为流畅，其仅规定了对具体代位物优先受偿，实务中有法院亦认为抵押权直接代位于产生的价款之上，[②] 但此种观点一方面无法回避特定物具体化识别问题，即保险金、赔偿金与补偿金并不是在原抵押物毁损后自然特定为新的担保物权标的物；另一方面当保险金等特定化之后，其又容易与抵押人的财产再次发生混同，同样不利于抵押权人的保护。如采后说认为抵押权人的权利设立于实际请求权之上则可以很好地避免前述的问题，虽请求权的产生与抵押物灭失仍然存在"逻辑上的一秒"，但相较于前说更能保护抵押权人的利益，当行使抵押权的条件尚未成就之时抵押权人只要在"逻辑上的一秒"后即可通过《民法典》第390条第2句对标的物进行提存，避免因保险金等尚未产生带来的风险。

此时重新检讨关于物上代位的性质之争不难发现，采法定债权质权说认为物上代位的标的物为请求权，此乃不言自明之理，相对应的担保物权延续说似乎对应的标的物为实际财产。但坚持担保物权延续说的日本学者同样认为请求权才是物上代位之代位物。[③] 我国亦有学者认为担保物权延续说与将标的物理

---

① 参见孙宪忠、朱广新主编：《民法典评注·物权编》（4），中国法制出版社2020年版，第41页。

② 参见E公司诉F公司等追偿权纠纷案，甘肃省白银市白银区人民法院（2017）甘0402民初1705号民事判决书；光某分行诉耀某公司等金融借款合同纠纷案，浙江省温州市中级人民法院（2016）浙03民终6394号民事判决书。

③ 参见［日］我妻荣：《新订担保物权法》，申政武、封涛、郑芙蓉译，中国法制出版社2008年版，第263页。

解为请求权并不冲突，二者并不是一一相对应的关系。[①] 对此两种学说的差异被再一次缩小，二者既然都能维持顺位和标的物的同一性，不禁让人疑惑区分物上代位理论的实质在何？管见以为，物上代位制度的产生以公平原则为基础，既然要对三方主体的利益进行平衡，不同学说的区分意义还应该回到物上代位实现规则之上。

（二）物上代位实现的差异

物上代位作为一种特殊的保护工具，只要满足相应构成要件物上代位即自动产生。[②] 不论是认为抵押权直接延续还是成立新的债权质权均不需要抵押权人采取公示，其便能够向第三人主张权利。公示与否涉及交易中第三人保护的问题，此时物上代位无须重新公示表明法律认为相较于隐形担保的风险抵押权人更值得保护。同样我国台湾地区实现物上代位时适用债权质权的相关规定，根据其“民法”第 905 条质权人可以直接请求给付义务人向其给付，根据法定债权质权的性质给付义务人必须得到抵押权人的同意，才能向抵押人进行清偿，[③] 但可能考虑到相应的公示手段并不完善，此时为了缓和对给付义务人施以过重的注意义务，第 881 条第 3 款明确仅在第三人因故意或者重大过失向抵押人给付时，对抵押权人不发生清偿的效力。

《日本民法典》第 304 条物上代位以冻结为要件，虽对于冻结的时间和形式存在争议，但其判例普遍认为在交付之前冻结是为了防止代位物因交付而发生混同。[④] 即使任何债权人都可以进行此种冻结，此种观点旨在避免陷入代位物识别的难题之中，具有其正当性。在此基础上，有学者提出了两面说，认为

① 参见崔建远：《中国民法典释评物权编（上卷）》（第 2 版），中国人民大学出版社 2021 年版，第 345 页。

② 参见张静：《物上代位的体系整合与教义学结构》，载《环球法律评论》2021 年第 4 期，第 84 页。

③ 参见史尚宽、张双根：《物权法论》，中国政法大学出版社 2000 年版，第 315 页。

④ 参见［日］我妻荣：《新订担保物权法》，申政武、封涛、郑芙蓉译，中国法制出版社 2008 年版，第 264—272 页。

冻结实际上不仅维持代位物的特定性同时起到了公示优先权的作用，[①] 为其效力对抗第三人赋予了正当性。

前述两种不同立法例的显著差异并不是毫无原因，在法定债权质权说的脉络之下当然适用相关债权质押实现的规则，通过公示或者通知的方式可以使注意义务在不同主体内部合理地分配。在担保物权延续的学说之下，既然担保物权延续至代位物之上，意味着在逻辑上当抵押物发生灭失等形态上的转变时抵押权没有受到任何影响，认为抵押权人负有通知义务或者给付义务人应该征求抵押权人同意难以寻求到法律上的依据。所以日本法上构建了配套的保全措施作为坚持担保物权延续的重要支撑，[②] 支持延续说的观点也承认在物上代位实现中债权质权说的规定更有利于束缚给付人从而避免代位物失去特定化。[③]

需要强调的是，在逻辑上并不一定将担保物权延续说与保全措施相绑定。法律可以直接对物上代位实现程序作出特殊安排，如在德国法上物上代位的实现程序与《德国民法典》第1280条规定的债权质押通知生效规则同样有差异。与之相对的是，在采取非法定债权质权说时当然需要立法者再对担保物权的实现程序做出规定，而在立法者没有单独规定时采取法定债权质权说使得权利行使有所依据。[④]《担保制度解释》的制定者实际上同样将物上代位理解为法定债权质权，但受制于《民法典》同样对应收账款质押实现规则存在缺失，对于物上代位规则其只能类推适用债权让与的相关规则。[⑤] 故在《民法典》下采法定债权质权说于内在体系上更加连贯，且可以通过已有规范来实现对利益的平衡，而无须求助于立法。

---

① 参见［日］近江幸治：《民法讲义Ⅲ：担保物权》（第3版），徐肖天译，上海社会科学院出版社2023年版，第72—73页。

② 参见任我行：《功能主义视野下抵押权物上代位规则的体系展开——以民法典〈担保制度司法解释〉第42条为中心》，载《厦门大学法律评论》2022年第1期，第38页。

③ 参见郑永宽：《论担保物权物上代位的实现》，载《社会科学战线》2023年第9期，第217页。

④ 参见谢在全：《民法物权论》（修订7版），台北，新学林出版股份有限公司2020年版，第197页。

⑤ 参见最高人民法院民事审判第二庭：《最高人民法院民法典担保制度司法解释理解与适用》，人民法院出版社2021年版，第382页。

三、分层视角下通知规则的展开

虽然《民法典》并未对物上代位的实现程序进行规定，后出台的司法解释则有意对这一问题进行进一步细化。《担保制度解释》第42条第2款为了避免给付义务人重复清偿，规定抵押权人应当进行通知，若给付义务人未接到通知而对抵押人清偿同样对抵押权人发生效力。司法解释采取了与债权让与相同的“通知对抗规则”，但在适用上仍存在疑问。更重要的是当抵押权人不实际占有抵押物，其如何能够知晓抵押物灭失的事实？

（一）抵押权人对给付义务人的通知对抗规则

物上代位实现中抵押权人的保护可以分为两个层次的保护。第一层次在于抵押权人需要及时知道抵押物发生了形态的转换，当抵押人以及给付义务人不通知抵押权人时，抵押权人想要知悉抵押物的状态只能自己投入更多精力，在实践中也有法院认为债权存在抵押房产时，若抵押权人疏忽管理未采取相关措施存在过错。[①] 但让权利人时刻注意抵押物的具体状态不仅徒增融资成本，不利于促进交易且也与动产抵押的内涵大相径庭。传统理论认为在不动产上才能成立抵押权而动产上只能成立质权，正是由于动产价值增高且易于流转才发展出了动产抵押制度，[②] 对抵押权人施加过重的注意义务无异于抹杀动产抵押的价值。

第二层次则是抵押权人能够使给付义务人向自己履行而非抵押人。从理论上看，第二层次因为涉及对抗第三人而更为复杂。为解决此问题，德国法将通知抵押权人的义务施加给保险人或投保人，得益于德国发达的登记制度保险人不得主张其对于不动产登记簿抵押权不知情，只有在法定期限内抵押权人没有

---

① 参见新疆维吾尔自治区乌鲁木齐市中级人民法院民事判决书，（2022）新01民再78号。

② 参见谢在全：《民法物权论（下册）》（修订5版），中国政法大学出版社2011年版，第629页。

异议保险人才能向保险受益人清偿并对抵押权人发生效力。[①] 也就是说由于公示效力的存在，保险人显然能够知晓抵押权人的存在并在向抵押人履行前通知抵押权人。

质言之，通过给付义务人的查询义务与通知义务一次性解决上述两个层次的保护问题。那么在讨论第一层次保护之前，需要回到《担保制度解释》第42条，探究该如何理解其第2款通知规则与抵押权（质权）公示的效力，是否也应该认为保护抵押权人的目的完全通过给付义务人来实现？

1. 通知规则与抵押权登记

有法院认为当给付义务人知道抵押权存在时，应该通知抵押权人核实债权，否则直接向抵押人清偿主观上构成过错。[②] 有法院从登记公示角度出发，认为拆迁人负有查明义务其查明后应该告知抵押权人，并就拆迁款进行协商，协商不成的需进行提存。[③] 还有法院从另一角度出发，认为由于抵押人通常为了自己的利益逃避抵押责任而不会主动通知抵押权人，所以此时拆迁办对抵押权人的利益负有注意义务，其中包括查询抵押登记并向对抵押权人做进一步核实。[④] 不过在《担保制度解释》出台后，裁判的观点也发生了相应的改变，有法院认为当第三人向抵押人履行之后，抵押权人需对已经向第三人进行过通知承担证明责任否则不得主张第三人承担赔偿责任。[⑤] 换言之，此时物上代位的实现依靠抵押权人的通知而非给付义务人的主动查询。从《担保制度解释》第42条来看，也无法直接得出或者推论出给付义务人的查询义务，其第2款的但书条款也表明抵押权人需要主动证明其进行过给付通知，否则法院不支持抵押权人要求给付义务人再次清偿的请求。

---

① 参见费安玲主编：《比较担保法——以德国、法国、瑞士、意大利、英国和中国担保法为研究对象》，中国政法大学出版社2004年版，第199页。

② 参见广东省湛江市中级人民法院民事判决书，(2022) 粤08民终1195号。

③ 参见某区房屋征收办公室与K支行、华某公司等金融借款合同纠纷案，江苏省徐州市中级人民法院（2020）苏03民终1878号民事判决书。

④ 参见H支行与华某公司、赵某等金融借款合同纠纷案，江苏省徐州市鼓楼区人民法院（2019）苏0302民初896号民事判决书。

⑤ 参见荆某分行、刘某等金融借款合同纠纷案，湖北省荆门市东宝区人民法院（2021）鄂0802民初1579号民事判决书。

权利人主动通知或是义务人主动查询，其实是注意义务该分配给谁的问题。虽然债权转让、应收账款质押以及保理在设立要件上存在差异，但因其有着密不可分的关系，其三者制度可以“相互准用”①。立法论上应收账款质押存在“通知生效”“通知对抗”“登记生效”三种不同模式。② 前两者不会涉及登记的问题，公示手段完全依赖质权人对债务人的通知。而后者完全相反，债务人需要通过查询登记载明的质权人来确定自己到底该向谁清偿。《民法典》采取了一种较为复杂的做法，其第 546 条确立了债权让与通知对抗的一般原则，而第 445 条规定应收账款质权以登记为生效要件，其第 768 条关于保理的规定则再次认为登记可以作为确定多重保理清偿顺序的依据。此时要回答本部分开头提到的问题，就要讨论有关债权的登记能否视为对债务人的通知。

管见以为，此登记并不能替代通知规则直接对债务人发生效力。首先，完全通过登记日期而不以通知先后确定顺位的规则一定程度上更加客观公正，便于解决纠纷，但与我国司法实践并不相吻合。③ 商事交易中对担保以及非典型担保的运用还处于起步阶段，与英美法上交易中广泛运用担保登记的习惯还存在一定差异，客观上无法期待应收账款债务人主动对债权进行查询。不过实践状况仍无法为不能替代通知的观点提供充足的理由，因为规则本身就对行为起指导作用。

不论是登记还是通知，实际上都是信赖的保护。正如有学者指出的，通知只是无法实行公示的无奈之举，在公示主义下，通知的意义微乎其微。④ 但《民法典》出台后，《担保制度解释》第 42 条与第 61 条或是《最高人民法院关于适用〈中华人民共和国民法典〉合同编通则若干问题的解释》（以下简称《合同编通则解释》）第 48、50 条仍然确立了通知优先的对抗规则。可见相较

① 最高人民法院民事审判第二庭：《最高人民法院民法典担保制度司法解释理解与适用》，人民法院出版社 2021 年版，第 520 页。

② 参见裴亚洲：《民法典应收账款质押规范的解释论》，载《法学论坛》2020 年第 4 期，第 37 页。

③ 参见姚僳：《应收账款质押通知的法律研究》，载《国家检察官学院学报》2018 年第 2 期，第 139—147 页。

④ 参见高圣平：《应收账款质权登记的法理——以〈应收账款质押登记办法〉的修改为中心》，载《当代法学》2015 年第 6 期，第 88 页。

于认为因公示的存在而否定债务人信赖的观点，立法者[1]在价值衡量上认为通知可以更加合理地平衡质权人与债务人之间冲突。应收账款质押实践中有法院同样认为登记不能代替通知。[2]

其次，《动产和权利担保统一登记办法》中债权让与登记对第三人的效力有限，原因在于应收账款转让时只要双方当事人达成合意权利就已经发生了变动，其登记依赖于当事人的选择，只能对应收账款受让人与出让人产生效力，并不涉及通知债务人的问题。[3] 登记在这里更多起到减少多重让与（质押）的作用，如果第三人通过查询登记发现此债权已经被转让（质押），为了避免落入“通知优先”的竞赛之中，其可以与债权人重新协商或者要求消除债权上的“负担”。同样，应收账款质押登记只有设立的效力对顺位并无任何影响，后登记的质权人实际上只要先通知了债务人那么同样可以优先于先登记的质权人行使质权，先登记的质权人只能向出质人主张救济。应收账款质押登记是为了对抗与债务人从事交易的相对人。[4] 在保理登记的问题中，最高人民法院在《全国金融法院审判工作会议纪要（征求意见稿）》第15条第2款亦表明了登记不具有通知应收账款债务人的效力的立场。

体系化解释并不只是单纯形式上的追求，而是因为“只有在体系脉络中法条的意义才能得到完整的体现”[5]。司法解释所采取的“登记为形，通知为实”的思路使得《民法典》中关于债权让与、债权质权中的通知规则在体系上更加通顺。

---

① 此处是指广义上的立法者。虽然司法解释由最高司法机关也即最高人民法院所制定，不属于严格意义上的立法者所进行的立法活动，但考虑到我国目前法院审判中所面临的诸多现实问题，赋予司法解释以法源地位可以起到补充立法、切实发挥定分止争的作用。参见杨代雄：《民法总论》，北京大学出版社2022年版，第63页。

② 参见宜某公司、博某公司等保理合同纠纷案，福建省南平市延平区人民法院（2022）闽0702民初197号民事判决书。

③ 参见潘运华：《保理合同中应收账款多重转让规则的解释论》，载《法学论坛》2023年第4期，第60页。

④ 参见最高人民法院民事审判第二庭：《最高人民法院民法典担保制度司法解释理解与适用》，人民法院出版社2021年版，第521页。

⑤ 杨代雄：《民法总论》，北京大学出版社2022年版，第68页。

2. 行政法上查询义务的否定

前述判例以及学说认为给付义务人由于应当查询或者已经查询抵押登记后仍然向抵押人支付价款存在过错的观点实际上已经被司法解释所否定。但在实践中仍可能存有疑问的是，由于物上代位案件中最典型者为拆迁而引发的纠纷，为了应对拆迁一向牵涉多方主体重大利益的问题，相关机构出台不少有关拆迁的法律法规，其中很多对拆迁方的查询登记以及核实义务予以了明确规定。如国务院颁布的行政法规《国有土地上房屋征收与补偿条例》（以下简称《条例》）第15条规定了房屋征收部门有义务在征收时对房屋的权属进行调查，房屋的权属除了包括房屋所有权还包括抵押权等从权利，[①] 不少地方规章也据此出台了相同或类似的规定，如《杭州市国有土地上房屋征收与补偿条例》第14条明确房屋征收部门调查的范围包括权属以及抵押权。

管见以为，相关行政法规或地方规章皆不能构成给付义务人负有查询通知义务的来源。首先，应当区分征收中的公法属性与私法属性，由于抵押权人并不参与到签订行政征收协议等具体行政行为中，具体而言其不具备行政诉讼主体资格，此时纠纷并不属于行政诉讼所涉及的领域。[②] 当征收主体由于征收行为侵害其他民事主体抵押权时属于民事法律关系调整的范围。[③] 拆迁人的行为既产生公法上的征收补偿法律关系同时也可能产生民法上因征收补偿产生的物权变动或侵权的法律关系。《条例》制定的目的之一在于协调工业化、城镇化与房屋被征收群众之间的矛盾，更好地平衡公共利益与私人利益。[④]《条例》第15条实际上与其他条文共同组成了规范的征收流程，其一方面是为了规范征收人的行为以减少征收纠纷的现象，另一方面旨在为征收人在征收过程中补偿协

① 参见某住房和城乡建设局与禾某公司、某房屋征收服务中心财产损害赔偿纠纷案，江苏省淮安市中级人民法院（2020）苏08民终343号民事判决书。

② 参见I分行、竺某侵权责任纠纷案，浙江省高级人民法院（2019）浙民再496号民事判决书。

③ 参见某管理局、芦某侵权责任纠纷案，贵州省黔南布依族苗族自治州中级人民法院（2019）黔27民终1888号民事判决书。

④ 参见《国务院法制办、住房和城乡建设部负责人就〈国有土地上房屋征收与补偿条例〉答记者问》，载中华人民共和国司法部网。

议的订立打下基础并为具体条款的磋商提供依据。[①] 此时征收行为由于受到行政法与民法的双重评价，违反公法层面上的调查义务并不当然产生私法上的效果。[②] 其次，从法律效力来说，根据《立法法》第 11 条的规定，民事基本制度只能由全国人大及其常委会制定的法律进行规定。在《民法典》中并未就相关通知义务作出明确规定时，行政法规无权对物上代位实现中的给付义务人设定查询义务。

（二）抵押人对抵押权人的通知义务

物上代位实现中抵押权人一旦进行通知给付义务人即不能以自己向抵押人完成清偿为由对抗抵押权人。如前所述，此时只完成了第二层面对抵押权人的保护仍不能完全有效平衡各方的利益，因为此时抵押权人根本不知道抵押物形态发生了转变更不知道向谁进行通知。由于给付义务人不负有查询登记的义务，登记也无法替代通知义务，在法律评价上已经否定给付义务人负担通知义务的可能，不论其事实上是否知晓抵押权人的存在。对毫无紧密关联的第三人施加注意义务难谓公平。[③] 那么通知抵押权人的主体只能是作为抵押物所有权人的抵押人。

有学者曾建议在《民法典》编纂时应规定抵押人对抵押权人的通知义务，[④] 但最终没有被立法所采纳；实践中有法院以《城市房地产抵押管理办法》第 38 条为依据认为抵押人负有对抵押权人的义务，[⑤] 但其作为部门规章能否作为民法上的义务来源与上文提到的《条例》存在同样的疑问。在债权让与中采通知

---

① 参见韩宁：《行政协议判断标准之重构——以“行政法上权利义务”为核心》，载《华东政法大学学报》2017 年第 1 期，第 76 页。

② 参见朱庆育：《民法总论》（第 2 版），北京大学出版社 2016 年版，第 84 页。

③ 值得注意的是，该观点基于法经济分析，认为对征收部门施加注意义务具有合理性。参见刘平：《抵押权侵权损害赔偿责任的构造与适用边界——基于裁判分歧的实证分析》，载《法学》2023 年第 8 期，第 94 页。

④ 参见程啸：《担保物权人物上代位权实现程序的建构》，载《比较法研究》2015 年第 2 期，第 24 页。

⑤ 参见某区房屋征收办公室与 G 支行、华某公司等金融借款合同纠纷案，江苏省徐州市中级人民法院（2020）苏 03 民终 1878 号民事判决书；太某分行、晋某中心财产损害赔偿纠纷案，山西省晋中市榆次区人民法院（2021）晋 0702 民初 2259 号民事判决书。

对抗规则实际上是对债务人保护的一种体现,[①] 而《担保制度解释》第42条应该以抵押权人利益为本位，故法官在适用物上代位规则时应该进行解释或者法律续造。

1. 直接适用《民法典》第406条的否定

值得思考的是，原《物权法》第191条在抵押人转让抵押物时采限制主义，抵押人转让抵押物时需要征求抵押权人的同意，否则抵押物转让不发生物权效力。[②]《民法典》第406条允许抵押物自由转让，同时为了避免抵押权人利益受影响其第2款规定在转让可能损害抵押权的情况下，抵押权人可以请求将转让的价款提前清偿或者提存。有观点认为此种权利为担保物权物上代位性质的体现,[③] 也就是说，在抵押物相对灭失的情况下亦属《民法典》第390条的适用范围。按照脉络，在抵押权实现中可以直接适用《民法典》第406条第2款肯定抵押人对抵押权人的通知义务。

《民法典》第406条第2款的价款请求权背后体现出抵押权人与受让人利益的博弈：通过物上代位赋予价款请求权以优先效力会带来交易安全的忧虑，而仅将价款请求权理解为债权则削弱了抵押权人的保护，无论采何种学说势必要给另一方带来风险。过去有学者在讨论抵押物转让时指出日本法上物上代位与追及效力的双重保护模式过度倾向于抵押权人，并未充分考虑到抵押人以及第三人的利益问题，其合理性值得商榷。[④] 采前种方案的理由主要在于：(1) 物上代位是担保物权支配交换价值的体现，担保物转让获得价金作为一种典型价值转换形态自然属于物上代位所及，此种观点下抵押物产生的租金亦可以被包含进来。[⑤] (2) 将《民法典》第406条第2款与第390条进行一体解释，抵押

---

① 参见朱虎：《债权转让中对债务人的程序性保护：债权转让通知》，载《当代法学》2020年第6期，第69页。

② 参见冉克平：《论抵押不动产转让的法律效果——〈物权法〉第191条释论》，载《当代法学》2015年第5期，第79页。

③ 参见孙宪忠、朱广新主编：《民法典评注·物权编》(4)，中国法制出版社2020年版，第179页。

④ 参见朱庆育：《抵押物转让效力之比较研究——兼评我国担保法第49条》，载《政法论坛》2000年第2期，第44页。

⑤ 参见［日］近江幸治：《担保物权法》，祝娅、王卫军、房兆融译，法律出版社2000年版，第40页。

权人可以基于法定债权质权直接向第三人请求价款避免被动等待抵押人通知的不利地位。[①]（3）承认价金物上代位可以起到补强追及效力的作用，且承认对抵押权人的双重保护并不会损害买受人的利益，故并不存在过度保护之嫌。[②]

管见以为，上述理由皆不能成为突破文义解释《民法典》第406条第2款的正当性，首先物上代位只是担保物权特性之一，[③] 与其说物上代位是对财产价值支配的体现不如说是担保物权这种变价权支配着财产的交换价值。正如开头第一部分所言明的，物上代位的实质是法律为了防止抵押人能逃避承担担保责任造成不公进行的调整。在抵押物自由移转主义下，若抵押物转让时受让人通过登记或者其他方式得知了标的物上存在权利负担依然愿意购买，其可能以一个权衡后的低价购买或者愿意替代抵押人承担责任而以正常价格购买；若其受让人以正常价格购买后才发现抵押权的负担，其可向出卖人主张违约责任。无论是哪种情况皆不能认为抵押人不当地从抵押责任中解脱，只有当存在抵押权追及效力被阻断的情况，才有适用物上代位的可能。

其次，认为将《民法典》第390条与第406条第2款一体化解释可以使得抵押权人脱离被动等待，在实操层面避免追索抵押物带来的困难转而可以主张价款代位存在循环论证的嫌疑，由于物上代位实现同样缺乏相应程序，《担保制度解释》第42条仅涉及抵押权人对抵押人的通知，因此只有在物上代位实现程序得到完善后才能确保抵押权人能够直接向给付义务人直接进行请求，减少给付义务人向抵押人清偿并发生金钱混同的情形。

再次，过去立法工作者为了减少因抵押物流转而带来的风险，认为买受人可以通过原《物权法》第191条来消除抵押权，一方面买受人获得了没有负担的标的，另一方面也无须再考虑追及效力。[④] 也有学者主张抵押权人不需要追

① 参见张尧：《抵押财产转让规则的适用》，载《政治与法律》2021年第8期，第25页。

② 参见张素华、李鸣捷：《论动产抵押物转让中“收益”物上代位的实现》，载《社会科学》2022年第2期，第97页。

③ 参见梁慧星、陈华彬：《物权法》（第7版），法律出版社2020年版，第316页。

④ 参见全国人大常委会法制工作委员会民法室编：《中华人民共和国物权法条文说明、立法理由及相关规定》，北京大学出版社2007年版，第349页。

及效力予以保护，而是依靠对价金的优先受偿来实现。[①] 无论何种理解，实质问题在于价金物上代位无法与抵押权同时存在。[②] 虽然双重保护并不存在所谓的过度保护之嫌，但物上代位学说还是没有说明采双重保护的正当性何在？实际上前述采物上代位说的学者也认为追及效力和物上代位处于互不相容的状态，仅在丧失追及力的情况下才有适用《民法典》第 406 条第 2 款的空间。[③] 换言之，当抵押权人可以就转让物行使追及效力时，无须再次通过物上代位加强其保护。[④]《民法典》第 406 条第 2 款明确将适用条件限定在抵押财产转让可能损害抵押权之时，损害风险不仅包括抵押权追及力受阻还包括受偿范围减损的情况。[⑤] 从一般与例外的逻辑而言，将《民法典》第 406 条第 2 款解释为价金物上代位等同于将抵押权损害全部限定在追及力丧失的情况下而忽视了其他可能的情形，如抵押权能够追及至受让人但此时转让行为“增加了实现抵押权的成本和难度”[⑥]。

最后，虽然在世界银行发布的《营商环境报告》之下担保物权的延伸是一个重要评价标准，但若动产担保能够自动延伸至“收益”之上，那么该法律制度在“合法权利保护力度指数”上便能获得更高的评分。[⑦] 在后《民法典》时代，法律共同体的目的是以“解释论为中心构建本土民法学”[⑧]。在解释论上引

---

① 参见梁上上、贝金欣：《抵押物转让中的利益衡量与制度设计》，载《法学研究》2005 年第 4 期，第 21 页。

② 参见梁新奕：《抵押物转让价金物上代位性研究》，载《现代法学》2003 年第 6 期，第 116 页。

③ 参见张静：《物上代位的体系整合与教义学结构》，载《环球法律评论》2021 年第 4 期，第 80 页。

④ 参见最高人民法院民法典贯彻实施工作领导小组主编：《中华人民共和国民法典物权编理解与适用》（下），人民法院出版社 2020 年版，第 1093 页。

⑤ 参见黄清新：《论抵押物转让时抵押权损害风险之认定》，载《北京理工大学学报（社会科学版）》2023 年第 5 期，第 135—138 页。

⑥ 徐涤宇、张家勇主编：《〈中华人民共和国民法典〉评注》（精要版），中国人民法学出版社 2022 年版，第 429 页。

⑦ 参见纪海龙：《世行营商环境调查背景下的中国动产担保交易法》，载《法学杂志》2020 年第 2 期，第 40 页。

⑧ 谢鸿飞：《后〈民法典〉时代的中国民法学：问题与方法》，载《社会科学研究》2021 年第 1 期，第 18 页。

入《美国统一商法典》第9－315条以下的默示延伸规则不仅涉及“可分辨性”“永久自动完善”“临时完善期”等具体规则①的构建，更面临一个无法绕过的问题：物上代位制度与默示延伸方案的差异究竟体现在何处？② 对于完善担保物权延伸问题，以《民法典》第390条或者第406条去解释默示延伸并不是唯一的方案，同样可以借助“合意的非自动延伸”的思路予以解决。③

综上所述，《民法典》第390条与第406条分属不同的制度设计，无法通过直接适用《民法典》第406条来证成抵押人对抵押权人的通知义务。

2. 漏洞填补：类推适用《民法典》第406条第2款

对于法律未规定的通知义务，有学者借助德国法上的理论进行论证。④ 另有观点认为，可以直接通过附随义务解释出未明确的通知义务，如合同一方当事人变更住所时应当通知对方。⑤ 但就实质而言，此种义务都不属于法律规定或者合同约定的通知义务，其推导的基础还是源于诚实信用原则。⑥ 规则的适用优先于原则毋庸赘述。是以，在转向原则之前应当考虑规则的漏洞填补。

由于《民法典》以及《担保制度解释》第42条仅规定了抵押权人在行使物上代位时的通知对抗规则，并没有对抵押人设定任何义务。假设抵押权人主张抵押人未尽到相应的通知义务而请求损害赔偿，若法官以不存在相应的请求权基础为由驳回原告的诉讼请求，那么此时并不能说是存在漏洞。法官即使可能存在错误的裁判也不能认为其违背了禁止拒绝裁判原则，因为法官的这种否

① 参见潘琪：《美国〈统一商法典〉解读》，法律出版社2020年版，第682—692页。

② 有学者认为物上代位制度与默示延伸完全不同，参见庄加园：《动产担保物权的默示延伸》，载《法学研究》2021年第2期，第38—39页。亦有学者提出默示延伸方案与物上代位本质上并无区别，参见纪海龙：《动产担保权益延伸的合意路径》，载《现代法学》2022年第3期，第5页。

③ 参见纪海龙：《动产担保权益延伸的合意路径》，载《现代法学》2022年第3期，第5页。

④ 参见廖宇：《合同未获追认时限制民事行为能力人的缔约过失责任》，载《法学》2023年第10期，第107页。

⑤ 参见韩世远：《合同法总论》（第4版），法律出版社2018年版，第345页。

⑥ 参见［德］迪尔克·罗歇尔德斯：《德国债法总论》（第7版），沈小军、张金海译，中国人民法学出版社2014年版，第118页。

定回答同样构成裁判职责的行使。[①] 漏洞填补固然以存在漏洞为前提，而当完全不存在抵押人对抵押权人通知义务的规定或是可以直接适用其他规范时，从表面上来看并不存在“违反计划的不完整性”[②]。

漏洞确定的界限是“从现行有效的法秩序中推导而出的”[③]，易言之，进行法律外法之续造的首要工作是来回比较事实规范与法秩序，此时要判断缺少抵押人对抵押权人的通知义务是否存在漏洞需要借助实证法背后的评价。《民法典》第406条第2款价金请求权并不属于物上代位规则，但不等同于此处不存在“同类事物，相同对待”[④] 的可能。区别于大部分大陆法系国家，原《担保法》没有承认抵押权的追及力，其第49条规定转让抵押物时抵押人应当通知抵押权人。而原《物权法》第191条并没有规定通知义务，且按照其第2款的规定即使抵押权人没有同意，第三人也可以通过代为清偿消灭抵押权。《民法典》第406条明确了抵押权具有追及力，且其第2款第1句又重新延续了原《担保法》中抵押人的通知义务。结合《民法典》第406条的旨趣来看，即使未尽到通知义务显然也不会影响转让行为的效力，[⑤]《民法典》规定通知义务的意义究竟在何呢？管见以为，原《担保法》与《民法典》中的通知义务在表述上固然相近，体现出来的法律评价却不尽相同。前者完全是在抵押物禁止流转主义下为了避免转让行为无效，抵押人需要向抵押权人通知，而后者则蕴含了立法者在抵押物自由转让主义下“为实现三方利益性自主平衡[⑥]”的特别考量，只有在抵押人尽到通知义务以后，抵押权人才有机会行使《民法典》第406条第2

---

① 参见［德］克劳斯－威廉·卡纳里斯：《法律漏洞的确定——法官在法律外续造法之前提与界限的方法论研究》（第2版），杨旭译，北京大学出版社2023年版，第41页。

② 参见［德］卡尔·拉伦茨：《法学方法论》（全本·第6版），黄家镇译，商务印书馆2020年版，第473页。

③ 参见［奥］恩特斯·A. 克莱默：《法律方法论》，周万里译，法律出版社2019年版，第157页。

④ 参见［德］卡尔·拉伦茨：《法学方法论》（全本·第6版），黄家镇译，商务印书馆2020年版，第479页。

⑤ 参见杨代雄主编：《袖珍民法典评注》，中国民主法制出版社2022年版，第314页。

⑥ 参见孙宪忠、朱广新主编：《民法典评注·物权编》（4），中国法制出版社2020年版，第171页。

款乃至第408条的其他权利来避免自己的抵押权无法实现。[①] 此外，通过抵押人的通知，抵押权人也能够更清楚地知道自己应该向何受让人主张权利，减少抵押权实现的成本。[②]

正如前文所言，一方面不论是从客观层面还是从抵押权功能和目的上都不能认为抵押权人需要时刻关注抵押物的实际状况，另一方面现行法已经明确给付义务人并没有查询以及通知抵押权人的义务。由此可见不论是物上代位还是抵押物转让，抵押权人都可能因为处在一种"弱势的信息地位"之中而遭受不利益。立法者显然希望通过为抵押人设定通知义务来增加对抵押权人的保护，在第一时间使其知道抵押权存在被损害的风险。只有知道了抵押物被转让或者毁损的事实，抵押权人进而才能及时与抵押人（债务人）进行磋商。《民法典》第390条与第406条都是以抵押权人利益为本位，在这个意义上，通知义务对于二者都是起到一种前置性作用。甚至说，由于抵押物转让时风险具有一定的不确定性，抵押权人还需要再进行判断转让行为是否会损害抵押权。相反，在发生物上代位的情况下，抵押物已经发生了形态上的转化，抵押权人无法实现抵押权的风险已经客观存在了，《民法典》第390条更需要抵押人的通知来实现其保护抵押权人的目的。故此时根据积极平等原理，法官可以类推适用（或者说当然推论）《民法典》第406条第2款，认为在物上代位实现中抵押人同样负有对抵押权人的通知义务，若抵押人违反通知义务抵押权人可以主张相应的救济。不论是类推适用还是当然推论，最终目的性上的正当理由都源于"正义的要求"[③]。

四、违反通知规则时抵押权人的救济

通过解释以及法律外续造法的方法确立了物上代位实现过程中抵押权人的

---

① 参见徐涤宇、张家勇主编：《〈中华人民共和国民法典〉评注》（精要版），中国人民法学出版社2022年版，第429页。

② 参见最高人民法院民法典贯彻实施工作领导小组主编：《中华人民共和国民法典物权编理解与适用》（下），人民法院出版社2020年版，第1094页。

③ 参见［德］克劳斯-威廉·卡纳里斯：《法律漏洞的确定——法官在法律外续造法之前提与界限的方法论研究》（第2版），杨旭译，北京大学出版社2023年版，第63页。

通知规则以及抵押人对抵押权人的通知义务，后者的通知与债权让与一样仅起到对抗作用。而前者的通知义务与抵押权人的利益有着密切关系，故违反通知义务的法律效果值得进一步分析。

（一）抵押权人向给付义务人进行通知

抵押权人对给付义务的通知并不属于某种义务，原因在于抵押权人（质权人）可以放弃通知或选择不行使法定权利质权，此时通知表现为一种权利。当抵押权人想实现债权质权但给付义务人没有被通知而向抵押人进行清偿时，抵押权人只能承受丧失优先受偿的不利后果，此时通知表现为一种不真正义务。需要强调的是，给付义务人的主观状态不会影响通知规则的效果，因为《担保制度解释》第42条并未采我国台湾地区“民法”上以故意和重大过失来判断给付义务人是否存在过错的做法。其认为，为了避免法官自由裁量的限度过大，统一以通知与否的标准进行判断可以更好地维护交易安全。①

《担保制度解释》第42条只规定了抵押权人作为通知人，但在学说上普遍认同《民法典》第546条债权让与的通知人包括转让人和受让人，② 故在诉讼中抵押权人能够证明抵押人对给付义务人进行了通知亦可以等同于抵押权人进行了通知。而当抵押权人进行通知后，给付义务人即使向抵押人清偿也不能以此来对抗抵押权人。过去司法实践中由于并未明确此通知规则，在给付义务人错误给付时往往需要引入侵权法来使给付义务人承担损害赔偿责任。③ 在采通知对抗的语境下，给付义务人接到通知后仍然向抵押人清偿显然同样具有过错，但此时并不需要转向侵权责任的一般性条款，因此《担保制度解释》第42条已经明确抵押权人可以再次请求给付义务人进行履行，此处的再次请求履行实

---

① 参见最高人民法院民事审判第二庭：《最高人民法院民法典担保制度司法解释理解与适用》，人民法院出版社2021年版，第383页。

② 参见朱虎：《债权转让中对债务人的程序性保护：债权转让通知》，载《当代法学》2020年第6期，第73—74页；刘浩：《债权转让通知研究》，载《暨南学报（社会科学版）》2014年第2期，第104—105页；方新军：《合同法第80条的解释论问题——债权让与通知的主体、方式及法律效力》，载《苏州大学学报（哲学社会科学版）》2013年第4期，第96页。

③ 参见江苏省无锡市中级人民法院民事判决书，（2022）苏02民终5907号。

际上是《担保制度解释》第61条债权质押实现规则的重申，抵押权人仍然可以向给付义务人主张债权质权，抵押权人并不存在任何损失。故对给付义务人而言，其违反通知规则时需要向抵押权人再次履行，只能依据不当得利规则向抵押人请求返还第一次进行的给付。此处与《合同编解释》第48条第2款类似的情况是，若抵押权人因未通知造成给付义务人的损失，同样可在债权人实现权利质权范围内扣除。

（二）抵押人未向抵押权人进行通知

既然在物上代位实现时，通过法律外法之续造允许类推适用《民法典》第406条第2款，那么在违反后产生的效果上，二者亦有相似之处。对于《民法典》第406条的通知义务，有两种相对立的理解方式。有观点认为此处的通知义务为附随义务，[①] 另有观点认为第406条第2款仅为倡导性规范。[②] 虽然二者均认为违反通知义务不会影响转让行为的效力，但性质判断的差异直接影响其他违反通知义务的法律效果。按照前说的构造，附随义务以诚实信用原则为基础，违反附随义务可能会因侵害固有利益而产生损害赔偿。[③] 而持后说的学者则认为，即便抵押人违反通知义务产生损害赔偿责任，不如采取价金物上代位对抵押权人的保护，而采附随义务说会浪费司法资源。[④]

管见以为，后说否定损害赔偿不符合倾向抵押权人利益的“立法重心”[⑤]。首先，不论抵押物转让后采取何种模式对抵押权人进行保护，由抵押人先行进行通知有着无法替代的优势，抵押权人作为自己利益的最佳判断者，其在抵押物转让之后需要及时知道才能决定是否存在损害抵押权的事实或风险进而采取

① 参见最高人民法院民法典贯彻实施工作领导小组主编：《中华人民共和国民法典物权编理解与适用》（下），人民法院出版社2020年版，第1093页。

② 参见高圣平、罗帅：《〈民法典〉不动产抵押权追及效力规则的解释论》，载《社会科学研究》2020年第5期，第33页。

③ 参见王泽鉴：《债法原理》（第2版），北京大学出版社2023年版，第32—35页。

④ 参见高圣平：《民法典担保制度体系研究》，中国人民大学出版社2023年版，第236页。

⑤ 孙宪忠、朱广新主编：《民法典评注·物权编》（4），中国法制出版社2020年版，第171页。

相应的措施。其次，对抵押人施以更高标准的通知义务并不会造成其过重的负担，相较于其他事后补救措施，由抵押人进行通知来预防风险显然成本更低。最后，抵押人作为可以从转让行为中获益的一方，若认为违反通知义务不会产生相应法律后果则可能增加诱发道德风险的可能。故在抵押人未受领第三人清偿时，抵押权人可以及时向给付义务人通知避免自己遭受损失，抵押人不履行通知义务时，抵押权人可以基于《民法典》第1165条向抵押人请求因信息不对等实现权利质权所增加费用的损害赔偿。当抵押人未通知且受领清偿时，抵押权人主债权无法实现以及因抵押权灭失所增加的费用都属于损害赔偿的范围。

值得进一步思考的是，此处责任承担方式在效果上十分有限。[①] 受制于债权的平等性，此时抵押权人的损害赔偿请求权并不能如同抵押权一样优先受偿，利益都不及未遭受侵害的状态。可能的方案在于，适用《民法典》抵押权保全的规定。《民法典》第408条针对抵押人减少财产价值的行为抵押权人可以请求其停止，其属于《民法典》第236条排除妨害请求权的具体体现。针对抵押财产减少的，抵押权人有两个层面保护，首先是可以请求恢复价值或者增加担保，抵押人不履行可以请求债务人提前清偿债务。两个层面属于递进关系，提前清偿债务相较于前者对抵押人当然负担更重。《民法典》第406条与第408条并非毫无联系，其都体现了对抵押权的保护，只不过是分别针对法律处分行为与事实处分行为。[②] 故有学者指出："在抵押物与收益都无法追及时，抵押财产价值已经减少或消灭……根据《民法典》第408条，抵押权人有权行使增加担保请求权。"[③] 同理，若发生物上代位后，由于给付义务人已经向抵押人给付导致权利质权消灭，抵押权人便能够向抵押人主张第408条的相关权利。

但此时的问题依然存在，即仅违反通知义务时，抵押人是否该承担损害赔偿之外的责任？在抵押物转让的情形中亦存在同样的疑惑。若在解释上认为在当抵押人未通知时，允许抵押权人直接主张《民法典》第406条第2款中的提

① 参见司伟：《民法典时代的担保物权物上代位制度完善再思考》，载《法治研究》2024年第2期，第120页。

② 参见孙宪忠、朱广新主编：《民法典评注·物权编》（4），中国法制出版社2020年版，第180—181页。

③ 刘平：《我国动产抵押转让保全规则的体系展开》，载《比较法研究》2023年第2期，第87页。

前清偿债务或者提存，的确可以在结论上使抵押人“承担消极不利益的后果”①。但立法者此处明显要求抵押权人证明转让行为的可能危害性，此种证明构成了抵押物自由流转与抵押权人保护的界限。第406条第2款的实质仍然是可能损害抵押权的行为而非未进行通知。在证明程度上将危害行为与不通知划为等号，使抵押权人有得到过分优待之嫌。质言之，抵押人转让行为的危害性与其通知与否没有必然的联系，单以通知义务的违反课以抵押人过重的责任实际上将抵押物流转中的风险不当地转移给了抵押人，并不符合第406条的立法目的。

不过在物上代位中，结论会有所不同。对于违反通知与保全规则的产生，本质上是因果关系的判断，即违反通知在何种程度上会导致损害债权人抵押权（权利质权）的后果。不同于抵押物转让中通知与转让行为趋于独立的状态，若物上代位中抵押人未进行通知，抵押权人自然也无法及时通知给付义务人，加之在抵押财产灭失后无法期待给付义务人主动找到抵押权人对其给付，其直接向抵押人给付是应有之义。此时不难看出，抵押权人的担保利益极大地依赖抵押人的通知，抵押人不进行通知与抵押权遭受损害之间产生了足够的相当性。发生物上代位时，应当允许将抵押人未通知的行为与抵押人受领第三人给付的行为作相同评价。仅未通知时抵押权人即可请求增加担保，若债务人不增加担保，抵押权人进而可以要求债务人提前偿还债务，通过债务加速到期的“惩罚色彩”②，弥补抵押权人因为抵押人未尽到通知义务从担保物权人转变为一般债权人的损失。

五、结　　语

物上代位本身于《民法典》而言并不陌生，但要使得该制度在司法实践中切实发挥其作用，离不开实现程序的完善。从解释论出发，对《担保制度解

① 参见徐涤宇、张家勇主编：《〈中华人民共和国民法典〉评注（精要版）》，中国人民法学出版社2022年版，第429页。

② 参见刘平：《我国动产抵押转让保全规则的体系展开》，载《比较法研究》2023年第2期，第87页。

释》第 42 条进行体系化梳理，本身确有必要。抛开无用的概念之争，物上代位的性质会对实现程序产生影响，在法定债权质权说下，可以借助权利质押的相关规范来避免陷入无章可循的窘境。对于抵押权人而言，由于《民法典》下权利质押登记不具有一般的公示效力，抵押权人无法得知抵押物灭失的事实进而不能依据《担保制度解释》第 42 条向给付义务人进行通知。由于抵押权人处于信息劣势地位，因此应当类推适用《民法典》第 406 条第 2 款确立抵押人的通知义务，以此来平衡三者的利益。若抵押权人未通知给付义务人，给付义务人可能因为善意向抵押人履行而免责。如果给付义务人的免责是由于抵押人未尽到通知义务而导致，一方面抵押权人当然可以向抵押人请求损害赔偿；另一方面为了尽可能减少抵押权人遭受的不利益，抵押权人可以通过抵押权保全的相关规范寻求救济。在后《民法典》时代，物上代位的实现程序在教义学上仍具有深入探讨和进一步挖掘的空间。

（初审：张宏宇；校对：宋博涵）

《民法典》代位权制度中保存行为“必要”标准研究

林睿尧*

摘　要：《民法典》第536条规定了债权人债权到期前代位行使保存行为的制度，弥补了长期以来我国代位权期前行使制度的空白。对于保存行为的内容，现行法采取了列举+概括的方式进行了规定，以“必要”作为判断保存行为内容的标准。但是“必要”这一法律概念较为抽象，容易导致“必要”标准过于宽泛而缺乏可操作性，造成债权人代位行使保存行为的内容过度扩张等问题。对此，应当明确保存行为的客体范围，以此划定保存行为行使的边界。在此基础上，以四阶比例原则为基础构建“必要”标准，使其更具有可操作性。当保存行为通过四阶比例原则的审查后，即可认定其符合“必要”标准，属于《民法典》第536条所规定的“其他必要行为”。

关键词：保存行为；代位权；合同保全；比例原则

一、问题的提出

《民法典》第536条属于新增条款，确立了保存行为制度，即债权人债权尚未到期，而债务人怠于行使其对相对人的权利，影响债权人未到期债权实现

* 林睿尧，中央财经大学法学院民商法学硕士研究生。

的，应当允许债权人代位行使债务人的债权及与之相关的从权利，作出中断诉讼时效、申报破产债权等必要行为。在本条颁布之前，原《合同法》及相关司法解释将代位权的行使条件限定为“到期债权”，对代位权的期前行使缺乏规定，难以保障债权尚未到期但具有行使代位权紧迫性的债权人的合法权益，难谓合理。《民法典》第 536 条确立的保存行为制度弥补了这一缺憾，允许债权人在债权未到期时代位行使保存行为以保障其债权的实现，对此应予以肯定。但是，保存行为制度在适用中仍存在一定的问题。

《民法典》第 536 条对债权人债权到期前代位行使保存行为的内容采取列举 + 概括的模式予以规定，在列举了“中断诉讼时效”“申报破产债权”的基础上，规定了“必要”的标准予以概括。由此产生的问题是，“必要”本身为不确定概念，其内涵外延并不清晰，且既有研究深度不足，导致保存行为是否为必要行为的判断标准变得模糊而难以操作。这既可能使保存行为的内容过度限缩而影响债权人债权的实现，又可能导致内容过度扩张而损害债务人的合法权益。对此，应当围绕“必要”构建具有可操作性的判断标准，以平衡保护债权人及债务人的利益。下文即以构建“必要”的判断标准为目标，首先明确“必要”判断标准以厘清保存行为的客体范围为前提，在厘清保存行为客体范围的基础上构建“必要”标准的具体适用路径，以此增加保存行为行使的确定性和可预期性，裨益于我国民事理论之发展。

二、“必要”标准之前提：保存行为的客体范围

《民法典》第 535 条第 2 款对代位权的行使内容进行了限制，要求其以“债权人的到期债权为限”。而《民法典》第 536 条并未对保存行为的行使作出类似的限制，其理由在于债权人的债权尚未到期，可能存在选择之债尚未选择等债权内容尚未完全确定的情形，并且保存行为的法律后果采取“入库规则”，不存在债权人超出其债权行使代位权而导致不当得利的可能。但是，这并不意味着保存行为的内容不受任何限制，保存行为的行使仍应当以《民法典》第 536 条规定的“债务人的债权或者与该债权有关的从权利”为限，不得超出该范围行使保存行为。这主要是由保存行为的性质决定的。从《民法典》第 536

条的规范性质看，该条属于辅助规范。辅助规范是对构成要件的进一步说明，功能在于细化请求权基础的适用前提或法律效果，其本身不构成独立的请求权基础。[①] 请求权以请求他人为或不为一定行为为内容，本身是独立的权利。[②] 而保存行为与之不同，代位行使保存行为的本质为债权人在债权到期前行使代位权，以行使他人的权利为内容，其本身并非独立的权利。[③] 因此，保存行为本质上行使的是债务人的债权或者与该债权有关的从权利，债权人不得超出该范围行使保存行为。亦即言，作为保存行为客体的债务人的债权或者与该债权有关的从权利构成了保存行为内容的基础。因此，要确定保存行为“必要”标准，首先应当厘清该客体范围的具体内涵。

从《民法典》第536条的立法过程来看，保存行为的客体范围呈现出由宽至窄的趋势。《民法典合同编（草案）》第76条将保存行为的客体规定为“债务人的权利”，并未将其限制在债权及其从权利的范围中。在随后发布的草案中均沿用了该规定，直到最终表决通过的《民法典》版本中才将其修改为“债权或与该债权有关的从权利”，对保存行为客体范围的限缩表明了立法者防止过度干预债务人经济活动的考量。由于《民法典》第536条属于新增条款，对于新增条款的解读应当采取主观解释的方式，因此对于保存行为客体范围的解读应当尊重立法变迁中呈现出来的立法意图，不得将保存行为的客体范围过度扩张。[④] 但是，债权及与该债权有关的从权利的概念外延并不十分清晰，导致债务人代位权、撤销权等能否代位存在一定的争议。此外，对于能否将保存行为类推适用至形成权、物权及物权请求权乃至公法上的权利也存在疑问，一方面不能过度扩张以架空立法者限缩保存行为行使内容的意图，另一方面不能过度限缩导致债权人难以代位行使保存行为维护自身合法权益，阻碍立法目的的实现。因此，应以债权及与该债权有关的从权利及可能类推适用的情形为基础，厘清保存行为的客体范围。

---

① 参见吴香香：《请求权基础视角下〈民法典〉的规范类型》，载《南京大学学报（哲学·人文科学·社会科学版）》2021年第4期，第122页。

② 参见王泽鉴：《民法总则》，北京大学出版社2009年版，第101页。

③ 松坂佐一『債権者代位権の研究』（有斐閣，1950年）23頁参照。

④ 参见［德］罗尔夫·旺克：《法律解释》（第6版），蒋毅、季红明译，北京大学出版社2020年版，第59页。

（一）“债务人的债权或与该债权有关的从权利”范围

1. “债务人的债权”范围

对于债务人的债权而言，依据标的物是否特定的标准，可以将债权划分为不特定物债权和特定物债权，其划分的标准为当事人之间是否依据物的特征达成指定特定物的合意。[①] 由于保存行为的客体范围与债权人的债权紧密相关，因此应当将债权人债权和债务人债权都区分为不特定物债权和特定物债权进行讨论。不特定物债权以金钱债权为典型，当债权人的债权为不特定物债权、债务人的债权也为不特定物债权时，债务人以其责任财产为担保实现债权人债权。此时债权人代位保存债务人的不特定物债权，能够起到充实债务人责任财产的作用，在此种情况下允许债权人期前行使代位权以保全债务人责任财产是保存行为制度的应有之义。在债权人债权为特定物债权、债务人债权也为特定物债权的场合，适用代位权的典型表现形式是连环买卖，例如在动产甲→乙→丙让与中，甲是动产所有人，丙代位乙，要求甲向乙进行交付以实现丙的特定物债权。[②] 在实践中，已经有法院支持了特定物债权已到期的债权人代位行使债务人特定物债权的请求。[③] 当债权人特定物债权尚未到期时，也应当允许债权人实施保存行为，代位保全债务人的特定物债权，防止债权人特定物债权届期时债务人难以清偿，影响保障债权人合法权益的立法目的的实现。因此，当债权人与债务人债权都为不特定物债权或都为特定物债权时，应当允许债权人代位行使保存行为。当债权人债权与债务人债权属于不同种类的债权时，则应当分类讨论。在债权人债权为特定物债权、债务人债权属于不特定物债权或者属于特定物债权但与债权人的债权并非为同一物的场合，虽然此时债权人代位行使债务人的债权也无助于其特定物债权实现，但是其并未超出“债权人债权”的语义范围，无法将此种情形排除出保存行为的客体范围。在债务人债权为特定

---

① 栗田昌裕＝坂口甲＝下村信江＝吉永一行『民法 4 債権総論』（有斐閣，2022 年）16 頁参照。

② 参见［日］我妻荣：《新订债权总论》，王燚译，中国法制出版社 2008 年版，第 144 页。

③ 参见张某、李某与周某、石某等房屋买卖合同纠纷案，江苏省苏州市中级人民法院（2020）苏 05 民终 5907 号民事判决书。

物债权、债权人债权为不特定物债权的情形下，存在可以代位和无法代位两种针锋相对的观点。① 造成这两种观点分歧的原因在于：债权人债权和债务人债权属于不同种债权，非同种债权无法抵销，在债权人债权到期时将导致《民法典》第537条规定的“直接受偿规则”存在适用上的困难。但是，在保存行为的语境下，即使相对人履行特定物债务，所遵循的是“入库规则”，应向债务人履行而非向债权人履行，不涉及上述两种观点提到的“无法抵销”的问题。事实上，保存行为制度此时更类似于一种强制执行的预备机制，由于特定物本质上也是债务人责任财产的组成部分，保存债务人的特定物债权也能达到充实债务人责任财产的效果，为将来债权人债权到期时实现债权提供保障。② 因此，在债权人债权为不特定物债权而债务人债权为特定物债权时，应当将此种情形纳入保存行为的客体范围之中，允许债权人实施保存行为。

依据债权的实现机能划分，可以将债权划分为请求力、执行力、私力实现力、处分权能及保持力。③ 对于请求力而言，《民法典》第536条规定的债权人可以向相对人请求其向债务人履行的情形及申报破产债权的情形即是请求力的体现，保存行为的客体范围包含了债权的请求力。存在争议的是执行力以及处分权能。对于执行力，在代位权制度的语境下主要表现为能否代位申请强制执行的争议。在债权人债权已届清偿期的情形下，实践中已经有法院支持了债权人代位申请强制执行的请求。④ 《民事诉讼法》第250条划定了申请执行的期限，因此在债权人债权尚未到期的情形下，如果此时债务人对相对人已经生效判决的申请执行期限即将届满，而债务人怠于申请执行，应当允许债权人代位申请强制执行，以达到保存行为制度的目的。因此，保存行为的客体范围也包含了代位行使债权执行力的情形。对于处分权能，亦有观点主张可以代位行使

① 参见杨巍：《〈民法典〉债权人的代位权解释论研究》，载《江西社会科学》2020年第12期，第162页；韩世远：《债权人代位权的解释论问题》，载《法律适用》2021年第1期，第36页。

② 参见史尚宽：《债法总论》，中国政法大学出版社2000年版，第463页。

③ 参见王泽鉴：《债法原理》（第2版），北京大学出版社2013年版，第68页。

④ 参见阎某与沈阳某湖房地产拓展有限公司、辽宁某建设工程有限公司债权人代位权纠纷案，辽宁省沈阳市中级人民法院（2015）民三终字第00935号民事裁定书。

对债务人责任财产有益的处分行为。[①] 但是在保存行为的语境下，处分行为包含的免除、让与、设立权利质权等典型表现形式是否能与《民法典》第 536 条规定的“代位向债务人的相对人请求其向债务人履行、向破产管理人申报”等行为相并列尚存疑问，期前行使处分行为也可能对债务人造成较大损害，未必具有正当性。因此，处分行为能否期前代位行使还需经过下文“必要”标准的进一步判断，在此不再赘述。

由于《民法典》第 536 条并未对债务人债权的产生原因作出规定，因此债权的客体范围并不限制在合同之债内。[②] 这表明除合同之债外，不当得利、无因管理、单方允诺之债等均可以包含在保存行为的客体范围之内。此外，违约金请求权等损害赔偿请求权作为原给付请求权的变形，也应当包含在内。[③] 例如，在债权人的债权为特定物、债务人拥有该特定物的场合，如果该特定物遭到相对人的损坏而债务人怠于行使恢复原状请求权，导致该请求权即将罹于时效，由于损害赔偿请求权包含了恢复原状请求权，[④] 债权人此时即可行使保存行为请求相对人恢复原状。

2. “与该债权有关的从权利”范围

依据立法机关的释义，《民法典》第 535 条第 1 款所规定的“从权利”主要是指担保物权和保证等担保性权利，以回应实践中将担保权利纳入客体范围的需求。[⑤] 由于这些担保权利都受到期间的限制，存在罹于时效的可能，期前代位行使这些担保权利也具有必要性。因此，《民法典》第 536 条的从权利首先指向了担保物权、保证等担保性权利，当存在罹于时效等紧迫情形时债权人可以代位行使保存行为。存在争议的是债权人是否能够代位行使债务人的代位

---

① 参见朱广新、谢鸿飞主编：《民法典评注：合同编通则》（1），中国法制出版社 2020 年版，第 17 页。

② 参见最高人民法院民法典贯彻实施工作领导小组主编：《中华人民共和国民法典合同编理解与适用［一］》，人民法院出版社 2020 年版，第 500 页。

③ 参见韩世远：《债权人代位权的解释论问题》，载《法律适用》2021 年第 1 期，第 32 页。

④ 参见程啸等：《损害赔偿的方法》，载《法学研究》2013 年第 3 期，第 59—63 页。

⑤ 参见黄薇主编：《中华人民共和国民法典合同编解读》（上册），中国法制出版社 2020 年版，第 251 页。

权、撤销权。有观点认为债务人代位权、撤销权不可代位，理由在于一方面将会导致“相对人”的文义被过度突破，另一方面对债务人的行为自由干涉过多。[①] 本文认为，因为代位权、撤销权性质上属于债权的从权利，并未超出债权从权利的语义范围，所以其原则上应当处于保存行为的客体范围之内，可以代位行使。此外，《民法典》第535、536条所采用的“相对人”概念由原《合同法》中“次债务人”的概念修改而来，其本意就是为了顺应代位权客体范围扩张的趋势而采取涵盖范围更广的“相对人”，防止“次债务人”的表述过度限缩客体范围。[②] 这表明相对人的文义范围相较于次债务人而言更为广泛，能够将抵押人、保证人等囊括在内。而当债权人行使债务人的代位权时，相对人实际上转变为了被代位行使权利的人，其并不必然突破“相对人”的文义。因此债权人代位行使代位权、撤销权时“相对人”这一概念尚存解释空间，并无上述观点所述的“过度突破文义”的情形。至于债权人代位行使代位权、撤销权将会过度干涉债务人事务、损害行为自由的担忧，并不能构成将代位权、撤销权排除出保存行为客体范围的理由。将债务人代位权、撤销权纳入客体范围之内，仅意味着存在能够代位的可能性，构成“必要”标准的前提，至于在个案中能否进行代位还需要通过“必要”标准进一步考量。亦即言，代位行使债务人代位权、撤销权能够被“与该债权有关的从权利”所包含，应当属于保存行为的客体范围，至于干涉债务人自由、损害债务人的利益的情形则需要由“必要”标准进行控制。

（二）类推适用的范围

在“债务人的债权或与该债权有关的从权利”的文义范围之外，在实践中还存在扩张代位权客体范围的趋势，如将客体范围扩张至形成权、物权及物权请求权等。对于形成权，有观点认为其可以通过扩张解释包含在债权的从权利

① 参见赵晶：《〈民法典〉背景下代位权客体廓清》，载《河南财经政法大学学报》2022年第2期，第33—34页。

② 参见黄薇主编：《中华人民共和国民法典合同编解读》（上册），中国法制出版社2020年版，第252页。

的范围之内。[①] 但是，形成权本质上为债权的工具性权利，能够变更、消灭债权本身，不宜纳入从权利的范围之内。[②] 因此，要代位行使形成权必须采取类推适用的方式。在代位权的场合下，形成权以代位行使合同解除权为典型表现形式。虽然解除权以解除合同为内容，在债权人债权到期前行使可能会对债务人的自由造成过度限制。但是，合同解除权受到除斥期间的限制，仍存在除斥期间即将届满、解除权消灭而债权人债权尚未到期的情形，如果此时债权人代位行使解除权就能回笼大量资金，却因合同解除权无法类推适用《民法典》第536条而无法代位，将会导致更加不公平的结果。[③] 因此，应当将合同解除权纳入保存行为的客体范围之内。对于物权及物权请求权，在债权人债权到期的情况下，实践中往往对代位行使物权及物权请求权持有较为宽容的态度，通常情况下均允许将代位权的客体类推至物权及物权请求权。[④] 但是在保存行为制度中，不应当将物权及物权请求权纳入客体范围。其主要理由在于，物权及物权请求权不属于债权、不适用诉讼时效。而《民法典》第536条规定的保存行为制度蕴含了债权人在债权到期前行使的正当性要求，这种正当性要求体现为期前行使保存行为需要具有一定的紧迫性。由于物权及物权请求权不适用诉讼时效，债权人完全可以等到债权到期后再行使，缺乏紧迫性，进而不符合保存行为制度的要求。当然，有观点认为保存行为不以债权人债权尚未到期为必要，[⑤] 即使债权人债权到期后也能行使。亦即言，不论是债权到期前还是到期后都可以行使保存行为，无须考量履行期是否届满。其理由在于，既然债权人债权到

---

① 参见俞彦韬：《债权人代位权的类型化构造》，载《法学研究》2024年第2期，第107页；龙俊：《民法典中的债之保全体系》，载《比较法研究》2020年第4期，第124页。

② 参见韩世远：《债权人代位权的解释论问题》，载《法律适用》2021年第1期，第32页。

③ 参见龙俊：《民法典中的债之保全体系》，载《比较法研究》2020年第4期，第124页。

④ 相关案例参见游某、李某债权人代位权纠纷案，浙江省台州市中级人民法院（2020）浙10民终2567号民事判决书；周某、张某等债权人代位纠纷案，江苏省无锡市中级人民法院（2021）苏02民终3176号民事判决书等。

⑤ 参见杨代雄主编：《袖珍民法典评注》，中国民主法制出版社2022年版，第470页。

期前能够行使保存行为，依据举重以明轻的原理，债权人债权到期后当然也能行使保存行为。[①] 依据此观点，则不能因为物权及物权请求权不适用诉讼时效就将其排除在保存行为的客体范围之外。但是从法律体系上看，《民法典》第535条规定了到期后行使代位权的情形，第536条规定了到期前行使保存行为的情形，债权到期后行使保存行为的情形被第535条规定的代位权所涵盖，是第535条规定的代位权行使的应有之义。因此，为了使法律体系融贯、避免法律规定的冗余，第536条规定的代位权期前行使制度仍应以债权人债权尚未到期为构成要件，仍要求行使保存行为需要具备一定的紧迫性。虽然债权人债权到期后，存在行使以物权及物权请求权为内容的保存行为的可能性，但是在本文所探讨的期前代位行使保存行为的语境下，物权及物权请求权缺乏期前行使的正当性，因此不应当纳入保存行为的客体范围之内。与物权及物权请求权关系密切的是不动产登记请求权。登记属于私法领域中的国家行政事务，其本质上是公法上的权利，兼具私法与公法的双重属性。[②] 在上文所述的连环买卖情形中，如果债权人的特定物债权为不动产，则其当然可以请求相对人向债务人进行变更登记，以实现债权人的特定物债权。并且，在实践中也存在预告登记即将失效等具有行使保存行为紧迫性的情形。因此，保存行为的客体范围可以包含登记请求权。此外，与该权利类似的还有诉讼权利，例如相对人非法转移财产逃避债务而债务人怠于行使财产保全时，债权人代位行使财产保全的权利保全相对人财产也符合代位权制度的功能和价值。

（三）小结

保存行为的客体范围是《民法典》第536条“必要”标准的适用前提，明确保存行为是否能够代位行使、按何种内容代位行使都建立在厘清保存行为客体范围的基础上。债权人代位行使的权利为物权或物权请求权等情形不符合期前行使保存行为的要求，应当将其排除在保存行为客体范围之外，无须进入

---

① 参见杨巍：《〈民法典〉债权人代位权解释论研究》，载《江西社会科学》2020年第12期，第164—165页。

② 参见王利明、杨立新、王轶、程啸：《民法学·上》（第6版），法律出版社2020年版，第349页。

“必要”标准的审查。对于其他在客体范围之内的保存行为，则需要依据“必要”标准进一步审查。

三、“必要”标准之构建：以比例原则为基础

保存行为的客体范围划定了能够被代位行使保存行为的客体，但是《民法典》第536条对保存行为的内容作出了进一步限定，保存行为应受到“必要”标准的限制。但是如上文所述，“必要”标准存在一定的模糊性，因此应当进行明确。

（一）“必要”标准的学理观点及存在问题

在学理上，“必要”标准可以依据考量的内容不同分为“责任财产保全说”以及“影响债权人债权实现说”。其中，“责任财产说”将“必要”的考量内容等同于债务人责任财产的保全，凡是防止债务人责任财产不利益的行为都可以认定为《民法典》第536条所规定的必要行为。[①] 亦言，只要债权人代位行使保存行为能够保全债务人的责任财产以保护自己的债权，[②] 即可认定为符合“必要”标准。“影响债权人债权实现说”则认为，在债权人债权的实现可能受到影响的情况下，债权人可以代位行使与《民法典》第536条列举的“请求履行”“申报破产债权”相类似的其他行为。[③] 这两种观点本质上是一致的，实际上都将“必要”等同于保障债权人债权的实现，“责任财产说”从消极层面要求保全债务人的责任财产，防止其责任财产不当减损；影响债权人债权实现说从积极层面解决债权人尚未到期的债权届期时无法实现的问题，允许债权人作出一定的行为以应对其债权将来实现会受到影响的情形。这些学理观点是对保

① 参见朱广新、谢鸿飞主编：《民法典评注：合同编通则》(2)，中国法制出版社2020年版，第27页。

② 参见杨立新主编：《〈中华人民共和国民法典〉条文精释与实案全析》(中)，中国人民大学出版社2020年版，第951页。

③ 参见王利明主编：《中国民法典释评·合同编通则》，中国人民大学出版社2020年版，第365页。

障债权人合法权益立法目的的重申，有利于实现债权人的合法债权，[①] 但是仍存在一定的问题。

首先，从保存行为的价值基础看，对于债务人怠于行使权利而导致债权人未到期的债权在将来无法实现的情形，如果法律不进行规制将会有违公平正义的价值追求。因此，保存行为系基于民法的公平正义而创设的，以达到保护债权人合法权益的目的。并且，保存行为制度还符合《民法典》第132条规定的禁止权利滥用原则的要求。债务人拥有自由管理自己事务的权利，而债权人面对债务人怠于行使权利时也需要维护自己的合法利益，保存行为建立在这种利益相协调的基础上，只有当债务人滥用自己权利的时候才允许债权人通过代位权维护自己的利益。[②] 从保存行为背后蕴含的公平正义价值及禁止权利滥用原则可以看出，保存行为制度的价值基础离不开债权人和债务人双方的利益平衡，而立法者在《民法典》第536条加入"必要"标准也佐证了这个价值基础。"必要"标准蕴含着立法者限制保存行为范围、防止保存行为范围过度扩张而导致双方利益失衡的价值判断，对此应当予以尊重。[③] 而上述将"必要"等同于保障债权人债权实现的观点则有以自己的价值判断取代立法者的价值判断的嫌疑。其理由在于，将"必要"等同于有利于保障债权人债权实现的观点过度扩张了保存行为的范围，将所有有助于实现该目的的保存行为都包含在内，忽视了一些行为可能对债务人造成过大损害进而导致债权人与债务人利益失衡的情形，事实上架空了《民法典》第536条规定的"必要"标准。

其次，从保存行为的行使方式看，过于宽泛的"必要"标准将会导致债务人的权益进一步受损。在债务人债权将罹于时效或未及时申报破产债权的情况下，向债务人发出催告以及申报破产债权等保存行为均无须通过诉讼行使。此外，保存行为还包括不动产转移登记、更正登记等行为，此类行为也无须通过诉讼行使。因此，与《民法典》第535条规定必须通过诉讼的方式行使代位权

① 参见王利明主编：《中国民法典评注：合同编（一）》，人民法院出版社2021年版，第132页。

② 松坂佐一『債權者代位權の研究』（有斐閣，1950年）23頁参照。

③ 参见［德］托马斯·M.J.默勒斯：《法学方法论》（第4版），杜志浩译，北京大学出版社2022年版，第579页。

不同，保存行为不以诉讼的方式行使为必要，亦即保存行为的行使缺乏通过起诉这种终局且权威的方式将其内容控制在合理的范围之内的必要性。并且将“必要”界定为保障债权人债权实现过于宽泛，一方面可能导致保存行为的代位行使不规范，另一方面也可能给债权人滥用其债权提供了空间，导致债务人合法权益受损。

综上，“必要”标准不应当等同为保障债权人债权的实现，该标准的构建应当围绕平衡债权人和债务人的利益展开。但是，“必要”标准具有一定的抽象性，以其指导利益衡量可能导致法官随意裁剪考量的因素，依据“前理解”恣意判决，最终影响法的安定性。① 此外，“必要”这一法律概念具有一定的开放性和不确定性，可能导致法官难以把握该标准而直接忽视其存在，进而导致“必要”标准被架空。② 因此，应当围绕“必要”构建具有可操作性的利益衡量标准。

（二）“必要”标准的具体构建路径

本文认为，上述的平衡债权人和债务人利益的立法旨趣，实际上是要求债权人代位行使保存行为时应当保持谦抑，不得过度损害债务人的合法权益。③ 而比例原则的精神在于反对极端、实现平衡，与“必要”标准防止过度、平衡利益的内核相契合。④ 此外，比例原则不仅具有本体论的意义，还具有方法论的意义。⑤ 相较于利益衡量中法官拥有较大的自由裁量权，比例原则的判断位阶较为固定，能够为利益衡量提供一套具有可操作性的思维工具。因此，将比例原则作为《民法典》第536条“必要”概念的具体认定方法，一方面可以防

① 参见朱晓峰：《抚养纠纷中未成年人最大利益原则的评估准则》，载《法律科学（西北政法大学学报）》2020年第6期，第86页。

② 参见朱震：《论侵害人格权精神损害赔偿中的“严重”》，载《法制与社会发展》2022年第2期，第141页。

③ 参见最高人民法院民法典贯彻实施工作领导小组主编：《中华人民共和国民法典合同编理解与适用［一］》，人民法院出版社2020年版，第515页。

④ 参见王利明：《民法上的利益位阶及其考量》，载《法学家》2014年第1期，第84页。

⑤ 参见郑晓剑：《比例原则在现代民法体系中的地位》，载《法律科学（西北政法大学学报）》2017年第6期，第104页。

止保存行为过度行使导致的利益失衡，另一方面也可以增强“必要”概念本身适用结果的可预见性和说服力，有利于防止上文所述的“必要”标准被架空等问题。但是，作为公法帝王原则的比例原则，并不当然地能够适用于债权人期前行使代位权的情形，理论上仍存在以下难点：

第一，《民法典》第 536 条规定的保存行为制度不存在比例原则介入的空间。在代位行使保存行为的语境下，债权人、债务人以及相对人都为私主体，而债权人与债务人、债务人与相对人的法律关系多属于民事法律关系。这些法律关系背后蕴含了当事人的意思自治，是双方自由意志之下合意的结果，此时比例原则的贸然介入会不当干涉当事人的意思自治，动摇意思自治原则在民事法律关系中的基础地位。[①] 并且，即使意识自治原则存在难以发挥作用的情形，民法体系内部的诚信原则、禁止权利滥用原则等制度足以解决问题，不需要借助比例原则来解决。[②]

第二，以比例原则构建“必要”的判断标准，不符合比例原则适用的条件。比例原则的适用前提为，只有当权利可以被限制而事实上又受到限制时，比例原则才有介入的空间。[③] 然而，有观点认为债权人行使保存行为，产生的是债务人债权失效中断、破产债权得以及时申报等后果，并且与《民法典》第 537 条所规定的“直接受偿规则”不同，采取的是“入库规则”，因此不会对债务人产生不利影响。[④] 亦言，比例原则以行为人行使利益减损型行为为前提，而债权人代位行使保存行为的行使效果为保全债务人的责任财产，属于有利于债务人的行为而非减损债务人的利益，此时比例原则缺乏适用条件，不应将其作为“必要”标准的构建路径。

对于第一个难点，本文认为，虽然债权人与债务人、债务人与相对人的债

① 参见郑晓剑:《比例原则在民法上的适用及展开》，载《中国法学》2016 年第 2 期，第 144—150 页。

② 参见梅扬:《比例原则的适用范围与限度》，载《法学研究》2020 年第 2 期，第 65 页。

③ 参见梅扬:《比例原则的适用范围与限度》，载《法学研究》2020 年第 2 期，第 60 页。

④ 参见韩世远:《合同法总论》(第 4 版)，法律出版社 2018 年版，第 440 页；俞彦韬:《债权人代位权的类型化构造》，载《法学研究》2024 年第 2 期，第 113 页。

之关系在大多数情况下都是意思自治的产物，但是在代位行使保存行为的语境下未必体现意思自治。从保存行为的特性来看，《民法典》第 536 条规定的保存行为与第 535、537 条的规定共同构成了代位权制度，保存行为是代位权的内容之一，其特性与代位权的特性相同。而代位权具有法定性，属于债权人的固有权利，私主体一旦取得债权成为债权人，就一定享有代位权，代位权的产生和行使不依赖于债权人和债务人之间的约定。[①] 即保存行为的代位行使并非双方合意的结果，而是依据债权人的意志形成的事实上的单方强制。因此，保存行为的行使并非当事人意思自治的体现，比例原则的介入并不会过度干涉当事人的意思自治，保存行为的法定性为比例原则的介入提供了空间。事实上，代位权制度是禁止权利滥用原则的体现，本身即是在解决意思自治失灵所导致的问题。虽然民事法律制度中存在的禁止权利滥用原则、诚实信用原则等能够解决债权人未到期债权受影响而难以实现等意思自治的问题，但是这些原则也具有一定的抽象性，在适用时需要进一步具体化，无法解决上述“必要”标准过于宽泛以及被架空等问题。[②] 而如上文所述，比例原则具有方法论的作用，以比例原则来构建“必要”标准不仅不与禁止权利滥用原则等民法基本原则冲突，还能为这些原则的适用提供方法论上的指引，发挥规范法官自由裁量权、实现法的安定性的功能。[③] 因此，在保存行为制度中存在比例原则介入的空间，且能发挥方法论的作用指导利益衡量。

对于第二个难点，虽然保存行为的行使目的在于保全债务人的责任财产，以便于债权人债权将来到期时行使权利，但是其并非纯粹对债务人有利而不会产生任何不利影响的行为。从债务人责任财产的角度来看，行使保存行为确实有利于增进债务人的财产权利。但是，代位行使保存行为对债务人造成的真正损害在于对债务人行为自由的干预。代位行使保存行为行使的是债务人对相对人的权利，而是否行使、能否行使并不依赖于债务人的意思，这将导致债务人

---

① 参见韩世远：《合同法总论》（第 4 版），法律出版社 2018 年版，第 436 页。

② 参见于飞：《诚信原则修正功能的个案运用——以最高人民法院“华诚案”判决为分析对象》，载《法学研究》2022 年第 2 期，第 64 页。

③ 参见李海平：《比例原则在民法中适用的条件和路径——以民事审判实践为中心》，载《法制与社会发展》2018 年第 5 期，第 175 页。

的行为自由的利益受到损害。并且，在例外的情况下保存行为还可能造成债务人的财产损害。作为理性人的债务人往往能够对自己的利益作出最佳的安排，此时债权人代位行使债务人的权利，可能导致债务人的经济计划被打乱，存在短期上有利于保全债务人财产却在长期上损失更大利益的情况。[①] 例如，当债权人代位行使合同解除权时，虽然可能有助于债务人回笼资金，充实其责任财产，但却可能导致债务人损失更多的合同履行利益。因此，保存行为的行使并非不会对债务人产生不利影响，代位行使保存行为将会导致债务人的行为自由利益受损，并且在例外的情况下还可能导致其他损失，这使得比例原则的适用前提得以满足。

（三）小结

虽然以比例原则构建“必要”标准能够使其更具有可操作性，但是比例原则本身所包含的必要性、均衡性等阶层仍具有一定的模糊性，仍可能导致法官依据其前理解随意裁剪比例原则的内容，甚至对子原则进行“截取式”适用。[②] 因此，在明确比例原则为具体构建路径的基础上，应当结合上文所述的保存行为的客体范围以及保存行为的构成要件进一步构建具有可操作性的标准。

四、“必要”标准之适用：围绕四阶比例原则展开

比例原则的位阶存在三阶论和四阶论的争论。其中传统三阶比例原则预设了行为目的本身是正当的，无须考量目的正当性，只须考量适当性、必要性及均衡性。[③] 本文认为，目的正当性能够审查债权人代位行使保存行为时的目的，其作为三阶比例原则的前提能够防止债权人利用保存行为制度不正当地干涉债

---

① 参见熊丙万：《私法的基础：从个人主义走向合作主义》，载《中国法学》2014年第3期，第141页。

② 参见冷传莉：《比例原则私法化的体系定位与调整对象》，载《比较法研究》2023年第4期，第106页。

③ 参见蒋红珍：《比例原则位阶秩序的司法适用》，载《法学研究》2020年第4期，第46页。

务人事务，具有合理性。[①] 因此，应当以四阶比例原则构建“必要”标准，以保存行为的客体范围为基础，依据不同的客体结合保存行为的构成要件进行考量。

（一）目的正当性阶层

目的正当性阶层主要审查债权人代位行使保存行为的目的。首先，行使保存行为目的的正当性体现为债权人债权到期前行使保存行为的紧迫性。[②] 如果不存在此种紧迫性，债权人期前代位行使保存行为则缺乏正当性。紧迫性主要是指债权人必须在其债权到期前行使，否则到期后将会无法实现，具有时间上的紧迫性。例如，如果债权人债权到期后债务人债权仍未罹于时效，则债权人完全可以等到债权到期后再行使，此时即不具有紧迫性。对此，可以采用假设性条件的方法判断紧迫性，即假设债权人债权已到期，判断此时其债权能否实现。[③]

其次，保存行为目的的正当性还与债权人债权的合法性相关。当债权人的债权不具有合法性时，应当认定其行使保存行为的目的不正当。这实际上是对债权人的债权提出了合法及有效两方面的要求。对于合法性而言，虽然有观点认为将合法性作为代位权的构成要件缺乏实际意义，[④] 但是其能够促进法院主动审查是否合法并减轻说理负担，将合法性作为对债权人债权的要求已成为通说。[⑤] 因此，在目的正当性阶层应当将赌债等不合法的债权排除在外。此外，

---

① 参见刘权：《目的正当性与比例原则的重构》，载《中国法学》2014 年第 4 期，第 148—149 页。

② 栗田昌裕＝坂口甲＝下村信江＝吉永一行『民法 4 債権総論』（有斐閣，2022 年）108 頁参照。

③ 参见徐涤宇、张家勇主编：《〈中华人民共和国民法典〉评注》（精要版），中国人民大学出版社 2022 年版，第 589 页。

④ 参见洪学军：《债权人代位权的性质及其构成研究》，载《现代法学》2002 年第 4 期，第 105 页。

⑤ 参见最高人民法院民法典贯彻实施工作领导小组主编：《中华人民共和国民法典合同编理解与适用［一］》，人民法院出版社 2020 年版，第 499—500 页；朱广新、谢鸿飞主编：《民法典评注：合同编通则（2）》，中国法制出版社 2020 年版，第 18 页；王利明主编：《中国民法典释评·合同编通则》，中国人民大学出版社 2020 年版，第 359—360 页。

合法性也包含了债权有效的含义，如果债之关系存在被宣告无效、被撤销等债之关系不成立的情形时，债权人则无法行使保存行为。[①] 并且，如果债权人和债务人之间的债之关系不合法或内容方面存在争议时，债权人也无法行使代位权。[②] 值得注意的是，此处的“债权有效”指的是在债权的存在以及有效方面不存在异议，而非债权的内容完全确定。这是因为《民法典》第 536 条规定的是债权人债权尚未到期的情形，此时可能存在债权人尚未行使其选择以确定债权的情形。因此，合法性包含了债权人债权合法以及有效两方面内容。

最后，目的正当性还要求债权人行使保存行为不得以滥用权利损害他人利益为目的。代位行使保存行为采取的是“入库规则”，行使保存行为所获的利益应归属于债务人，完全符合管理权的特征，因此保存行为属于法定的管理权。[③] 这要求保存行为的行使必须符合《民法典》第 981 条第 1 句关于善良管理义务的规定，债权人必须采取有利于债务人的方法。[④] 亦言，债权人行使保存行为时，其行使的行为需要以保全债务人财产为目的，而不得以损害债务人财产、干涉债务人行为自由为目的。[⑤]

综上，目的正当性阶层应当考量债权人期前行使代位权的紧迫性、债权人债权的合法性以及是否以损害他人利益为目的三方面内容。当其中一方面未通过审查时，即可认为代位行使的保存行为不具有目的正当性而不属于《民法典》第 536 条“其他必要的行为”的范围，“必要”标准的判断即到此为止。

① 参见王利明主编：《中国民法典释评：合同编通则》，中国人民大学出版社 2020 年版，第 504 页。

② 在域内、域外都有与债权人债权有效性相关的案例。域内案例例如：杨某与海南某房地产开发公司代位权纠纷案，海南省海口市中级人民法院（2001）海中法经终字第 71 号民事裁定书。域外案例例如：最判昭和 55 年 7 月 11 日『最高裁判所民事判例集』34 巻 4 号 628 頁。

③ 参见最高人民法院民法典贯彻实施工作领导小组主编：《中华人民共和国民法典合同编理解与适用［一］》，人民法院出版社 2020 年版，第 510 页。

④ 参见吴训详：《〈民法典〉第 979 条（无因管理的构成要件与管理人的请求权）评注》，载《法学家》2022 年第 6 期，第 170 页。

⑤ 参见杨鸿雁：《论我国民法典无因管理的规范模式》，载《法商研究》2023 年第 4 期，第 165 页。

（二）适当性阶层

适当性亦称为相关性，其要求实现目的的手段与目的之间相关联，只要手段客观上有助于实现目的，不论程度大小均符合要求，而如果手段无助于实现行为人所欲实现的目的则应当认定为不具有适当性。[①] 在代位行使保存行为的语境下，保存行为的目的较为固定，其目的在于保全债务人的责任财产、化解债权人尚未到期的债权预期难以实现的问题。亦言，行使保存行为的目的在于解决《民法典》第536条规定的“影响债权人的债权实现”的问题，行使保存行为应当有助于实现该目的。这就要求以前文所述的保存行为的客体范围为基础，依据不同的客体判断何种行为有助于解决“影响债权人的债权实现”的问题。

从“影响债权人的债权实现”的内涵来看，《民法典》在修订的过程中将“对债权人造成损害的”修改为“影响债权人的债权实现”，表明在程度上影响了债权实现即可，不要求对债权人构成严重损害。问题是，何种程度为“影响债权实现”？如上文所述，保存行为的客体依据标的物是否特定可以划分为特定物债权和不特定物债权。当债权人债权和债务人债权均为特定物债权且标的物为同一物时，债权人债权的实现与债务人的责任财产无关，因此不需要考量债务人的资力要素，只需要判断债权人债权的实现是否发生障碍；当债权人的债权为不特定物债权时，债权人债权的实现以债务人的责任财产为保障，当债务人的责任财产不足以实现债权人债权时即可认定为影响债权实现。亦言，影响债权实现的程度标准可以依据客体的不同划分为“特定物债权说”和“无资力说”。[②] 当债权人债权的实现与债务人的责任财产无关时，应当采取“特定物债权说”，债权人债权存在实现障碍时即可认定为影响债权实现。而当债权人债权的实现与债务人的责任财产相关时，则应当采取“无资力说”，以债务人的资力为标准进行判断。保存行为是否适当也应当结合这两个标准进行判断。例如，当债权人债权为特定物债权时，其债权的实现与债务人责任财产无关，

---

① 参见刘权：《比例原则》，清华大学出版社2022年版，第103页。

② 参见崔建远：《论中国〈民法典〉上的债权人代位权》，载《社会科学》2020年第11期，第98页。

此时应当采取“特定物债权说”。如果债权人代位行使的权利是债务人债权或者非属同一物的特定物债权，即使有利于充实债务人的责任财产，也应当认定为不具有适当性。因此，在采取“特定物债权说”的场合，保存行为应当有助于解除债权发生的障碍，而在采取“无资力说”的场合，保存行为应当有助于充实债务人的责任财产，以此判断保存行为是否适当。

（三）必要性阶层

必要性阶层以实现目的的手段对当事人造成的损害应当最小为核心内涵，其存在着“绝对最小论”和“相对最小论”的分歧。其中，“绝对最小论”主张应当选择损害最小的手段为之。① 而“相对最小论”则主张应当在有效性的基础上选择损害最小的手段，损害的判断应当与损害带来的收益相结合。② 在代位行使保存行为的语境下，保存行为所带来的收益均为保障债权人债权的实现，“相对最小论”所述的“有效性”在此差异不大。因此，不论采取“绝对最小论”还是“相对最小论”，在判断保存行为的必要性阶层时只需比较不同手段带来的损害即可。对此，保存行为带来的损害可以从保存行为行使的内容以及时间两个角度进行考量。

对于保存行为行使的内容，应当比较不同内容保存行为带来的损害，并选择损害最小的手段。当行使的内容为要求相对人直接向债权人履行时，其与《民法典》第 536 条所列举的“向债务人履行”的情形并不相同而无法并列，本质上属于实行行为。③ 此时代位行使不仅损害债务人的行为自由，还损害债务人的期限利益，造成的损害过大，因而不能在债权人债权到期前行使。当行使的行为为处分行为时，虽然其并未被排除出保存行为的客体范围，但是其仍不符合必要性阶层的要求。理由在于，处分行为难以和《民法典》第 536 条列举的两种典型情形并列，且其以免除、让与、设立权利质权等为表现形式，这

---

① 参见李海平：《比例原则在民法中适用的条件和路径——以民事审判实践为中心》，载《法制与社会发展》2018 年第 5 期，第 168 页。

② 参见胡建淼、蒋红珍：《论最小侵害原则在行政强制法中的适用》，载《法学家》2006 年第 3 期，第 19—21 页。

③ 参见杨巍：《〈民法典〉债权人的代位权解释论研究》，载《江西社会科学》2020 年第 12 期，第 169 页。

些行为将会导致债务人的财产减少。即使在例外的情况下可能有助于增进债务人的财产利益，期前行使处分行为一方面由于债务人难以预料，往往不符合债务人的预期，会使其与相对人的法律关系陷入不确定的境地；另一方面也可能扰乱债务人所做的经济计划，最终导致债务人行为自由过度受损。对于除了实行行为、保存行为的其他行为，也应当进行相互比较，并最终选取出损害最小的手段。例如，当债权人代位行使合同解除权时，如果债务人和相对人之间的合同目的能够实现，债务人还可以主张替代履行等多种履行方式，此时债权人应当选择损害较小的行为，而不能选择对债务人干涉过多的解除权；当债务人和相对人之间的合同目的终局性不能实现时，此时解除权可能未必为损害最大的手段，债权人可以代位行使。①

对于保存行为行使的时间，其应当在债务人行使权利之前。在债务人行使权利之后，不论该行使结果的好坏，债权人均不能再代位行使该权利。② 如果允许其行使，将会导致债务人与相对人的法律关系长期处于不稳定的状态。因此，相较于代位行使债务人已经行使过的权利，债权人应当选择损害更小的、尚未行使过的权利。

（四）均衡性阶层

均衡性阶层主要发挥兜底性的作用，在此阶层能够排除因对债务人损害过大而导致收益与损害不均衡的行为。对于何为“不均衡”，在学理上存在“不合比例”“过度负担”“小题大做”等多种解读。③ 但从本质上看，这些解读都以损害不能大于收益为内核。④ 因此，如果保存行为的行使所造成的损害大于其收益，即应当认定其过度损害了债务人的利益，不符合均衡性阶层的要求。

---

① 参见韩富鹏：《解除权能否成为债权人代位权之客体》，载《新疆社会科学》2023年第4期，第92—94页。

② 长谷部恭男＝佐伯仁志＝酒巻匡『判例六法』（有斐閣，2022年）511頁参照。

③ 参见黄忠：《比例原则下的无效合同判定之展开》，载《法制与社会发展》2012年第4期，第47页；纪海龙：《比例原则在私法中的普适性及其例证》，载《政法论坛》2016年第3期，第95页。

④ 参见于柏华：《比例原则的法理属性及其私法适用》，载《中国法学》2022年第6期，第139页。

由此导致的问题是，保存行为行使的收益与债务人的行为自由等利益之间因缺乏可公度性而无法比较。对此，应当以法律制度中的具体制度共识为基础展开判断，以具体制度共识弥补可公度性的缺失。①

从现行法律制度所彰显的制度共识来看：一方面，《民法典》第536条所列举的两种典型行为与处分行为、实行行为性质不同，处分行为、实行行为无法在债权人债权尚未到期前行使；另一方面，债权人无法行使债务人已经行使过的权利，无论其行使结果的好坏。② 在必要性阶层，其只能通过与其他损害较小的手段相比较排除处分行为、实行行为等不合理的行为。而在极端情况下，如果代位行使处分行为、实行行为或者债务人已经行使过的权利是唯一可能保全债权人债权的方法，必要性阶层将无法发挥作用。此时即应当依据均衡性阶层的具体制度共识进行判断。由于这些行为导致债务人面临过大的损害，且具体制度共识禁止期前代位行使这些行为，其中蕴含了立法者的利益衡量，因此可以认为这些行为造成的损害大于收益，不具有均衡性。此外，禁止代位行使专属于债务人自身的权利也为《民法典》第535条所肯认，属于具体制度共识的内容，如果代位行使将会导致收益与损害的失衡。但是，有观点认为《民法典》第536条并未规定保存行为不得行使专属于债务人自身的权利，债务人的一切权利均可以代位保存，其不属于保存行为制度的具体制度共识。③ 本文认为，该观点实际上是对“专属”内涵的误读。“专属”通常指的是依据性质不可转让，其主要指的是“行使的专属”而非“归属的专属”。④ 这意味着这类权利的行使与否应当以债务人的意思为准，不允许他人代位行使，如果他人代位行使了此类权利将会过度干涉行为自由，甚至导致债务人的生活陷入危困状态。因此，在期前代位行使保存行为的语境下，也不能代位行使专属于债务人

---

① 参见梁上上：《利益衡量论》（第3版），北京大学出版社2021年版，第95—101页。

② 参见黄薇主编：《中华人民共和国民法典合同编解读》（上册），中国法制出版社2020年版，第253页。

③ 参见最高人民法院民法典贯彻实施工作领导小组主编：《中华人民共和国民法典合同编理解与适用［一］》，人民法院出版社2020年版，第511页。

④ 参见最高人民法院民事审判第二庭、研究室编著：《最高人民法院民法典合同编通则司法解释理解与适用》，人民法院出版社2023年版，第387页。

自身的权利，否则将会导致造成的损害过大而不符合均衡性的要求。

综上，均衡性阶层以保存行为行使的收益和损害为核心，应当以具体制度共识为基础进行判断，当存在具体制度共识中所禁止的行为时，即可认定其损害大于收益，不符合均衡性阶层的要求，进而认定该行为不符合《民法典》第536条规定的“必要”标准。但是，在具体制度共识之外，均衡性的判断离不开法官的利益衡量，具体制度共识难以涵盖实践中所有保存行为适用的情形，完全根除“裁量”的判断方法可能只是永远无法实现的梦想。因此，当现行法没有规定时，仍应当由法官结合个案进行自由裁量，以判断保存行为是否符合均衡性的要求。

五、结　语

整体来讲，《民法典》第536条所规定的保存行为一方面应当以“债务人的债权或者与该债权有关的从权利”为内容基础，另一方面也应当遵循“必要”标准。对此，首先应当在保存行为的客体范围中排除物权及物权请求权。在通过保存行为客体范围判断的基础上，应当依据四阶比例原则判断保存行为的内容是否“必要”，以此构建具有可操作性的认定标准。“必要”标准的判断除了考量上述四阶层中通常会涉及的内容之外，还应当结合个案进行具体考量，以判断债权人代位行使的保存行为是否属于《民法典》第536条所规定的“其他必要的行为”。通过对“必要”标准的构建，能够在债权人和债务人之间形成妥适的平衡。

（初审：于锦秋；校对：雷思棋）

学理新解

中国 BIT 限制性仲裁条款的解释分歧与应对

李　晨*

摘　要：中国 BIT 中存在大量限定投资者仅能将“涉及征收补偿款额”争议提交仲裁的限制性仲裁条款，国际投资仲裁对其中仲裁同意范围的判定呈现出客观论立场的广义解释和主观论立场的狭义解释之根本分歧。广义解释带有商事化倾向，因其造法性质而背离了缔约国订立条约时的原意；狭义解释则突出主权和国际公法因素，恪守了条约解释的边界。条约解释分歧成因并非在于技术层面解释方法的选择和遵循，思维制度层面对投资条约仲裁国际公法属性的漠视才是造成仲裁庭推理实质错误的肯綮。为应对管辖权风险，中国投资者可在风险避免和风险解决两个维度规划行动；中国政府则应在投资者海外利益保护与维护主权之间谋求平衡，在加快革新旧协定可仲裁范围的同时加强缔约国对条约解释的控制力和影响力。

关键词：涉及征收补偿款额的争议；仲裁同意；条约解释；商事化；ISDS 改革

一、引　言

投资者—东道国争端解决（Investor-State Dispute Settlement，ISDS）仲裁条

* 李晨，清华大学法学院 2024 级博士研究生。

款赋予作为条约第三人的投资者直接将东道国诉诸国际仲裁以判断国家立法、行政与司法等主权行为国际合法性的权利，故而此种国际争端解决程序具备强烈的国际公法属性。[①] 与一般商事仲裁类似，仲裁同意构成仲裁庭管辖权的基石，基于历史原因，1998 年之前我国第一代双边投资协定[②]（Bilateral Investment Treatits，BITs）中的仲裁条款体现出对仲裁同意的重大限制，仅允许投资者将“涉及征收补偿款额”计算的争议提交仲裁解决。在投资文本方面，此类“限制性仲裁条款”[③] 仍占我国 BIT 总数的 60% 以上，致使我国与 70 多个国家存在仲裁同意范围限制问题。[④] 在仲裁实践方面，自“谢某诉秘鲁案”以来，目前已有 6 个投资仲裁庭对我国 BIT 中的限制性仲裁条款进行了解释，其中将可仲裁争议扩大到“征收存在和合法性”定性问题的广义解释和仅限缩于“征收补偿具体数额”定量争议的狭义解释各占 3 例。面对几乎完全相同的约文仲裁庭却得出截然相反的结论，这种解释分歧现象背后折射出投资仲裁机制在仲裁庭条约解释阶段正面临恪守主权和过度商事化两种立场的博弈。出于争议形成的时间原因，既有研究大多聚焦涉及征收补偿款额仲裁实践的个案研究，没有系统、体系的类案综合分析对比，故而周延性有所欠缺。[⑤] 更为重要的是，既有文献对解释分歧形成原因的探析浮于表面，没有下沉到国际投资仲裁机制的属性等基础理论层面找寻问题原因以探析问题解决的根本之道，而是

---

① See Eric de Brabandere, *Investment Treaty Arbitration as Public International Law: Procedural Aspects and Implications*, Cambridge University Press, 2014, p. 17.

② 投资者母国与东道国之间为保护和促进国际投资签订的协议（BIT）是目前调整国际投资关系的最重要国际法文件，据联合国贸易和发展会议（United Nations Conference on Trade and Development），全球现有 2827 项 BIT，其中生效的有 2217 项。See Rudolf Dolzer, *Ursula Kriebaum and Christoph Schreuer*, *Principles of International Investment Law*, 3rd edtion, Oxford University Press, 2022, p. 16.

③ 参见沈伟：《论中国双边投资协定中限制性投资争端解决条款的解释和适用》，载《中外法学》2012 年第 5 期，第 1046 页。

④ 参见中华人民共和国商务部网站“我国对外签订双边投资协定一览表”。

⑤ 代表性文献参见黄世席：《投资协定“征收补偿款额仲裁条款”的解释分歧及中国应对》，载《法学》2019 年第 2 期；张建、郝梓伊：《评黑龙江国际经济技术合作公司等诉蒙古仲裁案——以投资条约中限缩式仲裁条款的解释为中心》，载《北京仲裁》2018 年第 2 期；沈伟：《论中国双边投资协定中限制性投资争端解决条款的解释和适用》，载《中外法学》2012 年第 5 期。

把条约解释错误简单归因于条约解释方法的遵循度,[①] 进而提出仲裁庭应遵循VCLT确立的条约解释方法这种早已被仲裁庭实际遵守的建议。究竟哪些因素真正造成了条约解释的不一致?限制性仲裁条款在当下带来和面临哪些风险?我国投资者和政府又将如何应对条约解释的分歧是关乎投资者海外利益保护、东道国主权与公共利益乃至国际投资法治的重要问题。

据此,本文先从法理角度出发探究BIT限制性仲裁条款的本质原理、现实分布与嬗变成因,进而为后文奠定理论基础和论述背景;其次,以裁决书这类一手文献为例系统梳理、评论既有6个涉华限制性仲裁条款成案,厘清仲裁庭条约解释的逻辑基础和价值取向,透视其推理存在的问题并分析成因;最后,结合全球秩序演变、参与全球治理并促进国际投资法治的宏观背景,从我国投资者和政府双主体角度出发为完善我国ISDS机制以应对解释分歧、化解矛盾风险提供思路建议。

二、BIT限制性仲裁条款的法理与实证

投资仲裁条款是主权国家间就外国投资者与东道国投资争端解决方式达成的意思表示一致,依据主权理论,是否给予投资者直接将东道国诉诸国际仲裁,以及对同意投资者仲裁施加的限制均属于一国主权范围内的事项。从比较法的视野与我国商签BIT的历史演变情况等实证视野出发,限制性仲裁条款是彼时主要作为资本输入国的中国不希望稀释司法主权、坚守国家绝对豁免原则的产物,其真实含义是将仲裁同意仅限于征收赔偿数额的计算这一特定争端,而将征收的存在、合法性及其他投资实体争议的审理权通过当地救济绑定在东道国国内法院或行政救济程序中。

(一)BIT限制性仲裁条款的法理分析

从“法律行为理论”的视角来看,BIT是两个地位平等、意思自由的主权

---

① 参见王亚萍:《双边投资协定中“涉及征收补偿款款”仲裁条款解释分歧的纾解》,载《商事仲裁与调解》2022年第6期,第106页。

国家就相互促进和保护投资事项在“要约和承诺”反复议定认证过程中充分互动协商并最终达成同一的共同意思，这种共同意思最终定格化为具有拘束力的成文国际条约。① BIT 作为第三人利益协定，其内容直接涉及私人投资者利益，私人投资者才是条约权利的真正享有者，一般国际条约下的私人利益受到另一缔约国侵害时，投资者只能采取用尽东道国当地司法、行政救济与申请母国外交保护的方式解决，并不享有依据条约直接起诉的权利。② 鉴于海外投资一般比纯国内投资活动面临着更大的商业和政治风险且投资纠纷的个体化因素明显，③ 通过 ISDS 仲裁机制赋予外国投资者直接诉权有利于实现纠纷解决的去政治化和中立性。④ 与其他形式的仲裁一样，双方的同意是国际投资仲裁庭管辖权的基石，构成仲裁合法性、正当性的基础。⑤ 不同于国际商事仲裁中双方通过传统的仲裁协议直接达成仲裁合意，国际投资仲裁中的仲裁合意达成通常要分两步走：第一，东道国预先在 BIT 中给出仲裁要约（arbitration offer）；第二，在发生投资争议后投资者行使选择权决定诉诸仲裁，此乃投资者接受仲裁的承诺。在学理上，法国仲裁法学家波尔森教授将国际投资条约仲裁与国际商事仲裁的合意形成机制作了比较，指出前者应称为“无默契仲裁”（arbitration without privity）。⑥

内嵌于 BIT 中的 ISDS 仲裁条款虽然如同国际商事仲裁一样授予了私人投

---

① 参见梁开银：《中国双边投资条约研究》，北京大学出版社 2016 年版，第 86—97 页。

② 即使同为国际经贸领域的 WTO 协定与国际税收协定，也只能将投资者与缔约国之间的争议转化为国家与国家之间的争议而间接解决。

③ 参见单文华、王承杰主编：《中国国际投资仲裁常设论坛年度报告（2019—2020）》，法律出版社 2020 年版，第 52 页。

④ ISDS 仲裁条款是 BIT 的重要条款甚至是必备条款之一，其赋予外国投资者独立的诉讼主体资格，授权外国投资者可以绕开东道国的国内行政和司法程序而直接向国际仲裁机构提起针对东道国违反条约义务的索赔请求。这种私人国际仲裁请求权体现了 BIT 独特的三方结构——“缔约国—投资者—缔约国”，私人投资者虽不参与条约的谈判，条约内容也不涉及投资者的意思表示，但其却在一定程度上享有条约主体的权利。

⑤ 参见 Autopista Concesionada de Venezuela. CA v. Venezuela, ICSID Case No. ARB/00/5. p. 95；最高人民法院指导性案例第 198 号。

⑥ See Jan Paulsson, “Arbitration Without Privity”, *ICSID Review-Foreign Investment Law Journal*, Vol. 10, 1995, p. 232.

资者直接诉权，但这种诉权是受带有国际公法属性的国际条约法而非私人性质的民商法调整的。接受 ISDS 仲裁是东道国对自己主权的限制，体现了国家对其主权豁免的放弃，① 而仲裁同意范围条款恰恰决定了东道国在多大程度上放弃其管辖豁免、限制其主权。根据国家主权和平等原则，东道国政府享有除在本国法院被诉以外的任何争端解决程序的管辖豁免权，除非一国明确、无歧义地放弃这种豁免，否则投资者与东道国之间的投资争议只能在东道国国内的行政或司法程序中解决，任何第三方机构在非经缔约国同意的情况下不享有管辖权。② 在国际法上，授予一些个人权利并不自动意味着其有资格直接在国际仲裁庭或法院面前就侵犯该权利的行为提出索赔要求，因为这个权利传统上是保留给外国投资者用尽现有的当地救济办法之后由其母国行使外交保护权时加以行使。外国投资者在国际投资争端中直接诉诸仲裁的权利，仅是为了取消这些程序要求以加强救济措施的有效性，因此，仲裁只有通过国家明示同意才能进行。③ 随着相关投资争议的出现，投资者在将投资争议诉诸国际仲裁时，东道国一般会提出管辖权异议，而“涉及征收补偿款额”的争端解决条款恰恰是管辖权抗辩的核心理据之一，仲裁合意究竟能覆盖哪些范围的争议显然是一个涉及条约解释的问题，投资仲裁庭要确立自己的管辖权必然面临着解释相关条款的任务，解释这一条款的核心便是查明缔约国仲裁同意或对仲裁庭管辖权限制的确切范围究竟是什么。对 BIT 条文含义的理解出现分歧时意味缔约双方意思表示的同一关系被打破，故而恢复这种平衡关系就成为条约解释的首要任务，双边投资协定的契约属性和内嵌于的投资条约仲裁的国际公法属性决定了对于双边国际法律行为的解释要寻找条约中所载缔约双方之“合意”，而不能自主造法突破缔约国“原意”。④

---

① 参见黄世席：《投资协定“征收补偿款额仲裁条款”的解释分歧及中国应对》，载《法学》2019 年第 2 期，第 167 页。

② Plama Consortium Limited v. Republic of Bulgaria, ICSID Case No. ARB/03/24, Decision on Jurisdiction, 8 Feb 2005, p. 198.

③ ［英］艾瑞克·德·布拉班得瑞：《作为国际公法的投资协定仲裁：程序方面及其适用》，沈伟译，法律出版社 2021 年版，第 23 页。

④ 参见车丕照：《条约解释的要义在于明确当事国的合意》，载《上海政法学院学报（法治论丛）》2020 年第 1 期，第 21 页。

（二）BIT 限制性仲裁条款的实证检视

一般认为，以 1998 年中国和巴巴多斯签订的 BIT 和 2008 年中美谈判投资协定为界分标准，中国所签订的 BIT 可以划分为三类：1998 年之前第一代的保守模式、1998—2007 年第二代的自由模式以及 2008 年之后第三代的平衡模式。[①] 秉持更多注重国家主权，力求减少投资协定对国内法律和政策的冲击的立场，同时也出于对国际争端解决程序的不了解与不信任，第一代 BIT 将国际仲裁庭的管辖权限制为“涉及/有关征收补偿款额的争议”。[②] 后随着吸引外资的需要和我国经济发展的情况，我国开始探索允许投资者将所有与东道国之间的投资纠纷提交国际仲裁解决的模式。[③] 在此背景下，1998 年中国和巴巴多斯签订的 BIT 首次规定投资者可将任何投资仲裁提交解决投资争端国际中心（International Center for Settlement of Investment Disputes，ICSID）仲裁解决，自由化的争端解决条款由此肇始。在现存的中国对外签订的 140 多项 BIT 中，约 60% 的条款依旧是限制争端解决条款，我国与 70 多个国家存在同意仲裁范围限制的问题，例如与秘鲁、蒙古、老挝、也门、加纳、英国等国签订的 BIT。[④]

限制性仲裁条款并非仅存于中国，在一些过去的东欧社会主义国家，如俄罗斯、匈牙利、保加利亚、斯洛伐克、塞浦路斯等国早期的签订的 BIT 中同样可见此类限制性仲裁同意条款。[⑤] 这都反映了社会主义国家对主权的重视与对国际法律程序的不信任和不熟悉。[⑥] 如 1989 年苏联和芬兰签订的 BIT 第 8.1 条

---

① 参见漆彤、聂晶晶：《论中国双边投资协定的模式变迁》，载《武大国际法评论》第 16 卷第 1 期，第 222—223 页。

② 参见李玲：《中国双边投资保护协定缔约实践和面临的挑战》，载《国际经济法学刊》2010 年第 17 卷第 4 期，第 115—116 页。

③ 参见李玲：《中国双边投资保护协定缔约实践和面临的挑战》，载《国际经济法学刊》2010 年第 17 卷第 4 期，第 116 页。

④ 其中，与欧洲国家签订的 BIT 中保留此条文措辞的有 20 个、亚洲国家有 31 个、美洲国家有 7 个、非洲国家 13 个以及大洋洲国家有 3 个，总共 74 个国家。

⑤ 参见 1989 俄罗斯—芬兰 BIT 第 8 条；1991 匈牙利—挪威 BIT 第 10 条；1986 保加利亚—德国 BIT 第 4 条。

⑥ Tza Yap Shum v. Republic of Peru，ICSID Case No. ARB/07/6，Decision on Jurisdiction and Competence，19 June 2009，p. 145.

规定，涉及征收补偿数额或支付方式的争议可以提交国际仲裁，这种情况在1990年苏联和韩国签订的BIT时有所松动，苏式限制性仲裁同意条款出现根本转折是在苏联解体后俄罗斯与美国签订的BIT时发生的——该BIT第6.3条规定投资者可将“投资争议”提交ICSID仲裁解决，标志着在投资自由化浪潮下俄罗斯彻底接受了自由化的争端解决条款，放弃了对仲裁同意范围的限制。在解释中国所签订的BIT中的限制性同意仲裁条款的范围之前，国际投资仲裁庭已经处理过类似案件，例如俄罗斯与捷克等国都曾被依据含有限制性仲裁条款的BIT诉至国际仲裁，且仲裁庭的推理和裁判结论呈现出不一致性。支持狭义解释即仅将仲裁庭的管辖权限制于征收补偿数额和支付方式的典型案例有“奥地利航空诉斯洛伐克案”①“ST－AD诉保加利亚案”②“EURAM银行诉斯洛伐克案”③“Berschader诉俄罗斯案”④以及匈牙利作为被申请人的几个案件。⑤支持广义解释即仲裁庭同样有权管辖征收是否发生以及其合法性的典型案例有“EMV诉捷克共和国案”⑥“Renta4诉俄罗斯案”⑦“RosInvest诉俄罗斯案”⑧“Franz Sedelmayer诉俄罗斯案”。⑨相较于那些规定投资者可将任何争议或违反BIT若干实体保护承诺的争议提交国际仲裁的自由化ISDS条款，20世纪八九十年代以苏联/俄罗斯为首的东欧国家及我国20世纪90年代末以

---

① Austrian Airlines v. Slovak, Ad hoc Arbitration, Final Award, 9 October 2009.

② ST－AD v. Bulgaria, PCA, Award on Jurisdiction, 18 July 2013.

③ EURAM Bank v. Slovakia PCA, Second Award on Jurisdiction, 4 June 2014.

④ Russia Vladimir Berschader and Moïse Berschader v. Russian Federation, SCC Case No. 080/2004.

⑤ Telenor Mobile Communications AS v. Hungary, ICSID Case No ARB/04/15, Decision on Jurisdiction, September 13, 2006; Emmis v Hungary, Award, 16 April 2014; paras 142－145; Vigotop v Hungary, Award, 1 October 2014.

⑥ EMV v. Czech Republic, Ad hoc Arbitration, Award on Jurisdiction, 15 May 2007; EMV v. Czech Republic Ad hoc Arbitration, Judgment of the High Court of Justice of England and Wales [2007] EWHC 2851, 5 December 2007.

⑦ Renta 4 SVSA et ctl v. the Russian Federation, SCC Case No. V 024/2007, Awardon Preliminary Objections, 20 March 2009.

⑧ RosInvest v. Russia RosInvest Co UK Ltd. v. The Russian Federation, SCC Case No. 079/2005.

⑨ Mr. Franz Sedelmayer v. The Russian Federation, SCC, Award, 7 July 1998.

前签订的 BIT 条款中虽然也包含 ISDS 仲裁条款，但出于特定政策目标考虑，将仲裁同意仅限于征收赔偿数额这一特定争端，而将征收的存在、合法性及其他投资实体争议的审理权通过“当地救济”绑定在东道国国内法院或行政救济程序中，在行使国家主权、保护国家安全的情况下将投资纠纷的管辖权有限让渡给国际仲裁。① 综上，限制性仲裁条款与自由化仲裁条款的根本区别在于可仲裁范围存在差异，反映了不同国家、同一国家在不同历史时期对主权问题和投资自由化关系的辩证态度。

三、涉华 BIT 限制性仲裁条款成案述评

截至目前，共有 6 起国际投资仲裁案件对中外 BIT 中涉及的限制性仲裁同意条款进行了解释和判定。面对文本内容和结构相似的 BIT，仲裁庭对“涉及征收补偿款额”条款的解释并不一致，进而得出了截然相反的结论。从结果来看，其中 3 个支持广义/扩张解释，3 个支持狭义/限缩解释；从中方仲裁地位来看，5 个案件为中方投资者诉外国政府，1 个案件为外国投资者诉中国政府。这 6 起案件不仅全方位反映了中外政府、投资者对待限制性仲裁条款的不同态度，也显示了仲裁庭对相关条款解释的逻辑分歧和价值取向。广义解释所采用的条约解释立场可以归纳为客观论，即仲裁庭在解释条约时并不受限于缔约时立法者的原意，而是结合时代需求从条约文本本身得出仲裁庭认为适当的结论。持狭义解释观点的仲裁庭之条约解释立场可以总结为主观论，所谓主观论是指仲裁庭注重探求立法者在订立条约时的原意、尊重立法者权威，往往倾向于考虑和接受立法历史、缔约背景，与其他 BIT 的比较等条约文本之外的外部证据。狭义解释尊重了缔约国的真实意图，恪守了条约解释时尊重缔约国立法权的边界；而广义解释则具有造法性质，突破了解释的界限而具有修改条约的危险，让缔约国被动接受了其本不同意通过仲裁解决的投资争端。相关案件信息如表 1 所示：

---

① See Angust Reinisch, “The Scope of Investor-State Dispute Settlement in International Investment Agreements”, *Asia Pacific Law Review*, Vol. 21, Issue 1 (2013), p. 13.

表1　案件信息汇总

案件名称和索引	所涉 BIT 条款	仲裁类型和管理机构、仲裁地、仲裁规则	仲裁员（按东道国、投资者和首席顺序）	实体结果
广义解释				
香港谢某诉秘鲁 Tza Yap Shum v. Republic of Peru, ICSID Case No. ARB/07/6, Decision on Jurisdiction and Competence	1994 中秘 BIT 第8条	ICSID 仲裁 华盛顿特区 ICSID Arbitration Rules 2006	Juan Fernández-Armesto（西班牙） Hernando Otero（美国） Judd L. Kessler（美国）	有利于投资者 东道国在 ICSID 的撤裁程序中败诉，最终实体和解
澳门世某诉老挝 Sanum Investments v. Lao Peoples Democratic Republic, PCA Case No. 2013 – 13, Award on Jurisdiction	1993 中老 BIT 第8条	非 ICSID 仲裁，PCA 管理 新加坡 UNCITRAL Arbitration Rules 2010	Brigitte Stern（法国） Bernard R. Hanotiau（比利时） Andrés Rigo Sureda（西班牙）	有利于东道国 新加坡高等法院撤销裁决仲裁庭的管辖权裁决，上诉法院又撤销高等法院裁决，后仲裁庭裁决投资者败诉
北京城某诉也门 Beijing Urban Construction Group Co. Ltd. v. Republic of Yemen, ICSID Case No. ARB/14/30	1998 中也 BIT 第10条	广义解释 ICSID 仲裁 伦敦 ICSID Arbitration Rules 2006	Zachary Douglas（澳大利亚） John M. Townsend（美国） William lan Corneil Binnie（加拿大）	有利于投资者

续表

案件名称和索引	所涉 BIT 条款	仲裁类型和管理机构、仲裁地、仲裁规则	仲裁员（按东道国、投资者和首席顺序）	实体结果
狭义解释				
北京某钢诉蒙古国 Beijing Shougang and others v. Mongolia, PCA Case No. 2010 – 20	1991 中蒙 BIT 第 8 条	非 ICSID 仲裁，PCA 管理 纽约 UNCITRAL Arbitration Rules 1976	Mark A. Clodfelter（美国） Yas Banifatemi（法国） Peter Tomka（斯洛伐克）	投资者败诉，纽约南区法院撤裁一审和联邦第二巡回法院撤裁二审均败诉
北京爱某亮诉加纳 Beijing Everyway Traffic & Lighting Tech. Co., Ltd v. The Republic of Ghana（I），PCA Case No. 2021 – 15	1989 中加 BIT 第 10 条	非 ICSID 仲裁，PCA 管理 伦敦 UNCITRAL Arbitration Rules 2013	Richard Frimpong Oppong（加纳） Vijaya Kumar Rajah（新加坡） Stavros L. Brekoulakis（希腊）	投资者败诉
新加坡亚化诉中国 AsiaPhos Limited and Norwest Chemicals Pte Limited v. China, ICSID Case No. ADM/21/1, award	1985 中新 BIT 第 13 条	非 ICSID 仲裁，ICSID 管理 日内瓦 ICSID Arbitration Rules 2006	Albert Jan van den Berg（荷兰） Stanimir A. Alexandrov（保加利亚） Klaus M. Sachs（德国）	投资者败诉

（一）广义解释：仲裁同意扩张到定性争议

1. 香港谢某诉秘鲁案

（1）案情简介与争点立场。申请人香港居民谢某投资 40 万美元间接持有秘鲁 TSG 公司 90% 的股份，2004 年，秘鲁税务当局依据秘鲁法律，以 TSG 存在某些反常行为可能对支付税务欠款造成影响为由对 TSG 有限范围内的特定资产实施了临时措施，并指示所有秘鲁银行冻结TSG业务交易时在银行账户中流转的资金。[①] 在SUNAT实施临时措施后，TSG无法继续利用秘鲁银行进行交易，其销售额随后下降，谢某认为秘鲁税务当局的审计决定和临时措施构成对其投资的非法间接征收，遂于2006年依据1994年《中华人民共和国政府和秘鲁共和国政府关于鼓励和相互保护投资协定》（以下简称中秘BIT）对秘鲁提起投资仲裁申请。[②] 秘鲁政府认为仲裁庭的管辖范围限于决定征收补偿的数额问题，其援引专家证人陈某教授和中国商务部参与中秘BIT谈判官员的证人证言，从条约谈判历史、准备工作和缔结过程等角度指出，只有在国内法院判定投资在事实上被不当征收后，投资者才可将东道国应支付的补偿数量问题提交仲裁解决，且秘鲁国内法院完全有能力决定征收问题。[③] 申请人则强调中秘BIT序言显示了条约目的是建立起鼓励外国投资和保护投资者在东道国利益的制度体系，而能让投资者诉诸国际仲裁是被国际法、ICSID及许多判例承认的构成投资条约原则目的的内容之一。[④] 此外，申请人还认为让秘鲁国内法院来决定征收的合法性是不适当的，因为秘鲁国内法院不承认或提供针对间接征收的法律程序。[⑤]

（2）仲裁庭推理与解释。仲裁庭意识到“涉及征收补偿款额”的措辞明显是在施加特定的限制，在其看来，“涉及征收补偿款额的争议”有多种可能的含义，如果强调“补偿数额”（compensation amount）则应狭义解释，即仅决定投资价值的争议而不包括征收是否发生以及是否需要补偿等重要问题；但“涉及征收补偿款额”同样可作广义解释，从而包括裁决征收责任。仲裁庭依据VCLT第31条最终决定应广义解释。在文义解释上，仲裁庭将关注重心放在了

① Tza Yap Shum v. Republic of Peru, ICSID Case No. ARB/07/6, Award, 7 July 2011, pp. 108 – 124.

② Tza Yap Shum v. Republic of Peru, ICSID Case No. ARB/07/6, Award, 7 July 2011, pp. 83, 112, 164 – 170.

③ Tza Yap Shum v. Republic of Peru, ICSID Case No. ARB/07/6, Decision on Jurisdiction and Competence, 19 June 2009, pp. 129 – 130.

④ Tza Yap Shum v. Republic of Peru, ICSID Case No. ARB/07/6, Decision on Jurisdiction and Competence, 19 June 2009, pp. 139 – 140.

⑤ Tza Yap Shum v. Republic of Peru, ICSID Case No. ARB/07/6, Decision on Jurisdiction and Competence, 19 June 2009, p. 142.

“涉及”（involving）一词上，其认为“涉及”意味着“包括”（including）而非“限于”（limited to）。如果缔约国真想把仲裁庭的管辖权限制在仅对补偿数额的争议上，那其本可使用仅限于或限于（limited only or limited）的措辞，但缔约国并没有这样做。[①] 在条约的宗旨和目的上，仲裁庭认为将特定纠纷提交仲裁解决的权利体现着条约载明的促进投资的目的，也即投资者能将纠纷诉诸国际仲裁有助于吸引外国投资、实现中秘 BIT 的目的。[②] 在上下文体系解释上，仲裁庭认为如果采用狭义解释则投资者在实践中将永远无法获得仲裁的机会。具体而言，如果投资者在诉诸国内法院解决了确实存在非法征收的问题后再将应支付的具体补偿款额争议提交国际仲裁将触发“岔路口条款”（fork-in-the road clause）。[③] 综上，本案仲裁庭更关注条约本身的用语和上下文所体现的客观含义而非通过外部证据考察缔约国订立条约时的真实意图。[④]

2. 澳门世某诉老挝案

（1）案情简介与争点立场。注册于澳门的世某公司（Sanum）于 2007 年开始陆续与老挝政府及当地企业 ST 集团签订多份合资合同，运营博彩和酒店业。后世某公司认为老挝政府施加的不公平和歧视性税收剥夺了其投资收益，遂于 2012 年依据 1993 年《中华人民共和国政府和老挝人民民主共和国政府关于鼓励和相互保护投资协定》（以下简称中老 BIT）提起投资条约仲裁。[⑤] “岔路口条款”成为申请人论证的核心，其认为只要事实上启动了第 8.2 条的国内诉讼程序，将征收是否存在的争议首先提交国内法院解决就会发生排除当事人将征收争议提交仲裁的渠道。在其看来，决定征收的定性和征收的数量问题是相互关联的，法院不可能在没有决定其中一个问题的情形下而对另一个问题作出裁

---

① Tza Yap Shum v. Republic of Peru, ICSID Case No. ARB/07/6, Decision on Jurisdiction and Competence, 19 June 2009, pp. 143 – 151.

② Tza Yap Shum v. Republic of Peru, ICSID Case No. ARB/07/6, Decision on Jurisdiction and Competence, 19 June 2009, pp. 153, 187.

③ Tza Yap Shum v. Republic of Peru, ICSID Case No. ARB/07/6, Decision on Jurisdiction and Competence, 19 June 2009, pp. 154 – 158.

④ Tza Yap Shum v. Republic of Peru, ICSID Case No. ARB/07/6, Decision on Jurisdiction and Competence, 19 June 2009, pp. 179, 187, 188.

⑤ Sanum Investments v. Lao People's Democratic Republic, PCA Case No. 2013 – 13, Award on Jurisdiction, 13 December 2013, pp. 18 – 38.

决。老挝政府认为诸如征收是否存在与合法的争议提交缔约国国内法院并不会排除投资者诉诸仲裁的途径。此外，老挝政府特别强调了中老 BIT 序言中规定的“相互尊重主权”与“平等互利”原则要求仲裁庭尊重缔约国的选择。①

（2）仲裁庭推理与解释。仲裁庭在决定争议的法律适用时明确指出 VCLT 对双方有拘束力。② 在条约的通常含义上，仲裁庭认为“涉及”一词意味着包括（wrap、include）而非限于，如果缔约国真想将仲裁庭的管辖权限制在仅裁决数量争议的话，其本可以使用诸如“限于（limited to）”等术语，将第 8.3 条进行更宽泛的解释既能使之与中老 BIT 的其他条款更协调融洽。③ 在上下文解释上，仲裁庭认为第 8.3 条“涉及征收补偿款额”的含义需要结合“岔路口条款”和中老 BIT 规定的构成征收的条件来界定：国内法院在判断一项征收是否发生时必然需要考察老挝政府的行为是否满足“适当与有效的补偿”，因而如果投资者将一项征收是否发生的争端提交国内法院解决后就将产生排除投资者将“涉及征收补偿款额”的争议提交仲裁的机会。仲裁庭据此认为狭义解释会使第 8.3 条失去意义从而违背有效解释（effet utile）原则。④ 在条约目的与宗旨的解释上，仲裁庭驳斥了被申请人关于“相互尊重主权原则”对要求仲裁庭不得超出第 8.3 条措辞含义的抗辩，其认为参考这类原则并不能推翻仲裁庭的分析结论。综上，本案仲裁庭采用主要采用文义和体系解释的方式，利用“涉及”一词文义的多样和包容性以及狭义解释进路下“岔路口条款”会实质剥夺投资者仲裁机会两个解释技巧，判定东道国已同意将征收索赔的请求提交仲裁解决。

3 北京城某诉也门案

（1）案情简介与争点立场。注册于也门的北京城某集团 2006 年与也门民

---

① Sanum Investments v. Lao People's Democratic Republic, PCA Case No. 2013 - 13, Award on Jurisdiction, 13 December 2013, pp. 149 - 153.

② Sanum Investments v. Lao People's Democratic Republic, PCA Case No. 2013 - 13, Award on Jurisdiction, 13 December 2013, pp. 204, 322.

③ Sanum Investments v. Lao People's Democratic Republic, PCA Case No. 2013 - 13, Award on Jurisdiction, 13 December 2013, p. 329.

④ Sanum Investments v. Lao People's Democratic Republic, PCA Case No. 2013 - 13, Award on Jurisdiction, 13 December 2013, pp. 330 - 333.

航与气象部（CAMA）签署了建设合同，约定由申请人负责建设也门萨那国际机场2期项目相关设施。2009年，也门政府使用其军事力量和安全机构袭击和拘留北京城某集团的雇员，拒绝申请人进入项目现场，从而剥夺其履行合同义务的能力，在经过数周精心策划的骚扰和恐吓之后，CAMA发出了终止合同的通知。申请人认为被申请人非法剥夺了北京城某在也门的投资，遂于2014年依据1998年《中华人民共和国政府和也门共和国政府关于鼓励和相互保护投资协议》（以下简称中也BIT）对也门政府提起ICSID投资仲裁申请。[①] 在被申请人看来，征收的存在与合法性和征收赔偿的数额问题是不同且可分的，只有在征收责任这一先决问题被解决且东道国被判定负有某种征收责任，投资者若仍对具体应赔偿的数额有异议时才可就征收赔偿的款额计算问题申请ICSID仲裁。[②] 而在申请人看来，征收行为的存在和非法性是评估应赔偿数额的必要先决条件，责任问题和数量问题在逻辑上融为一体、不可分离。[③] 其认为广义解释是与BIT用语的通常含义和目的相一致的，并主张无须诉诸VCLT第32条规定的补充解释手段。[④]

（2）仲裁庭推理与解释。仲裁庭确定应遵循VCLT第31.1条，在“有关征收补偿款额”用语的通常含义解释方面，仲裁庭虽然依然将重心放在了对“有关（relating to）”一词文义的探明上，但鉴于本案采用的是非作准且非官方的英文翻译版BIT文本，仲裁庭决定问题的核心在于依据第10条的结构和上下文来判断第10.2条“有关征收补偿款额”的措辞是否赋予了仲裁庭同时处理

---

① Beijing Urban Construction Group Co. Ltd. v. Republic of Yemen, ICSID Case No. ARB/14/30, Decision on Jurisdiction, 31 May 2017, pp. 1-2, 25-26.

② Beijing Urban Construction Group Co. Ltd. v. Republic of Yemen, ICSID Case No. ARB/14/30, Decision on Jurisdiction, 31 May 2017, p. 60.

③ Beijing Urban Construction Group Co. Ltd. v. Republic of Yemen, ICSID Case No. ARB/14/30, Decision on Jurisdiction, 31 May 2017, p. 63.

④ Beijing Urban Construction Group Co. Ltd. v. Republic of Yemen, ICSID Case No. ARB/14/30, Decision on Jurisdiction, 31 May 2017, p. 53.

征收责任和赔偿数额两个问题。[①] 仲裁庭认为第 10.2 条[②]构成了“岔路口条款”，如果也门政府不承认所谓的征收，则投资者必须先诉诸也门国内法院让其决定政府是否存在责任。而根据中也 BIT 第 4 条的征收条款，国内法院在解决征收问题时必须处理全部 4 个要件，包括是否支付了有效和适当的补偿[③]。鉴于“岔路口条款”的存在，数量问题已被国内法院处理从而使得投资者的仲裁选择权被剥夺，因而反向推理得出“有关征收补偿款额的争议”必须包括征收是否发生的争议。[④] 在条约的宗旨与目的上，仲裁庭提出刺激外国投资的流动是 BIT 的总体目的，对投资者保护的欠缺将打击投资。而关于条约订立时的缔约国相关实践的历史背景，例如彼时中国是对保护其政治主权富有强烈利益的保守社会主义经济体、第一代中国 BIT 中的很多投资协定都载有限制性的争端解决条款和中国学者关于支持狭义解释的学术观点等外部资料，仲裁庭都认为不具有可采性。[⑤] 综上，本案仲裁庭的裁决思路依然为将体系解释放在了核心地位，由于“岔路口条款”的存在会使狭义解释立场导致第 10.2 条失去意义的结果，仲裁庭选择符合有效原则的广义解释立场。

---

① Beijing Urban Construction Group Co. Ltd. v. Republic of Yemen, ICSID Case No. ARB/14/30, Decision on Jurisdiction, 31 May 2017, pp. 64 - 69.

② 中也 BIT 第 10.2 条规定：“如果争议在书面提出解决之日起六个月内不能由争议双方通过直接安排友好解决，该争议应按投资者的选择提交：（一）投资所在的缔约一方有管辖权的法院，或者（二）一九六五年三月十八日在华盛顿开放签字的《关于解决国家和他国国民之间投资争端公约》下设的‘解决投资争端国际中心’仲裁。为此目的，缔约任何一方对有关征收补偿款额的争议提交该仲裁程序均给予不可撤销的同意。其他争议提交该程序应征得当事双方同意。”

③ Beijing Urban Construction Group Co. Ltd. v. Republic of Yemen, ICSID Case No. ARB/14/30, Decision on Jurisdiction, 31 May 2017, pp. 78—81. 也门政府认为 BIT 第 4 条中的支付补偿包括补偿有没有被支付、被支付的具体数额以及支付的方式，而第 10.2 条中的“有关征收补充款额的争议”仅包括被支付的具体数额。

④ Beijing Urban Construction Group Co. Ltd. v. Republic of Yemen, ICSID Case No. ARB/14/30, Decision on Jurisdiction, 31 May 2017, pp. 72, 87.

⑤ Beijing Urban Construction Group Co. Ltd. v. Republic of Yemen, ICSID Case No. ARB/14/30, Decision on Jurisdiction, 31 May 2017, pp. 93, 97.

（二）狭义解释：仲裁同意仅限于定量争议

1. 北京某钢等诉蒙古国案

（1）案情简介与争点立场。北京某钢、黑龙江某际、秦皇岛某龙3家中国公司合计持有蒙古国公司“TK公司”70%的股权，TK公司持有蒙古国政府颁发的开采铁矿石的采矿许可证，自2006年起，蒙古国政府展开针对TK公司的系列调查，认为TK公司铁矿开采业务中的若干行为违反了蒙古国的矿业法律法规。2006年9月，蒙古国地质矿业部撤销了采矿许可证。2010年2月，北京某钢等中方股东依据《中华人民共和国政府和蒙古人民共和国政府关于鼓励和相互保护投资协定》（以下简称中蒙BIT），以蒙古国政府作为被申请人提起本案投资仲裁。[①] 被申请人反对对“涉及”一词的关注，主张应考虑中蒙BIT第8.3条的所有用语，尤其是“补偿数额”，因为仅解读“涉及”“有关”等词汇反映了仲裁庭想要实现“更多仲裁”的目标。[②] 申请人认为“岔路口条款”的存在会出现投资者诉诸国内法院解决征收存在的问题后被排除通过仲裁途径解决数量补偿问题的后果。[③]

（2）仲裁庭推理与解释。在文义解释上，仲裁庭认为“涉及”一词带有中立性，既支持广义解释也可支持狭义解释，因此苛纠“涉及”一词无助于解释第8.3条的真实含义，必须结合上下文来确定关键术语的含义。同时，不同于过往广义解释的先例，本案仲裁庭特别突出了“数量（amount）”一词的重要性，强调第8.3条的用语不是“涉及征收补偿的争议”而是“涉及征收补偿数量的争议”。[④] 在上下文解释上，结合中蒙BIT第4条和第8.1、8.2条，仲裁庭认为“涉及征收补偿款额”的争议指的是“东道国支付的补偿数额是否等于

---

① Beijing Shougang and others v. Mongolia, PCA Case No. 2010 - 20, award, 30 June 2017, pp. 1 - 6, 158 - 171, 177 - 179, 222 - 224.

② Beijing Shougang and others v. Mongolia, PCA Case No. 2010 - 20, award, 30 June 2017, pp. 254 - 256.

③ Beijing Shougang and others v. Mongolia, PCA Case No. 2010 - 20, award, 30 June 2017, pp. 262 - 267.

④ Beijing Shougang and others v. Mongolia, PCA Case No. 2010 - 20, award, 30 June 2017, pp. 439 - 440, 443, 446.

征收宣告时被征收财产的价值”这一特定争议范畴。仲裁庭认为广义解释依然能使第8.3条保持法律效力，其针对直接征收和间接征收两种情形分别做了推理论证。在直接征收情形下，征收会被正式宣告，此时对于征收是否发生是不存在争议的，因而投资者可将东道国应支付给自己征收补偿的数额问题提交国际仲裁。在间接征收情形下，投资者完全可以在通过国内法院解决征收是否发生的定性问题时将赔偿问题保留给司法外程序，这样投资者并不会失去诉诸国际仲裁的机会。[①] 仲裁庭特别强调，案涉BIT设想的主要争议解决方式就是友好协商和诉诸法院，仲裁仅是一种例外方式，不能将仲裁置于更为优先的地位。在条约的宗旨与目的上，仲裁庭认为条约序言并没有显示出缔约国想赋予仲裁庭解决一切与征收有关的争议的管辖权。最后仲裁庭指出，鉴于中蒙两国在订立条约时有着相似的政治和经济制度，将国际仲裁管辖权限定在仅审理数量计算问题并不令人惊讶，没有任何理由去质疑缔约国国内司法体系进而支持通过国际仲裁解决投资争议。综上，本案仲裁庭更加注重站在主观立场上，探明缔约国在订立条约时的真实原意，反对对“涉及”一词的过度纠缠，在上下文解释上通过正反两方面阐明其推理理由，否定了对是否构成征收的争议具有管辖权。

2. 北京爱某亮诉加纳

（1）案情简介与争点立场。北京爱某亮科技于2012年与被申请人加纳政府签署EPIC合同向加纳提供设备和技术服务，后加纳议会出于国家安全的考虑撤销了EPIC合同，申请人以加纳政府武断的合同撤销行为违反了1989年《中华人民共和国政府和加纳共和国政府关于鼓励和相互保护投资协定》（以下简称中加BIT）第4条，构成对其投资的直接或间接征收对加纳提起投资仲裁。[②] 申请人认为征收的定性问题构成征收数量问题的先决问题，二者是无法分开的，因而仲裁庭可以附带管辖征收的存在与合法性问题。[③] 加纳政府则认

① Beijing Shougang and others v. Mongolia, PCA Case No. 2010 - 20, award, 30 June 2017, pp. 449 - 450.

② Beijing Everyway Traffic & Lighting Tech. Co., Ltd v. The Republic of Ghana (I), PCA Case No. 2021 - 15, Final Award on Jurisdiction, 30 Jan 2023. pp. 21 - 46.

③ Beijing Everyway Traffic & Lighting Tech. Co., Ltd v. The Republic of Ghana (I), PCA Case No. 2021 - 15, Final Award on Jurisdiction, 30 Jan 2023. p. 214.

为“有关征收补偿款额”的措辞明确分配了缔约国法院和国际仲裁庭之间的管辖权，前者可以决定权利问题（entitlement）和后者仅能裁决数量问题（quantum）。[①] 此外，加纳还认为仲裁庭应考虑 VCLT 第 32 条规定的解释条约的补充手段，例如中加之间缔约 BIT 的缔约情况。[②]

（2）仲裁庭推理与解释。仲裁庭决定应依据 VCLT 确立的条约解释原则进行解释，在文义通常含义解释上，仲裁庭将关注点锁定在了关键的修饰词“数额（the amount of）”上，仲裁庭认为“涉及征收补偿的争议（concerning compensation for expropriation）”和“涉及征收补偿数额的争议（concerning the amount of compensation for expropriation）”有很大的不同，这一用语的通常含义仅指数量争议而不能包括权利争议。至于“关于”一词，仲裁庭认为其本身并不能扩大或缩小仲裁庭的管辖权，“数额”一词才是关键术语，把“涉及征收”和“涉及征收补偿数额”的争议等同理解将导致“数额”一词失去应有的意义。在上下文解释上，结合中加 BIT 第 4 条的征收条款，仲裁庭认为征收合法性问题的管辖权被分配到了加纳国内法院，申请人未能证明其在将征收合法性争议提交诉讼时，加纳法院确实将处理征收的数量问题，投资者诉诸仲裁的权利不会因东道国单方面否认征收行为存在而被排除。仲裁庭认为，即使东道国拒绝自认存在征收责任，投资者也可将征收合法性的争议提交缔约国国内法院独立审查，如果法院认为不存在征收责任，则投资者自然无法将数额争议提交仲裁；然而，如果法院判定东道国的行为构成征收并应赔偿，则投资者可将具体的赔偿数额争议提交仲裁。针对预设国内法院可能应缔约国请求而拒绝认定征收存在和非法性的观点，仲裁庭认为不应无理怀疑缔约国法院的独立性，就此而言，投资者诉讼仲裁的机会没有被剥夺。[③] 在条约宗旨和目的解释上，仲裁庭通过援引先例并结合缔约国之间的争端解决条款后认为投资者诉诸仲裁的

① Beijing Everyway Traffic & Lighting Tech. Co. , Ltd v. The Republic of Ghana（I）, PCA Case No. 2021 – 15, Final Award on Jurisdiction, 30 Jan 2023. p. 100.

② Beijing Everyway Traffic & Lighting Tech. Co. , Ltd v. The Republic of Ghana（I）, PCA Case No. 2021 – 15, Final Award on Jurisdiction, 30 Jan 2023. p. 107.

③ Beijing Everyway Traffic & Lighting Tech. Co. , Ltd v. The Republic of Ghana（I）, PCA Case No. 2021 – 15, Final Award on Jurisdiction, 30 Jan 2023. pp. 200 – 211.

权利不构成条约的宗旨和目的。①

3. 新加坡亚化等诉中国

（1）案情简介与争点立场。新加坡亚化集团和西北化工公司（以下简称亚化集团或申请人）均是注册于新加坡的公司，其通过中国子公司在四川从事采矿行业。2017年后，亚化集团的采矿权期限届满，四川省政府出于禁止在相关自然保护区开展采矿活动的新政策拒绝了该集团的采矿权续期申请，并查封关闭了相关矿产责令申请人停止磷酸盐矿的开采活动。申请人主张其投资被当地政府非法间接征收，遂依据中新1985《中华人民共和国政府和新加坡共和国政府关于促进和保护投资协定》（以下简称中新BIT）于2020年提起国际仲裁。②在被申请人看来，在征收被宣告时，申请人可以直接请求仲裁庭裁决应补偿的数额问题；在征收责任本身有争议的情况下，申请人只能依据中新BIT第6.2条请求国内法院审查征收是否发生及其合法性问题。③ 申请人则认为中国行政法中没有“间接征收”的概念，同时行政程序中也不能适用中新BIT等国际法，因此中国法院不能决定东道国间接征收行为的合法性问题，故狭义解释会剥夺仲裁条款的实际意义。④

（2）仲裁庭推理与解释。在文义解释上，仲裁庭认为“有关（involving）”一词既比包括（including）的范围小但又比“限于（limited to）”的范围大，故其具有中立性，本身并不能决定仲裁条款的确切范围。进而，仲裁庭将文义解释的聚焦点移动到“征收补偿数额”上来，认为“征收补偿数额的争议”不等于“征收补偿争议”，根据有效解释原则，“数额（the amount of）”一词必须被赋予含义。在上下文解释上，仲裁庭认为缔约国刻意区分了征收的合法性问题和由征收产生的补偿数额问题。仲裁庭认为申请人完全可以将其在国内法

---

① Beijing Everyway Traffic & Lighting Tech. Co., Ltd v. The Republic of Ghana (I), PCA Case No. 2021-15, Final Award on Jurisdiction, 30 Jan 2023. pp. 235-253.

② AsiaPhos Limited and Norwest Chemicals Pte Limited v. China, ICSID Case No. ADM/21/1, award, 16 Feb 23, pp. 4, 31-33.

③ AsiaPhos Limited and Norwest Chemicals Pte Limited v. China, ICSID Case No. ADM/21/1, award, 16 Feb 23, pp. 42-45.

④ AsiaPhos Limited and Norwest Chemicals Pte Limited v. China, ICSID Case No. ADM/21/1, award, 16 Feb 23, pp. 149-151.

院程序中的救济请求限制在征收的合法性上，而将对征收应赔偿的适当数额保留给后续仲裁解决，这样并不会引发矛盾裁判，因为两个程序解决的是不同问题。仲裁庭不认可申请人主张的“国内法院在处理征收合法性问题时必须解决征收赔偿数额问题”的观点，其认为无须就“给予补偿”是否构成征收合法性的要件之一进行讨论。国内法院只需确认“尚未支付任何赔偿”这一事实即可而无须对到底应支付多少赔偿款额作出决定，在必要的情况下法院也可以作出未支付补偿是否足以使征收违法的决定。仲裁庭进一步推论了一种情形，即使东道国已经支付了一部分补偿，申请人以“支付的数额不足”为由在国内法院提起征收合法性的争议，法院同样可以仅裁定“征收补偿数额确实不足”这一事实而无须决定精细的应赔偿数额，这同样不会触发“岔路口条款”。[①] 在条约的宗旨与目的上，仲裁庭认为投资者能够不受限制地诉诸仲裁并非条约的宗旨和目的之一，即使有不包含任何 ISDS 争端解决程序和仲裁机制的中新 BIT 也会载明其条约目的之一是保护投资。缔约国之间订立中新 BIT 以保护投资并不意味着其想放弃主权豁免而让国际仲裁来解决涉及投资条约的投资争议，仲裁庭不能用宏观的条约目的来忽视精细制定的可仲裁范围的区别。

（三）对裁决的归纳与评论

考察现有广义解释和狭义解释仲裁庭裁决书后发现，两种解释立场均遵循具有习惯国际法地位的 VCLT 确立的条约解释原则与方法，二者共享了相同的条约解释方法论框架，即均从文义、上下文、条约目的和宗旨以及是否需要考虑 VCLT 第 32 条规定的缔约情况等辅助资料出发来判定仲裁同意之确切范围，具备解释形式上的合法性。事实上，将 VCLT 条约解释规则作为投资仲裁中可适用的条约解释准据方法已成为投资仲裁的主流，[②] 仲裁庭虽遵循了同样的条约解释方法，且均无等级优先顺序地将 4 个条约解释要素作为一个整体予以考

---

① AsiaPhos Limited and Norwest Chemicals Pte Limited v. China, ICSID Case No. ADM/21/1, award, 16 Feb 23, pp. 132 – 140.

② 参见张乃根：《ICSID 仲裁的条约解释：规则及其判理》，载《经贸法律评论》2018 年第 1 期，第 58 页。

虑，但面对用语和上下文相近的条款却依旧得出完全不一样的相反结论。[①]

1. 广义解释：条约解释的客观论

广义解释所采用的条约解释立场可以归纳为客观论，即仲裁庭在解释条约时并不受限于缔约时立法者的原意，而是结合时代需求从条约文本本身得出仲裁庭认为适当的结论。例如在谢某诉秘鲁案中，仲裁庭在裁决书“仲裁庭分析”部分开头便写道，“在任何法律体系下仲裁员和法官都面临着解释在特定时空中创造法律义务的谈判文件的挑战，因为必须在随后情况明显不同的情形下赋予其含义”。这毫无疑问显示出仲裁庭持有的客观解释立场和扩大仲裁庭管辖权的预设倾向。在文义解释上，广义解释的仲裁庭片面地将关注重心放在“涉及”一词上而完全没有考虑对“数额”一词在文义解释中应当占据的比重，主观地推测缔约国没有使用“限于”一词就表明争端可包括征收定性争议。然而，投资仲裁事关缔约国主权和公共利益，对裁决正确性和条约解释严谨性应高于普通商事仲裁，仲裁庭在解释条约文义含义时应遵守国际公法和投资仲裁的主权因素，除非缔约国明确、无异议地同意将某一争议提交仲裁解决，仲裁庭不应仅基于推测便得出同意仲裁的结论。在目的和宗旨解释上，广义解释的仲裁庭倾向于认为投资者能够成功诉诸仲裁契合了 BIT 保护投资的含义而直接或间接弱化了 BIT 序言中关于尊重主权的目的，这相当于将诉诸仲裁和投资者保护直接等同，反映了仲裁庭天然认为仲裁是更好的争议解决方式以及扩大管辖权的倾向。而上下文解释，尤其是内含于其中的“岔路口条款”和“有效原则”成了广义解释仲裁庭推理论证的核心。其均是认为征收补偿数额与征收的存在和合法性问题不可分，投资者在国内法院起诉后因国内法院已经处理了征收补偿的数额问题，进而“岔路口条款”会被触发，投资者因此失去了诉讼仲裁的权利。条约解释是推理的一部分，广义解释在上下文解释上存在推理不充分和错误问题。

第一，仲裁庭推理未形成完整闭环。仲裁庭是通过阐述狭义解释无法使投资者选择仲裁的条约条款有效而反证扩张解释的“正确”，但这样的“正确”

---

① See Maximilian Clasmeier, *Arbitral Awards as Investments: Treaty Interpretation and the DynamicsOf International Investment Law*, Wolters Kluwer, 2017, p. 45.

并没有经过正面论证扩张解释符合有效原则而得出。

第二，其错误地认为东道国必然会处理征收补偿问题。BIT 中征收的合法性有四个要素，只有四个要素均满足时缔约国才可实行合法征收。换言之，只要有其中一个要件不满足，例如征收并非无歧视的，缔约国就可能承担征收责任。故此，投资者在国内法院诉讼时完全可以基于除“给予补偿”外的一个或几个要素来寻求法院宣告东道国负有征收责任，此时东道国法院并不会处理补偿数额问题，“岔路口条款”不会触动。

第三，忽视了“岔路口条款”的难触发性。在投资仲裁实践中，“岔路口条款”的判准为三同说（triple identity test），即相同当事方之间的包含相同诉因的相同争端。严格的三同说致使“岔路口条款”在实践中很难被应用。[①] 即使东道国法院可能处理了补偿数额争端，但仅基于申请仲裁主体的不同就能避开“岔路口条款”，仲裁庭显然太过于注重“岔路口条款”的分量。

2. 狭义解释：条约解释的主观论

持狭义解释观点的仲裁庭之条约解释立场可以总结为主观论，所谓主观论是指仲裁庭注重探求立法者在订立条约时的原意，往往倾向于考虑和接受立法历史、缔约背景、与其他 BIT 的比较等条约文本之外的外部证据。在文义解释上，狭义解释仲裁庭认为“涉及”一词本身并无实际意义，而是敏锐地抓住了“数额”这个关键词。如果不考虑“征收补偿争议”和“征收补偿数额争议”的差异而将二者等同视之，无疑会让缔约国嵌入的“数额”一词失去应有的意义。在条约目的和宗旨的解释上，狭义解释仲裁庭反对单纯考虑 BIT 保护投资者的目的且认为诉诸仲裁并非天然就是促进投资所内含的目的之一，能够诉诸仲裁必须以 BIT 条文中有明确规定为限。在上下文解释上，狭义解释仲裁庭的推理更为充分完整。一方面，其通过对比条约的前后文从正面将仲裁同意范围锁定为“东道国支付的补偿数额是否等于征收宣告时被征收财产的价值”这一定量争议；另一方面，其驳斥了只有广义解释才不会使间接征收情形下投资者诉诸国际仲裁的权利被剥夺，通过论证投资者可先将定性争端诉诸法院而保留

① See Rudolf Dolzer, *Ursula Kriebaum and Christoph Schreuer*, *Principles of International Investment Law*, 3th ed. , Oxford University Press, 2022, p. 387.

对数额问题的裁判来阐明狭义解释同样符合有效原则，并不会使投资者丧失仲裁的权利。更为重要的是，狭义解释的仲裁庭重视对缔约国间政治情况和缔约历史的考察，通过考察谈判代表证言、条文文本更替等外部资料来探明缔约国在订立条约时的真实原意。

总之，狭义解释尊重了缔约国的真实意图，恪守了条约解释时尊重缔约国立法权的边界；而广义解释则具有造法性质，突破了解释的界限而具有修改条约的危险，让缔约国被动接受了其本不同意通过仲裁解决的投资争端。将涉及征收补偿数额的争端解释为与征收有关的任何争端的结论无疑是错误的：第一，缔约国采用“征收补偿数额争端”这一表述而非“征收争端”反映出其意图对可提交仲裁的争端范围进行限制，而将“征收补偿数额争端”等同于“征收争端”明显与缔约国的共同意图不相符。第二，仲裁庭普遍认为仲裁相较于诉讼，更能有效保护投资者的权益。然而除非获得相关条约的明确授权，否则投资者无权将东道国引入国际裁判程序。在此过程中，裁判者必须尊重缔约国在条约中所作出的政策选择，不得因个人价值偏好而加以替代。当缔约国仅同意对征收补偿数额的争端进行仲裁时，仲裁庭必须严格遵循这一限制，不得擅自扩大管辖范围，尝试处理征收补偿数额以外的其他争端。[①] 仲裁庭任意扩大 BIT 中的仲裁同意条款以扩张其管辖权，弊端十分明显，不仅容易造成具有误导性的错误的先例，从而对后续投资者行为规划和仲裁庭推理判断造成不利影响，也会因这种错误先例加剧投资仲裁裁决的不一致性，降低东道国的可预期性。还会损害仲裁庭的公正性及其可信度，引发 ISDS 仲裁机制的正当性危机。任意扩张仲裁庭的管辖权必然会损害外国投资者和东道国之间利益平衡的状态，加剧损害缔约国对投资仲裁的不信任甚至是抵触。[②] 通过上述 6 个既有成案可以清晰地看到 VCLT 条约解释规则并不具有自动排除仲裁庭主观恣意解释的功能。尽管文义、上下文和目的等解释方法在国际裁判中扮演重要角色，但在某些情况下，这些方法可能被仲裁庭用作掩盖其基于保护投资者预设立场而得出

---

① 参见刘雪红：《中国海外投资保护的法律障碍与制度重构——基于北京城建诉也门等五案的分析》，载《法学》2019 年第 2 期，第 176 页。

② 参见黄月明：《ICSID 仲裁庭扩大管辖权的途径及其应对——从“谢业深案”切入》，载《华东政法大学学报》2013 年第 5 期，第 72—73 页。

偏颇结论的工具。因此，仅仅援引 VCLT 第 31 条和第 32 条所规定的条约解释规则，并不总是能够确保仲裁庭的解释结果具有合理性。①

四、BIT 限制性仲裁条款解释分歧的原因探析

从投资协定文本自身来看，第一代限制性仲裁条款存在措辞精确化程度欠缺的问题，尤其是“涉及/有关征收补偿款的争议”在英文语境下可能无法完美表达我国真实的仲裁意图，客观上为仲裁庭扩张解释埋下隐患。此外，投资协定赋予仲裁庭广泛的自由裁量空间亦让仲裁庭有能力追寻其认为适当的结果。然而，解释错误的根本原因在于投资仲裁机制的商事化问题，投资仲裁庭组成人员国际公法背景的不足与对投资条约仲裁国际公法属性的忽视加剧了仲裁庭扩大其管辖权的偏好。

（一）投资协定本身不完善

1. 条约文本措辞粗疏

必须承认，ISDS 仲裁条款中的仲裁同意范围措辞即“涉及/有关征收补偿款的争议”并不能完美表达我国真实的仲裁意图。一方面，中文 BIT 文本中确实没有使用“限于”等措辞明确将仲裁同意仅限定于数额争议；更为重要的是，在仲裁实践中仲裁庭在解释条约文本使用的是英文翻译文本而非中文原本，而英文译本中将涉及/有关等词翻译为“involving”“relating to”，这些词汇根据《牛津词典》则可解释为“包含”等包容性含义。这样一来，即便“涉及”“有关”等词在中文语义下并无扩张之功能，但鉴于中文并非仲裁庭裁案的工作语言，仲裁庭在涉及语词解释时会依照英文含义“施展其才华”，表现得过于强势。换言之，中国在 BIT 中承诺了什么，按照自己的理解说了不算，要仲裁庭依照语词的英文含义解释缔约国说了什么才算，这对中国来说实不公平。②

---

① Federico Ortino, “Legal Reasoning of International Investment Tribunals: A Typology of Egregious Failures”, *Journal of International Dispute Settlement*, Vol. 31, 2012, pp. 31 - 52.

② 参见王传丽：《初识 GATT 与 WTO：反思和不平》，载《国际经济法学刊》2015 年第 22 卷第 3 期，第 56 页。

倘若当时在中文版本，尤其是英译本上通过使用明确的倾向性用语，譬如用“限于”（limited to/over）代替“涉及”（involving）、“有关”（involving/relating to）等较为模糊的字眼，将可更清晰地表明我国立场、限制仲裁庭裁量权。

2. 仲裁庭裁量空间大

通过授权仲裁庭解决投资争端，缔约国也就默示授权仲裁庭拥有解释相关条约的权力。[①] 然而，当国家通过要约方式在BIT中同意将其与投资者之间的未来投资争议提交仲裁解决时，东道国可能无法准确预见将来参与争端解决程序的具体范围和种类。[②] 此外，国际投资协定最后商定的争端解决条款的措辞往往不精确、含糊不清，需要仲裁庭行使条约解释权方可明确其真实含义。[③] 具体到我国，一方面，我国前两代BIT条文内容较少，条文也不够精细，尤其与发展中国家签订的BIT更多是为了配合外交工作，政治意义大于协定本身应有的法律作用。[④] 大多数BIT整个约文的数量也不过仅为13—15条，涉及ISDS仲裁机制的往往只有1条，这便给仲裁庭自由裁量预留了充足空间。作为对比，美国BIT范本和我国第三代BIT如“中国和加拿大BIT”则使用十几条约文来详细规定投资者和东道国争端解决问题，内容涉及争端解决程序的方方面面，可最大限度地压缩仲裁庭的自由裁量空间。另一方面，我国鲜有与仲裁庭合作解释约文含义的相关实践，更重要的是我国大多数BIT中并没有纳入缔约国联合解释条款，这就使得即便我国将条约解释的相关声明提交给仲裁庭，其也可能拒绝接受或考虑。正如有的学者指出的那样：“缔约国通常还没有在条约解释问题上进行合作或宣示自己的解释权限，而仲裁庭又倾向于忽略或低估缔约

---

① 参见黄世席：《国际投资仲裁裁决的司法审查及投资条约解释的公正性——基于“Sanum案”和“Yukos案”判决的考察》，载《法学》2017年第3期，第144页。

② 参见沈伟：《论中国双边投资协定中限制性投资争端解决条款的解释和适用》，载《中外法学》2012年第5期，第1060页。

③ See August Reinisch, “The Scope of Investor-State Dispute Settlement in International Investment Agreements”, *Asia Pacific Law Review*, Vol. 21, Issue 1 (2013), p. 7.

④ 参见李玲：《中国双边投资保护协定缔约实践和面临的挑战》，载《国际经济法学刊》2010年第17卷第4期，第115页。

国在条约解释方面的实践。”① 例如，在澳门世某诉老挝案中，新加坡最高法院便以中老 BIT 未规定缔约国联合解释机制为由否定了其效力，并指出倘若该条约能够像《北美自由贸易协定》一样规定缔约国联合解释机制及其对于仲裁庭的拘束力，这些外交照会可能会对案件产生不同的结果。② 因此，在条约就 ISDS 争端解决机制的规定本就不够周延且 BIT 还没有规定缔约国联合解释可约束仲裁庭的情况下，仲裁庭的条约解释权限和自由裁量空间无疑是巨大的。

（二）投资仲裁实践商事化

透过前述立场截然相反的 6 个裁决文书可以看到，部分仲裁庭对限制性争端解决条款的理解完全背离了缔约国的真实意思，根本原因乃是投资仲裁的过度商事化，这具体表现在两方面：其一，在主体资格方面，投资仲裁庭组成人员的国际公法背景不足，导致其对投资条约争端的性质理解有所偏差；其二，在投资条约解释的适当性方面，商事化思维易偏向于投资者利益，未能注意到 ISDS 争端解决机制的重要主权属性，从而导致条约解释的公正性失当。

1. 仲裁庭组成人员国际公法背景不足

“仲裁的好坏在于仲裁员”（arbitration is only as good as arbitrators）形象地说明了仲裁员的资格、背景等主体因素会直接影响仲裁裁决的质量。在投资仲裁中存在“旋转门”（revolving door）现象，案件往往由少部分律师和专家垄断，许多仲裁员深嵌于商业社会中，往往自身就是商事仲裁员、律师或企业法律顾问，而这种角色重叠无疑会影响到投资仲裁员的裁决思维。据统计，在已有的 ICSID 案件中，超过 60% 的仲裁员来自国际商事领域的执业律师，将近 70% 的仲裁员来自西欧国家或美国等发达国家。职业背景、委任机会、思维习惯及利益偏好等非法律因素使得仲裁员有着深刻的国际商事仲裁思维的仲裁员更倾向于肯定仲裁庭的管辖权并裁定东道国违反投资保护义务，忽视对国际公

---

① 黄世席：《国际投资仲裁裁决的司法审查及投资条约解释的公正性——基于“Sanum 案”和“Yukos 案”判决的考察》，载《法学》2017 年第 3 期，第 144 页。

② See Sanum Investments Ltd v Government of the Lao People's Democratic Republic, 2016 SGCA 57, Judgment, p. 117.

法规则的遵循与国家公共利益的考量。① 当事人在商事仲裁实践中能够选择其信任的裁判者，并根据商业纠纷类型选择熟悉特定行业的仲裁员。同时，首席仲裁员人选的范围相当广，且不受任何特定名单的限制。而在投资仲裁中，仲裁庭的核心任务在于依据投资条约等国际法规则判断主权国家主权行为的国际合法性，具备强烈的国际公法属性，往往涉及征收、公平与公正待遇、非歧视等保护性规定，应更注重仲裁员具有国际公法的专业背景。② 通常而言，具有国际公法背景的仲裁员更能站在条约法、主权原则等国际法角度审视问题，意识到 ISDS 争议解决机制不同于商事仲裁的特殊性，从而更易于采取一种去商事化、更为中立的立场解释条约，相较于那些把 ISDS 条款的性质主观等同于对投资者的保护以及同情投资者的遭遇的倾向，国际公法背景的仲裁员则更会注意从主权角度审视 ISDS 的性质和缔约国的同意问题，避免作出超过缔约国正当预期的裁判。从理论上讲，尽管投资保护与参与仲裁之间存在一定联系，但直接进行投资协定仲裁绝不有意成为处理东道国与外国投资者之间任何类型争端的一般请求程序。

2. 商事化立场下条约解释适当性不足

从提高效率、便于运用及“投资”本身带有商事属性等角度出发，国际社会一开始是以国际商事仲裁为模板构建的投资仲裁机制，以至于不少人将投资仲裁看作是国际商事仲裁的一种类型，认为其不仅在具体规则中体现了国际商事仲裁的基本特征，同时在实践中也含有国际商事仲裁的价值取向，这些价值和特征可以归结为双方主体的平等性、争议解决的自治性、仲裁程序的保密性和裁决的一裁终局等。③ 然而，尽管这两种仲裁程序采用许多共同的原则和概念，国际投资仲裁与国际商事仲裁还是有本质上的区别，集中体现在国际投资

---

① See Gus van Harten, “Arbitrator Behaviour in Asymmetrical Adjudication: An Empirical Study of Investment Treaty Arbitration”, 50 *Osgoode Hall Low Journal* (2012), pp. 251 – 252.

② ［英］艾瑞克·德·布拉班得瑞：《作为国际公法的投资协定仲裁：程序方面及其适用》，沈伟译，法律出版社 2021 年版，第 8 页。

③ 参见袁杜鹃：《投资条约仲裁对“国际商事仲裁”之借鉴与改革》，载《上海财经大学学报》2012 年第 1 期，第 53 页；蔡从燕：《国际投资仲裁的商事化与“去商事化”》，载《现代法学》2011 年第 1 期，第 153 页。

仲裁具有国际公法属性。

第一，二者仲裁的主体存在不同。国际商事仲裁涉及的争端主体通常是私人平等主体，争端双方权利义务是对等的、地位是平等的。然而，国际投资仲裁的当事人一方为作为主权行使者的国家，另一方为来自另一国家的投资者，通常国家只能是被申请人，投资者和东道国的权利义务存在不对等性、地位也存在不平等性，由于国际投资仲裁涉及主权国家，故而国际投资仲裁具有国际公法属性。

第二，二者仲裁同意的形成不同。构成国际商事仲裁同意基础的合意是直接体现在私人合同中的，但是国际投资仲裁是建立在国际条约基础上的，作为投资仲裁基础的仲裁同意是在投资条约中而不是在合同中规定的。东道国表示的同意仲裁是国家基于国际公法法律文件的主权行为，而与商业行为有关的同意仲裁的表示与投资仲裁截然不同。在商业行为中，合同双方都明确表示通过仲裁而不是东道国法院解决纠纷，对与商业行为有关的仲裁表示同意不是一个国家根据一般国际公法行使其职能的结果。在国际商事仲裁中，国家本质上是以私人身份行事，但是在国际投资协定仲裁中，国家是以主权身份进行活动的。

第三，二者所涉争端的性质不同。在国际商事仲裁中，争议涉及双方当事人私人之间的合同义务。而以条约为基础的投资争议涉及国家对涉嫌违反国际法律文书所载国际法律义务的国际责任，换言之，投资仲裁庭的核心任务是评判主权国家主权行为的国际合法性，对违反投资保护义务的国家施以国际法律责任。国际投资争端的解决具有国际商事争端所不具备的外溢效应，仲裁庭裁决不仅影响两造当事人，更会触及东道国的社会民众、当地环境和监管权的行使，对东道国的社会公共利益有较大影响。

投资协定仲裁虽然具有私法维度，但其私法维度是从属于国际公法维度的，本质上是一个国际公法争端解决机制，故而不能把投资协定仲裁等同于受国内民商法掌控的私人争端解决机制，二者性质的不同决定了对仲裁条款的解释应有不同。在商事仲裁模式中，仲裁庭或国内法院可以采用商事化的思维和立场，在合同含义不明时推测理性商人的合理考虑是什么，[①] 站在充分尊重当事人对争端解决程序选择合意的立场上采取尽量让仲裁条款有效的立场。然而在投资争端中，鉴于国际投资协定争端解决机制的国际公法属性，仲裁庭必须采取一种不同于商事化思维的国际公法思维，采取各种路径探明缔约国合意，充分尊重立法者权威从而避免东道国的主权受到侵犯。而商事化带来的最大弊端是忽视了国际投资仲裁的国际公法因素，进而将国际投资争端视为投资者和东道国双方地位平等的纯粹商事争议，即误认投资仲裁解决的是只涉及双方利益的纯粹商事关系而非涉及东道国公共利益考量的规制关系，将私主体地位提升到和主权国家一样的高度。[②] 国际商事仲裁的理论基础让投资仲裁庭具有保护私有财产权的强烈倾向，往往会同情提起投资仲裁的投资者的遭遇，相较于维护公共利益和国家主权，保护投资者的权益具有同等重要性甚至优先性。[③] 在国际投资仲裁中，主权国家和私人投资者往往倾向于不同的争端解决方式——东道国希望通过本国行政与司法机关解决的“用尽当地救济”的方式，除非其通过条约、投资合同或国内法作出清晰无误的同意提交国际仲裁的明确承诺；而投资者则倾向于更为中立的国际仲裁来解决争议。[④] 投资仲裁的“商事化”之价值取向反映在管辖权层面便为仲裁庭天然认为仲裁相较诉讼是一种更好的争议解决方式，国际仲裁本身就体现了对投资者的保护，[⑤] 进而忽视东道国应享有的主权豁免和对争端解决程序的选择。尽管 BIT 中会对仲裁庭管辖权设置各种限制性条件，但仲裁庭总能通过扩大解释属人、属事、属时及仲裁前置条款以使仲裁同意范围条款涵盖案件争端，这种深受商事化思维影响的能动扩张主义

---

① Republic of Mozambique (acting through its Attorney General) (Appellant) v Privinvest Shipbuilding SAL (Holding) and others (Respondents), [2023] UKSC 32.

② Eric de Brabandere, *Investment Treaty Arbitration as Public International Law: Procedural Aspects and Implications*, Cambridge University Press, 2014, p. 66.

③ See Chen Huiping, "Expansion of Jurisdiction by ICSID Tribunals: Approaches, Reasons and Damages", *Journal of World Investment & Trade*, Vol. 12, Issue 5 (2011), pp. 677 – 678.

④ 参见肖芳：《国际投资仲裁裁决司法审查的“商事化”及反思——以美国联邦最高法院“BG 公司诉阿根廷”案裁决为例》，载《法学评论》2018 年第 3 期，第 159 页。

⑤ See Emilio Agustin Maffezini v The Kingdom of Spain, ICSID Case No ARB/9717, Decision of the tribunal on objections to jurisdiction, 25 January 2000, p. 54.

条约解释形态不当地突破了缔约国的仲裁合意，越发遭到国际投资仲裁理论界的批判。[①] 综上，商事化背景下的投资仲裁庭拥有较大的自由裁量权并具有扩大管辖权的倾向，其往往通过能动扩张的条约解释立场突破缔约国真意。

这种商事化的解释立场问题无疑在广义解释的既有成案中得到展现，广义解释成案中的仲裁庭存在以“证据不足”或“无需提交缔约情况”等理由来回避探明投资条约的缔约背景、不愿意挖掘缔约国的真实意图的问题。简单地运用文本解释方法按照仲裁庭预设的立场来扩大解释仲裁同意条款极易导致对东道国主权权利和社会公共利益的侵犯。扩张解释的投资仲裁庭在解释投资仲裁条款时似乎不受制约，倾向于作出有利于管辖权成立的解释结论，再次展现了投资仲裁中存在的以商业仲裁模式解决投资争端的倾向，而不考虑包含在投资争端仲裁中的国际公法因素。[②] 广义扩张解释的仲裁庭在条约解释上的最大缺陷便是没有将缔约国在条约缔结过程中的真实意图吸收到条约解释过程之中，相反，其通过弹性运用条约解释规则、选择性援引有利的先例，将扩张管辖权包装为符合投资条约的正当要求。这些法律技术手段的灵活运用都是为了投资者利益保护而进一步巩固了仲裁庭自我扩张管辖权的能力，其不当忽视了限制性解释包含的公共政策因素。双边条约乃双方意愿相互契合之产物，若条文理解存在异议，则此平衡或共识或将受损。因此，修复此等平衡或共识乃条约解释之根本职责。换言之，仲裁庭于解释条约之际，当致力于探寻缔约双方所蕴含之“原意”。[③] 没有缔约者的真实意图作为指引或约束，仲裁员就具有更大的自由裁量权，其对条约的解释也就增加了随意性风险，不同仲裁庭对相同或类似条款作出不同甚至相冲突解释的问题就会凸显，由于不需要或难以探求缔约国的真实缔约意图，仲裁员就更容易打着依据条约解释方法的旗号，对条约条款或投资权利朝着片面有利于投资者的方向进行解释，这势必导致裁决结果不

---

① See Jack J. Coe, “Domestic Court Control of Investment Awards: Necessary Evil or Achilles Heel Within NAFTA and the Proposed FTAA?”, *Journal of International Arbitration*, Vol. 19, 2002, p. 185.

② M. Sornarajah, *The International Law on Foreign Investment*, Cambridge University Press, 2010, p. 13.

③ 参见梁开银：《中国双边投资条约研究》，北京大学出版社 2016 年版，第 115—120 页。

公平，无法实现缔约国订立条约的真实目的。

五、BIT 限制性仲裁条款解释分歧的应对

从投资者的角度出发，其可借助国籍筹划和选择投资仲裁新依据从根本上规避管辖权风险。但在无法改变投资仲裁依据的情况下应慎重考虑是否发动仲裁申请、避免雪上加霜，倘若决定发动则可通过行使仲裁重要权利而在条约解释上争取最大支持。在政府层面上，我国不能仅考虑保护投资者海外利益或者增强东道国规制权的单一方面，而是应该兼顾两者的利益平衡，全面考虑保护我国海外投资者利益和维护我国主权和社会公共利益的需要。

（一）中国投资者的应对

尽管涉中外 BIT 法律风险在战略层面取决于主权国家谈判缔约的结果，企业在法律技术层面无法完全防范或化解，但基于过往案例实践与国际投资法理论，以下建议对于中国企业在最大范围内化解限制性仲裁条款带来的管辖权风险仍具有实益。

1. 风险避免：重新选择仲裁依据

中国投资者应对限制性仲裁条款带来的管辖权风险的最佳方法并非通过条约解释途径说服仲裁庭。即便投资仲裁庭有过诸多扩大解释的先例，但从近期投资争端判例和国际社会关于投资仲裁庭管辖权扩大化的批评趋势来看，限缩解释已具有较大的稳定性，在各国越发强调平衡投资者保护和东道国公共利益的大背景下，试图依靠扩大解释先例从条约解释角度论证己方立场具有高度的不确定性，即使能够成功也无法将可仲裁事项扩大到东道国违反其他 BIT 实体保护义务的争议，其实乃别无他法的下策。鉴于此，投资者采取合理措施以规避旧协定中的限制性争端解决条款无疑是更为稳妥与有效的应对举措。这些举措可以归纳为通过“国籍筹划”与“选择其他自由化的投资仲裁依据”来进行

“条约挑选（treaty shopping）”。[①]

（1）国籍筹划。国籍筹划是指中国企业首先在第三国成立子公司，随后利用此子公司在东道国进行投资，或将位于东道国的既有投资转移至位于第三国的关联企业或自然人名下。通过这样的布局，企业可以第三国投资者的身份发起国际投资仲裁，进而享受第三国与东道国之间签订的投资条约所提供的保护。[②] 一言以蔽之，国籍筹划的本质在于投资者通过在第三国创造连接点从而达到利用该国同东道国签订的投资协定的目的。首先，整个国际投资法体系呈现出碎片化的特点，但正是这种国际投资条约的碎片化特征为追求利益最大化的投资者进行条约挑选提供了客观条件，其可以通过国籍筹划选择包含更加自由化争端解决条款的BIT。[③] 其次，国际投资协定中宽泛的投资定义使得绝大多数BIT承认股东因公司本身遭受损失进而使其股权价值受损时以股东名义直接提起仲裁申请，股东直接诉权的存在使得作为东道国企业股东的投资者可以直接依据第三国BIT以股东自身名义申请仲裁而不必通过东道国国内企业。[④] 最后，投资协定中投资者国籍的认定标准一般以简单的“注册地”为单一标准，注册地标准使投资者获得第三国国籍变得非常容易，其仅需要在当地设立子公司即可。[⑤] 在通过国籍筹划方式获得第三国更有利的BIT保护的过程中，企业

---

① 需要说明的是，将最惠国待遇条款扩张适用于争端解决等程序事项虽也得到过部分仲裁庭的支持和学者的提倡，但目前主流观点是认为除非BIT有明确规定，否则最惠国待遇条款仅能适用于实体事项，2012中国—加拿大BIT第5条也明确将MFN条款的适用范围排除在争端解决机制外。从涉华限制性争端解决条款既有成案来看，投资者通过扩大MFN条款的适用范围以期获得更宽松投资协定保护的主张全部被仲裁庭驳回。

② 参见任清：《海外投资者须重视“国籍筹划”——中企诉蒙古国政府败诉的警示》，载《中国外汇》2017年第17期，第61页。

③ See Jorun Baumgartner, *Treaty Shopping in International Investment Law*, Oxford University Press, 2016, p. 20.

④ 参见梁丹妮、邱泽：《国际投资仲裁中股东行使间接求偿权问题研究》，载《国际贸易法论丛》2015年第6卷，第134—136页；张建主编：《国际投资法原理》，法律出版社2023年版，第186页。

⑤ 以涉华限制性仲裁同意条款案例中的“澳门世某诉老挝案”为例，投资者在2015新加坡高等法庭撤销仲裁庭管辖权决定后，又依据2003荷兰—老挝BIT于2016年以100%控股的母公司LH的名义再次提起了ICSID仲裁，而此BIT第9条规定了任何投资争议均可提交ICSID调解或仲裁。

需要特别注意进行国籍筹划的时间，避免争端发生后进行事后挑选。变更投资者国籍至迟应在相关投资争议已经出现或可以合理预见前即进行，“临时抱佛脚式”的国籍筹划行为可能会被仲裁庭认为是具有恶意的权利滥用行为，进而以违反诚信原则适用揭开公司面纱原理而拒绝投资者的主张。①

（2）选择新的投资仲裁依据。除通过国籍筹划变更投资者国籍以获得更优 BIT 保护这种间接方式外，在特定情况下，投资者亦可直接选择依据其他投资仲裁依据诉诸国际仲裁。国际投资仲裁的仲裁合意可以通过直接约定的投资合同、双边或多边投资保护协定以及东道国法律规定等多种方式达成，② 相应地，投资者完全可以依据其与缔约国签订的投资合同、东道国国内法和不包含限制性仲裁条款的其他投资协定提起国际仲裁。鉴于中国与一些国家在不同时期缔结了多份投资协定，特别是在与某些国家签订了 BIT 后又与这些国家缔结了区域性多边贸易协定或双边自由贸易协定，而这些贸易协定中的投资章节一般并不对可仲裁事项做狭隘的约束。中国目前对外签订了 18 项自贸协定，其中具有代表性的中韩自贸协定中的投资章节和中国东盟自贸协定中的《全面经济合作框架协议投资协议》代表了我国自贸协定可仲裁事项两种范式，前者为规定任何投资争议均可提交仲裁，后者为东道国违反特定实体义务的争议可提交仲裁。③ 投资者在与缔约国发生争议后不仅要诉诸双边投资保护协定，也要检索我国是否与该国订有自由贸易协定并查明其具体内容，若满足投资章节的适用条件则完全可以其为依据发起国际仲裁。④

---

① See Phoenix Action, Ltd. v. The Czech Republic, ICSID Case No. ARB/06/5, award, p. 106.

② 参见李贤森：《国际投资仲裁的意思自治保障与商事发展路径》，载《国际法学刊》2022 年第 4 期，第 84 页。

③ 参见中国自由贸易区服务网。

④ 以“谢某诉秘鲁案”为例，我国与秘鲁于 2009 年签订的《中国—秘鲁自由贸易协定》中包含投资章节，其第 139 条规定有关投资的任何争端均可提交 ICSID 仲裁，故而倘若日后再有中国投资者与秘鲁政府产生投资争端，中国投资者可以依中秘自贸协定提起仲裁进而绕开中秘 BIT 中限制性仲裁条款的限制。再如，2022 年 11 月 ICSID 登记的两家中国企业依据《中国—东盟投资协议》对越南政府提起仲裁申请，其并没有选择 1993 年中国和越南 BIT 作为仲裁依据，显然也是考虑到了后者所包含的限制性仲裁条款的管辖风险。

2. 风险解决：挑选仲裁员和仲裁地

如果投资者业已决定申请仲裁，其应特别注意审慎行使选择仲裁员和仲裁地的权利，既有涉华成案已经表明二者对于案件结果的走向有重要影响。首先，投资者在选择己方仲裁员时应将仲裁员在先表露、持有的学术观点以及过往案件裁判情况作为重要考虑因素，深入挖掘仲裁员是否有过处理相同争点问题的经验，以其先前支持或否定广义解释的立场作为是否选择的核心标准以趋利避害，投资者甚至可以直接考虑将先前处理过同样问题的仲裁员再次委任为本案仲裁员。在“北京某钢诉蒙古国案”中，首席仲裁员 Peter Tomka 所在的律师事务所曾作为“澳门世某诉老挝案”中申请人的代理人，鉴于某能案仲裁庭作出了广义解释，首席仲裁员在蒙古国未提出该仲裁员回避请求的情况下基于道德方面的原因主动辞职，以防止蒙古国政府对广义解释的担忧，本案首席仲裁员的替换或多或少有助于蒙古国政府的最终胜诉。

除选择仲裁员之外，在非 ICSID 仲裁程序中投资者还要注意仲裁地的选择问题。在非 ICSID 投资仲裁中，仲裁地法院有机会对仲裁裁决进行司法监督和审查，国内法院在审查仲裁庭管辖权时同样面临对投资条约的解释问题。一方面，仲裁地国内法院将以何种标准去审查投资仲裁庭的管辖权对条约解释的走向有重要影响。“澳门世某诉老挝案”中新加坡高等法庭和上诉法庭采用了重头审查标准（de novo review），即法院并不受制于仲裁庭的发现和推理，其有权重新审查案件争点并按自己的理解解释条约。①而“北京某钢诉蒙古国案”仲裁地的美国纽约南区地区法院和联邦第二巡回上诉法院则采用了遵从标准（deferential review），认为只要有明显和无错误的证据证明撤裁申请人同意仲裁庭自己来裁决包括争议事项是否落在仲裁条款范围内的可仲裁性问题，法院就必须尊重仲裁庭的推理和发现进而只能以联邦仲裁法第 10 条规定的有限理由撤销仲裁。② 在管辖权裁决对投资者不利的情况下选择采取遵从标准的仲裁地无疑对投资者显著不利。另一方面，国内法院对投资仲裁裁决司法审查的态度同

① See Judgment of the Court of Appeal of Singapore［2016］SGCA 57，29 Sept 2016，pp. 40 – 44.

② See Opinion & Order of the United States District Court for the Southern District of New York ，19Nov 2019，pp. 10 – 11.

样是投资者选择仲裁地的重要考虑。一些国家例如美国为了保持其仲裁市场的竞争力在司法审查时采用了商事化立场，更倾向于尊重仲裁庭裁定其有管辖权的决定，[①] 故而投资者选择商事化立场国家作为仲裁地显然有助于己方利益。

（二）中国政府的应对

国际社会在应对 ISDS 的合法性危机时存在三种范式选择——渐进主义改革方案、系统改革者方案以及范式改革者方案。[②] 第一种方案认为现行的 ISDS 仲裁机制仍是较好选择，应予保留，仅需针对具体问题进行适度改进，其代表性协定为以美式 BIT 为范本的 CPTPP 和 USMCA；第二种方案主张，尽管投资者的国际索赔权应得到保留，但现行的投资条约仲裁制度存在明显不足，因此建议采用投资法院或上诉机构作为替代方案。在这一观点上，欧盟起到了关键的推动作用；[③] 第三种方案则提出，应彻底摒弃 ISDS 仲裁机制，转由东道国国内法院诉讼和国家间仲裁取而代之。这一主张得到了部分拉美发展中国家的支持。[④] 这两种方案的核心分歧在于是否应继续沿用 ISDS 仲裁机制，或是转向投资法院制度。[⑤] 中国政府认为，ISDS 机制在总体上仍然是有效的，并已表明支持对投资条约仲裁制度进行改革。对于包括设立常设上诉机制在内的各种可能方案，中国政府持开放态度。[⑥] 因此，中国未来的国际投资协定将继续保留 ISDS 机制，允许投资者依据国际投资协定直接向国际投资争端解决机构索赔，

---

① 参见肖芳：《非 ICSID 投资条约仲裁司法审查的困境及其应对——以法院对投资条约的解释与适用为视角》，载《环球法律评论》2024 年第 1 期，第 211 页。

② Anthea Roberts, "Incremental, Systemic, and Paradigmatic Reform of Investor-State Arbitration", *American Journal of International Law*, 2018, p. 410.

③ 欧盟在与美国 TTIP 谈判的过程中提出建立投资法庭及上诉机制，并且已写入与加拿大签订的综合性经贸协定以及与新加坡、越南签订的投资协定中。

④ See Trishna Menon and Gladwin Issac, Developing Country Opposition to an Investment Court: Could State-State Dispute Settlement be an Alternative? 近年来，拉美国家的“卡尔沃主义”有回归之势，例如拉美最大的经济体巴西拒绝批准 ICSID 公约；拉美若干自然资源丰富的发展中国家退出 ICSID 机制，包括玻利维亚、厄瓜多尔、委内瑞拉。

⑤ 参见余劲松：《投资条约仲裁制度改革的中国选择》，载《法商研究》2022 年第 1 期，第 60 页。

⑥ 参见联合国国际贸易法委员会：《投资者与国家间争端解决制度可能的改革——中国政府提交的意见书》。

这构成中国政府应对仲裁庭解释中国 BIT 不一致问题的逻辑起点。鉴于“一带一路”倡议的深入推进、国际经贸环境的复杂多变，以及国际投资法治的不断现代化，中国政府应当审慎平衡投资者海外利益与东道国主权保护，以适应中国作为资本输出国和资本输入国的双重角色，统筹考虑保护中国海外投资者利益和维护中国主权和社会公共利益的需要。

1. 维护投资者利益：加快革新旧协定的可仲裁范围

狭窄的投资仲裁范围条款令中国投资者寻求国际法律救济的能力受阻，无法让其在东道国法律体系无法提供有效保护时将争端诉诸国际仲裁庭，[①] 中国双重投资身份的转变与“一成不变”的投资保护协定已经产生错配矛盾，投资者事实上已陷入“救济无门”的困境。[②] 现有限制性仲裁同意的双边投资协定未能充分预见并涵盖中国当前利益格局与身份转变，若继续沿用此协定，恐将与新时代的投资保护需求产生显著的不匹配。鉴于国内法治环境的日益完善、海外投资的持续发展以及国际环境的复杂多变，中国投资协定亟须将仲裁事项范围从征收数额适度扩展至征收及其他相关投资事项，旧式“老的、短的、粗浅的”BIT 必须向“新的、深入的和复杂的”BIT 过渡以契合新时代需求，[③] 而在革新国际投资协定这一系统性的巨大工程中，首当其冲的就是要尽快删除不契合时代与中国现阶段国情利益的限制性仲裁条款。其一，“一带一路”倡议下中国海外投资对象很多位于亚洲、非洲、美洲等发展中国家，这些国家往往国内法治水平较低，对外国投资者的保护仍然比较薄弱，自由化的投资仲裁条款有利于让中国投资者获得中立的救济机会。其二，在逆全球化抬头、保护主义泛滥、地缘政治激烈竞争的新国际背景下，外国尤其是以美国为首的西方

---

① See Stephan W. Schill, “Tearing Down the Great Wall: The New Generation Investment Treaties of the People’s Republic of China”, 15 (1) *Cardozo Journal of International and Comparative Law*, 2007, pp. 73; Kathrvn Sanger, *Basic Principles of Investment Treaties*, in Michael Moser (eds). Investor-State Arbitration Lessons for Asia, Juris Publishing, 2008, p. 22.

② 参见刘雪红:《中国海外投资保护的法律障碍与制度重构——基于北京城建诉也门等五案的分析》，载《华东政法大学学报》2019 年第 2 期，第 176 页。

③ See Wolfgang Alschner & Dmitriy Skougarevskiy, “Convergence and Divergence in the Investment Treaty Universe-Scoping the Potential for Multilateral Consolidation”, *Trade Law & Development*, Vol. 8: 2, 2016, p. 52.

发达国家对华经济制裁、科技遏制的风险不断加剧，自由化的仲裁条款可加强中国投资者通过国际机制对抗经济制裁风险的能力。① 从国际投资仲裁角度来看，东道国对于特定国家、地区、行业、实体或者个人等制裁对象所实施的上述三种经济制裁措施均有可能损害外国投资者在东道国的投资权益，尤其可能违反征收条款和公平公正待遇条款，从而引发国际投资争端，此时 ISDS 仲裁机制便可审查经济制裁措施的合法性和适当性，制裁国的规制行为将在 ISDS 机制下接受国际法层面的审视和考验。② 然而，限制性仲裁条款无疑削弱了中国投资利用国际仲裁程序对抗非法制裁的能力。③

在仲裁同意条款的具体设定上，宜以第三代 BIT 和晚近商签的自贸协定中的投资章节所设定的 ISDS 仲裁条款为范式，采用“正面同意 + 反面排除”式的模式，既要防止第一代 BIT 中过于狭隘的仲裁同意范围，也应警惕将“任何投资争议”均可提交仲裁所带来的巨大被诉风险，避免上演“阿根廷式悲剧”。此外，在投资协定中规定中国的仲裁机构作为争端仲裁机构既可以发挥其熟悉中国国情的优点进而降低对征收补偿款额仲裁条款进行广义解释的风险，亦能帮助中国商事仲裁机构积累处理国际投资争端的宝贵经验。④ 从更为普遍的国际视角来看，鉴于世界至今仍未达成关于投资仲裁改革路径的共识，让中国有意愿和能力的商事仲裁机构参与到国际投资仲裁的改革大潮中，无疑有利于为探索出投资仲裁改革的新道路、为世界贡献出投资仲裁改革的新方案贡献中国

---

① 经济制裁可分为金融禁令、贸易禁令和旅行禁令，分别指禁止金融机构为被制裁目标提供金融服务和冻结制裁目标资产，禁止任何实体与被制裁目标开展贸易活动和禁止制裁目标投资，禁止特定人员入境。参见姜悠悠：《论美国单边制裁对国际商事合同法律适用的影响》，载《财经法学》2022 年第 2 期，第 177 页。

② 参见赵德铭、金挺峰、周文桐：《国际投资仲裁中的经济制裁问题研究》，载《国际经济法学刊》2023 年第 2 期，第 70、76 页。

③ 例如，2021 年我国北京某产业投资公司因受到乌克兰的制裁而选择援引 1992 年中国与乌克兰 BIT 向乌克兰政府提起国际投资仲裁，主张乌当局的包括冻结资产和拒绝入境等一系列的制裁措施非法剥夺了申请人的股东权利，进而向乌克兰索赔 45 亿美元损失，然而中乌 BIT 第 10 条的有限仲裁同意条款却将成为阻碍中国投资者诉求的管辖权障碍。参见龚柏华：《涉华投资者—东道国仲裁案法律要点及应对》，载《上海对外经贸大学学报》2022 年第 2 期，第 72 页。

④ 参见刘晓红、朱怡：《国际投资仲裁的“商事化”与中国进路》，载《上海对外经贸大学学报》2019 年第 6 期，第 71 页。

智慧。①

2. 维护中国主权：加强缔约国对仲裁庭解释投资条约的控制

条约的缔结谈判通常是漫长复杂的过程，短期内集中对大量投资条约修改的成本可能过高，采取缔约国联合解释的方式化解管辖权风险实为限缩仲裁庭条约解释自由裁量空间、增强缔约国对仲裁庭影响力的有效方式。国际投资条约的谈判与缔结体现了缔约方的意思，条约缔结后的解释主要由仲裁庭负责，这意味着投资条约的解释并非专属于仲裁庭而是由缔约国和仲裁庭共享，条约解释应被视为投资仲裁庭与缔约国之间的建设性对话。② 缔约国联合解释的本质是在缔约国与仲裁庭之间划分解释权力，通过缔约国的参与制约仲裁庭的条约解释权。③ 在理论上，对条约进行联合解释是作为条约主体的缔约国的固有权利，符合国际法规则，这种解释被称为“有权解释”。④ 从全球实践来看，在投资协定中定入缔约国联合解释条款的实践并非鲜见，此类条款通常要求仲裁庭在案件审理过程中就国际投资条约特定的约文解释问题寻求缔约国意见，全体缔约方通过磋商对约文的真正含义作出共同声明，主要表现为缔约方以联合决定、商定会议记录、议定书、换文或任何其他适当形式对相关条款进行联合解释，且缔约国作出的条约解释对仲裁庭具有拘束力。⑤

在国际投资条约和投资仲裁实践中，已有关于联合解释的立法规定和缔约国通过对争议所涉及的条款含义作出法律解释进而影响仲裁庭裁判的实例，例如根据 2012 年美国 BIT 范本第 30 条第 3 款的明确规定，一旦缔约国间对条约条款作出联合解释的决定，这一决定将具有法律约束力，对仲裁庭的裁决产生直接的影响。任何由仲裁庭作出的裁决，均必须与该联合解释决定保持一致。

① 参见李贤森：《国际投资仲裁的意思自治保障与商事发展路径》，载《国际法学刊》2022 年第 4 期，第 110 页。

② 参见张生：《国际投资法制框架下的缔约国解释研究》，载《现代法学》2015 年第 6 期，第 169 页。

③ See Anthea Roberts, “Power and Persuasion in Investment Treaty Interpretation: The Dual Role of States”, *American Journal of International Law*, Vol. 104, Issue 179 (2010), p. 225.

④ 参见李浩培：《条约法概论》，法律出版社 2003 年版，第 347 页。

⑤ 参见靳也：《国际投资仲裁程序规则中的缔约国条约解释机制研究》，载《武大国际法评论》2017 年第 5 期，第 89 页。

依据这一条款，只要缔约国声称其联合决定是对条约的官方解释，仲裁庭就必须尊重并遵循这一解释，而无权对这一决定是否构成对条约的修改进行任何形式的审查。《东盟全面投资协定》第40条亦有类似的规定，其中明确指出，仲裁庭应自行或在某争端当事方的要求下，向缔约国请求对争议的条约条款进行联合解释。这种由缔约国间作出的联合解释决定，同样对仲裁庭具有法律约束力。同样，与我国利益紧密相关的国际投资协定中也可见缔约国联合解释的机制，例如，CPTPP要求设立一个由缔约国任命的官方委员会，该委员会有权代表缔约国发布具有法律约束力的条约条款联合解释进而避免仲裁庭对CPTPP条款作出与缔约国原意不符的解释；CAI协定第六章第1.5条也授权缔约方联合解释；RCEP虽然不解决ISDS问题，但同样规定了有缔约国联合解释条款。缔约国实际行使联合解释权并影响仲裁庭的实例则为NAFTA设立的自由贸易委员会在2001年首次就公平公正待遇条款做出一项解释说明，并在后续投资仲裁实践中被认为是“有约束力的”。①

缔约方联合解释可以分为两种不同模式，一种是缔约国之间通过临时磋商对条约解释问题达成协议，另一种则是缔约国通过条约下建立的常设机构发布条约解释。我国可在有条件的情况下尝试更多建立多边常设解释机构，进一步为国际投资条约提供具有权威、一致和可预测的解释。② 目前我国共有6份国际投资条约或自由贸易协定中纳入了联合解释条款，其中既包括如中国—加拿大BIT这样规定了缔约国可以临时磋商共同向仲裁庭提交解释的模式，也有如中国—澳大利亚自由贸易协定这样借鉴了NAFTA设立常设解释机构的模式。值得注意的是，联合解释的效力这一最关键也是最具争议性的问题，目前中国立场是缔约国的联合解释对仲裁庭具有强制约束力，换言之，仲裁庭必须接受并不得审查。然而在联合解释的溯及力和对未来争议的效力上，相关BIT并未有统一明确的规定，例如，在中国签署的BIT条约中，联合解释的效力是否及

---

① See Chen Huiping, “Expansion of Jurisdiction by ICSID Tribunals: Approaches, Reasons and Damages”, *Journal of World Investment & Trade*, Vol. 12, Issue 5 (2011), pp. 671 – 688.

② 参见肖芳：《非ICSID投资条约仲裁司法审查的困境及其应对——以法院对投资条约的解释与适用为视角》，载《环球法律评论》2024年第1期，第221页。

于后续争端的投资仲裁庭并不明确，特别是同样的中文表述所对应的英文存在差异，譬如中国—加拿大 BIT 中规定“对仲裁庭（a tribunal）具有约束力”，意味着对所有的投资仲裁庭都有约束力；而在中国—乌兹别克斯坦 BIT 中又采用了“对仲裁庭（the tribunal）具有约束力”，意味着只对本案投资仲裁庭有约束力。[①] 建议日后纳入的 BIT 条款明确将缔约国的联合解释的效力等同于条约文本本身，进而将联合解释的效力向前延伸至未审结的案件与未来的投资仲裁庭。综上，设置联合解释条款，可以有效防止仲裁庭对投资协定的重要条款作过度的扩张解释，以此约束仲裁庭的自由裁量权，防止仲裁庭的解释偏离缔约国的真实意图，依据联合解释作出的裁决也将具有更强的正当性、合法性和一致性。

六、结　　语

中国 BIT 限制性仲裁条款的真实含义是将仲裁同意仅限于征收赔偿数额的计算这一特定争端，而将征收的存在、合法性及其他投资实体争议的审理权通过“当地救济”分配到东道国国内法院或行政救济程序中。在投资仲裁实践中，既有 6 个涉华成案的仲裁庭虽都援引了 VCLT 确立的条约解释原则与方法，却得出了持主观论立场的广义解释和客观论立场的狭义解释两种截然相反的结论。条约解释分歧的成因并非在于技术层面的是否遵循了 VCLT 的解释框架，而在于仲裁庭推理的实质错误与不周延，更在于思维层面的关于投资协定仲裁机制及包含于其中的 ISDS 条款的定性之理念。仲裁机制的商事化和仲裁庭的商事化思维是造成狭义解释结论错误的根本原因。投资协定仲裁机制赋予仲裁庭依据国际法评估东道国是否违反其国际条约下的义务的权能，然而其争端解决性质和国际商事仲裁有实质不同，本质上具有国际公法属性，这便决定了不应采用商事化的思维和立场来解释 BIT 的条款。职是之故，下列三方主体应做好如下应对措施：

---

① 参见赵海乐：《国际法治视角下的 BIT“联合解释”问题研究——以中国缔约文本为切入点》，载《现代法学》2017 年第 2 期，第 147 页。

第一，仲裁庭。投资仲裁庭在恪守条约解释一般规则的基础上，特别应秉持投资条约仲裁的国际公法属性，充分尊重缔约国主权，避免套用国际商事仲裁的商事化立场解释投资协定。这就要求仲裁庭以文本为基础，充分考虑文本的目的、宗旨及当事国的意图，最终达致合乎常识、逻辑自洽、公平合理的解释结论。仲裁庭特别应秉持投资条约仲裁的国际公法属性，充分尊重缔约国主权，认真考察缔约国的缔约背景资料和真实缔约意图，加强与缔约国在条约解释上的合作。

第二，投资者。尽管涉中外 BIT 法律风险在战略层面取决于主权国家谈判缔约的结果，投资者在法律技术层面无法完全防范或化解，但其仍可通过选择新投资仲裁依据而从源头上规避管辖权风险，在不具备此种条件时亦可通过挑选仲裁员和仲裁地来在条约解释上争取仲裁庭的最大支持。

第三，中国政府。作为双向投资大国，中国政府应该兼顾投资者保护和规制外资利益的平衡，全面考虑保护中国海外投资者利益和维护中国主权和社会公共利益的需要。一方面加快革新旧协定的可仲裁范围以应对中国投资者对外维权的管辖权风险。另一方面加强缔约国对条约解释的控制力和影响力，压缩仲裁庭自由解释条约的裁量空间，推动 ISDS 机制不断向国际公法的属性演变，避免其不断的商事化，推动国际投资仲裁机制朝着更加现代、合理的方向演变。

（初审：张呈玥；校对：赵超凡）

改变监督机关就能改善监督效能吗？

——选择型公司法视角下公司监督机关设置模式探析

符大卿*

摘　要：公司监督机关的低效、失效是中国公司治理的常态，改善监督机制是此次公司法修订的一大重点，但能否切实提高监督效能仍不无疑问。从监督机关的原理看，公司的监督机关本质上是平衡不同主体利益冲突的矫正机关，公司内部不同的矛盾决定了不同的监督机制。公司股权分散程度、两权分离程度等因素不同，适合的监督机关也不同，选择型公司法虽对此有所回应，但回应并不充分。就现有监督制度的可选择性而言，监事会仍然具有继续存在的必要，审计委员会还需要解决功能定位与职权设计，作为基础制度的独立董事制度也需要得到完善。故由于不同监督机关各有优劣，单纯赋予公司选择权并不能直接改善公司的监督效能。就解决路径而言，可以董事会为中心，先确定董事会的功能与地位，建立与董事会功能相匹配的监督机关，继而完善各种不同监督机关的具体制度缺陷，最后增强对实际控制人的监督。

关键词：监督机关；审计委员会；监事会；独立董事；选择型公司法

* 符大卿，中国人民大学博士研究生。

一、问题的提出

通常认为，在公司治理中，“board”（董事会和监事会）的作用就是“oversight”（监督）的机能，被称为“公司治理的钥匙”，因而如何确保企业中的监督机能就成为最重要的问题。[①] 自从我国确立监事会制度后，学界对于监事会的作用争议不断。我国在1993年《公司法》颁行之初就将监事会作为公司三大常设机关之一，是公司的监督机关，代表公司行使监督权。此后三十多年，监事会的职权虽不断强化，但是监事会制度在我国公司治理中的实际作用却一直饱受诟病。自2021年12月起，全国人大常委会先后公布《公司法(修订草案)》等3个修订草案（以下分别简称《一审稿》《二审稿》《三审稿》)，并最终于2023年12月30日通过新《公司法》，对公司监督机关的设置作出了重大调整，最为突出的表现即为监事会的选择设置模式（以下引用条文均为新《公司法》条文)。纵观本次修订，公司监督机关变化的主要体现在：立法允许有限公司在董事会中设置审计委员会，行使公司的监督权，而不再设监事会或监事；[②] 允许股份公司在董事会中设置审计委员会，若审计委员会过半数成员为非执行董事，可以不设监事会或者监事。[③] 由此可见，监事会将不再是公司的必设机构，公司的监督机关进入选择时代或许将成为现实。

在选择中，改变监督机关本身显然不仅是为了改善监督效能，还肩负着改善中国公司治理困境的重任。但公司治理中监督权显然是破除当前公司治埋困境的关键。监督机构设置模式的更替体现了立法者对完善公司治理的期待，但如何有效提升其监督效能仍然充满疑问，而这些疑问恰恰来自监事会和审计委员会之间的选择。监事会制度存在既有困境，审计委员会引入的规则也不完善，独立董事在我国直到今天也有很多亟待改良的问题。如此一来，为什么选择？

① 参见［日］神田秀树：《公司法的精神》，朱大明译，法律出版社2016年版，第33页。

② 《公司法》第69条规定：有限责任公司可以按照公司章程的规定在董事会中设置由董事组成的审计委员会，行使本法规定的监事会的职权，不设监事会或者监事。

③ 《公司法》第121条第1款规定：股份有限公司可以按照公司章程的规定在董事会中设置由董事组成的审计委员会，行使本法规定的监事会的职权，不设监事会或者监事。

如何选择？怎样才能实现更好的选择？无疑是值得思考的问题。

其实，监督机关的不同设置方式只是监督权安排的形式上的体现，其背后的运作机理差异才是了解监督权运行的关键。本文即试图从监督机关设置方式出发，从“公司自主选择”而非“立法选择”的视角，对上述议题展开讨论。

二、选择监督机关的内在机理阐释

为什么需要选择？原因在于，赋予当事人自主选择公司监督机关是选择型公司法的一个鲜明体现。所谓选择型公司法，其核心要求在于充分赋予当事人根据自身需求对不同规则的选择权，从而使公司法规范对商业实践更具契合度与回应力，将司法聚焦于规则的对应适用性，让当事人在法律体系下具有更充分的能动参与性。[①] 以选择型公司法视角分析监督机关的设置模式，应深入挖掘不同监督机关背后的深层原理，阐明商业实践的需求，为优化规则设置、改善公司治理提供更契合实践的解决思路。因此，选择型公司法需要回答监督机关的本质、选择的原因、选择的回应能力三个方面的问题。

（一）监督机关的本质是协调利益矛盾的矫正机关

公司治理中的监督机制与决策、执行等机制不同，它本身并不是公司治理中最为原初的一种权力安排，而是伴随着公司的决策、执行而产生的一种机制。在不同的公司治理模式中，监督权的重要性并不一样；在同一种公司治理模式下，监督权的安排也会因公司的规模大小、公司的内部安排的不同等因素而差别巨大。作为一种次生的公司治理机制，它是公司实现内部正义的矫正机关，体现着救济弱者、平衡利益的矫正正义理念。

公司监督机制是作为辅助公司决策、执行的次生机制，这种机制的诞生有两种不同的路径，进而形成了两种不同的监督机关，这是监督机制可以选择的一个前提条件。一种是单层制治理中依靠外部董事、独立董事的监督方式，另

① 参见周游：《公司法的功能嬗变：从填空到选择》，法律出版社 2022 年版，第 60—66 页。

一种是双层制治理中监事会置于董事会之上的监督方式。作为现代公司的起源之一，荷兰东印度公司在建立时的组织机构十分简单：公司设股东大会为最高权力机构，由股东大会选举60名董事组成董事会，为公司决策机构，另选17人组成经理会，负责公司日常事务。① 英国东印度公司则更为简单：仅有15名董事，作为公司的日常决策执行机构。② 荷兰东印度公司、英国东印度公司与英格兰银行一起成为现代公司董事会制度的起源，后来，董事会制度逐渐传入美洲、亚洲等地，形成了当今世界上最为主流的公司内部机关安排。③ 可以看出，在这一时期，代理成本问题已经出现，但董事会仅主要是公司决策机关。随着商业实践的发展，从股东中选举出的董事并不能负担起公司运营管理的重任，这导致职业经理层逐渐向公司权力中心靠拢和代理成本的扩大。随着公司控制权和经营权的分离，股东与公司经营管理被逐渐隔离开来，公司几乎完全成为经营者所控制的公司。经营者无法监督自己，容易侵害股东、公司利益，催生了英美法系国家特有的独立董事制度。另一种监督机制——监事会则出现于晚近的德国《股份法》，它源于普鲁士铁路公司中的组织机构选择。由于当时设立铁路公司需要获得国家许可，公司不仅需要公布章程、铁路规划、预算、账目等，还要设国家专员代表国家利益参与到公司运营中，其有权召集股东会和董事会。因此，普鲁士的很多铁路公司将自身组织机构分为三级，即股东大会、董事会和位于决策中心地位的监事会或者理事会。④ 随着国家许可制度的取消，股东为了维护自己的利益，需要在股东大会和董事会之间设置监事会，从而便于股东监督董事会。⑤

由此可见，监督机关的设立源于公司中不同利益主体之间的矛盾，即公司

① 参见邓峰：《普通公司法》，中国人民大学出版社2009年版，第20页。

② 参见［英］约翰·米克尔思韦特、阿德里安·伍尔德里奇：《公司简史》，朱元庆译，北京大学出版社2021年版，第40—41页。

③ See Franklin A. Gevurtz, "The European Origins and the Spread of the Corporate Board of Directors", *Stetson Law Review*, Vol. 33：3, pp. 925 – 954（2004）.

④ 参见泰赫曼、王彦明、孙昊：《德国股份公司的监事会：历史发展与现代挑战》，载《社会科学战线》2015年第5期，第214—215页。

⑤ 参见泰赫曼、王彦明、孙昊：《德国股份公司的监事会：历史发展与现代挑战》，载《社会科学战线》2015年第5期，第216页。

在设立时为防止一方主体在利益冲突中因不公正的行为而受到伤害，需要单独设置一个监督机关为容易受到侵害的一方提供保护，以实现公司治理中的公平正义。需留意的是，不同地域的商事实践孕育出了不同的监督机制和监督机关，本不存在选择的问题。监事会、含有独立董事的审计委员会这两者之间能否选择也不是一个普遍性的问题，只是我国的法律移植所带来的并发问题。因此，选择监督机制首先需要解决两种土壤下监督机关的侧重不同。我国在引入这两种监督机制时，本就是为了应对相应的治理困境，故对于不同的公司来说，处于公司权力中心的主体可能不同，监督的对象会有所不同，监督机关保护的对象也会不同。

（二）公司内不同的利益冲突决定不同的监督机制

公司是法律拟制的主体，其本质是各种利益关系的构造。① 根据不同利益主体的划分，公司中存在着三对主要的矛盾，即大股东与小股东之间的矛盾、股东与管理层之间的矛盾和公司与债权人之间的矛盾。为了平衡这三对不同的矛盾，法律就需要提供三种相应的调整机制。就公司内部关系而言，主要涉及前两种矛盾，对这两种矛盾的不同应对方式，构成了不同监督机制的本质区别。

在大股东与小股东之间的矛盾中，监督机关的主要目的在于保护小股东利益，监事会模式具有优势。该类矛盾主要存在于小型公司或两权分离程度较低的公司，在这些公司中，股权结构对公司监督机关的设置具有举足轻重的影响。在规模较小的公司中，股东问题基本上占据公司治理的全部。通常情况下，有些股东与公司的监督机关是重叠的，如三名股东中，一名股东任执行董事，其余两名股东任经理和监事，此时公司股东间的矛盾很容易体现为公司机关之间的博弈。换言之，公司的机关之间分权制衡实际上仅仅是一个形式，本质是股东之间的相互制衡。例如，在有的案例中，公司的股东未经股东会决议将公司资产用于抵偿债务，且部分债务为非公司债务，作为监事的另一股东认为其侵害了公司和股东的权利，提起监事代表诉讼，请求法院确认债务抵偿协议无

---

① 参见梁上上：《论公司正义》，载《现代法学》2017 年第 1 期，第 63 页。

效。[①] 在有的案例中，作为监事的股东认为执行董事（股东）挪用公司资金，损害了公司利益，提起监事代表诉讼。[②] 可见，在有限公司中，监事会（或监事）在很大程度上是小股东或不愿意参与执行公司事务的股东获取公司信息、监督实际管理公司股东的重要工具。对于小股东来说，如果仅有股东身份而无监督者身份，无疑缺少了一种利益保障方式，他们将难以对实际管理公司的大股东构成制衡，也就无法保障自己的利益免受侵害。

在投资者与经营者之间的矛盾中，监督机关的主要任务是监督经营者，审计委员会更有优势。该类矛盾主要存在于大型的、股权较为分散的公司中，尤其是在上市公司场合。该类公司由于股权较为分散，普遍存在经营者控制的特征，此时大股东与小股东之间的矛盾并非公司的主要矛盾，投资者的整体利益需要得到保护，就必须对作为公司实际管理者的经理层加以制衡。伯利和米恩斯（Berle & Means）认为，缺乏充分控制的财产所有权和缺乏财产所有权的充分控制权之间的分离是现代公司发展的结果。[③] 当大小股东不再是公司利益冲突的两极，经理层强大的控制权必须借助外部力量加以监督。英美法系国家的公司法实践体现了在股权高度分散的情况下，公司的经理控制董事会，拥有过高的自由度，迫切需要独立董事的介入对经理层加以制约。[④] 通过引入独立董事，董事会在内部被分为两个部分，内部董事在决策、监督中发挥影响的权重被降低，董事会的相关活动不容易产生明显的利益倾向性，中小投资者的利益得到了间接的保护。

监事会是我国公司法在立法之初即规定的公司机关之一，并不能有效解决上述第二种矛盾。在引入独立董事制度之前，我国的上市公司中大多为国有企业改制而成，国有资本往往占据主导地位，董事会成员基本是原企业的管理人

---

① 参见江苏省海安市人民法院民事判决书，（2019）苏0621民初4691号。

② 参见湖南省长沙市中级人民法院民事判决书，（2022）湘01民终787号。

③ See Adolf A. Berle & Gardiner C. Means, *The Modern Corporation and Private Property*, The Macmillan Company, 1932, p. 69.

④ 参见彭丁带：《美国的独立董事制度及其对我国的启示》，载《法学评论》2007年第5期，第99页。

员，他们往往不能代表中小股东利益，公司治理结构很不科学。①为了解决内部人控制的问题，改善公司治理，独立董事制度被引入。但由于公司常常被控股股东、实际控制人把持，难以监督，加之无论是监事会还是独立董事制度都存在制度本身的缺陷，难以发挥作用，使得公司的两种监督机关几乎失灵。受制于两权分离程度的不同，并考虑到我国公司实践中丰富的本土因素，各类公司的监督机制设置也有更进一步区分的必要。②因此，根据公司内部的利益冲突灵活选择监督机制，并将已有的监督制度、监督机关进行针对性改造，使之适应我国的本土实践，是解决当下公司治理困境的一个良好途径。

（三）选择型公司法对不同利益冲突的回应与局限

作为实现公司内部正义的自我矫正机关，监督机关设置要考虑的核心问题是解决公司内部不同类型的利益冲突。这一原理决定了监督机关发挥监督效能的关键在于如何让其正确回应公司内部的不同利益冲突，而不是“头痛医头，脚痛医脚”，根据实践中暴露的问题简单地扩大监督机关权力。对不同问题的回应，单一的监督机关会受到制度设计的固有缺陷影响，具有很大的局限性，而选择模式可以通过增加合适的选项来适应公司内部的不同利益冲突，具有显著的实践意义。不过，如果只是增加选项而无其他改良，是否真正能够有效应对当前的监督困境？对此还需进一步探讨。

一方面，选择监督机关可以有力回应实践中的监督困境。我国现行《公司法》上明确的公司监督机关只有监事会，囿于单一的规范设置，公司内部的监督机关显然无法妥善应对公司内部的不同利益冲突。在现实情况中，商事主体的组织类型多种多样，不同投资主体的差异亦天壤之别，致使公司法上同质化的组织机构设置规范根本无法契合公司实践中的差异化需求。③有学者认为，这种将监督权赋予独立主体的立法模式仅仅实现了分权，却未实现制衡，其原

---

① 参见诸兴、罗云、王洪军：《我们该如何引进独立董事》，载《中外管理》2000年第1期，第58—59页。

② 参见周游：《公司法上的两权分离之反思》，载《中国法学》2017年第4期，第285页。

③ 参见刘斌：《公司机构设置的组织法逻辑与改革路径》，载《法律适用》2021年第7期，第22页。

因在于监事会缺乏足够的权威。[①] 也有学者认为，监事会无法发挥作用的原因是多方面的，主要在于监事会成员缺乏真正的资产代表者、监事任免制度存在缺陷、监督权实施缺乏法律保障、监督权落实缺乏经费保障、监督责任不明确等。[②] 更有学者归咎于制度设计缺乏前瞻性思考，未能充分考虑到中国本土实践与域外制度之间的不契合。[③] 这些观察基于不同的角度阐释了监事会的缺陷，其背后反映出的正是同一化的监督模式设计与差异化的公司治理之间的深刻矛盾。此后，尽管我国引入了独立董事制度试图优化上市公司治理，但仍需设置监事会，本质上仍属监事会模式，未改变监督机制的单一化。单一制度对现实的回应不足，监督机关无法奏效就在所难免。因此，提供多种制度以匹配多种现实，从单一制度的强制适用到多种制度选择适用，选择型公司法恰当地回应了这一困境，既提供了多种公司治理方案，又充分保障了当事人的自治空间，值得肯定。

另一方面，尽管选择模式能够为公司监督效能的提升打开新的局面，这并不意味着简单扩大选择范围就能处理好上述多种矛盾，有效提升监督效能。首先，监督机关在公司治理结构中的地位和作用是因公司而异的。在大股东与小股东的利益冲突中，大股东虽影响监事会监督效果，但大股东的控制权又是符合经济效率的，制度设计需要平衡效率与公平；而在经营者与所有者的利益冲突中，究竟哪个机构扮演监督角色其实取决于公司的商业安排，董事会和监事会其实都可以成为监督机关。其次，现有的监督机制未能妥善处理好监督者与被监督者的关系。监督机关的基本功能决定了它必然代表了公司利益主体矛盾中弱势的一方，因此它必须和监督对象保持一定的距离以维系其监督的客观有效，但同时它又必须和被监督者保持一定的接近性，从而获得充足的信息，这

---

① 参见施天涛：《让监事会的腰杆硬起来——关于强化我国监事会制度功能的随想》，载《中国法律评论》2020 年第 3 期，第 138 页。

② 参见张小平：《完善公司监事会监督权的法理探讨》，载《湖南社会科学》2007 年第 3 期，第 204—205 页。

③ 参见赵旭东：《公司法修订中的公司治理制度革新》，载《中国法律评论》2020 年第 3 期，第 127—128 页。

就是公司监督机制中所谓的“接近性”与“客观性”的矛盾。① 而在独立董事制度中，这对矛盾并未得到恰当解决，既无足够的独立性，又不能够充分获取信息，“某液”财务造假案、“某药业”信息披露违法案即为典型，独立董事之困境可见一斑。最后，在超出监督机制的层面，还存在实际控制人的规制难题，这其实是大股东与小股东利益冲突的隐性表现，监督机关对此难免力不从心，需要公司法通过其他途径解决。这些问题都并非增设选项可直接化解，还需要在各制度中予以具体回应。

因此，公司的监督机关是公司中调节不对等主体间利益冲突的矫正机关，其监督机制并非一成不变，而是会受到股权结构、两权分离结构等多种因素的影响。在不同的公司内部矛盾的作用下，监督机关监督的对象并不相同。应当肯定的是，不同的监督模式正是公司法在适应商业实践需求的演化结果，具有其自身的合理性，可以成为我们借鉴的对象。新《公司法》提供更多监督模式以供公司选择，也表明或许并不存在一种放之四海而皆准的监督模式，只有适合各个公司自身特点的才是好的监督模式。不过，增加选择本身并不一定能够增强监督效能，各种监督机关需要在各自适应的场域中继续完善，以期真正能够满足商业主体的现实需要。

三、不同监督机关的可选择性分析

既然要选择，进一步就要解决如何选择的问题。近年来，选择型公司治理逐渐为越来越多的学者所接受，公司法的改革也在朝这一方向推进。应当承认，选择主义模式为公司法改革的大势所趋，符合国际上公司治理的演进

① See Arnound W. A. Boot & Jonathan R. Macey, “Monitoring Corporate Performance: The Role of Objectivity, Proximity, and Adaptability in Corporate Governance”, *Cornell Law Review*, Vol. 89: 2, pp. 368 - 369 (2004).

方向。[①] 针对如何设置“选项”这一问题，众多学者提出了颇有见地的观点。如赵旭东指出：“《公司法》修订改革和公司治理模式优化选择的使命不是对其进行‘二选一’或‘多选一’的排他性选择，而应在肯定和设计多种治理模式的基础上，赋予治理模式规范以法律的任意性，允许公司当事人根据自身需求和不同情况自主选择。”[②] 叶林认为：“差异化规则不宜采用‘法定一般模式’+‘例外模式’的模式，而应平行规定多种公司机关设置模式分别规定各种模式的基本规则。”[③] 梁上上也认为，在公司自治原则下，公司有自己的判断，应当允许公司对治理结构作出选择，从而适应现实需求的多样性。[④] 因此，选择主义模式的导入不仅能够兼容不同公司的特色治理机制，更能实现不同法系或者地域公司治理结构的借鉴。[⑤] 这一范式应用于公司监督机关上，形成了此次修法所勾勒出的整体框架。

不过，提供其他的选择不意味着原有的监事会制度不再可用，新增的制度也未必能产生立竿见影的效果。这是因为，一个监督机关的“可选择性”不在于单纯增加选项，更多地在于其在实践中的可操作性、可接受性等因素，故而需要分析各个制度的可选择性。就此而言，监事会其实仍然有可选择的价值，

① 单层制是公司治理的主流，以美国、英国为典型。而在欧洲大陆，其他双层制国家根据需要允许公司自主选择单层制模式，从而便于公司对外投资和引进外资。如德国、意大利、西班牙、法国等国均在立法层面允许公司选择设置单层制。See Samuel O. Idowu, *Dictionary of Corporate Social Responsibility*: *CSR*, *Sustainability*, *Ethics and Governance*, Springer International Publishing Switzerland, 2015, p. 547；关于欧洲大陆的公司治理模式选择，可另见 Christine A. Mallin, *Corporate Governance*, Oxford University Press, 2018, pp. 227－230；在亚洲，日本也采取了选择模式。据东京证券交易所 2021 年 3 月发布的统计数据，日本上市公司中有 67.9% 的公司采取传统的监事会模式（监查役会设置会社），有 30.1% 的公司采取了监察等委员会这种单委员会模式（监查等委员会设置会社），而采取指名委员会等三委员会模式（指名委员会等设置会社）的公司有 2.1%。株式会社日本取引所グループ:「東証上場会社　コーポレート・ガバナンス白書 2021」による78 頁。

② 赵旭东：《股东会中心主义抑或董事会中心主义？——公司治理模式的界定、评判与选择》，载《法学评论》2021 年第 3 期，第 68 页。

③ 叶林：《公司治理制度——理念、规则与实践》，中国人民大学出版社 2021 年版，第 9 页。

④ 参见梁上上：《公司权力的归属》，载《政法论坛》2021 年第 5 期，第 77 页。

⑤ 参见周游：《从被动填空到主动选择：公司法功能的嬗变》，载《法学》2018 年第 2 期，第 147 页。

审计委员会目前的制度设计还不够完善，独立董事制度自身的不足也会影响选择的效果。不过，鉴于学界对监事会、独立董事制度弊病之论述已颇为详尽，而审计委员会则为新增制度，故本部分不作赘述，仅论述不同见解。对于监事会、审计委员会、独立董事三种制度的关系，监事会与审计委员会之间应为选择关系，这直接取决于公司是选择传统的治理模式还是单层制模式，而审计委员会与独立董事之间则并非选择关系，而是一种附属关系。同为单层制模式时，有限公司无独立董事，而股份公司则要求过半数成员为独立董事。

（一）监事会仍可适配大小股东为主要矛盾的公司

在选择型公司法视角下，监事会最大的困惑在于这一制度的去留。前文所述各学者对监事会的诸多批判表明了其存在诸多缺陷，但这些问题并不全然来自该制度自身。结合公司监督机制本就应与公司内部矛盾类型相适应的原理，不难得出一个推论：监事会本就不能适合所有类型的公司实践，但单一的制度选择使得其不得不应对不同类型公司提出的要求，自然会问题频出、批判不断，在这种批判下监事会制度可能出现了过度修正，从而形成恶性循环，无论如何改良都效果不佳。而在选择型公司法看来，一个制度只要能够妥善解决一类问题就是有价值的。其一，监事会（或监事）制度本身对于解决大小股东之间的矛盾具有一定的适应性，这在小型的有限公司中尤为明显。其二，在公司治理中，监事会的监督机制也具有独特的治理意义，在诸多监督机关中是具有独特优势的。

首先，监事会制度在一些情形下具有较高的优先性，尤其是在处理大股东与小股东的矛盾时，更能适应公司治理的需求。如前所述，在有限公司中，如果不设监事会，很多中小股东或许就会失去一个参与公司治理、监督公司管理人员的有效途径，监督者和小股东的双重身份更能保障其在和大股东抗衡时的地位。在上市公司中，监事会一方面除提供给小股东参与治理的途径外，还起到监督经理层的作用。监事会与独立董事二者在功能上并非替代关系，后者的职权围绕董事会展开，更体现事前、事中监督，而前者的职能更广，侧重事后监督。[1] 如将二者的功能在各有侧重的原则下实现互补，将对公司的监督效能有很大改善。因此在法律修订中应继续坚持对监事会的改良，主要方向是增强独立性与扩大权力。本次修订中监事会制度的变化主要有：增加了对股东会、董事会的瑕疵决议向法院请求撤销的权利，[2] 可以要求董事和高管向其提交执行职务的报告，[3] 同时强化了监事不得从事危害公司行为的义务[4]。这些变化增强了监事会的职权，但并未就提高监事利益独立性作出新的突破。或许公司法下一步可以在该方面有一些新的尝试，从而避免监事会成为大股东的附庸。

其次，相比独立董事、审计委员会等监督机关，监事会制度具有以下优势：第一，监事会的监督来自董事会外部，与独立董事这种董事会内部的监督力量相比，监事会的监督更具客观性。第二，监事会更加容易对公司的日常运营监督，具有更加便捷的监督条件。监事会往往是公司的常设监督机构，监事一般情况下可以全天候履行监督职责，而独立董事则难以有充分的时间和精力监督公司事务，二者相比之下，监事会具有明显优势。第三，采取监事会制度可以在保持低成本的同时建立监督机制，在不考虑实际监督效果的前提下，监事会制度相比其他制度具有更高的性价比。监事属于公司内部管理人员，独立董事则属于公司外部独立的人士，聘请独立董事往往需要以高昂的价格来支付其偶尔的、短暂的监督，成本较高。第四，监事制度也符合我国的路径依赖传统：早在1904年颁布的《钦定大清商律·公司律》中，就已有从股东中选任董事和查账人并分别担任公司管理决策和监督职能的先例。[5] 随后，1914年的《公

---

① 参见刘斌：《公司机构设置的组织法逻辑与改革路径》，载《法律适用》2021年第7期，第24—25页。

② 参见《一审稿》第73条、新《公司法》第26条。《一审稿》将董事、监事列为决议撤销之诉的原告，但《二审稿》《三审稿》及最终通过的《公司法》又回到了旧法，仅将股东列为原告。

③ 参见《公司法》第80条。

④ 参见《公司法》第182—188条。主要体现在将监事纳入不得从事危害公司行为的义务主体范围中，原《公司法》的主体仅为董事和高级管理人员。

⑤ 参见李玉、熊秋良：《论清末的公司法》，载《近代史研究》1995年第2期，第98—99页。

司条例》和1929年的《公司法》中，均沿袭了这种单层双会制的模式。[①] 我国自公司法立法以来，一直采取这种模式，已经成为设立公司时的惯性做法，创业者对此有更强的倾向性。因此，这一制度作为一个可选项，尽管具有缺陷，但仍有存在必要。

（二）审计委员会的职权设计缺陷或将阻碍其选择

审计委员会是单层制公司治理模式的核心，在解决所有者与经营者矛盾时具有显著的效果，引入单层制符合国际公司治理的大趋势，值得肯定。但是，就目前的制度设计而言，将监事会职权赋予审计委员会却带来了更多的问题。要想让审计委员会成为可选的好制度，必须处理好职权的设计问题，理顺与董事会的关系。

从三个草案的文本来看，在有限公司和股份公司中设置审计委员会并不需要特别的条件，只需要符合章程规定即可，这意味着任何公司均可以通过章程选择设置审计委员会，但实际上这种模式并非任何公司可以选择。根据立法者的说明，增加这一选项的理由在于“根据国有独资公司、国有资本投资运营公司董事会建设实践，并为我国企业走出去及外商到我国投资提供便利”。[②] 可见，该模式虽然可供企业自由选择，但供给的目标并非大多数小型有限公司，而主要是国有独资公司、国有资本投资运营公司，以及拟在国外上市的，需要满足国外上市要求的公司和外商在我国设立的公司。因此，如按照这一解释，该模式实际上并不会成为广大小型公司的选择：对于人数较少、规模较小的公司，法律另允许其不设董事会，股份公司设一至二名董事，有限公司设一名董

① 1914年《公司条例》中，公司类型分为无限公司、两合公司和股份公司三类，股份公司沿袭了股东会、董事、监察人三权分立的模式。参见姚成瀚：《公司条例释义》，商务印书馆1914年版，第156—183页。

② 参见全国人大常委会发布的《关于〈中华人民共和国公司法（修订草案）〉的说明》。参见北大法宝。

事或经理。[1] 小型公司出于成本、便捷的考虑，如无更加优化的制度设计，不会主动选择这种模式。

对于选择该模式的公司，审计委员会当前的职能设计或许难以发挥出其应有的作用。其一，审计委员会的监督职能可能会被削弱。早有学者提出，审计委员会设置在董事会之下，本应独立承担监督职能，保持对公司经理人团体的独立性，但其实际上却同时参与了公司剩余控制权的行使，从而失去了独立性，与内部董事并无本质区别。[2] 如今我国全面推行该制度，作为董事会的内设机构，一方面其需要为董事会的重大经营决策，尤其是为内外部审计工作提供必要支持；另一方面，其又需要履行监督董事会的职能。两种职能重叠之下，审计委员会的监督效能很有可能受到削弱。

其二，审计委员会与董事会的关系并不明确。以审计委员会的运作原理来看，其核心在于从董事会内部分化职权，通过承接董事会的部分职权，使董事会免于被内部董事专擅，从而达到分权与制衡的目的。[3] 故从此角度而言，审计委员会与董事会并非对抗关系，而是配合关系，制衡效果发生的机理在于引入独立董事之后董事会的决策会更加合理，而非单独在董事会内设一机构，处处阻碍董事会之管理与决策。但监事会与此不同，其原本就是在董事会之外设置，设置何种职权自不必考虑对董事会的决策有何影响，扩大监事会职权理所应当。因此在设置审计委员会职权时，应摒弃将审计委员会当作监事会直接监督董事会的观念，确立让审计委员会在董事会决策中发挥制衡作用的理念。在我国公司内部主要矛盾多为大股东与小股东之矛盾的前提下，将监事会职权照搬至审计委员会而不再设监事会之做法，反映出立法者可能还未实现向单层制监督思维的转变。

---

① 《公司法》第 83 条规定：规模较小或者股东人数较少的有限责任公司，可以不设监事会，设一名监事，行使本法规定的监事会的职权；经全体股东一致同意，也可以不设监事。第 133 条规定：规模较小或者股东人数较少的股份有限公司，可以不设监事会，设一名监事，行使本法规定的监事会的职权。

② 参见谢德仁：《审计委员会：本原性质与作用机理》，载《会计研究》2005 年第 9 期，第 70—71 页。

③ 参见曾宛如：《半套公司治理移植经验——以审计委员会和特别委员会为例》，载《月旦民商法杂志》2014 年第 43 期，第 37 页。

其三，审计委员会的职权设置还不够合理。审计委员会作为董事会内部的监督机关，其职权可能会因董事会定位的不同而有所变化。尽管从《一审稿》到最终通过的《公司法》，董事会的职权从概括改为列举，而董事会的角色始终被定性为公司的执行机构。[①] 但如果要制定选择型公司法，则将董事会定位交由公司自主选择实属必要。此时，审计委员会的职能也必然要根据公司实际情况灵活调整。当前的修订草案将此制度提供给有限公司和股份公司选择，但职权均为监事会职权，这或许会对一些股份公司的灵活安排造成障碍。尤其是，公司只能在保留监事会职权的基础上增加审计委员会的职权，而不能减少固有的职权。有学者认为，我国的审计委员会制度可在保留其核心职权——审计、内控、风控的基础上，承接原有双层制下监事会的职权，从而使单层制的移植更易于衔接。[②] 但是，审计委员会对监事会职能的承接并不一定是必须的，而是一种折中的选择，应当允许公司放弃监事会职权，重新构建审计委员会的职权。因此，新《公司法》或许可以在确定审计委员会行使监事会职权的基础上，允许公司通过章程对审计委员会职权另行规定。

总之，审计委员会的各种不足会使当事人在选择该模式时顾虑重重，在选择之后都也会存在很多困惑，这将影响该制度的可选择性。

（三）独立董事制度的不足亦影响单层制监督效果

审计委员会制度的完善离不开独立董事制度。在上市公司的监督机关中，独立董事制度正是在监事会形式化的背景下引入的。引入独立董事就是为了在董事会这一公司内部机构中实现一定的外部化，从而建立起一种较为合理的监督机制，制约内部董事，以实现公司治理的平衡。[③] 但是独立董事制度目前还存在很多严峻的问题，若不解决这些问题，单层制下审计委员会的职权行使必

---

① 《一审稿》第 62 条采取概括式表述方式规定董事会职权，而新《公司法》又回归到旧法的做法，以列举方式规定董事会职权，但从职权的列举来看，董事会仍不脱出执行机构的范围。

② 参见林一英等：《公司法修订的立法选择笔谈》，载《政法论坛》2022 年第 4 期，第 117 页。

③ 参见彭真明、江华：《美国独立董事制度与德国监事会制度之比较——也论中国公司治理结构模式的选择》，载《法学评论》2003 年第 1 期，第 36 页。

将严重受限。

首先，独立董事的多重职能难以同时实现。独立董事的主要功能有三，“既要发挥参与决策、影响决策、设置议题、把控方向的领导力，又要行使合规监督职责，还要发挥咨询顾问作用”。[①] 证监会针对独立董事新出台的规则也在一定程度上强化了独立董事职权与履职保障。[②] 随之而来的疑问在于，独立董事是否应该承担如此多的职能？就监督职能来讲，独立董事本身并不具备信息优势，在监督公司时十分依赖公司内部董事和经理层的信息；就决策职能来讲，独立董事远离公司日常经营，本身并非执行董事，寄希望于让独立董事参与决策，但独立董事并不能参与到所有的决策中去；就顾问职能来讲，为公司重大经营决策提供建议固然现实可行，但这并非独立董事的最主要功能所在。

其次，独立董事获取信息的能力较为有限。独立董事属于公司外部人士，其所获得的信息往往并非其一手调查得来，而是公司所提供的。这就意味着，除非独立董事行使主动调查的职权，否则很难获得最为真实、最为及时的公司重大经营决策信息。结合当下上市公司情况，独立董事主动调查获取信息的情形很少，在绝大多数情况下独立董事仅仅是被动地接受信息，这也成为我国独立董事作用无法发挥的一个关键。

最后，独立董事的职责与其薪酬、履职能力不相匹配。早有学者指出，“独立董事参与公司事务的程度和范围在理论上远远超过了普通董事”，这导致独立董事在职权上可能比普通董事更符合董事的定义，但信息上的劣势和时间精力上的不足又限制着独立董事的履职。我国现阶段的独立董事大多为兼职，要实现如此多的功能，只怕“心有余而力不足”。

独立董事制度适合投资者和公司经营者之间的矛盾为主的公司，这些公司股权分散，股东之间联系较弱，流通股占据公司股权的绝大部分。但我国上市公司存在特殊性，很多公司股权集中且非流通股占比大，又同时具有众多小投

---

① 刘俊海：《上市公司独立董事制度的反思和重构——康美药业案中独董巨额连带赔偿责任的法律思考》，载《法学杂志》2022年第3期，第6页。

② 中国证监会出台的《上市公司独立董事规则》对独立董事的提名、职务的解除、聘用或解聘会计师事务所的同意比例、履职保障方面均有所改进，在一定程度上强化了独立董事的作用。参见《上市公司独立董事规则》第14、17、22条，第六章。

资者，公司内部的利益矛盾不只这一种，独立董事只能协调投资者与经营者之间的矛盾，局限性十分明显。两难之处在于：上市公司的监事会职能较宽泛，但不能充分保护投资者，而独立董事的监督功能太单一，不能对公司的其他利益相关主体充分监督。或许正是这一原因，尽管学界一直有观点主张废除监事会制度，我国依然将二者同时纳入上市公司监督机制中。学界对二者关系的讨论存在两种看法，有人认为二者有替代性，也有人认为二者功能互补。① 其实，产生这种争论的一个原因就在于我国上市公司个体区别较大，二者可能在一个公司中具有替代性，而在另一个公司具有互补性，难以用统一的理论进行解释。现在，这一问题或许能够在选择主义模式下得到妥善解决：上市公司可以根据自身需要选择单层制，对于那些股权极为分散，公司内部矛盾较为单一的公司而言，单层制将极大地精简公司机关设置。但这一构想得以实现的前提是独立董事制度得到充分完善，能够胜任公司监督的全部要求。就现状而言，独立董事制度仍有很大缺陷，如不能得到全方位的完善，将直接影响上市公司审计委员会的监督效果。在本次修法中，《一审稿》强调了独立董事的独立性，新《公司法》则改为将独立董事的相关要求授权给证券监督管理机构规定，故这一制度还可继续完善。② 如果随着证券市场的逐渐发展，公司机关设置可以更加个性化，那么发达而完善的独立董事制度就是必须具备的。

综上，尽管仍然可以认为，选择主义模式提高了公司适应市场的能力，顺应了世界公司治理机制的发展潮流，但也不得不对这一模式在我国当下情境的实际效果提出质疑：在各种监督模式都没有充分完善的时候，赋予公司选择权难以取得立竿见影的效果。当前公司监督机制的难题必然继续存在并将长期存在于我国公司治理实践中，提高监督机关的监督效能，需要持之以恒，不断填补、细化、调整各监督机关的制度设计方式。

---

① 参见李建伟：《论我国上市公司监事会制度的完善——兼及独立董事与监事会的关系》，载《法学》2004 年第 2 期，第 78—80 页；刘斌：《公司机构设置的组织法逻辑与改革路径》，载《法律适用》2021 年第 7 期，第 24—25 页。

② 《公司法》第 136 条规定：上市公司设独立董事，具体管理办法由国务院证券监督管理机构规定。

四、提升公司监督效能的可行路径

回答了为什么选、如何选的问题，最后要回答如何实现这一选择的问题。应当意识到，任意规范与自由选择之间可能存在虚假关联。[①] 任意规范不一定促进自治，形式上的自治也不一定促进效率的提升。公司法的“填空”功能未能很好地促进公司及股东的自治，致使自治形式化、流程化，甚至可能在实际上构成对弱势方的强制。[②] 当然，选择型公司法语境下，当事人拥有了充分的规则选择权，这也不意味着已然解决所有问题，而可能仅仅是规则革新的起点。回顾公司法立法进程，不难发现，监督机关的设置在本质上既是公司自主选择的结果，也是不同监督模式反向选择公司实践的过程。公司监督机关的运行受到股权结构、两权分立程度、公司规模等多种因素的影响，需要根据公司的不同特点相应地作出调整，反过来，不同的监督机关也相应地契合着不同类别的公司。在传统的单一监督模式之下，人们习惯于将监督不力归咎于监督机关，一味地从监督机关着手改进，试图通过各种方式增强监督机关的权威，却忽视了公司本身的多样化特征，陷入了监督机关权力越来越大、监督效能却毫无提升的怪圈。而在选择型公司法理念下，不同的监督机制得以“对号入座”，充分回应了实践对立法的期待，也将监督机制的完善推进到下一个新的阶段——细化完善阶段。在这一阶段，公司法不再强调“选项”的增加，而更注重“选项”本身的设计。法律需要对不同监督机制有更加深入和细致地考量，需要保证每一种监督机制的完备性与可操作性，以及采取该机制的公司治理的系统性。

可以预见，这一任务远比增加新选项更为艰巨。因为监督效能的提高并不仅关系到监督机关本身，股东在设立公司时对公司权利结构的安排、控股股东和实际控制人对监督机关的干预，公司所处政策环境等因素都会对监督效能的

---

① 参见郭锐：《商事组织法中的强制性和任意性规范——以董事会制度为例》，载《环球法律评论》2016 年第 2 期，第 78—79 页。

② 例如潘林认为，设置惩罚性缺省规则并形成清单式指引将在保全当事人选择自由的前提下提升对小股东的保护力度。参见潘林：《论公司法任意性规范中的软家长主义——以股东压制问题为例》，载《法制与社会发展》2017 年第 1 期，第 39—51 页。

提升产生举足轻重的影响。在公司法力所能及的范围内，提高监督效能应遵循科学的路径，这一路径既要符合公司法的内在逻辑，又要具备较强的可操作性。对此，可按照从公司权力中心向外层边缘逐步展开的思路，先确定公司董事会的功能定位，根据董事会的定位确定相应的监督机关，再完善各类型监督机关的具体制度，最后通过完善外围的控股股东、实际控制人等制度予以协调配合。

（一）监督机关的选择应与董事会功能定位相协调

完善监督机制首先应确定董事会的地位、功能与职权，在确定董事会基本功能的基础上，合理设置监督机关。当前《公司法》的修订充分体现了以董事会为中心、围绕董事会布局的公司治理结构构成理念，尤其体现在对董事会的职权作出重大调整，使董事会的定位更加灵活。① 这一理念有别于传统的董事会中心主义。传统的董事会中心主义认为，基于公司合同理论，董事会在公司这个“合同束”中居于核心地位，董事会对公司的事务有集中的决定权。② 而股东会中心主义则认为，股东应当在公司治理中发挥更大的作用，董事会只是服务于投资者的机构，股东才是公司最终的主宰者，是公司治理的中心。③ 学界对此素来有两种“中心主义”之争。但其实，围绕董事会布局公司机关，各种“主义”仅是理论观念，以概念僵化地套在实践中多有不妥，且已经产生诸

---

① 《一审稿》第 62 条规定：董事会是公司的执行机构，行使本法和公司章程规定属于股东会职权之外的职权。该规定将董事会定位为执行机构，但其实际定位不限于执行，可以根据公司要求灵活变通。不过最终的《公司法》又回到了原本的列举式规定，但在职权上删去了现行法上“决定公司的经营计划和投资方案”“制订公司的年度财务预算方案、决算方案”的规定。

② See Stephen M. Bainbridge, “Director Primacy: The Means and Ends of Corporate Governance”, *Northwestern University Law Review*, 97: 2, pp. 547 - 606 (2002).

③ 参见赵渊：《“董事会中心说”与“股东中心说”：现代美国公司治理学说之辨》，载《比较法研究》2009 年第 4 期，第 99 页。

多误解。[①] 因此，应当避免将某一种“中心主义”奉为圭臬，宜根据不同公司的实际情形，灵活选择将董事会或股东会作为公司治理的中心，而董事会则成为这一安排的起点。

故而，清晰的治理结构开始于清晰的董事会定位，如果不能首先划定董事会的角色，则无法处理好董事会与股东会、监事会等机关的关系。我国公司法上的分权结构将重大决策权归于股东会、一般决策权归于董事会，监督权归于监事会，导致董事会的权利与股东会权利重叠的同时也被大大压缩，从而形成了介于董事会中心主义与股东会中心主义之间的畸形结构，为公司治理带来众多难题。[②] 而实际上，公司治理结构应当是差异化的，在有的公司里，董事会是决策执行机构；在有的公司中，董事会是监督机构。[③] 在现行《公司法》模式下，多样化的公司组织机构设置无法实现，而在选择主义之下，公司完全可以选择将董事会、经理或者股东会作为公司治理的中心安排各个组织机构的职权。所谓公司治理的中心并非所有者权利的中心，而是经营者权利的中心。[④] 基于公司对经营者的不同安排，监督机关也需要有相应的不同。

基于董事会的定位，可以在公司法上匹配两种对应的监督机关设置方式。其一，以传统的监事会模式匹配所有者控制型董事会。如果所有者行使经营权，

---

① 如邓峰认为，学界对于董事会中心主义和股东会中心主义的概念内涵已发生异化。一种典型的错误是，因为股权分散的市场结构将美国归属于董事会中心主义，又因股权不够分散而将德、法等国归属于股东会中心主义。另一种错误是，认为现实中控股股东掌控公司权力，所以董事会中心主义的公司治理模式不符合中国实践。以上错误的缘由是对于概念的过度引申，以及对于实然和应然的逻辑混淆。参见邓峰：《〈公司法〉修订中的董事会中心主义》，载《中国社会科学报》2023 年 9 月 5 日，第 004 版。

② 参见甘培忠、马丽艳：《董事会中心主义治理模式在我国公司法中的重塑》，载《财经法学》2021 年第 5 期，第 93 页。

③ 如《美国示范公司法》对于公司董事会的职权界定是，公司的所有权利都应由董事会或在董事会的授权之下行使，公司的经营和事务应由董事会管理或在董事会的指导和监督下管理。See Model Business Corporation Act（2016 Revision） § 8.01 （b）.

④ 所有者权利只能为所有者专属拥有，但经营者权利却不具有法定的专属性，应该也完全可以根据公司治理的需要在不同主体或机构中进行分割，公司所有者可以亲自参与或主导公司的经营管理，亦可委托或授权他人专事管理，现代公司法既承认公司对经营者权利的自治安排，亦设置和提供有经营者权利的分权模式。参见赵旭东：《股东会中心主义抑或董事会中心主义？——公司治理模式的界定、评判与选择》，载《法学评论》2021 年第 3 期，第 72—75 页。

即股东直接参与经营，公司的所有权和控制权基本不分离，董事会与股东会在很大程度上重叠，既是经营者权利的中心也是所有者权利的中心，那么监督机构的设置就不宜内嵌在董事会之中，而应当与董事会保持一定距离。换言之，此时的公司治理实际上是股东治理，监督机关重在平衡大小股东之间的矛盾，董事会实际上仅是一个形式上的机关。美国特拉华州《公司法》甚至允许封闭公司取消董事会，由股东直接管理公司，股东被视为董事，承担董事的责任。① 此时，由于股东直接参与经营管理，无须他人代理，不发生两权分离，公司内部的治理问题主要是保护小股东利益，引入单层制（审计委员会）并不必要。或者说，此时公司的单层制是指股东的单层制，或者可称为重叠的单层制，不涉及作为代理人的董事，股东即董事，董事即股东，股东会与董事会实质上是一个层面。故对于这种董事会的定位，其监督机制的安排要充分考虑到小型封闭公司的需求，监事会模式是非常适合的一种模式。此次修订后的《公司法》允许规模较小的公司设置一名监事或不设监事会，也是努力使监督机制与小规模公司现实需求相适配的体现。② 总之，如果公司的董事会本身是公司的“另一个股东会”或“大股东的董事会”，公司监督机制采取监事会模式是更加契合的选择。

其二，以单层制模式匹配经营者控制型董事会。若公司经营者行使经营权，即所有者通过授权或委托职业经理人行使经营权，两权分离较为明显，此时单层制的审计委员会制度更加契合。在历史上，审计委员会的诞生就是为了解决公司经营者为谋取自身利益而侵害公司、股东利益的监督问题。当时美国发生了 McKesson & Robbins, Inc. 财务造假案，美国证券交易委员会在该案的调查报告中提出，要在公司内部建立一个由非执行董事组成的委员会，负责公司或管理层对审计师的提名，并负责安排具体的审计事务。③ 时至今日，审计委员

① See 8 Delaware Code § 351, (2022).

② 《公司法》第 83 条规定：规模较小或者股东人数较少的有限责任公司，可以不设监事会，设一名监事，行使本法规定的监事会的职权；经全体股东一致同意，也可以不设监事。

③ 报告原文为：“Establishment of a committee to be selected from non-officer members of the board of directors which shall make all company or management nominations of auditors and shall be charged with the duty of arranging the details of the engagement.” See U. S. Securities and Exchange Commission, “In the matter of McKesson & Robbins, Inc. — Summary of Findings and Conclusion”, *Accounting Series Release*, No. 19, p. 5 (1940).

会已经成为公司内部治理和外部治理的重要枢纽。根据纽约证券交易所（NYSE）的规定，审计委员会的主要目的在于协助董事会监督上市公司财务信息的完整性、上市公司的合法合规要求、独立审计人员的资质与独立性、上市公司内部审计功能与独立审计人员的表现，以及根据规定准备信息披露事项。[①]由此可见，在两权分离明显的公司内部，股东不再直接参与经营，公司权利下移明显，公司对经营管理的专业要求较高，职业经理人成为公司内部实际的管理者，经营者权利中心甚至进一步下移至经理层，董事会逐步成为监督型董事会。通常，基于专业性与制衡机制的考量，董事会内部会进一步分工，区分审计委员会、薪酬委员会和提名委员会等专业委员会，并加入外部董事，各委员会分工明确，在董事会内部实现了分权制衡，并向下监督。

综上所述，一旦确定公司的董事会定位，那么何种监督机制更能发挥监督效能、保护哪些相关主体的利益则一目了然。回顾此次修法历程，《一审稿》通过赋予股东会剩余权的方式给董事会创造了多种可能，又将监督机关的选择权赋予公司，二者可自由搭配，符合选择型公司法理念，值得认可。但最终的《公司法》又回归了职权列举模式，董事会的功能定位被固定，不利于公司自主调适，也给监督机制的选择带来了困难。总之，董事会应匹配与其相适应的监督机关，其成效还需要在未来的公司治理中予以考察。

（二）监督机关的完善应立足各个选项的固有缺陷

选择型公司法还要求完善各类型监督机关的职权与权利行使方式。尽管这些问题早已存在，但必将随着公司法允许选择监督机关而更加突出。此次《公司法》修订，对监事制度并未作重大调整，仅在监事的权利和义务方面有一定加强，幅度有限。同时，证监会出台的《上市公司独立董事规则》也同样未能从根本上解决独立董事的症结所在。而新的可选项——审计委员会虽已出现，但缺乏进一步的验证。可以想见，在将来结构多元化的公司里，暴露出的治理缺陷也更多样、更复杂。因此，完善各监督机关的职权、优化其权利行使方式仍是重点。

---

① See NYSE Listed Company Manual, 303A. 07.

就监事会而言，完善路径应根据其适配的公司类型确定。整体来看，法律规范未能为监事会有效履职提供全面的制度保障是监事制度失效的主要原因，这体现为监事的选任机制不佳、信息权制度缺位、独立性概念未被明确等方面。① 其实，这些问题部分是因为监事会需要应对所有类型公司的治理需求的结果。在选择模式下，可以让监事会专注于解决公司内部股东之间的利益冲突模式，对于监事会在上市公司等其他类型矛盾中暴露出的缺陷，不必针对性完善。如果非要让其适用于所有公司，也应给出两种职权设计模式供当事人选择。其一，如果将监事会定义为专门适配封闭公司等以股东之间利益冲突为主的公司监督机关，那么就着力完善小股东的监督途径，如增加小股东的选任机会、增加监事独立行使的职权，保障监事可独立获取信息、采取措施。其二，如果将监事会仍作为面向所有公司类型的监督机关，那么有必要针对不同的公司区分设置两套职权供当事人选择。一套以有限公司为预设对象，注重平衡股东矛盾；另一套则应以上市公司为预设对象，允许其将监事会打造成适应两权分离模式的监督机关，其职权不应以现行法为模板，而应参照单层制审计委员会的职权，将监事会作为一种外置于董事会的审计委员会，并引入独立监事保障其监督效能。② 不过，这种监事会模式的实际效果未必更好，且实现起来更加复杂，不如直接将监事会模式定位为专门应对两权分离程度不高的公司监督机关，同时赋予单层制更大的适用空间。

而对于单层制的审计委员会制度，需要从与董事会的关系、职权设计、行权方式三个方面加以完善。首先，需要明确其与董事会的关系。作为监督机关，

---

① 参见杨大可：《中国监事会真的可有可无吗？——以德国克服监事会履职障碍的制度经验为镜鉴》，载《财经法学》2022 年第 2 期，第 13—14 页。

② 其实，独立监事的概念在学界早已被提出，并已经存在于很多上市公司。参见罗礼平：《监事会与独立董事：并存还是合一？——中国上市公司内部监督机制的冲突与完善研究》，载《比较法研究》2009 年第 3 期，第 93—94 页；李建伟：《论我国上市公司监事会制度的完善——兼及独立董事与监事会的关系》，载《法学》2004 年第 2 期，第 83 页。立法层面，中国人民银行 2002 年颁布的《股份制商业银行独立董事和外部监事制度指引》（已于 2012 年废止）中对股份制商业银行的独立监事有详细规定。有关独立监事、外部监事的实例如上海某发展银行股份有限公司、上海某股份有限公司、某银行股份有限公司等，均有相当数量的独立监事或外部监事，但与此同时，这些公司董事会也设置有包括审计委员会、提名委员会等相当丰富的机构。

它理应对董事会负责，但却十分容易受到公司内部人员的影响，法律应当提供一种独立性保障机制，将其作为董事会内部的分权制衡机关看待，而不应将其单纯作为监督内部董事的监督者。其次，在职权设计上，应重新规划审计委员会的职权。新《公司法》将监事会职权复制到审计委员会中，使得采取该模式的公司无法自行删去法律规定的职权，但又不得不根据需要在章程中另行赋予审计委员会新的职权，这会导致审计委员会在职权上过于复杂，负担了其本不需要负担的职权而不能专注于公司的财务监督。故如果将单层制定位为主要为上市公司服务的治理模式，那么审计委员会的职权应体现上市公司财务监督需求，主要包含以下几个方面：（1）负责公司内外部审计工作；（2）负责公司财务报告的审核与披露；（3）公司风险管理与内部控制；（4）章程赋予的其他职权。同时，既然立法同时将单层制提供给所有公司，立法也理应对采用单层制的有限公司或较为封闭的股份公司制定一套合理的职权，供当事人选择。其实可以采取《一审稿》的方案，在封闭性较强的公司中允许股东自由安排审计委员会职权。此外，应当要求公司在章程中对审计委员会的成员构成、选任方式与选任条件，在职权安排上保证审计委员会的职权能够与公司机关设置相匹配。最后，在职权行使方式上，需要明确何种事项需要经过审计委员会事前批准。在职权上赋予审计委员会监督公司财务不意味着审计委员会就能够实际发挥作用。如果审计委员会不能够对重要的财务事项具有决定性的影响，就不能发挥有效的监督。根据新《公司法》第137条的规定，董事会对于会计师事务所的聘用和解聘、财务负责人的任免、财务信息的披露以及国务院证券监督管理机构规定的其他事项，作出决议前经审计委员会过半数通过。但这一规定仅适用于上市公司，是否有必要将此规则的适用范围扩大，仍然需要进一步观察。

就独立董事而言，制度目标失位导致独立董事被塑造成全能型董事，违背了公司治理的逻辑，忽略了独立董事履职的主客观条件。[①] 同时，专业性与职业性不足也是制约独立董事监督效能的重要的原因。[②] 曾有学者统计了江苏省

---

① 参见曾洋：《重构上市公司独董制度》，载《清华法学》2021年第4期，第159—163页。

② 参见赵旭东：《中国公司治理制度的困境与出路》，载《现代法学》2021年第2期，第103页。

400 多家上市公司及其独立董事，发现独立董事不具备成为全能型内部董事的主客观条件，也不应成为类似内部董事的监督者，并指出外部监督机制应当监督的是控制权私人利益，理应“强化独立性并弱化董事性”，对此笔者深表认同。[①] 但正如前文所述，在我国的上市公司中，控股股东、实际控制人对公司的影响力过大，独立董事难以发挥作用存在客观障碍，某药业案更暴露出独立董事权责配置不当的问题。尽管这些问题在新出台的《上市公司独立董事管理办法》中得到了部分解决，但仍需继续完善。首先，在独立性上，需要理顺参与决策、监督制衡与专家咨询三种职权的内在冲突。前述新规对独立性做了较为详细的规定，如规定独立董事不得与公司持股较多的股东或实际控制人有关系等，但这些独立性的规定仅能从形式上保障独立性，在实质层面，由于独立董事参与决策，独立性难免会受到影响，因此需要将监督职能放在首位，优先保障监督功能。其次，在专业性上，不能仅要求独立董事是财会、法律等专业、熟悉有关法律法规、具有 5 年以上相关经验，[②] 还应当确保独立董事真正了解其工作内容，能够胜任业务需要，因此可以加强对独立董事的专门培训与考核，不能仅仅“签字拿钱”。最后，在独立董事制度的适用范围上，不能仅完善上市公司独立董事制度，在非上市公众公司中同样需要完善。在大量新三板公司中，独立董事制度日益成为公司治理的重要主体，但目前无论在立法还是行政法规、规章的层面，对这些公司的独立董事制度规定的还不够细致，有必要继续完善。

总而言之，孱弱的制度供给是影响监督机关发挥作用的主要原因。无论监督机关以何种新的面目出现，无论监督机关被设定在哪个位置，只要制度供给不充分，都不能使监督机关起到应有功能。

（三）监督效能的提升应关注对实际控制人的监督

最后需要注意的是，完善监督机制还应强化对实际控制人的监督。有学者认为：“在监督对象上，现行公司法对监事会的监督对象设定为董事会和董事、

---

① 参见曾洋：《重构上市公司独董制度》，载《清华法学》2021 年第 4 期，第 162—174 页。

② 参见《上市公司独立董事管理办法》第 7 条。

高级管理人员等公司经营者，并未扩及至股东会、控股股东和实际控制人。”[①]也有学者认为：“董事会和监事会未能履行公司法所规定的制约公司控股股东和管理人员权利滥用的职能。”[②] 问题在于，监督机关能否承担起监督控股股东、实际控制人的重担？其实，通过监督机关制衡公司实际控制人具有一定难度，需要借助外部监督人员的引入才能实现，依靠公司内部的自我矫正机制并不能充分实现对实际控制人的监督。对此，公司法上主要有两种不同的规制路径：一种是通过监督机关本身的制度完善强化监督，另一种则是通过公司法中的其他规定直接对实际控制人加以规制。

就监督机关这一路径而言，必须借助独立董事发挥监督功能，主要有以下两个方面：（1）通过独立董事的选聘标准限制，通过严守“入门关”，将与实际控制人有关的人排除在监督机制之外，从而确保独立性；（2）通过独立董事的参与决策机制限制，对实际控制人与公司有重大利益冲突的事项以及关联交易事项的决策进行监督。如今这两个方面的规制在《上市公司独立董事管理办法》中已有所体现，但仍需要从公司法其他规范解决实际控制人的识别、归责等前置后置问题。在当前的实践中，实际控制人的认定标准并不明确，[③] 且主要依靠证券监管机构认定，在公司法上仅对其概念作出了明确。实际控制人的认定在证券监管中侧重风险防范，需要穿透至最终控制人，而在司法裁判中则侧重在责任承担，只要责任主体明确就无须穿透至最终的实际控制人。[④] 因而需要尽快在公司法层面明确实际控制人认定方式和认定标准。在追责方面，目

---

① 刘斌：《公司治理中监督力量的再造与展开》，载《国家检察官学院学报》2022年第2期，第47页。

② 龙卫球、李清池：《公司内部治理机制的改进：“董事会—监事会”二元结构模式的调整》，载《比较法研究》2005年第6期，第61页。

③ 参见陈洁：《实际控制人公司法规制的体系性思考》，载《北京理工大学学报（社会科学版）》2022年第5期，第59—70页。

④ 参见周游：《实际控制人识别标准的差异化实践与制度表达》，载《政法论坛》2024年第1期，第1—12页。

前学界普遍认为有两种途径，一种为引入实际控制人的信义义务①，另一种为引入事实董事制度②。事实董事制度在此次修法中已有所体现③，可通过董事责任追究实际控制人责任，但仅限于实际控制人指示董事、高级管理人员，范围过小，应进一步扩大实际控制人指示对象的范围，将监事、法务总监等所有受实际控制人指示而直接从事造假等侵害股东利益行为的主体纳入责任范围。而就实际控制人的信义义务来说，至今还停留在理论阶段，有必要在接下来的修法中尽快确立。总之，在中国本土背景下，对控股股东、实际控制人的监督，并不能全部依靠监督机关，将责任全部归咎于监督机关的无能，还需要整部《公司法》从多个方面针对性增加规制措施，将对实际控制人的规制嵌入《公司法》上的董事责任、关联交易、对外担保、监督机制等诸多制度内，让监督落到实处。

五、结　　语

此次修法标志着公司监督机关设置模式从单一向多元的转变，这是法律对市场主体自治的尊重，更是对市场运行规律的尊重。公司内部利益冲突的多样性决定了监督机关和监督机制应如何选择，选择型公司法虽对其有所回应但仍有局限。增加选择只是起点，选项的完善程度也会影响当事人的选择。故而，不同监督机制在制度设计上理应有其侧重，监事会不会退出历史舞台，而审计

---

① 不少学者都曾提出应在理论上构建实际控制人的信义义务。参见陈洁：《实际控制人公司法规制的体系性思考》，载《北京理工大学学报（社会科学版）》2022 年第 5 期，第 59—70 页；朱大明、［日］行冈睦彦：《控制股东滥用影响力的法律规制——以中日公司法的比较为视角》，载《清华法学》2019 年第 2 期，第 68—86 页；叶敏、周俊鹏：《公司实际控制人的法律地位、义务与责任》，载《广东行政学院学报》2007 年第 6 期，第 49—53 页。

② 例如刘斌认为，对董事范畴的界定应当从形式走向实质，实质主义的董事范畴能够有效规制控股股东和实际控制人，同时也能避免强化控股股东义务对公司治理带来的不当影响。通过引入事实董事或影子董事制度规制实际控制人，相比直接规制更加契合公司法理。

③ 《公司法》第 192 条规定：公司的控股股东、实际控制人指示董事、高级管理人员从事损害公司或者股东利益的行为的，与该董事、高级管理人员承担连带责任。

委员会和独立董事制度还需要更加完善。在下一个阶段，新《公司法》应在肯定选择主义的基础上，将各类型的治理模式中监督机关的职能落实、完善，从而真正实现监督机关与公司决策、执行机关的协调配置，促进监督机关监督效能的提升。

从此次《公司法》修订可以看出，公司治理结构的全球化趋势——公司治理的融合是如何发生的。但是公司治理的融合是功能性的，而非形式上的，因为每一种公司治理体系都有足够的灵活性，能够在其路径依赖的限制范围内找到问题的解决方式。[①] 在单层制治理模式的潮流下，各种不同的公司监督机制都将在中国本土环境下找到合理的运行方式，寻找符合中国本土实践的监督机制优化方案，为中国公司治理提供新的制度养料，是下一个阶段公司法学的任务所在。

（初审：周晓溢；校对：李昂）

① 参见［美］罗纳德·J. 吉尔森：《公司治理全球化：形式性或功能性融合?》，载［美］弗兰克·H. 伊斯特布鲁克等：《公司法的逻辑》，黄辉编译，法律出版社 2016 年版，第 500—501 页。

人格标识财产利益之商标法保护路径：证成与展开*

李 朴**

摘 要：人格标识财产利益不宜置于人格权体系下进行保护，新设财产权的保护路径短期内亦难实现，可在商标法下为其提供保护。从理论上看，人格标识与商标同属"符号"，具有相同结构和作用机制，二者间可相互转化；人格标识通常与"描述性词汇"或"通用名称"无涉，具备"固有显著性"；未注册人格标识遭遇"恶意抢注"或"搭便车"时，商标法亦可予以规制，"一定影响"门槛并无损于"人格平等"；人格标识在商业化利用中同具商标的"品质保障"与"广告宣传"功能。在具体的保护路径上，人格标识的商业化利用实则是商标性使用，商标法适于对其的调整及对人格标识财产利益界限的确定；《商标法》第63条更适于人格标识财产利益的救济，在适用"惩罚性赔偿"制度时，"恶意"之认定以"直接故意"为标准即可；商标法下，人格标识财产利益得被继承，但不应设置固定保护期限，可根据人格标识投入商业化利用与否及续展情况灵活确认。

关键词：人格标识财产利益；商品化权；公开权；商标法保护路径

* 本文得到国家社会科学基金项目"博物馆知识产权治理体系研究"（项目编号：20BFX11）的支持。

** 李朴，华东政法大学博士研究生。

一、问题的提出

人格标识是民事主体标表其个性特征的人身识别因素，如自然人的肖像、姓名等。[①] 作为人格符号化之结果，人格标识承载有人格尊严等精神利益乃学界通识，我国标表型人格权规则体系即以规范人格标识的使用为逻辑起点、以人格尊严的保护为价值核心构建起来。[②] 例如，在姓名权、肖像权等标表型人格权规则中，人格标识的保护体现为通过防止他人经由姓名、肖像对自然人进行侮辱、诽谤等实现对人格尊严的消极防御式保护。然而，随着市场经济与传媒技术的发展，人格标识的使用展现出更多的面向，人格标识的商业化利用现象愈发普遍，在该过程中所产生的人格标识财产利益给传统人格权理论及制度带来了巨大冲击。

这是因为，以人格标识为对象的姓名权、肖像权等标表型人格权内容为精神性利益，非财产性及人身专属性乃其核心特征。而人格标识财产利益虽与之共同承载于统一的姓名、肖像等人格标识之上，却有着不同的性质及保护需求，即不仅在性质上属财产，且在事实上存在大量的排他许可和继承情形。两种利益在性质上的迥异决定了二者必然具有不同导向的保护需求。由此，同一人格标识之上的精神利益与财产利益保护需求之间形成巨大张力，使如何予人格标识财产利益以保护，以及如何协调其与人格标识精神利益保护之间的关系，成为国内外法学界关注的焦点。对此，比较法领域形成了较为典型的德国法“一般人格权”保护路径和美国法“公开权”保护路径。我国法学界在分别参鉴两种路径的基础上，逐渐形成了“人格权说”和“财产权说”两种主流学说。如今，我国《民法典》已确立“人格权说”的地位，将人格标识财产利益纳入人格权编中予以保护。

---

① 参见杨立新、林旭霞：《论人格标识商品化权及其民法保护》，载《福建师范大学学报（哲学社会科学版）》2006 年第 1 期，第 74 页。

② 温世扬教授指出，“标表型人格权”是一种受尊重权，这一本质决定了其非财产属性，即内容应仅限于“受尊重”之精神利益，而不应涵盖财产内容。参见温世扬：《论“标表型人格权”》，载《政治与法律》2014 年第 4 期，第 67—69 页。

然而，这样的做法是否妥当，仍然面临质疑。从理论层面来说，人格标识财产利益的内核为经济价值，对其的保护虽然通常会关联精神利益保护，但对其来说，保护其积极行使、流转等，以追求人格自由而全面的发展才是主要需求。据此，人格标识财产利益保护规范的内涵及其表达塑造皆应不同于人格标识精神利益的保护规范。但是，《民法典》却与之背道而驰，分别将不同人格标识财产利益的保护内容强行加入对应的具体人格权规则当中，不可避免地造成了人格标识两种不同利益保护上的混同，继而导致内涵扩张后规范适用范围模糊以及新旧规范之间相互冲突的窘境。例如，按照《民法典》第992条的规定，人格权不得转让、放弃或继承。在"人格权说"下，人格标识财产利益当然因其作为"人格权"的法律定性而受到该条款的约束。但若是如此，现实当中大量存在的排他许可及继承等问题便难以解决。反之，若该条文不适用于人格标识财产利益的调整与保护，作为成文法的《民法典》之形式理性及权威便无法保证。① 实际上，前述矛盾在《民法典》颁行前的司法实践中即有体现。② 但遗憾的是，《民法典》的颁行非但未能解决前述矛盾，反而将其上升至成文法层面，造成更加激烈的规范矛盾。此外，类似窘境并非个例，还体现于有关人格标识许可使用合同的任意解除权（《民法典》第1112条）③ 及人格标识合

---

① "符合逻辑合理性的法律其内部是高度一致、统一、无矛盾甚至是无漏洞的，该形式也被韦伯视为最高理性形式。"参见张德森、张琼：《形式公正理性引领下法治变革的价值取向——以韦伯形式理性法治模式为分析框架》，载《湖北社会科学》2016年第6期，第138页。

② 相关案例可参见北京市第一中级人民法院民事判决书，（2009）一中民初字第4747号；北京市高级人民法院民事判决书，（2011）高民终字第76号；上海市黄浦区人民法院民事判决书，（2014）黄浦民一（民）初字第1245号。

③ 例如，吴奕锋博士认为："在当事人没有约定期间的不定期情形自然能够适用《民法典合同编（二审稿）》第353条第2款（现《民法典》第563条第2款）的规定。在肖像许可使用等合同中重复规范是对立法资源的不必要运用。"参见吴奕锋：《论不定期继续性合同随时终止制度 兼评〈民法典合同编（二审稿）〉的规定》，载《中外法学》2019年第2期，第536页。

理使用（《民法典》第999、1020条）等问题中。[①] 综上，“人格权说”虽得在法律层面确立，却难以一锤定音，平息争议，因此对我国人格标识财产利益的保护路径选择进行商榷实有必要。

本文主张，人格标识财产利益不宜置于人格权体系下混同保护，《民法典》人格权编应回归其保护人格尊严精神利益的本职，可将人格标识财产利益纳入商标法下进行保护。[②] 然就当前而言，学界并未对商标法这一重要的理论及规范资源给予重视。为此，本文首先对人格标识财产利益保护路径选择的主流学说进行检讨，其次证成人格标识财产利益的商标法保护路径，最后讨论人格标识财产利益商标法保护路径下具体展开。

二、人格标识财产利益保护的路径选择

如前文所述，就人格标识财产利益的保护问题，我国学界素有“人格权说”和“财产权说”两种主流学说。二者不仅意味着对人格标识财产利益不同的法律定性，还导向着不同的保护路径选择。两种学说所主张的保护路径选择皆有其比较法参鉴之渊源。在引出商标法保护路径之前，须对前述两个主流学说分别进行检讨。

（一）“人格权说”之检讨

“人格权说”论者主要借鉴了德国法中的“一般人格权”保护路径，[③] 认

① 有学者指出，“在体系上，《民法典》第993条（人格标识许可使用）既属突破传统人格权法仅保护精神性固有权利的‘特殊规定’”。参见袁野：《〈民法典〉视域下死者人格标识之保护》，载《华东政法大学学报》2022年第4期，第171页。但应注意，当某一法律体系下存在多个特别规则时，恰能证明其并不适于归入其中。此外，在“特别优于一般”这一法律效力优先性的基本原则下，部分学者所主张：“为了更好地协调人格要素上精神利益与经济利益的关系，应以精神利益为核心，精神利益优于经济利益”的观点难以自洽。参见程啸：《人格权法教程》，法律出版社2023年版，第58—59页。

② 本文所称“商标法保护路径”中的“商标法”范围采广义，即不仅包括《商标法》，还包括《反不正当竞争法》中的有关条款。未明确为《商标法》时，即为广义。

③ 参见洪伟、郑星：《试论人格权的商品化》，载《浙江社会科学》2008年第12期，第45—46页；王叶刚：《人格权中经济价值法律保护模式探讨》，载《比较法研究》2014年第1期，第165—168页。

为人格权的非财产性在当下已得突破，[①] 可通过丰富人格权内涵的方式实现对人格标识财产利益的统摄与保护。[②] 我国《民法典》即通过该种方式将人格标识财产利益保护内容纳入姓名权、肖像权等具体人格权规则体系当中。之所以有如上论断及相应路径选择，主要基于以下认识：其一，人格标识无法永久外在于其主体存在；[③] 其二，人格标识财产利益的保护仍服务于人格尊严保护；[④] 其三，人格标识财产利益的定性应服从人格权这一整体，而非财产权。[⑤]

然而，这些认识的正确性值得商榷。现分而述之：针对第一种认识，人格标识具有“他为性”，它虽然与特定主体紧密联系，却主要是为他人服务的，[⑥] 是外在于主体的事物。[⑦] 正因如此，对特定自然人姓名、肖像的使用并不会随该自然人的死亡而结束，人格标识也并非不可永久外在于其主体存在。针对第二种认识，该种认识源自对德国法中重视人格尊严保护观念的借鉴，然而在德国法中，统摄了人格标识财产利益的“一般人格权”同时基于德国《基本法》第1条“人的尊严”条款和第2条“人格自由发展”条款产生。[⑧] 对比二者的内涵及外延，以“人格尊严”为唯一价值依归显得偏颇，而“人格发展”则可包容人格标识商业化利用的积极面向。针对第三种认识，该种认识同样是基于对德国法经验的参鉴作出，可换言为：人格标识财产利益与人格标识精神利益统一于人格权这一整体。实际上，通过提取公因式即可发现，两种利益的统一

---

① 参见杨立新、林旭霞：《论人格标识商品化权及其民法保护》，载《福建师范大学学报（哲学社会科学版）》2006年第1期，第78页。

② 参见王利明：《论人格权商品化》，载《法律科学（西北政法大学学报）》2013年第4期，第59页。

③ 参见黄芬：《人格要素的财产价值与人格权关系之辨》，载《法律科学（西北政法大学学报）》2016年第4期，第71—75页。

④ 参见王叶刚：《人格权中经济价值法律保护模式探讨》，载《比较法研究》2014年第1期，第165—168页。

⑤ 参见姚辉：《关于人格权商业化利用的若干问题》，载《法学论坛》2011年第6期，第11页。

⑥ 参见曹相见：《人格标识的“他为性”及其规范影响》，载《中国法学》2023年第4期，第129页。

⑦ 参见房绍坤、曹相见：《标表型人格权的构造与人格权商品化批判》，载《中国社会科学》2018年第7期，第145页。

⑧ BGHZ 13, 334 = NJW 1954, 1404 – Leserbrief.

之处在于二者共同承载于“人格标识”之上。但共同承载于同一权利对象之上并不必然得出二者定性服从同一权利的结论。著作人身权与著作财产权的分野即为著例。

此外，作为我国“人格权说”的主要参鉴对象，我国做法还与之存在着以下不同：首先，德国法是通过扩张“一般人格权”（Das allgemeine Persönlichkeitsrecht）内涵的方式以实现对人格标识财产利益的包容，并未涉及对“特别人格权”（besonderes Persönlichkeitsrecht）[①] 条款的变动，而我国扩充的则是“具体人格权”之内涵；其次，德国法当中并未详尽列举“特别人格权”的类型，故“一般人格权”在司法实践中的解释空间更大且更具灵活性，而我国在人格权侵权案件中以适用“具体人格权”规则为主，即便人格标识财产利益能够由“一般人格权”所包含，通常仍须反映于具体人格权规则时方能适用，因此，我国《民法典》中的“一般人格权”并不具有与德国法中对应概念在程度上相适应的包容性和灵活性；再次，德国法中仅有“姓名权”与“肖像权”两种特别人格权以成文法呈现，除此之外，其余有关人格利益保护的规则几乎都只是存在于学说及判例中，故德国法在以“一般人格权”统摄人格标识财产利益时，更多考虑的是如何突破已有学说，而较少受到成文法形式理性的约束；最后，德国法虽将人格标识财产利益置于人格权框架下，却并未将人格标识精神利益和人格标识财产利益的保护混为一谈，而是对两者区别对待，给予人格标识两种利益分别不同的保护。[②] 概言之，我国实际上是采取了与德国法不同的“具体人格权”保护路径，限于成文且列举的人格权立法形式之本身特质，我国并无适宜“人格权说”生长的土壤，“人格权说”也并未因其在《民法典》中的确立而具备更充分的说服力。

---

① “特别人格权”与我国法律中“具体人格权”相对应（也有译作“个别人格权”者）。德国法中的“特别人格权”包括德国《民法典》第 12 条和《艺术及摄影作品著作权法》第 22、23 条分别确定的“姓名权”和“肖像权”两种，除此再无“特别人格权”类型。

② 例如，在 1999 年的马兰·迪特里希（Marlen Dietrich）案中，德国联邦最高法院就指出人格标识财产利益与人格标识精神利益并不相同，不会随自然人的死亡而消灭，得由死者继承人所继承。Vgl. BGH NJW 2000, 2195.

（二）“财产权说”之检讨

“财产权说”论者主要借鉴的是美国法当中的“公开权”（Right of Publicity）制度，指出传统人格权理论无须突破，可通过新设独立于人格权之外的财产权予人格标识财产利益以保护。[①] 美国法当中的“公开权”是与“隐私权”（Right of Privacy）相对而言的，其产生和发展即通过与“隐私权”的逐步剥离而实现。在美国的早期司法实践中，“隐私权”即被作为纯粹的精神性人格利益而被禁止作为财产进行处置且不能作为请求财产损害赔偿的权利基础。“公开权”亦在司法实践的发展中被认为无关乎精神利益而成为纯粹的财产性权利。例如，在1953年诞生“公开权”的“海兰（Haelan）案”中，Frank法官即指出本案所涉被转让的权利并非隐私权，而是“公开权”。[②] 对比来看，美国做法与德国做法间最具差异之处在于，美国法将人格标识精神利益和财产利益分别置于不同的法律予以保护。也正因美国法中公开权与隐私权的剥离，才使后者对其所保护的人格标识精神利益能够免受人格标识商业化利用的影响，前者的保护亦可摆脱“隐私权”的约束而得到更进一步的发展。由于“财产权说”更加本真地直面和还原了人格标识财产利益的财产属性及积极保护需求，因此在过往讨论中支持者亦众多。

但是，这可能会面临诘问：予人格标识财产利益以独立的财产权保护是否会对人格尊严造成威胁？本文认为答案是否定的。实际上，将人格标识所衍生的财产利益排除于人格权范畴之外，通过财产法（权）予以保护，只是一种法技术的安排或要求，与人格（权）保护强化或弱化并无必然联系。[③]

那么，既然“财产权说”更加适于人格标识财产利益保护，且并无碍于人

---

① 参见蓝蓝：《人格与财产二元权利体系面临的困境与突破——以“人格商品化”为视角展开》，载《法律科学（西北政法学院学报）》2006年第3期，第48—55页；李大何：《未来民法典中人格权财产利益的保护模式》，载《华东政法大学学报》2017年第4期，第82—88页。

② See Haelan Lab., Inc., v. Topps Chewing Gum Co., 202 F.2d 806 (2d Cir.), cert. denied, 346 U.S. 816 (1953).

③ 参见温世扬：《论“标表型人格权”》，载《政治与法律》2014年第4期，第68页。

格尊严保护，为何却未得到立法确认，而是“人格权说”占据上风呢？本文认为，这主要是对立法成本的考量所致。具言之，美国系判例法国家，既无明确且系统的人格权教义学理论，亦无成文且具体的人格权制度，“公开权”系学说和判例推动下的产物，多存在于普通法中而少见于成文法；与之相反，我国权利理论较为系统且丰富，相关制度不仅严格地由成文法所确定，且较为详尽。这使得我国在新型权利设置前不仅需要在理论上充分论证，还需在立法时充分考虑新设权利保护的形式理性。有鉴于此，“公开权”在我国的设立不可能在短时间内实现，这使其难以作为人格标识财产利益保护路径的优先选择。对此，持“财产权说”的温世扬教授指出，可在人格权制度下为其提供暂时的居所。① 在《民法典》颁行之后，其进一步指出新增人格标识财产利益保护的相关规定实则就是“中国民法上的‘公开权’”。②

不过，“财产权说”虽因立法成本考量无法落地，但其所体现出的将人格标识精神利益与财产利益二分保护的做法值得关注。这种做法正是解决“人格权说”窘境的关键，构成了本文所主张之“人格标识财产利益商标法保护路径”的基础，即涉及人格标识商业化利用及人格标识财产利益的，由商标法予以调整和保护，原属人格权法调整的人格标识生活使用行为及精神利益保护则继续由人格权法负责。

（三）“知识产权说”之回归与商标法保护路径选择

作为“财产权说”当中的一个重要分支，“知识产权说”论者较早便认识到人格标识财产利益与知识产权在性质上极为相近，并将其定性为一种知识产权。但是，这样的认识虽出现较早却未得到足够重视。③ 回过头看，彼时“知

---

① 参见温世扬：《析“人格权商品化”与“人格商品化权”》，载《法学论坛》2013年第5期，第107—111页。

② 参见温世扬：《中国民法上的“公开权”——〈民法典〉人格标识许可使用规定之解析》，载《当代法学》2021年第2期，第14—23页。

③ 早期主张“知识产权说”的观点可参见梅慎实：《“角色”的权利归属及其商品化权之保护——兼论“济公活佛”角色的权利归属之争》，载《法学》1989年第5期，第31—33页；刘春霖：《商品化权论》，载《西北大学学报（哲学社会科学版）》1999年第4期，第54—58页。

识产权说”反驳者的核心观点为：人格标识财产利益不具有知识产权的“创造性”和“地域性”特征，因此不能成立。[①] 然而，随着我国学界对知识产权的理论研究和实践进一步深入，上述观点早已不攻自破：首先，就“创造性”来说，该种特征并非知识产权的共性，将商标及各种工商业标记权纳入知识产权体系即可证明；其次，就“地域性”来说，经济全球化时代，地域性早已无法构成知识产权保护的限制，引起广泛关注的“乔丹商标案”[②] 即是著例。此外，以比较法眼光看，在较具代表性的德国法和美国法当中，人格标识财产利益的保护皆与知识产权密切相关。例如，在 Paul Dahlke 案中，德国联邦法院认为肖像财产利益与著作权等知识产权具有相同的特性，因此得以参照知识产权侵权损害赔偿数额的“三择一”计算方式予以判定。[③] 在美国法当中，“公开权”更是被直接作为一种“知识产权”。[④]

但应注意，与早期主张新设“商品化权”或“公开权”等“知识产权说”论者不同的是，本文主张可采更加功能主义的“解释论”方法代替“立法论”视角，试在已有的知识产权制度体系内为人格标识财产利益的保护找寻可能路径。如此一来，既可避免将人格标识财产利益和精神利益置于一体保护时的规

---

① 反驳“知识产权说”的相关观点参见程合红：《商事人格权——人格权的商业利用与保护》，载《政法论坛》2000 年第 5 期，第 81 页；杨立新、杨旭霞：《论人格标识商品化权及其民法保护》，载《福建师范大学学报（哲学社会科学版）》2006 年第 1 期，第 77 页；任丹丽：《论商品化人格权的立法规制模式》，载《江苏行政学院学报》2012 年第 6 期，第 125 页；张丹丹、李建华：《真实人物形象商品化权的性质辨析及法律保护模式》，载《大连理工大学学报（社会科学版）》2010 年第 2 期，第 81 页；于晓：《自然人人格标识商业利用民事权利独立设为新型财产权研究》，载《山东大学学报（哲学社会科学版）》2017 年第 3 期，第 135—136 页；郭少飞：《新型人格财产权确立及制度构造》，载《暨南学报（哲学社会科学版）》2019 年第 5 期，第 42 页。

② 在本案中，美国知名球星迈克尔·乔丹（Michael Jordan）因与中国某体育股份有限公司就第 6020578 号“乔丹及图”商标的争议引发广泛关注。本案详情参见最高人民法院行政判决书，(2018) 最高法行再 32 号。

③ Vgl. BGHZ 20, 345 – Paul Dahlke.

④ See J. Thomas McCarthy. “The Rights of Publicity and Privacy”, *Thomson/West*, 2007, § 1: 26. 此外，美国法律协会在 1995 年将“公开权”的定义列入《反不正当竞争法》(第三次重述)，该法第 46 条规定：“未经他人同意以商业目的擅自使用他人姓名、肖像或其他人格标识，从而非法占用他人人格的商业价值的，应根据第 48 条和第 49 条之规定承担消除非法占用的责任。”亦能印证。

范窘境，又无须诉诸新的财产权立法。总体看来，在“人格权说”和“财产权说”皆遇阻碍的情形下，“知识产权说”的回归已成必要，亟待解决的问题则是：应将人格标识财产利益置于何种知识产权规则体系下予以保护较为合适。

诚如李琛教授所言：“有时，虽然事物之间存在很大的差异，但因为形态类似，利用的方式类似，就可能共用同一套规则。”① 这意味着，“共用”一套规则的前提往往是不同权益的对象在形态及利用方式上皆属类似。回顾我国知识产权立法，就人格标识财产利益的对象（载体）——人格标识来说，其在本质上与商标（商标权对象）最为接近，即不仅在形态及性质上同为“符号”，且所涉保护语境皆为商业中使用。循上逻辑，商标法实则为人格标识商业化利用的调整及人格标识财产利益的保护提供了可能“共用”的规则。② 其他法律则因权益对象与之不同或利用方式的差异而无法为之提供栖身之地。③

三、人格标识财产利益商标法保护路径的理论证成

在知识产权法中，权利对象的确认是最基本且困难的问题。④ 人格标识财产利益商标法保护路径所遇到的首要问题便是商业化利用中的人格标识能否作为商标法保护的对象。

---

① 此处“事物”可理解为“权利对象”。对人格标识财产利益而言即“人格标识”。李琛：《知识产权“客体—对象”区分论解析》，载《知识产权》2023 年第 12 期，第 11 页。

② 曾有学者指出，“形象权”的商标法保护可能面临以下限制：第一，主体资格的限制；第二，客体范围的限制；第三，使用对象的限制。但以当前视角来看，上述局限已经得到了较大的改观：第一，自然人也可申请注册商标；第二，商标法保护的客体范围呈不断扩张趋势；第三，在“商标使用主义”的语境下，注册并非商标使用的前提。参见吴汉东：《形象的商品化与商品化的形象权》，载《法学》2004 年第 10 期，第 82—83 页。

③ 这也说明人格标识财产利益并不适于与人格标识精神利益“共用”人格权保护规则。原因在于，对比人格标识财产利益与人格标识精神利益，二者除对象（载体）同为人格标识外，在性质及行为来源（利用方式）上皆有不同。利用方式的不同决定了调整模式的差异，基于此，也就难以轻易地将二者共同置于同一规则体系下予以保护。

④ 参见李琛：《论知识产权法的体系化》，北京大学出版社 2005 年版，第 71 页。

（一）人格标识与商标的本质及作用机制相同

从本质上来说，商标就是一种符号，利用符号学的方法有助于我们对商标作出直观而合理的解释。① 人格标识财产利益的对象（载体）是人格标识，其在本质上首先也是一种符号，其次才延伸出相关利益的保护问题。采用符号学的分析方法同样有助于我们把握人格标识的本质及其运行机制。

作为符号，商标是由能指、所指和对象组成的三元结构。其中，“能指”就是有形或可以被感知的标志，“所指”为商品的出处或商誉，“对象”则是符号所附着的商品。② 三者虽为商标所必需，却并非具有天然联系。商标之所以能够从静态“能指”成为动态商标，离不开“意指（signification）”和“中介（mediation）”两种作用机制。唯经这两过程，才使某一标识（能指）与特定的“所指”和“对象”分别联系起来，继而形成三者的整体关联。其中，“意指”是指将“能指”和“所指”相联的过程。③ 不过，该过程所产生的“能指—所指”关联仅使该标识具备了成为商标的可能性，而并未使其实际成为商标，若要使之成就，还须经“中介”过程。所谓“中介”，是指通过对“能指”的识别，将“所指”与“对象”联系起来的过程。④ 在此过程中，“能指”与“所指”间经“意指”过程产生联系后，再将“能指”附于“对象”，相关公众才能够通过识别“能指”，分辨“对象”的出处及商品声誉（即所指），产生“所指”与“对象”之间存在关联的认识。此时，该标识才真正具备商标应然的“三元”结构，并实际发挥商标作用。

在符号学的视角下，人格标识与商标具有相同的结构和作用机制。以姓名为例，姓名作为“能指”是可被感知的标志，某一自然人的身份及其名誉则是

---

① 参见彭学龙：《商标法基本范畴的符号学分析》，载《法学研究》2007 年第 1 期，第 17 页。

② 另应注意，此处“对象”与他处权利“对象”并非同一概念。参见彭学龙：《商标法基本范畴的符号学分析》，载《法学研究》2007 年第 1 期，第 18 页。

③ ［法］罗兰·巴尔特：《符号学原理》，王东亮等译，生活·读书·新知三联书店 1999 年版，第 39 页。

④ 参见彭学龙：《商标法基本范畴的符号学分析》，载《法学研究》2007 年第 1 期，第 21 页。

姓名的“所指”。与商标的作用机制一致，二者间并非存有天然的联系，而只有经“意指”这一过程，即人格标识经使用得以指代特定自然人身份与名誉后，才使人格标识具备识别特定人身份及其名誉的可能性。为使之成就，人格标识同样需再经“中介”过程，即“能指”附于“对象”，才可具备完整的“三元结构”，并发挥其识别特定自然人身份、名誉的功能。例如，甲拾得乙金而不昧，乙以附有甲姓名的锦旗相送，“能指”附于“对象”，才得以表彰“所指”，即甲之名誉。可见，姓名作为一种符号，其与商标不仅具有相同的“三元”结构，还同样需经过“意指”和“中介”过程才能发挥其作用。因此可以说，姓名与商标在符号意义上并无不同，其他人格标识同理。

进言之，正是由于人格标识在符号意义上与商标的同质性，才使原居于生活使用范畴的“人格标识”兼有被“商业化利用”并进一步产生“财产利益”的可能。试将前述举例中的“甲”换为“某和”，此时能指（某和）的所指系其身份、名誉，“某和”在该情形中是用以识别特定自然人身份的“姓名（人格标识）”。与此同时，实践表明，“某和”还可附于豆腐乳产品用以识别该产品出处并表彰该商品的声誉。[①] 此时，“某和”这一文字标识不仅是人的姓名，还是商品商标。不难发现，在两种情境中，“某和”这一“能指”虽是一致，所附“对象（锦旗与豆腐乳）”和“所指（名誉与商誉）”却十分不同。实际上，正是通过“对象”和“所指”的转变，才实现了人格标识使用情境及所涉利益的变化。例如，在前例中，“某和”这一人格标识在附于锦旗时，所标表的是“某和”这一姓名所指代的特定自然人之名誉，这意味着该种使用的情境为日常生活中的使用，与人格标识精神利益有关；但将其附于豆腐乳产品时，“所指”便是商品声誉而非特定自然人名誉，据此即可判断出该种使用情境为突破日常生活范畴的商业化利用（作商标用），与人格标识财产利益有关。不妨试想，本身作商业使用的“商标”能否反向转化为用以指示特定自然人身份及名誉的“人格标识”呢？此时我们是否能称这种现象为“商业标识的人格化利用”呢？本文认为这都是有可能的，且不乏在生活中的实例。

---

① 北京某和食品有限公司已就“某和”文字及图形商标（申请号：42284280）在第29类中2905组臭豆腐乳制品与2913组豆腐制品等相关商品品类上取得注册。

综上所述，人格标识与商标作为“符号”，并无天生的人格性或商业性，使用情境的不同才决定了特定符号所承载利益性质的差异，二者完全可以通过使用情境的切换实现特定符号的“商业化利用”或“人格化利用”，并据此产生不同性质的利益。由此，通过建立起人格标识使用情境与利益性质间的联系，我们就可以通过不同法律实现对不同使用情境行为的调整，使人格标识财产利益和精神利益的二分保护在法技术层面具备可行性。

（二）人格标识通常具备商标法要求的显著性

显著性（distinctiveness）是商标的灵魂，仅具有显著特征的标记才能成为商标，任何标记都概莫能外。① 这也是各国商标法实践中的通识。人格标识虽已被证成在本质上与商标同为符号，但只有在具备显著性的前提下才可能被注册为商标，以获致《商标法》对注册商标的保护。

通说将“显著性”分为“固有显著性”和“获得显著性”两种。按照商标与所标示对象之间联系程度的强弱，还可进一步将拟被注册为商标的标识分类为：臆造词汇、随意词汇、暗示词汇、描述性词汇和通用名称五种。② 前三种标识通常被认为是具有“固有显著性”的标识，后两种则不具备（即“缺显”）。其中“描述性词汇”虽不具备“固有显著性”，但可经使用建立起与“所指”的联系，取得“第二含义（secondary meaning）”，即“获得显著性”，而具备注册可能性。③ 理论上认为，所谓“显著性”，是指商标标示产品出处并使之区别于其他同类产品的属性。④ 然而，唯经使用的标识才可能经过“中介”及“意指”过程具备前述属性，故循此逻辑，“使用”系标识具备显著性的必须。但从“固有显著性”来看，对其的认定仅判断该标识与产品间关联程度强

---

① 此处所谓“商标”是指“注册商标”。参见何炼红、何文桃：《声音商标注册保护的域外考察及启示》，载《法学杂志》2011 年第 5 期，第 42 页。

② 该种分类源于美国法官傅瑞德对各种标志所作分类。See Abercrombie & Fitch Co. v. Hunting World, Inc. , 537 F. 2d4 (2d Cir. 1976).

③ 依据《商标法》第 11 条的规定，缺乏“固有显著性”的标志经过使用取得显著特征，并便于识别的，可以作为商标注册。

④ 参见彭学龙：《商标显著性新探》，载《法律科学（西北政法学院学报）》2006 年第 2 期，第 60 页。

弱，就标识投入使用与否则在所不问，故其内涵与理论上应然的“显著性”显然不同。反观“获得显著性”，其唯以使用为产生前提，因此“获得显著性”被认为是真正的显著性。但从实践角度看，采纯粹的使用取得原则并不便于商标的管理、检索和公示。[①] 为此，多数国家选择以“固有显著性”作为商标注册取得要件，我国《商标法》亦然。[②] 据此而言，即便“固有显著性”与理论上与应然的显著性标准有所出入，其在实践中的地位仍无法替代。综上，人格标识能否被注册为商标的关键即在于其是否具备“固有显著性”。[③] 本文认为，在具体认定时，可应用排除法，即通过排除人格标识构成固有显著性较弱的“描述性词汇”和“通用名称”的方式，来判断人格标识是否具备“固有显著性”。[④]

首先，就姓名而言，姓名由文字构成，分为“姓”和“名”两部分，就特定自然人来说，其“姓名”组合除承继父母之“姓”外，“名”的部分还承载了父母对子女具备某种精神、品质的期望，这种期望作为极具抽象性的精神嘱托，与描述商品、服务质量等特征的词汇通常并无关联。例如，用于形容人品的“勤奋”“善良”等词汇就不可能用于形容商品或服务的特征；再如，用于形容商品或服务“耐用”“实惠”等词汇也不能用于形容人品。因此“姓名”

---

① 参见彭学龙：《寻求注册与使用在商标确权中的合理平衡》，载《法学研究》2010年第3期，第156页。

② 我国商标法至少在注册取得阶段并未将“使用”以及具备“获得显著性”作为要件，而仅是作为描述性词汇可被注册的要件。此外，在商标确权后，若商标未使用的，商标权存续可受到“撤三”制度的限制。参见《商标法》第8、9、11、48条。

③ 彭学龙教授在指出所谓“固有显著性”并非真正意义上的显著性的同时，还指出了各国商标法将“固有显著性”作为直接注册条件的理由。参见彭学龙：《商标显著性新探》，载《法律科学（西北政法学院学报）》2006年第2期，第63页。

④ 之所以采取排除法，是因为“固有显著性”的强弱与“标识—商品”间的固有关联程度呈负相关关系。也就是说，“标识—商品”间的固有关联程度弱时则固有显著性强，反之则弱。与商品具有较强关联程度的标识范围是有限的，反之若关联标识则是前述强关联标识范围之外的所有标识，显然，把握前种标识的范围较之后者要简单得多。正因如此，各国商标法对固有显著性基本采取了从正面规定显著性的条件要求，再从反面排除“缺显”情形的立法方式。参见冯术杰：《论商标固有显著性的认定》，载《知识产权》2016年第8期，第50页。根据商标五分法以及我国《商标法》第11条的规定，二者共同将“描述性词汇”以及“通用名称”作为“缺显”的情形。综上，从规范逻辑以及实践可行性的双重角度来说，皆应采“排除法”认定。

通常不会构成描述性词汇。[①] 此外，人的姓名与商品或服务的通用名称间“撞名”的情形也十分少见，故“姓名”通常亦与商品、服务的通用名称无涉。综上，至少从大部分情形来说，姓名通常并不会构成所标示对象的描述性词汇或通用名称，因而可认为其通常具备“固有显著性”，具有被注册为商标的可能。但应注意，这也并非绝对。毕竟文字的可用范围有限，且文字的“一字多义”“一词多义”是常见情形，故在少数情形下也可能因其与商品、服务的“通用名称”或“描述性词汇”相关而无法得到注册。

其次，就肖像而言，自然人肖像由基因组合所决定，不能为主观所左右，具有极强的随机性，并非传统标识。不过，我们亦可借用前述商标五分法来判断其是否具备固有显著性。[②] 第一，不同于由文字构成的姓名，肖像几乎不可能当然地与特定含义相联系，也难经使用产生与特定自然人关联之外的其他含义，因此，肖像标识难以因涉及所标示对象的质量或特征表达而构成“描述性”的标识。第二，自然人物质性的身体组成部分是不可能作为商品的，无对应商品也就无所谓商品之通用标识，因此肖像也无构成“通用标识”的可能。故就当前而言，肖像虽并未被明确为商标法保护的对象，但至少从“固有显著性”的角度来说已经具有注册为商标的可能。但也应注意，某一身体组成部分的肖像可能与某商品或者服务的作用对象有关，故也存在不得被注册的情形。例如，某手部模特将其手部形象申请注册为护手霜商标时，就可能因不同人的

---

① 彭学龙教授曾指出：“一般说来，姓氏也是描述性的，单纯的姓氏不能作为商标（注册）。”并以“某泉”剪刀商标举例。参见彭学龙：《商标五分法的法学与符号学分析》，载《电子知识产权》2007年第3期，第11页。本文认为，该观点有以下值得商榷之处：其一，“描述性”是指所标示或拟标示商品、服务质量或特征的直接描述，但显然，无论是单独的“姓氏”还是作为整体的“姓名”都少有直接描述商品或服务质量或特征者；其二，根据彭教授所引用的美国判例可推断，其所称“描述性”指的是“姓氏可能为不止一个人所共享”，并非表达显著性强弱程度的“描述性”；其三，关于商标权取得，美国商标法采“使用取得原则”，我国商标法采“注册取得原则”，二者之间截然不同，在美国商标法语境下，无论“某泉”是否为姓名，对该标识商标权的取得都须以具备“获得显著性”为要件，而在中国的商标法语境下，无论“某泉”的显著性“获得”与否，其皆可因与所标示“剪刀”商品的描述性词汇和通用名称无涉而具备注册的可能。

② 彭学龙教授指出：“这种分类方法虽以文字商标为参照，但对于图形商标、颜色商标等亦可准用，因而具有普遍意义。”参见彭学龙：《商标五分法的法学与符号学分析》，载《电子知识产权》2007年第3期，第10页。

手部之间难以被区分以及手部作为商品作用的对象等问题而遭遇阻碍。

总体来说，在大部分情形中，以姓名和肖像为代表的人格标识都能够符合“固有显著性”的标准而具有被注册为商标的可能。[①] 在少数情形中，人格标识虽可能因“缺显”而无法得到注册，但这并不影响人格标识财产利益商标法保护路径的证立：一方面就显著性而言，人格标识财产利益的产生以人格标识的商业化利用为前提，“缺显”的人格标识可在此过程中取得“获得显著性”而具备注册条件；另一方面投入商业化利用的人格标识即便未被注册为商标，也可得到广义商标法的保护。

（三）未注册的人格标识亦可得到保护

就当前而言，将人格标识注册为商标并非普遍做法。不过，这并非意味着其无法得到商标法的保护。实际上，商标的使用及有关财产利益的产生并不以商标注册为前提，未被投入使用的商标即便取得注册也会被《商标法》排除在保护范围之外。与未注册商标相同，未注册人格标识在商业化利用中也会面临“恶意抢注”和“搭便车”问题。对此，商标制度（《商标法》《反不正当竞争法》中“禁止仿冒混淆”条款）皆有较为成熟的经验予以规制。

首先，就恶意抢注的规制而言。恶意抢注是商标注册取得制度下的固有弊端。[②] 在商标注册取得制度下，不以使用为目的，抢注具有较高知名度标识的行为一度横行，且尤以抢注娱乐明星和体育明星的姓名为甚。例如，在2022年北京冬奥会期间，谷某走红，对其姓名抢注的问题就曾引发广泛关注。[③] 行为规制的另一面即权益保护，由于商标抢注行为严重威胁到主体的“在先权益”，故商标法对其的规制也从“在先权益”的保护展开。[④] 就对姓名、肖像的抢注

① 就其他人格标识而言，可能遇到的问题基本与上述姓名与肖像相似，本文不再赘述。

② 参见宁立志、叶紫薇：《商标恶意抢注法律适用研究》，载《法学评论》2022年第2期，第181页。

③ 参见蔺丽爽：《“谷爱凌”商标被注册　律师：恶意抢注不受保护》，载《北京青年报》2021年2月1日，第A09版。

④ 参见《商标法》第32条。在先权益既包括他人的在先使用商标权益，还包括他人所享有之姓名权、肖像权、著作权等合法权益。

而言，通常可能同时关涉在先的“姓名权”“肖像权”以及人格标识财产利益两方面权利（益）的保护。以“谷某”为例，对其姓名进行抢注不仅侵犯了其对自己姓名所享有的精神利益，也即姓名权，还侵犯了其本人及有关经营者的财产利益。对此，以这两项权益为基础，依据我国《商标法》第15、32、33、45条的规定，谷某及利害关系人（例如被许可人）即可在自公告之日起3个月内，对处于商标初步审定公告期间的恶意抢注商标提出异议；或者在恶意抢注商标得到注册后请求商标评审委员会宣告该商标无效，实现对“恶意抢注”的规制。

其次，就“搭便车”的规制而言。所谓“搭便车”（free riding），是指竞争对手或者其他市场主体为了自己的商业目的，利用他人的商业成就而未付出实质性的正当努力的行为。[①] 针对商业标识的“搭便车”行为不仅有损于商业标识持有人或使用权益人的竞争优势及交易机会，还会引起消费者混淆，进而破坏诚信、公平的竞争秩序，其本质属于不正当利用他人知名度（商誉）的行为，系不正当竞争行为。[②] 基于对如上法益的保护，该种行为受到《反不正当竞争法》第6条（禁止仿冒混淆条款）的禁止。人格标识在商业中亦可能遭遇“搭便车”的侵扰，造成如上后果。以常见的明星代言为例，明星代言所涉人格标识许可使用合同属合意之结果，不仅需要被许可使用一方对许可人知名度的认可，亦需要许可人对被许可使用一方所提供商品、服务质量的认同。基于该合意，被许可人依据明星人格标识所承载的知名度、美誉度向其支付对价，明星则据此提供代言服务并收取费用。若该过程缺乏该明星的许可，则可能不仅有损于明星在商业代言活动中相较其他明星的竞争优势与交易机会，还会导致无权使用者竞争优势的不正当提升以及消费者误以为被许可人与明星之间存在“代言关系”的混淆。因此，人格标识“搭便车”行为亦因其所威胁之法益

---

① 参见孔祥俊：《商标与不正当竞争法——原理和判例》，法律出版社2009年版，第693页。

② 参见冯术杰：《“搭便车”的竞争法规制》，载《清华法学》2019年第1期，第179—181页。

而应受到《反不正当竞争法》的规制。①

但是，《反不正当竞争法》对人格标识“搭便车”行为的规制可能面临源自人格平等的诘问。② 这是因为，《反不正当竞争法》第6条的保护以人格标识“有一定影响”为前提，那么在不具有“一定影响”的普通人之人格标识未经许可被他人作商业化利用时，其人格标识财产利益能否得到保护呢？是否会造成普通人相较于名人的不平等？对此，本文认为将有无“一定影响”作为标准的区别保护并无损于人格平等。原因如下：第一，各主体在获得保护的“机会”上是平等的。人格之“平等”不是“平均”，自然人对其人格标识享有财产利益并非必然，而唯经商业化利用的过程才能产生，仅是一种可能性，这意味着非“名人”的普通人亦可通过对自己人格标识的商业化利用而具有“一定影响”，使可能性转化为现实的财产利益，从而得到法律对其的保护。第二，这种区别保护符合合理性与比例原则。从限制竞争法到贸易规制法，知识产权法自始便具有较强的公共政策属性。③ 其中尤以《反不正当竞争法》更甚。实际上，《反不正当竞争法》作为行为规制法，并不以侵权事实存在为前提。原因在于，该法的最终目的并非私权益的保护，而在于通过对私权益的保护规制不正当竞争行为，进而落实所期达成的公共政策——鼓励竞争。然而，对私权益的保护并不总能有助于“鼓励竞争”，在私权益的保护过强时，反而会抑制竞争，引发“寒蝉效应”。因此，设置一定的保护门槛实际上是为激励竞争的政策目的。因此，《反不正当竞争法》第6条设置“一定影响”为门槛只要有

① 对此，我国《反不正当竞争法》是从反商业混淆的角度出发作出规定的，针对性条文是《反不正当竞争法》第6条：“经营者不得实施下列混淆行为，引人误认为是他人商品或者与他人存在特定联系……”其中第2项：“擅自使用他人有一定影响的企业名称（包括简称、字号等）、社会组织名称（包括简称等）、姓名（包括笔名、艺名、译名等）”直接将姓名列入保护范围。此外，该条第4项：“（四）其他足以引人误认为是他人商品或者与他人存在特定联系的混淆行为”，还做了兜底规定。如上条款即可作为未注册人格标识搭便车行为规制的法律依据。

② 有学者指出“商品化权”被看作为一项特权，仅为部分人所享有，不可避免地会引发人格平等问题。参见谢晓尧：《商品化权：人格符号的利益扩张与衡平》，载《法商研究》2005年第3期，第85页。

③ 《与贸易有关的知识产权协议》（TRIPs）在序言中承认“知识产权是私权”的同时，还承认了“各国知识产权保护体系最基本的公共政策目标，包括发展目标和技术上的目标”。

益于"鼓励竞争"且在合理界限内，即无不当之处。[①] 第三，这种形式平等的追求可能威胁主体的人格自由。人格标识的许可使用兼以人格自治与合同自由为前提，我国《商标法》亦以自愿注册为原则。[②] 若为所谓"形式平等"而"平衡"，使未注册的人格标识必须注册或作商业化利用，都必将不当地干涉人格自由。第四，未注册且不具有"一定影响"的人格标识在未经许可被他人利用时，其保护并非无所适从，而是可作为其他在先权益得到保护。例如，人格权人仍可根据《民法典》中所赋予的人格权请求权或基于"不当得利"的规定请求救济。此外，有关作品的，还可以依据《著作权法》中有关署名权或肖像作品的规定寻求保护。如上方式不仅都不以"一定影响"为前提，且都具有较强的针对性。[③]

（四）人格标识在商业化利用中与商标的功能耦合

识别功能是商标的基本功能，基于该基本功能，商标还派生出"品质保证功能"[④] 和"广告宣传功能"。[⑤] 这些功能便是商标经商标性使用的结果，也是

---

① 如果成批量利用时，情况则有所不同，但限于话题，本文不作讨论。

② 参见孙山：《未注册商标法律保护的逻辑基础与规范设计》，载《甘肃政法学院学报》2015 年第 2 期，第 60 页。

③ 有学者指出，"知名度"虽不应作为人格标识财产利益保护的前提，但能作为损害赔偿数额计算的重要标准。有关观点参见张伟君、庄雨晴：《论〈民法典〉框架下姓名与特定名称财产利益的保护》，载《知识产权》2023 年第 1 期，第 80—83 页；崔国斌：《姓名商品化权的侵权认定思路》，载《清华法学》2021 年第 1 期，第 118—126 页。实际上，《商标法》和《反不正当竞争法》只是基于其门槛，赋予了更高"知名度"的人格标识以更强的保护。换言之，即"知名度"只是前述两部法律中有关条款予人格标识财产利益以更强保护的门槛，而非作为整体的法律的门槛，故并无"特权"之嫌。

④ 所谓品质保证功能，并非保证产品品质的优质，而是保证产品质量的稳定，消费者根据对商标的识别，能够判断所附商品的大致质量如何，因此该种功能应是"品质证明"而非"品质担保"，系商标的一种功能而非经营者的义务。但通常情形下，知名的商标确实是基于其所附商品及其提供者良好的商品声誉、商业信誉才得以具备较高知名度，品质的提升亦意味着商誉的积攒，因此商标同时约束着经营者产品出品的品质稳定与提升。

⑤ 参见刘春田主编：《知识产权法》，中国人民大学出版社 2000 年版，第 232—234 页。

其应受法律保护的原因。[①] 人格标识在商业化利用过程中亦具有上述功能。其中，在人格标识直接作为商标使用（无论注册与否）的情形中，其功能的产生和发挥与上述过程无异，所存疑问集中在人格标识用于广告代言时，是否具备上述功能。

实际上，只要着眼于该种情境内，就不难发现此时人格标识亦具有商标的如上三种功能。首先，就“识别功能”而言，姓名作为一种符号当然具有该种功能，无须多言。其次，就“品质保证功能”和“广告宣传功能”而言，可从以下两方面分别探讨：一方面是就明星本身所提供的广告代言服务而言的。明星提供广告代言服务通常需要配合广告主的要求进行授权与拍摄，需充分发挥自己的号召力，以自己良好的精神面貌、专业能力的表现保证广告代言服务能够取得实效，可谓“品质保证功能”。此外，一次成功的广告代言能够使该明星在广告代言业界中获得正向评价，明星长期积累的影响力以及良好口碑可以看作该明星在商业活动中的商誉，该种商誉的表彰意味着更多广告代言订单，此为“广告宣传功能”。另一方面是就被代言的商品或服务而言的：明星参与广告代言不仅受《广告法》等“他律”规范的规制，还受到趋利避害的“自律”规范影响。由于明星的影响力源自相关受众的喜爱与信任，理智的明星通常会对所代言商品品质进行考察，拒绝为品质欠佳、出品不稳定的商品提供广告代言服务。对相关公众来说，则是可凭对该明星的信任以初步判断其所代言产品的质量，此时，明星人格标识便具备对代言商品的“品质保证功能”；加之广告代言服务本身的宣传之用，人格标识在此种商业化利用场景中的“广告宣传功能”自不待言。综上，人格标识在用于广告代言时无论从该服务本身还是被代言产品来看，皆同时具有“品质保证功能”与“广告宣传功能”。

四、人格标识财产利益商标法保护路径的具体展开

对人格标识能够成为商标法保护对象的证成，从理论上证立了人格标识财产利益商标法保护路径的合理性。至于该种路径是否具有可行性，还应就商标

---

① 参见余俊：《商标功能辨析》，载《知识产权》2009 年第 6 期，第 74 页。

法能否回应人格标识商业化利用的调整、人格标识财产利益的救济及人格标识财产利益死后保护等具体问题作出探讨。

（一）商标法对人格标识商业化利用的调整

1. 人格标识的商业化利用实则是商标性使用

笔者之所以强调“使用”的重要性，是因为商标和人格标识的识别出处功能只能经使用产生。例如，“某和”之于豆腐乳商品，如果“某和”的文字从未被用于标表其豆腐乳的出处，恐怕就难以有人产生“某和做豆腐乳”或“这瓶豆腐乳是某和牌”的认识。也就是说，“某和”未在豆腐乳产品使用，也就没有商标法意义上的保护需要。与之相反，若将本例中的“从未”改为“一直”，其结果则有所不同：“某和”的文字一直被用于标表其豆腐乳商品的出处，进而承载并不断积攒商誉，循环往复，使“某和”商标具备经济价值，此时便应受商标法的保护。

就此，可以印证商标制度中一个概念的阐述——“商标性使用（trademark use）”，即来源识别意义上的使用。① 其作为商标显著性产生和维持的基础，② 也被广泛地作为独立要件应用到商标侵权的认定当中。可以说，保护商标权人对特定商标的商标性使用和禁止未经授权的商标性使用构成了商标保护中积极与消极的两面。不难发现，将人格标识直接作为商品、服务商标使用的商标法当然能够予其以调整。存有疑问的是，在明星代言的情境中，对明星人格标识的使用通常并非明示或暗示该产品由该明星所提供，消费者亦通常不会对此产生误认，此时明星人格标识就所代言的产品能否构成来源识别意义上的“商标性使用”？

对此，本文认为需纠正以下两个认识：其一，是广告代言中的人格标识作为“商标”所附着的对象并非其所代言的产品，而是其所提供的“参与广告代

---

① 参见《商标法》第48条：“本法所称商标的使用，是指将商标用于商品、商品包装或者容器以及商品交易文书上，或者将商标用于广告宣传、展览以及其他商业活动中，用于识别商品来源的行为。”

② 参见杨凯旋：《显著性视角下商标使用体系化作用研究》，载《河南科技大学学报（社会科学版）》2021年第3期，第55页。

言”这一“服务”，此时“人格标识—明星—广告代言服务”这三个要素组成了完整的商标三元结构，相关受众识别的是该广告代言服务系由某人格标识所指代的特定明星提供，而非商品由其所提供；其二，未经许可使用他人商标的结果是混淆，随着“混淆理论”的发展，商标法对混淆行为的规制已从单独的“来源混淆”规制扩展为兼对“关联关系混淆”的规制。[①] 在未经许可将明星人格标识用于广告代言的情形中，虽不可能使消费者产生产品来源的误认，却可能使消费者误以为明星许可了产品提供者在该代言广告中使用其人格标识或者明星为该商品提供了广告代言服务，产生“关联关系”混淆。因此，从“混淆理论”的角度来看，未经许可将他人人格标识用于广告代言的情形也应属于“商标性使用”。

综上，人格标识的“商业化利用”实际上与“商标性使用”的内涵一致。[②] 对该种认识的澄清有着十分重要的规范意义：一方面意味着人格标识的商业化利用可由商标法所调整；另一方面意味着并非所有的人格标识使用行为皆涉及财产利益的保护与调整问题。易言之，对人格标识的使用若未构成“在商业中来源识别意义上”的使用，也就难以构成对人格标识财产利益的侵犯及其他问题。此外，如上认识还可解决一些实务中的问题：明星提供广告代言服务的，可以根据《类似商品和服务区分表》，在第35类服务商标中第3501组广告与第3503组替他人销售等“服务”上注册商标，由此便能在加强人格标识财产利益确权的同时，避免因被代言产品类型不确定所导致的注册成本及可行性难题。

2. 商标法对人格标识财产利益的限制

人格标识财产利益面临界限确定问题。《民法典》第999条和第1020条分别是人格标识合理使用的一般条款及肖像合理使用条款。如上条款虽看似能对人格标识财产利益的范围界定问题做出回应，但本文认为其并不适于人格标识

---

① 所谓“关联关系混淆”是指消费者并不会误认为两个商品来源于同一生产者，而是误认为两者的生产者之间存在商标许可、关联企业等关系。参见孔祥俊：《商标与不正当竞争法——原理和判例》，法律出版社2009年版，第260页。

② 对此，可能由于较少商标法学者从事对人格标识商业化利用的研究，学界对人格标识在广告代言中的使用实则是商标性使用的认识几乎没有。

财产利益界限的确定，商标法中的“合理使用”理论及制度则更加合适。原因如下：

第一，两种合理使用制度所涉及公共利益的范围有所不同。人格标识合理使用条款系从人格尊严保护的角度出发，而人格尊严是不能被商业化的，故出于人格尊严保护的角度，人格权人几乎能够排除绝大部分他人未经许可在商业中使用其人格标识的行为。或概括地来说，在人格权编之下，人格标识合理使用条款所规定之“合理使用”范围仅是“非商业的”言论自由领域中的一小部分空间。而商标权除私权保护价值之外，在商业中还关乎竞争秩序维护、他人言论自由以及消费者权益等公共利益的保护。① 因此《商标法》合理使用制度并不以“非商业”领域为限制，且主要回应的是商标权与“商业的”言论自由及竞争秩序等公共利益之间的平衡问题。就人格标识财产利益而言，其产生于人格标识商业化利用的过程中，在确定其界限时同样应予“商业的”言论自由及竞争秩序以足够重视，而非将之排除在外，否则就可能会造成人格标识财产利益对公共领域的过分侵扰和对公共资源的垄断。故对比来看，就人格标识财产利益所产生的商业环境及所面对的公共利益类型而言，显然是《商标法》合理使用制度所确定的范围更适于人格标识财产利益的限制。此外，《商标法》本就有在先权益保护以及维护公序良俗等条款存在，由其所确定的人格标识财产利益界限本就可以包含人格标识合理使用条款所确定的原有界限。因此，采《商标法》合理使用条款不仅可以避免人格标识财产利益过分侵扰公共领域，且无碍于人格精神利益的保护。

第二，有助于避免法律适用的混乱。“合理使用”是侵权抗辩的依据，其适用以行为可能构成侵权为前提。在商标法中，并非所有商标使用行为皆可构成侵权。正如前文所述：“保护商标权人的商标性使用和禁止未经授权的商标性使用构成了商标保护中积极与消极的两面。”之所以这样说，是因为商标权的维持和加强仅能经商标性使用实现，对商标权的侵犯也往往以构成对诉争商标的商标性使用为前提。循上逻辑，只有未经许可对他人商标的使用需构成

① 参见黄汇：《商标法中的公共利益及其保护——以“微信”商标案为对象的逻辑分析与法理展开》，载《法学》2015年第10期，第76页。

“商标性使用”时，才有以《商标法》合理使用条款抗辩的可能。其规范意义在于，将不涉及商标权侵犯的“非商标性使用”行为排除在外，避免商标权过分干涉公共利益。与之同理，人格标识财产利益产生于商业化利用（商标性使用）过程中，对其的侵犯也通常以此为前提，相应的“合理使用”范围也应以此为界。如此一来，便可形成对人格标识财产利益的专门限制，即涉及人格标识商业化利用（商标性使用）时，未经许可的使用者才可能依据《商标法》合理使用条款进行抗辩；有关精神利益、肖像作品权益限制的，则可以分别归入其本位，以《民法典》中的人格标识合理使用条款或《著作权法》的有关规则为依据作相应抗辩。一方面可避免人格标识财产利益范围的泛化，另一方面能防止针对人格标识承载不同利益界限确认时的混乱。

第三，商标法的合理使用制度更具指导性。在商标法中的合理使用这一概括性的概念之下，还有叙述性使用、指示性使用和商标戏仿使用等更加具体的理论与制度。[①] 这些类型化的具体理论与制度能够更好地指导认定人格标识的商业化利用是否构成“合理使用”，以对抗权益人不合理的诉请。此外，商标法中还有其他诸多限制性规定。例如，我国《商标法》中除第 57 条外，还有“诚实信用原则”“不可使用和注册商标范围”“确权与权利变更登记”“撤三”“十年保护期限”等诸多制度，共同构成对人格标识财产利益边界的限定，更符合其“无形财产权（益）”的限制特征。

（二）商标法对人格标识财产利益侵权的救济

1. 商标法更适于人格标识财产利益的救济

应对知识产权侵害的情况，除请求停止侵害之外，权利人最重要的“武器”就是损害赔偿。[②] 因知识产权受损通常难以具象化，知识产权救济中的损害赔偿数额计算问题备受关注。人格标识财产利益的侵权救济也面临该问题。为回应该问题，《民法典》第 1182 条确定了并列的“被侵权人损失”“侵权人

---

① 有关“叙述性使用、指示性使用和商标戏仿使用”的描述。参见冯晓青：《商标权的限制研究》，载《学海》2006 年第 4 期，第 137—145 页。

② 王迁、谈天、朱翔：《知识产权侵权损害赔偿：问题与反思》，载《知识产权》2016 年第 5 期，第 34 页。

获利”两种损害赔偿数额计算标准，且进一步规定了在以上两种方式无法适用时的“法院酌定”标准。相较于其渊源，即原《侵权责任法》第20条，这无疑是极具进步性的。① 然与《商标法》第63条的救济条款相比，该条款则相形见绌。原因在于，《商标法》第63条除确定“被侵权人损失”及“侵权人获利”标准外，还有最为关键的“合理许可费”标准。实际上，就典型的“作商标用”及“广告代言”两种人格标识商业化利用情形而言，“合理许可费”皆可作为其损害赔偿数额计算的核心标准，避免因被侵权人难以举证“被侵权人损失”和“侵权人获利”而使其受损权益未能充分救济。除此外，《商标法》第63条第2款还相对减轻了被侵权人的举证压力；② 第3款“法定赔偿金”制度为人格标识财产利益的足额补偿提供了保障；第4、5款则为制止侵权、消除侵权影响提供了更加明确的法律依据。③ 显然，商标法在商标权救济上更具针对性且已积累了丰富经验。

2. “惩罚性赔偿”制度的适用

权益救济的另一面是对侵权行为的规制。这意味着，前者受阻时可能导致对后者的纵容。考虑到商标权人在遭受严重侵权时的救济困难以及对商标侵权行为打击的迫切需要，《商标法》于2013年修改时引入了“惩罚性赔偿”制度。④ 在救济方面，人格标识财产利益与商标权保护面临共同的难题与需要，若能引入“惩罚性赔偿”制度，则可实现当人格标识财产利益严重受侵时可得

---

① 原《侵权责任法》第20条中“被侵权人损失”与“侵权人获利”间存在先后顺序，即前者无法适用时，才可以“侵权人获利”为标准。《民法典》第1182条舍弃了先后顺序，而是可由被侵权人自行选择。

② 参见《商标法》第63条第2款：“人民法院为确定赔偿数额，在权利人已经尽力举证，而与侵权行为相关的账簿、资料主要由侵权人掌握的情况下，可以责令侵权人提供与侵权行为相关的账簿、资料；侵权人不提供或者提供虚假的账簿、资料的，人民法院可以参考权利人的主张和提供的证据判定赔偿数额。”

③ 参见《商标法》第63条第4、5款：“人民法院审理商标纠纷案件，应权利人请求，对属于假冒注册商标的商品，除特殊情况外，责令销毁；对主要用于制造假冒注册商标的商品的材料、工具，责令销毁，且不予补偿；或者在特殊情况下，责令禁止前述材料、工具进入商业渠道，且不予补偿。假冒注册商标的商品不得在仅去除假冒注册商标后进入商业渠道。”

④ 参见《商标法》（2013年修正）第63条。

到更充分救济以及对侵犯人格标识财产利益行为的有力规制。[①] 对此，比较法中已有先例。例如，在美国“拉塞尔（Russell）案”中，法院因被告未按约支付使用原告照片的对价，却在其咖啡产品上长期使用原告照片判决被告向原告支付330,000美元的惩罚性赔偿金。[②] 然而，“惩罚性赔偿”制度在我国的适用采“法定主义”，仅法律规定的情形才可适用。由于《民法典》第1182条并无有关“惩罚性赔偿”制度的规定，因此人格标识财产利益在该条款下并无适用“惩罚性赔偿”的可能。不过，《商标法》第63条第1款为之提供了可能的依据。但应注意，并非所有的人格标识财产利益侵权案件皆可适用“惩罚性赔偿”制度，其在适用范围上仅包含已注册商标（人格标识）侵犯的救济。即便如此，在部分案件中适用“惩罚性赔偿”制度也可从整体上起到对侵权行为的遏制作用。

在“惩罚性赔偿”制度的具体适用中，要求同时符合“恶意”和“情节严重”要件。在这两个构成要件当中，关于“恶意”的认定尤为关键，也最具争议。具体来说，关于“恶意”的认定标准主要存在以下三种观点：其一，恶意侵权的过错形态应限于故意，即明知是他人的商标而进行假冒；[③] 其二，“恶意”与故意侵权中希望或主动追求危害结果发生的心态（即直接故意）大致对

① 实际上，“惩罚性赔偿”制度在知识产权法中的引入，很大程度上系因“填平性赔偿”无法满足知识产权的救济所致，在“惩罚性赔偿”制度引入前，知识产权“法定赔偿”的大量使用便能证明之。“填平性赔偿”的局限性在于其难以在填平权利人财产损失的同时削平侵权人的非法获利，权利人的损失难以得到充分救济且不具备足够的威慑力，“惩罚性赔偿”制度则能应对之。参见罗莉：《论惩罚性赔偿在知识产权法中的引进及实施》，载《法学》2014年第4期，第22—32页。

② See Russell Christoff V. Nestle USA Inc. , 2003 WL 24017576 (Cal. Supper. Ct. Trial Div. 2003).

③ 参见冯术杰、夏晔：《警惕惩罚性赔偿在知识产权法领域的泛用——以商标法及其实践为例》，载《知识产权》2018年第2期，第47—48页。综合该文章内容来看，其作者所谓“应限于故意”，是指包括了“直接故意”和“间接故意”的两种过错形态，仅在认识要素上要求“明知”，而未对意志要素系“追求”或“放任”作出要求。此外，有学者指出：“在商标侵权司法实践中，我国法院通常坚持直接故意标准。”参见朱冬：《〈民法典〉第1185条（知识产权侵权惩罚性赔偿）评注》，载《知识产权》2022年第9期，第117页。该学者也主张应将“间接故意”纳入“恶意”认定中。

应；[①] 其三，“恶意”是严重程度高于“故意”的主观状态。[②] 总体来说，三种观点基本围绕“恶意”是否应高于或低于“直接故意”展开，不仅代表了三种在严格程度上呈递增趋势的“恶意”认定标准，还体现了不同的法政策考量——打击商标侵权行为的宽严需要。其中，主张严厉打击者通常支持将“间接故意”同时纳入“恶意”认定中，而主张防止惩罚性赔偿滥用者则支持应当为“恶意”认定设置较高标准。

在人格标识财产利益适用“惩罚性赔偿”制度时，应当如何设定“恶意”标准同样十分重要。本文认为，对其的设定亦应以前述法政策的考量为出发点。就人格标识而言，侵犯人格标识财产利益系通过影响“人格标识”而实现，由于人格标识在该情形下往往兼备双重利益，因此对人格标识财产利益侵犯通常还同时关涉人格标识精神利益的保护。出于人格标识财产利益及精神利益（人格尊严）协同保护的需要，有必要加大对人格标识财产利益侵权规制的力度。与之相应，即不应为“恶意”的认定设置过高标准，在具体的设置上以“直接故意”为宜。如此一来，“恶意”认定标准既不至于苛刻，也能够满足打击未经许可商业化利用他人人格标识行为的需要。此外，以“直接故意”为标准还可以把“间接故意”和“重大过失”等主观恶性程度较低的行为排除在外，避免过分扩张“惩罚性赔偿”的适用范围。

在未经许可商业化利用他人人格标识的情境中，这种程度的“恶意”恐怕是难以掩饰的。原因在于：其一，若非“重名”或撞脸，使用与自身姓名和外部形象不同的人格标识往往难掩其“盗用”之虞；其二，人格标识财产利益的产生和增减往往与“知名度”“影响力”相关，具有明显财产价值的人格标识往往在相关受众中具有极强的辨识度。在上述前提下，若行为人仍未经许可将他人人格标识用于自身商品促销时，其当然难以掩盖其对侵害行为及后果所持的积极追求态度，因而构成“直接故意”，即前文所述“恶意”，具备被科以“惩罚性赔偿”的可能。

---

① 徐聪颖：《制度的迷失与重构：对我国商标权惩罚性赔偿机制的反思》，载《知识产权》2015 年第 12 期，第 45 页。

② 参见张红：《恶意侵犯商标权之惩罚性赔偿》，载《法商研究》2019 年第 4 期，第 162 页。

（三）商标法对人格标识财产利益继承及保护期限问题的解决

1. 商标法下人格标识财产利益得被继承

人格精神利益不得被继承是各国人格权立法中的通说、通例，与之共同载于人格标识的财产利益是否能被继承的问题成为各国法律界关注的焦点。在此过程中，以美国和德国为代表的立法例及司法实践都将人格标识精神利益和财产利益区分看待，认可了人格标识财产利益的可继承性。然正如前文所述，由于我国立法将人格标识财产利益确定为人格权的组成部分，限于《民法典》第992条的规定，人格标识财产利益的可继承性难以被证成。不过，这也意味着，若能使之脱离人格权一般规定的桎梏，将其作为财产性权益看待并保护，其可继承性问题即得解决。

在商标法保护路径下，则不仅能够满足其可继承性的证成诉求，还能够使人格标识财产利益的死后保护更加规范。首先，对注册为商标的人格标识而言，主体对该人格标识享有商标权，商标权作为合法财产权，当然能够作为死者的遗产为其继承人所继承。其次，我国商标法对商标的许可使用、继受取得等都采取登记或备案管理，权属明晰，即使自然人死亡，其继承人仍能以公示的商标权在经营中积极利用，或消极防御。最后，在人格标识未注册为商标的情形下，若其继承人有意继续使用和维持被继承人人格标识的财产利益，则可以将被继承人人格标识注册而确定为“注册商标”并取得相应的商标权，或者在持续的使用中以“在先权益”对抗不法侵害。①

2. 商标法下人格标识财产利益保护期限的确定

为人格标识财产利益设置一定保护期限的原因在于：人格标识财产利益的产生与维持系以相关公众的熟知和追捧为基础，与商标权、著作权等知识产权同样兼具文化属性。这种文化属性所代表的公共利益和知识产权（或人格标识财产利益）内涵的私人经济利益构成了相关制度的两面。该种私人利益保护的

---

① 应予注意，有学者指出：“自然人在不违反法律规定和公序良俗的前提下有权根据自主意志安排自己包括死后利益保护的所有事宜。”参见朱晓峰：《论死者人格利益的保护人》，载《上海政法学院学报（法治论丛）》2022年第6期，第122页。本文认为，死者的生前意愿及安排应构成对继承人使用其人格标识的限制。

优先性会随时间逐渐削弱，相应地，相关公共利益的保护地位会随之趋于提升。因此，在经历一定的期间之后，人格标识或知识产权对象会失去其私权保护基础，流入公共领域。也就是说，知识产权（或人格标识财产利益）应是有经济寿命的，[①] 故须为其确定保护期限。但应如何设定该期限及期限长短在学理及各国立法中都未得到明确且一致的答案。

对此，从较具代表性的德国法和美国法的经验来看，德国联邦最高法院在 kinski-klaus 案当中确定了人格标识财产利益采 10 年保护期限；[②] 美国部分州分别确定了 50 年、100 年不等的保护期限。[③] 我国亦有学者主张借鉴著作权保护期限的规定为形象权（包含有人格标识财产利益）设置“固定”的 50 年保护期限。[④] 综合先前的经验来看，对人格标识财产利益的保护期限设置多以固定期限为主，但在具体时限上不仅无法统一，且差异巨大。

本文认为，设置固定保护期限的做法可能并不适于人格标识财产利益的保护，借鉴的对象应是商标权的保护期限而非著作权。这是因为，不同于著作权对象“作品”价值的产生，商标以其在商品、服务上的商标性使用为价值源泉，未投入使用的商标就没有保护的价值，而作品的财产价值保护并不以投入使用为前提。正因如此，著作权适宜固定期限的保护，商标权保护期限则与之不同。[⑤] 考虑到人格标识亦具商标“不使用则不保护”的特征，只要继承人持续将被继承人人格标识作商业化利用，该人格标识自然仍具商标法保护的价值；同理，若被继承人人格标识并未被继承人实际投入商业化利用，则丧失商标法

---

① 参见王娜：《论知识产权的保护期限》，载《情报资料工作》2008 年第 2 期，第 27 页。

② Vgl. BGH I ZR 277/03, 05. 10. 2006 – kinski-klaus. de.

③ 例如，印第安纳州、内华达州设置的保护期限为自然人死亡后 100 年，加利福尼亚州设置的期限为自然人死后 50 年。参见［美］W. 马克·维尔纳，李·安·林奎斯特：《当今有关人格权的热点争议》，刘维译，载张民安主编、林泰松副主编：《公开权侵权责任研究：肖像、隐私及其他人格特征侵权》，中山大学出版社 2010 年版，第 127—128 页。

④ 参见吴汉东：《形象的商品化与商品化的形象权》，载《法学》2004 年第 10 期，第 88 页。另有学者主张应采固定的 30 年保护期限，该观点参见冉克平：《肖像权上的财产利益及其救济》，载《清华法学》2015 年第 4 期，第 80 页。其余类似观点不逐一列举。

⑤ 正因如此，商标保护才发展出较之其他知识产权对象的不同保护模式，如商标的撤三与续展制度等，在保护的期限上更具灵活性，而非著作权保护的“固定”与“长期”。

予其以保护的价值基础。因此，不能也不应为其规定一个固定保护期限，而应依据人格标识的“使用”与否以灵活应对。在商标法下，即可实现对人格财产利益保护期限的灵活设置，继承人可以通过续展的方式延续被继承人人格标识商标的保护期限，至于是10年，20年，50年，100年，皆由继承人是否续展等因素决定；反之，若继承人无意将被继承人人格标识作商业化利用，该人格标识财产利益的私权保护价值则无以为继，从而随时间流入公共领域。[①] 另应注意，考虑到一些具备较高商业价值却未注册的人格标识保护问题，可以为之提供一个正常商标保护期间的保护，比如10年，以供死者继承人做出选择。如此一来，便可灵活平衡人格标识财产利益中商标使用价值与文化属性所代表公共利益之间的关系。

五、结　　语

南橘北枳。在本文的分析过程中，指出了《民法典》在确立“具体人格权”保护路径后引发的诸多困境。诚然，这些困境不仅是单一条款的缺陷体现，更是我国人格权立法体例与“人格权说”无法兼容的警示。若要继续坚持该种路径选择，则不可避免同时对人格标识精神和财产两方面利益的保护造成阻碍，徒增立法、法教义学及法解释学等方面的压力，使《民法典》所应追求的体系化效益大受减损，最终走向“积重难返”的死胡同。为此，作为第二性的法律在对人格标识财产利益进行定性及保护路径选择前，应充分遵循其第一性——财产属性，只有这样，才可能化繁为简，避免因人格标识精神利益与财产利益混为一谈造成的规范和评价矛盾。不过，这也并非意味着需走向另一极端，即新设类似于“公开权”的财产权制度予以保护才可解决，而是可以在我国已有财产权立法体系下尝试为其找寻容身之地。

经本文探讨，《商标法》已有更为丰富、成熟的理论及制度资源能够回应人格标识财产利益的保护需要，且无须诉诸新的立法，理应得到重视。另需注

① 这仅是就人格标识财产利益保护而言的，若涉死者人格标识精神利益的保护，死者亲属、近亲属仍可依据《民法典》中有关规定以寻求救济。

意，人格标识较之商标的特殊性在于人格标识必然同时承载有自然人之精神利益，因此在人格标识财产利益的保护转轨至“商标法保护路径”的同时，也须因其特殊性作出相应的调整，以协调《商标法》与《民法典》分别保护之财产利益与精神利益保护之间的关系。具言之，即一方面要坚持对人格尊严的保护与重视，避免人格标识财产利益对人格精神利益纯粹性的侵扰；另一方面应为人格标识财产利益的扩张保护留有空间，避免人格标识精神利益对其造成过分约束。

（初审：龚佩佩；校对：李楠）

诉讼时效期间届满后的债务抵销研究

杨俊凤*

摘　要：《民法典》第568条对法定抵销权的构成要件及行使方式做出了一般性规定，但未明确抵销的效力，也未明确诉讼时效期间届满后的债务抵销问题。《民法典合同编通则解释》第58条规定了相对人的时效抗辩权。如果将其解释为抵销效果的发生取决于相对人是否主张时效抗辩，则可能在理论解释与具体适用上面临一系列问题。《民法典合同编通则解释》第58条可以解释为时效届满后的债权不得抵销，且相对人对时效经过负主张和证明责任。罹于时效的债权不符合主动债权的要求，则无法成立抵销权。将该条解释为时效届满后的债权不得主动抵销，可以保护相对人的合理信赖，符合时效制度与抵销制度功能的要求。

关键词：法定抵销；诉讼时效；溯及力；抗辩权

一、问题的提出

《民法典》第568条对法定抵销的构成要件、行使方式做出了一般性规定，但是对于抵销的效力、诉讼时效经过后的债务抵销问题仍付之阙如。时效届满

* 杨俊凤，山东省济南市人民检察院选调生。

后的债权可以作为被动债权抵销，因为主动债权人可以放弃时效利益。对此，并不存在争议。但罹于时效的债权能否作为主动债权主张抵销，不论是司法实践还是学术理论上都存有很大争议。

实践中，针对时效届满后的债务抵销存在多种不同的裁判立场。有的法院认为时效届满后的债权可以主动抵销，因为双方当事人之间的法律关系并未因时效届满而消灭，允许抵销符合公平正义的要求。① 有的法院认为时效届满后的债权不得主动抵销，否则将剥夺相对人的时效抗辩权，强迫相对人履行自然债务。② 最高人民法院曾发布公报案例，认为应当区分抵销权的成立与行使，抵销权有效成立后，不再受时效届满的影响。③ 近年来，也有法院认为超过诉讼时效的债权形成的抵销权，需债务人放弃时效利益自愿履行才可以行使。④ 可见公报案例未能起到统一裁判的作用，各级人民法院的裁判观点不一，同案不同判的现象仍然存在。在学理上，同样存在多种不同观点。有的学者认为主动债权在诉讼时效完成之前已经具备抵销要件，但当事人未主张抵销，在时效经过后才向相对人主张抵销的，仍然可以用作抵销。⑤ 有的学者认为罹于时效的债权不得作为主动债权主张抵销。债权罹于时效后，即丧失法律强制力的保护，相对人取得时效利益，允许罹于时效的债权抵销将剥夺相对人的时效抗辩

① 参见山东某商业银行股份有限公司、胡某储蓄存款合同纠纷案，山东省高级人民法院（2020）鲁民再35号民事判决书。

② 参见某制药一厂、四川某公司合资、合作开发房地产合同纠纷案，四川省高级人民法院（2016）川民终957号民事判决书。

③ 参见厦门某昌房地产开发有限公司与海南某信集团有限公司委托合同纠纷案，最高人民法院（2018）最高法民再51号民事判决书。

④ 参见陈某、龙某等与深圳市某公司房屋买卖合同纠纷案，广东省深圳市宝安区人民法院（2020）粤0306民初4107号民事判决书。

⑤ 参见马俊驹、余延满：《民法原论》（第4版），法律出版社2010年版，第251页；韩世远：《合同法总论》（第4版），法律出版社2018年版，第711页；梁慧星主编：《民法总论》（第6版），法律出版社2021年版，第261页；崔建远主编：《合同法》（第7版），法律出版社2021年版，第193页；杨巍：《民法时效制度的理论反思与案例研究》，北京大学出版社2015年版，第248页。

权，强迫债务人履行自然债务。① 还有的学者认为时效届满后的抵销问题不宜一概认定“可以抵销”或“不得抵销”，而是取决于被抵销一方是否行使抗辩权。如果债务人主张时效抗辩权，则因抗辩权的行使阻止请求权的效力，使得抵销的效力不能产生。如果债务人未主张时效抗辩权的，则当然可以抵销。②

《最高人民法院关于适用〈中华人民共和国民法典〉合同编通则若干问题的解释》（以下简称《民法典合同编通则解释》）第58条对这一问题作出了规定，一定程度上填补了《民法典》的空白，为诉讼时效届满后的债务抵销提供了规则指引。但《民法典合同编通则解释》第58条没有明确规定罹于时效的债权可否抵销，而是规定了被抵销人主张时效抗辩的，法院应当支持该抗辩。对于《民法典合同编通则解释》第58条可以有多种不同的理解方式，如果认为抵销效果的发生取决于相对人行使抗辩权与否，可能面临一系列问题。结合《民法典合同编通则解释》第55条的规定，我国已经否定了抵销溯及力。因此对有关规则的理解与适用，仍然需要进一步明确。

二、诉讼时效期间届满后债务抵销的特殊性

（一）能否抵销与抵销的效力密切相关

法定抵销自何时产生效力，决定了交叉债权相互消灭的时间，对当事人的利益影响巨大。对此，理论上存在多种不同的观点，采取何种立场也影响着诉讼时效届满后的债权能否用于抵销。关于抵销何时发生效力，各国理论和立法上主要有三种不同的观点，分别是当然抵销主义、抵销溯及力主义和完全形式主义。当然抵销主义又称自动抵销主义、完全实质主义，这种观点认为抵销在交叉债权满足法定抵销条件时完全根据制定法的单纯权威性发生效力，无须任

① 参见朱广新：《合同法总则研究》（下册），中国人民大学出版社2018年版，第534页；魏振瀛主编：《民法》（第8版），北京大学出版社、高等教育出版社2021年版，第414页；王家福主编：《民法债权》，中国社会科学出版社2015年版，第188页；杨立新：《合同法》，法律出版社2021年版，第207页。

② 参见钟淑健：《民事抗辩权及其基本规则研究》，法律出版社2015年版，第116页。

何程序性行为，抵销的效力同当事人的意志无关。① 此时的抵销既不是权利也不是法律行为，而是法律上的事件。② 抵销溯及力主义相较于当然抵销主义，更加强调当事人对自己权利的处分，抵销的效果不能自动产生，需要当事人的意思表示，并且效力溯及到抵销适状之时，即消灭债权的效果溯及自抵销条件成就之时，而非抵销通知到达之时。从抵销适状之日起，双方当事人互负的债务数额归于消灭。完全形式主义不但要求主动债权人作出抵销主张，并且否定抵销的溯及效力，抵销在抵销权人主张之时发生效力。③ 即抵销自抵销权人主张时起，向将来发生效力。

抵销溯及力是指抵销的意思表示溯及适于相互抵销之始发生效力，自适于抵销之时起，不再产生利息，并消灭给付迟延。④ 抵销是否具有溯及力，直接影响抵销权的生效时点。如果承认抵销具有溯及力，那么抵销权的生效时间将回溯至抵销适状之时，双方的债权债务关系从抵销适状时起开始消灭。相反，如果抵销不具有溯及力，那么抵销权的生效时间将从抵销通知到达对方时开始计算，此时债权债务关系才会被消除。对溯及力采纳何种立场也影响着诉讼时效届满后的债务抵销问题，传统民法在讨论罹于时效的债权抵销时，就认为该问题与溯及力规则密切相关。梅迪库斯教授就曾指出："如果抵销状态在时效届满之前就已形成，某项债权虽已罹于时效，但依然可以用于抵销。这是第389条规定抵销具有溯及力的必然后果。"⑤ 这意味着抵销溯及力与罹于时效的债权抵销具有较强的关联性。

《民法典合同编通则解释》起草工作组在解读已过诉讼时效的债权抵销问

---

① 参见张民安：《法国债法总论》，中山大学出版社2022年版，第1039页。

② 参见廖军、解春：《抵销与反诉——历史与价值的探讨》，载《比较法研究》，2005年第1期，第51页。

③ 参见廖军：《论抵销的形式及其效力》，载《法律科学（西北政法学院学报）》2004年第3期，第58页。

④ 参见谭启平主编：《中国民法学》（第3版），法律出版社2021年版，第548页。

⑤ ［德］迪特尔·梅迪库斯：《德国民法总论》，邵建东译，法律出版社2013年版，第103页。

题时，也指出罹于时效的债权抵销问题的本质是抵销有无溯及力的延伸。① 如果承认抵销的溯及力，虽然主张抵销之时债权已过诉讼时效，但只要抵销适状时未过诉讼时效，该债权当然可以抵销。我国学者在讨论诉讼时效届满后的债务抵销时也常与抵销的溯及力联系起来。支持的观点往往将抵销具有溯及力作为允许抵销的有力支撑，认为在诉讼时效完成前，对立债权已经具备抵销要件，只是当事人未于此时主张抵销，在诉讼时效完成后当事人才主张抵销，应当得到支持，因为抵销权行使的效力溯及既往于得为抵销之时发生。② 而持否定观点的学者则从抵销不应具有溯及力的角度展开论证。③ 抵销具有溯及力是支持诉讼时效届满后债务抵销的理由之一，如果承认抵销的溯及力，只要主动债权在抵销适状之时未过诉讼时效，即便后来诉讼时效届满，也不影响先前成立的抵销权，并且应当保护抵销权人在先的抵销期待。在这种情况下，诉讼时效届满的债权仍然可以主张抵销。相反，如果不承认抵销的溯及力，而是规定抵销自通知时起生效，对诉讼时效届满后的债务抵销可能做出完全相反的回答。

在《民法典合同编通则解释》征求意见的过程中，针对抵销权行使的效力曾规定了两种不同的方案，一种认为通知到达时发生抵销的效力；另一种则认为认定抵销条件成就时，双方互负债务消灭。最终《民法典合同编通则解释》采纳了第一种观点，否定了抵销溯及力。相应地，罹于时效的债权抵销的相关规则也需要重新构建。

（二）时效抗辩权与法定抵销权的张力

1. 时效届满后的法律效果

《民法典》第 192 条规定了诉讼时效期间届满的法律效果，即诉讼时效经过的，义务人取得时效抗辩权。应当明确的是，诉讼时效届满后，义务人自动取得时效抗辩权。但时效抗辩权本身并不当然影响债权人的权利，只有义务人

---

① 参见杨万明、刘贵、林文学等：《〈最高人民法院关于适用《中华人民共和国民法典》合同编通则若干问题的解释〉重点问题解读》，载《法律适用》2024 年第 1 期，第 21 页。

② 参见崔建远主编：《合同法》（第 7 版），法律出版社 2021 年版，第 193 页。

③ 参见王利明：《罹于时效的主动债权可否抵销？》，载《现代法学》2023 年第 1 期，第 9 页。

对债权人主张该抗辩权的，才会对债权人发生效力。因此，可以将诉讼时效经过后的法律效果分为直接效果和行使抗辩权后的效果。根据《民法典》第192条，时效期间届满的，义务人可以提出不履行义务的抗辩。抗辩事由可以分为抗辩和抗辩权，二者的区别在于是否直接导致请求权消灭以及法院可否主动审查。①抗辩直接导致请求权消灭，且即使权利人未主动提出，法院也可依职权主动审查，而抗辩权则仅产生对抗效力，至于是否行使该权利则是权利人的自由，法院不得主动适用。法条表述虽然为“抗辩”，但结合《民法典》第193条，人民法院不得主动适用的规定，此处应理解为“抗辩权”。由此，可以明确我国采纳的是抗辩权发生主义。在抗辩权发生主义模式下，诉讼时效经过不会导致实体权利本身和程序上的诉权消灭，并且还会在当事人之间产生新的内容，即相对人取得对抗请求权的权利。②时效抗辩权是一种防御性的权利，其产生并不意味着其效力的发生，抗辩权的产生对债权人的债权并没有实际影响。请求权的时效完成后，义务人有权拒绝给付，但时效的经过并不是请求权消灭的原因，只是给义务人提供了抗辩权。③在抗辩权发生主义理论下，时效的经过并不直接导致请求权消灭，这是诉讼时效制度与除斥期间的本质区别。④时效抗辩权是需要主张的抗辩权，时效抗辩权人积极援引时效抗辩权对抗债权人请求权的，该债权丧失强制执行力，人民法院不予保护。

2. 法定抵销权的构成要件

根据《民法典》第568条，法定抵销权的成立需要满足以下构成要件：

首先，抵销的前提是双方互负债务，互享债权。抵销的目的在于消灭双方的债权债务关系，因此双方互负债务是抵销的前提，这一要件意味着除了法律规定的相互性切断的情况外，一方当事人只能以自己对对方享有的债权主张抵销，而不能以他人的债权抵销对方对自己享有的债权。

---

① 参见朱晓喆：《〈民法典〉第192条（诉讼时效的法律效果）评注》，载《中国应用法学》2022年第2期，第214页。

② 参见朱庆育：《民法总论》（第2版），北京大学出版社2016年版，第543页。

③ 参见［德］卡尔·拉伦茨：《德国民法通论》（上册），王晓晔等译，法律出版社2013年版，第345页。

④ 参见朱晓喆：《〈民法典〉第一百九十九条（除斥期间）评注》，载《法治研究》2022年第5期，第129页。

其次，主动债权已到期。对于主动债权而言，只有已届清偿期的债权才可以现实地请求债务人清偿。如果主动债权未届清偿期即可主张抵销，相当于强制债务人清偿尚未到期的债务，剥夺了债务人的期限利益。因此法律对主动债权的要求更高，主动债权必须已届清偿期。对于被动债权则无须要求其已届清偿期，被动债权未届清偿期而主动债权人主张抵销的，是对自己期限利益的抛弃，属于当事人意思自治的体现。原《合同法》第 99 条要求双方债务均到期，则过于严苛。《民法典》第 568 条将其修改为被抵销一方的债务到期，可以更好地发挥抵销制度的功能。有观点认为《民法典》第 568 条仍然要求双方债权均届履行期。[①] 但从《民法典》第 568 条第 1 款的文字表述来看，只限制了对方债务“到期”，对于主动债权人自己的债务并没有任何的限定，且即使被动债权未到期，主动债权人主张抵销的，对被动债权人也不会造成不利影响，因此《民法典》第 568 条应理解为仅需主动债权到期。

对于主动债权必须到期这一要件，学界没有争议，但是除了到期之外，对于主动债权是否还需要满足其他要件，还存在不同的观点。例如，有学者认为主动债权必须具有强制履行之效力，否则与强制债务人履行债务无异。[②] 有学者认为法律对主动债权的要求较高，用于抵销的主动债权必须是未获清偿的、无抗辩权的且到期的债权。[③] 但是上述观点又都对时效完成前已经抵销适状的债权做出例外规定，时效届满后仍然可以行使抵销权。之所以对主动债权的要求更高，是因为抵销权依单方意思表示即可消灭双方债务，但抵销相对人对此未必心甘情愿，因此只有债权能够根据一般债权实现的途径实现时，才能抵销。[④] 主动债权未获清偿且已到期是《民法典》规定的抵销权成立的构成要件，但是并未明确附有抗辩权的债权是否可以作为主动债权。抵销权的行使无须相对方为或不为一定行为即可实现权利，具有强制履行的效力。本文认为，债权请求权是抵销权得以产生的基础，如果请求权在抵销权成立前就出现瑕疵，如

① 参见崔建远主编：《合同法》（第 7 版），法律出版社 2021 年版，第 195 页。

② 参见孙森焱：《民法债编总论》（下册），法律出版社 2006 年版，第 905 页。

③ 参见王洪亮：《债法总论》，北京大学出版社 2016 年版，第 176 页。

④ 参见陈自强：《民法讲义Ⅱ——契约之内容与消灭》，法律出版社 2004 年版，第 346 页。

不可强制执行，就不宜认定抵销权成立，否则就使得丧失强制执行力的债权重新转变为可强制执行的债权，对被抵销人而言并不公平。因此，能够作为主动债权的债权应当是在实现过程中不存在任何障碍的债权。

再次，双方债务的标的物的种类、品质均相同。种类相同是指合同标的物本身的性质和特点一致，品质相同是指标的物的质量、规格、等级无差别。[①]种类之债和金钱之债一般都符合抵销的要件。抵销制度的目的在于两项债权的同时实现，债权的满足需要使债权人依债之本质获得清偿，否则即为债务违反。这一要件是为了保障抵销的公平性，若债务的标的物种类、品质不同，容易造成不公平的结果。如果双方标的物种类相同但品质不同，品质较高一方作为主动债权人向品质较低一方主张抵销的，被抵销人并未受到不利影响，应当允许。[②] 相当于质量较好的债权的债权人放弃了自己的部分利益，这种抵销并不会损害被抵销人的利益，也不会损害第三人或社会公共利益，应当允许较高品质的债权作为主动债权与较低品质的债权抵销。

最后，法定抵销的消极要件。其一，不属于根据债务性质不得抵销的情形。根据债务性质不得抵销是指根据债之本质不适于抵销，允许抵销将使债的目的落空，例如不作为之债、提供劳务之债等，这些债务相互抵销就不能实现债之目的，因而不得抵销。其二，不存在当事人排除抵销的特别约定。当事人之间特别约定不得抵销的，应受到该约定的限制。其三，法律未作出不得抵销的规定。特定情形下，为了避免当事人滥用抵销权，造成不公平的后果，法律会限制抵销权的适用。

综上所述，从债务人的角度而言，诉讼时效经过后，债务人取得时效抗辩权，只要主张抗辩即可拒绝履行相应债务，使该债权丧失强制执行力，债权人无法通过公权力强制执行。但从债权人的角度而言，时效届满并不消灭债权，当事人之间互负债务的法律关系不受影响，如果该债权符合法律规定的要求，则成立抵销权，债权人可以主张抵销。抵销权的行使无须被动债权人意志的参

---

① 参见黄薇主编：《中华人民共和国民法典合同编解读》（上册），中国法制出版社2020年版，第375页。

② 参见江平主编：《民法学》（第4版），中国政法大学出版社2019年版，第486页。

与，主动债权人通知对方即可使双方互负的债务归于消灭。作为形成权，抵销权的行使将直接剥夺被抵销人的时效抗辩权。从结果上看，时效抗辩权与抵销权的行使分别有利于不同的民事主体。从两项权利侧重保护的法律价值上看，时效抗辩权侧重于保护秩序价值，而抵销权则侧重保护公平价值。总之，在罹于时效的债权抵销问题中，时效抗辩权与抵销权存在一定的张力，双方当事人之间存在利益冲突。

（三）时效届满后限制抵销权的正当性

时效届满后，需要对抵销权施加相应的限制，主要有两方面的考虑。

1. 尊重相对人的时效利益

按照作用不同，民事权利可以分为支配权、形成权、请求权、抗辩权。[①]诉讼时效的客体，即适用诉讼时效的权利。在我国，诉讼时效的客体主要限于以债权请求权为主的请求权。[②] 债权请求权效果的发生依赖于相对人，而抵销权仅依据债权人一方的意思表示即可发生效力，属于形成权。因此，抵销权成立之后，诉讼时效制度无法直接适用于抵销权，法律上又未对抵销权设置除斥期间，这也是支持者认为诉讼时效届满后的债权可以抵销的理由之一。但应当指出的是，民事主体不是孤立存在的，而是具有社会性的，因而民事主体拥有的权利也必然带有社会属性。个人权利的行使也有一定的边界，不能损害他人的合法权益，如果权利的行使会对他人的权益带来不利影响，此时权利的行使应当受到限制。虽然抵销权作为形成权不适用诉讼时效，但是其效力强大，在抵销权人的债权已经经过诉讼时效后，相对人已然享有时效利益，允许抵销将直接剥夺被抵销人的时效利益。此时应当对抵销权加以限制，抵销权人应当承担迟延行使权利导致诉讼时效经过带来的不利后果。

如上文所述，诉讼时效经过后产生时效抗辩权，与抵销权同时存在，两项权利的行使在结果上分别有利于不同的当事人。一方面，诉讼时效经过后债务人享有时效抗辩权，针对债权人的履行请求可以提出拒绝履行的抗辩，即使债

① 参见王泽鉴：《民法总则》，北京大学出版社2009年版，第69页。

② 参见陈华彬：《民法总则》（第2版），中国政法大学出版社2023年版，第651页。

权人起诉也无法获得强制执行。另一方面，在形成权关系中，双方当事人存在强势和弱势的差别，相对人处于对形成权人意志的服从状态。[①] 抵销权作为简单形成权，无须向法院起诉，得依权利人一方的意思表示，使双方互负的债权债务关系消灭。抗辩权只能对抗对方的请求权，但无法对抗对方的形成权。此时允许抵销，意味着抵销权人可以直接绕过相对人的时效抗辩权，抵销权人以抵销的方式实现了自己已过诉讼时效的债权，而相对人则被迫履行了已过诉讼时效的债务，债务人的时效抗辩权则名存实亡。允许诉讼时效经过的债权抵销使得利益的天平完全偏向了主动债权人一方，却没有考虑到时效经过给被抵销人带来的利益与期待。诉讼时效经过后，债务人享有时效抗辩权，应当保障其时效利益。而抵销是单方行为，只要主张抵销一方为抵销的意思表示，就可以使双方的债权债务关系消灭，因此对于被抵销一方而言，抵销是强制性的，允许诉讼时效经过的债权主动抵销将彻底地剥夺债务人的抗辩权。如果认为诉讼时效经过后的债权可以主动抵销，那么债务人的时效抗辩权虽已产生但并不能行使，这将导致诉讼时效制度的目的落空。

2. 避免不一致的法律评价

针对同一事实，法律应给出一致的法律评价，以确保法律的确定性和权威性。从《民法典》合同编的体系安排来看，抵销制度位于合同编第一分编通则下合同的权利与义务终止一章，与清偿、提存等共同构成债的消灭制度。债的消灭是指债权债务关系因某种原因而客观的不复存在，债之关系存在的目的即在于其消灭，因此债的消灭在债法体系中具有终极意义。[②] 在诉讼时效届满后，债权的效力可能因相对人行使抗辩权而受到影响，但是债权本身仍然存在，并未消灭。债的消灭原因主要包括清偿、抵销、提存、免除、混同和解除。在免除、混同和解除三种情形中，债权并未获得满足，而清偿、抵销和提存三种情况中，债权因债之目的实现而消灭，因此清偿、抵销和提存更具有相似性。允许罹于时效的债权主动抵销将与债的消灭的其他制度产生不一致的法律评价。

抵销的法律效果与清偿无异，此处只讨论与清偿的关系。作为形成权，抵

---

① 参见申海恩：《私法中的权力：形成权理论之新展开》，北京大学出版社 2011 年版，第 47 页。

② 参见李永军主编：《中国民法学》，中国民主法制出版社 2022 年版，第 121 页。

销权依据抵销权人一方的意思表示即可发生抵销的效力，在诉讼时效经过后，如果允许行使抵销权，主动债权人就可以在任何时间，依据自己单方的意思表示，用罹于时效的债权抵销对方时效尚未届满的债权，甚至尚未届满清偿期的债权。但是在清偿的情况下，同样是债权人的债权罹于时效，除非债务人同意履行债务或者自愿履行债务，否则仅仅凭借债权人一方的意思表示不可能实现其债权，即使诉诸法院，也无法获得公权力的保护。在诉讼时效届满之后，债权人提起诉讼要求债务人履行债务的，如果债务人主张时效抗辩权，那么债权人的诉讼请求将不会得到法院支持，其债权不能得到实现。相同情况下，如果债权人不提起诉讼而主张抵销，此时若不施加限制，债权人的债权将直接抵销债务人的债权，实现了自己时效届满的债权。问题在于，同样是债的消灭制度，针对同一事实，允许抵销将导致诉讼时效经过后，主动债权人请求履行与主张抵销取得完全不同的法律效果，同一事实产生截然不同的法律评价显然不合理。时效经过对债权人的债权带来的影响是相同的，这与债权人要求清偿还是主张抵销无关。这两种情况下，都需要对债务人因时效经过获得的利益加以保护。但是如果在罹于时效的情况下，允许抵销将会产生不一致的法律评价。

三、诉讼时效期间届满后债务抵销的不同限制规则比较

针对时效届满后的债权抵销问题，不同国家采取了不同的限制方式。传统民法以抵销适状时作为诉讼时效是否经过的判断时点，只要抵销适状时尚未经过诉讼时效的，就允许抵销。但是这种规则受到越来越多的质疑。此外，国际上关于商事合同的立法上也有了新的发展，提出了与传统大陆法系国家完全不同的新规则。本部分旨在分析域外典型立法模式，对比分析不同限制规则之间的差异，以期更好地理解《民法典合同编通则解释》第 58 条的规定。

（一）以抵销溯及力为基础的限制规则

1. 以抵销适状为区分时点

时效届满的债权能够抵销可以追溯至罗马法。在罗马法上，自然债的债权

人在被诉要求清偿他的市民法债务时可以提出债务抵销的要求。[①] 在优士丁尼的敕令中确认了法定抵销制度，符合抵销条件的债务具有自动终止计算利息或迟延的效力。[②] 此后逐渐发展成为自动抵销主义。后来的德国学者认为单纯的抵销适状不足以使两项债务消灭，在此基础上提出了抵销需要抵销权人以通知的方式作出，但抵销的效力溯及至抵销适状之时，发展出抵销溯及力规则。[③] 抵销适状是指相互反对的两项债权之间最初达到法律要求的抵销条件的状态。大陆法系中罹于时效的债权不得用于抵销，但由于抵销适状的存在，判断债权是否适于抵销应以抵销适状之时为准，而非抵销权人主张之时。《德国民法典》第390条规定有抗辩权相对抗的债权，不得用作抵销。[④] 但第215条又对时效抗辩权作了例外规定：在最早可以抵销的时点，请求权尚未完成消灭时效的，消灭时效的完成不排除抵销的主张。[⑤] 在诉讼时效经过前，两项债务已经适于抵销的，当事人虽未在此期间提出抵销的主张，但即便此后主动债权经过诉讼时效，仍然可以抵销。

2. 抵销溯及力规则的弊端

上述规则将抵销适状之时作为区分时点，对罹于时效的债权进行划分，满足既定条件的可以抵销，一定程度上限制了能够用于主动抵销的债权范围，但是这种规则建立在抵销具有溯及力的基础之上，而承认抵销溯及力具有明显弊端。

首先，抵销溯及力可能损害当事人的表意自由。溯及力规则是一种人为拟制，由法律规定抵销溯及至抵销适状时生效，但这种拟制可能以保护当事人的抵销期待为由损害当事人的内心真意。支持溯及力的观点认为，当事人认为抵销要件具备时可以随时抵销，怠于抵销在所难免，如果抵销仅向将来发生效力，

---

① 参见［意］彼德罗·彭梵得：《罗马法教科书》（2017年校订版），黄风译，中国政法大学出版社2018年版，第248页。

② 参见黄风：《罗马法》（第2版），中国人民大学出版社2014年版，第153页。

③ 参见张保华：《抵销溯及力质疑》，载《环球法律评论》2019年第2期，第107页。

④ 参见《德国民法典》（第5版），陈卫佐译注，法律出版社2020年版，第157页。

⑤ 参见《德国民法典》（第5版），陈卫佐译注，法律出版社2020年版，第81页。

容易导致不公平，尤其是在两债权的迟延损害赔偿金比率不同的场合。[①] 但上述认识是存在前提的，即当事人认为在抵销适状时应当抵销，并且愿意抵销。实际上，个人是自己利益的最佳维护者和判断者，理性人会为自己谋求利益最大化，在利益最大化时行使抵销权。在溯及力模式下，法律假定了当事人希望抵销权在抵销适状时发生效力，但是当事人的心理状态可能会随着时间、环境等因素的变化而变化，能明确的是当事人在主张抵销权时是希望抵销权发生效力的，而溯及力模式一概推定抵销在抵销适状时发生效力，在某些情况下并不符合当事人的内心真意。例如，甲乙双方互负债务，甲对乙享有的债权于2023年1月1日到期，乙对甲的债权于2023年6月1日到期，在2023年5月1日时，甲主张抵销，此时如果认为抵销具有溯及力，则抵销于2023年1月1日发生效力，意味着甲将失去自2023年1月1日至5月1日这段时间请求乙支付逾期违约金和利息的权利，显然此时采取抵销的方式实现债权必不能使甲的利益最大化地得到实现。实际上，甲在5月主张抵销时，并不能当然地认为甲希望抵销在1月发生效力。抵销适状后，当事人主张抵销的主观意愿可能产生各种变化，而抵销溯及力相当于直接认定当事人愿意并希望在抵销适状时发生抵销，这种法律拟制是否合理令人质疑。

其次，抵销溯及力人为地增加了抵销的不确定性。《民法典》第568条第2款明确规定抵销不得附条件或者附期限，因为附条件或者附期限将使抵销产生不确定的效力，不符合抵销制度的设立目的。[②] 但承认抵销溯及力则人为地增加了抵销的不确定性。如果主动债权人已经支付迟延利息、违约损害赔偿等，基于抵销的溯及效力，其可以不当得利为由请求对方返还。承认抵销溯及力将导致自抵销适状至抵销通知到达这一期间的法律事实会因抵销的溯及力而被推翻，使得当事人之间的交易安全无法保证，被动债权人将处在高度不确定的状态。在可以抵销的情况下，当事人可尽快表示抵销从而结束不确定的状态对双方当事人都具有利益，当事人无须支付那些本可以通过尽快抵销而节省下的利

---

① 参见韩世远：《合同法总论》（第4版），法律出版社2018年版，第710页。

② 参见黄薇主编：《中华人民共和国民法典合同编释义》，法律出版社2020年版，第249页。

息，但溯及力规则却恰恰相反。[①] 形成权的行使原本可以在当事人之间形成稳定的法律关系，因而立法上通常规定抵销不得附条件，以规避所附条件成就与否的不确定性给当事人之间的法律关系带来的不确定性。立法上尽力规避了可能产生的不确定性，但是承认抵销具有溯及力却增加了现实的不确定性。

再次，承认抵销溯及力并非一定可以简化清偿。支持论者认为抵销具有溯及力能够更好地发挥抵销简化清偿的功能，但承认溯及力并非一定可以实现该效果。简化清偿的判断标准并不确定，但无论以抵销数额还是债务余额作为判断标准，都不能当然得出抵销溯及力可以简化清偿的结论。[②] 极端情况下，在双方当事人约定的迟延履行金不同的场合，承认抵销具有溯及力也可能出现抵销权成立，但双方当事人为了自己利益的最大化拒绝行使抵销权的僵化局面，不利于交易秩序的确定性和安定性。债的设立目的在于消灭，债法制度应当促进债的目的实现，抵销制度也不例外。[③] 抵销简化清偿的前提是有抵销权的行使，在双方均不行使抵销权的情况下，无法实现债的消灭，更谈不上简化清偿功能的更好发挥。

最后，从司法实践的角度来讲，承认抵销溯及力不利于提高司法效率。承认抵销的溯及效力，要求法官从当下倒回到之前的权利状态，但随着时间的经过，之前的事实往往难以查清，抵销适状的时间点难以确定。不仅增加了法官的审理难度，对当事人的举证要求也更高。相反，如果否认溯及力，以抵销权的通知到达时作为时间点则更具有可操作性。[④]

综上，抵销溯及力规则不仅影响了当事人的表意自由，造成法律关系的不确定性，也不利于提高司法效率。从抵销功能的角度讲，承认抵销溯及力也并不必然可以简化清偿。如果承认抵销溯及力，不仅会与《民法典》既有规则产

---

① 参见［德］海因·克茨：《德国合同法》（第2版），叶玮昱、张焕然译，中国人民大学出版社2022年版，第274页。

② 参见张保华：《抵销溯及力质疑》，载《环球法律评论》2019年第2期，第110页。

③ 参见于飞：《合同的权利义务终止、违约责任的重要发展及释评》，载《中国法律评论》2023年第6期，第47页。

④ 参见程啸：《对〈最高人民法院关于适用中华人民共和国民法典合同编通则部分的解释（征求意见稿）〉的若干意见》，载微信公众号“不动产法前沿”。

生不一致，还会导致抵销制度内部缺乏一致性。[①] 在不采自动抵销的立法模式下，自抵销意思表示生效后方发生债权消灭的法律效果更符合抵销作为履行替代方式的法律地位，更符合当事人之间的利益状态。[②] 国际社会上关于商事合同的立法明确放弃了抵销溯及效力，表明抵销无溯及力已经成为一种发展趋势。《民法典合同编通则解释》第 55 条明确了抵销不具有溯及力，在诉讼时效届满后的债务抵销问题中就需要探讨其他可行的规则。

（二）以时效抗辩权为基础的限制规则

1. 能否抵销取决于抗辩权的行使

时效完成使得债务人获得时效抗辩权，但在德国法模式中，被抵销人是否行使抗辩权并不重要，能否抵销取决于抵销适状是否符合法律的规定。随着溯及力规则日益遭受批判与民法上抗辩权理论的不断发展，国际社会上关于抵销的立法提出了不同的处理方式。一种是时效届满后，被抵销人因时效经过获得抗辩权，为了保障被抵销人因时效经过获得的利益，尊重抗辩权的权利属性；另一种限制方式通过时效抗辩权构筑规则，这种限制规则严格遵循了抗辩权的理论和逻辑。

在抗辩权理论中，抗辩权是需要权利人主张的权利，非经权利人援引抗辩的，该债务仍为法定债务。按此逻辑，在诉讼时效届满的债务抵销中，在相对人主张时效抗辩之前，该债权在效力上没有任何减损，仍然可以获得实现，因此应当允许其抵销。但只要抗辩权人主张时效抗辩，该债权就丧失可强制执行力，不得抵销。欧洲学者起草完成的《欧洲民法典草案》第 3 – 6：107 条放弃了抵销溯及力规则。[③] 第 3 – 7：503 条明确规定："诉讼时效期间已经届满的权利仍可被抵销，但债务人事先或在收到抵销通知后两个月内已经主张时效抗辩

---

① 参见朱虎：《法定抵销溯及力理论的现代反思》，载《法学》2024 年第 4 期，第 104 页。

② 参见朱广新、谢鸿飞主编：《民法典评注·合同编通则》（1），中国法制出版社 2020 年版，第 228 页。

③ 参见欧洲民法典研究组、欧盟现行私法研究组编著：《欧洲示范民法典草案：欧洲私法的原则、定义和示范规则》，高圣平译，中国人民大学出版社 2012 年版，第 219 页。

的除外。"[①] 据此，已过时效的债权仍可抵销，除非被抵销人主张时效抗辩权。《国际商事合同通则》也作出了相似规定，第 10.9 条规定时效届满的效力不是自动产生的，需经由债务人提出抗辩。第 10.10 条规定债权人可以行使抵销权，除非债务人主张时效已届满。[②]

2. 与大陆法系限制规则的区别

罹于时效的债权能否抵销、如何抵销，在这一问题上，《欧洲民法典草案》的规则与《德国民法典》确立的规则存在明显不同，两种模式之间的差异对当事人的利益影响也截然不同。两种规则的区别主要体现在以下几个方面：

首先，在抵销的形式与效力方面，二者虽都要求抵销效力的发生需要当事人作出抵销通知，但当事人的抵销主张对抵销生效的意义完全不同。在溯及力模式下，当事人需主张抵销，但这一主张并不决定抵销生效的时间，抵销的效力溯及至抵销适状之时。但根据《欧洲民法典草案》的规定，抵销的效力不溯及既往，自抵销权人通知后，向将来发生法律效力。在这种规则下，主动债权人的抵销主张决定抵销的生效时点。

其次，在罹于时效的债权方面，能够用于抵销的罹于时效债权的范围不同。德国法模式例外地承认已过诉讼时效的债权可以抵销，条件是抵销适状时未过诉讼时效。实际上将时效届满后的债权分为两类，一定程度上限缩了能够抵销的债权范围。而《欧洲民法典草案》则无须区分具体情形，即使抵销适状之时已过诉讼时效，只要相对人不主张抗辩，已过诉讼时效的债权仍然可以抵销。例如甲的债权于 2023 年 1 月时效届满，此后，2023 年 2 月甲向乙借款，乙的债权在甲的债权时效届满后才发生。如果此时甲主张抵销，在两种规则下将取得不同的结果。根据德国法的规定，二者之间不存在《德国民法典》第 215 条规定的例外情形，即使乙不主张时效抗辩，也不能发生抵销的效力。但是根据《欧洲民法典草案》，只要乙不主张时效抗辩权，甲的债权虽已过时效但仍可抵

① 参见欧洲民法典研究组、欧盟现行私法研究组编著：《欧洲示范民法典草案：欧洲私法的原则、定义和示范规则》，高圣平译，中国人民大学出版社 2012 年版，第 223 页。

② 参见［德］埃卡特·J. 布罗德：《国际统一私法协会国际商事合同通则——逐条评述》，王欣等译，法律出版社 2021 年版，第 368 页。

销。可见，德国法模式将诉讼时效届满的债权进行了分类，采取不同的处理方式，但《欧洲民法典草案》则对已过诉讼时效的债权采取了统一的处理态度。

再次，在抵销是否需要考虑被抵销一方的意愿方面，二者存在明显区别。根据《德国民法典》的规定，罹于时效的债权能否抵销取决于是否符合法律规定的除外情形，无须考虑被抵销一方的意思表示，相对人无法主张时效抗辩。但《欧洲民法典草案》确立的限制规则更加尊重被抵销人的意志，是否行使时效抗辩权由被抵销人自主决定。[①] 如果当事人通过诉讼的方式寻求救济，则表现为法官可否依职权判决驳回抵销请求。在德国法模式中，如果原告主张以自己已过诉讼时效且不存在除外情形的债权主张抵销，无论被抵销人是否主张时效抗辩，法院都会判决驳回诉讼请求。但在《欧洲民法典草案》确立的规则下，如果被抵销人不主张时效抗辩，那么法院不能依职权判决驳回抵销权人的诉讼请求。

最后，从结果上看，德国法模式虽然限缩了能够用于抵销的罹于时效的债权范围，但是仍有部分满足法定条件的罹于时效的债权可以直接通过抵销的方式获得实现。但是根据《欧洲民法典草案》，从有关规定的表述来看，虽然认可罹于时效的债权抵销，但是对于能否取得预期的效果仍然存疑。根据《欧洲民法典草案》的规定，若被抵销人不主张抗辩，则于时效的债权可以抵销。而罹于时效的债权人主张抵销时，相对人通常会提出抗辩。实际上，这种理解与禁止时效届满的债权主动抵销并无不同。[②]

（三）《民法典合同编通则解释》第 58 条的理解

1.《民法典合同编通则解释》第 58 条的不同解释路径

在《民法典合同编通则解释》出台之前，关于诉讼时效届满后的债务抵销问题，多数意见还是主张遵循传统大陆法系国家的做法，在承认抵销溯及力的

---

① 参见尹腊梅：《附抗辩权债权抵销问题研究——〈国际商事合同通则〉和〈欧洲合同法通则〉反映的新趋势以及对“附抗辩权的债权不得抵销”规则的质疑》，载《环球法律评论》2008 年第 2 期，第 125 页。

② 参见夏昊晗：《〈民法典〉中抵销权与时效抗辩权的冲突及其化解》，载《暨南学报（哲学社会科学版）》2021 年第 5 期，第 44 页。

基础上，例外地承认罹于时效的债权抵销。但是近年来，质疑抵销溯及力的声音越来越强烈，学界对于如何解决罹于时效的债权抵销问题也有了新的思路，有学者建议借鉴三大国际私法文件中的有关规定，由抵销相对人自行决定是否主张时效抗辩，抵销相对人主张时效抗辩的，不得抵销；未主张抗辩的，可以抵销。根据《民法典合同编通则解释》第 55 条，我国已经明确了抵销不具有溯及力。① 第 58 条对已过诉讼时效的债权抵销作出了规定，明确相对人提出时效抗辩的，人民法院应当支持该抗辩。② 与域外确立的限制规则不同，《民法典合同编通则解释》并没有明确规定罹于时效的债权可否抵销，而是从反面规定了相对人提出时效抗辩的不得抵销，对于相对人未提出抗辩权时是否允许抵销尚不明确。结合域外的限制规则，对于《民法典合同编通则解释》第 58 条的理解，存在以下两种不同的理解方式：

其一，《最高人民法院民法典合同编通则司法解释理解与适用》（以下简称《理解与适用》）将该条理解为：罹于时效的债权原则上不能作为主动债权抵销。但该债权作为主动债权抵销时，相对人可以在合理期限内提出时效抗辩，此时人民法院应当支持该抗辩。当事人不主张抗辩的，属于放弃时效利益，应当允许抵销。③

其二，将不得抵销的立场贯彻到底，无论相对人是否主张时效抗辩，诉讼时效届满后的债权均不能通过法定抵销的方式获得实现。根据《民法典》中诉讼时效制度的有关规定，时效抗辩权应由债务人自行主张，法院不得主动释明及适用。《民法典合同编通则解释》第 58 条规定相对人的时效抗辩权是为明确相对人对时效经过的主张和证明责任，起到提示法官注意的效果。

---

① 参见《最高人民法院关于适用〈中华人民共和国民法典〉合同编通则若干问题的解释》第 55 条：“当事人一方依据民法典第五百六十八条的规定主张抵销，人民法院经审理认为抵销权成立的，应当认定通知到达对方时双方互负的主债务、利息、违约金或者损害赔偿金等债务在同等数额内消灭。”

② 参见《最高人民法院关于适用〈中华人民共和国民法典〉合同编通则若干问题的解释》第 58 条：“当事人互负债务，一方以其诉讼时效期间已经届满的债权通知对方主张抵销，对方提出诉讼时效抗辩的，人民法院对该抗辩应予支持。一方的债权诉讼时效期间已经届满，对方主张抵销的，人民法院应予支持。”

③ 参见最高人民法院民事审判第二庭、研究室：《最高人民法院民法典合同编通则司法解释理解与适用》，人民法院出版社 2023 年版，第 639 页。

2.《民法典合同编通则解释》第58条的解释路径选择

《民法典合同编通则解释》第58条规定了相对方提出抗辩的，人民法院应当支持该抗辩。《理解与适用》将该条理解为诉讼时效届满后的债权原则上不得抵销，但是相对人未提出抗辩的，属于放弃时效利益，应当允许抵销。这种观点虽然也试图以时效抗辩权为基础构筑限制规则，但与《欧洲民法典草案》的表述略有区别，《欧洲民法典草案》中的规则以可以抵销为原则，相对人主张抗辩为例外，而《理解与适用》中的观点则是以不得抵销为原则，相对人放弃抗辩时允许抵销为例外。上述对《民法典合同编通则解释》第58条的两种理解方式相比较，《理解与适用》中的观点似乎更加尊重被抵销一方的意思自治，抵销相对人可以自行抛弃时效利益，并决定抵销能否生效。实践中也有法院持类似观点，认为超过诉讼时效的债权形成的抵销权，需债务人放弃时效利益自愿履行才可以行使。[①] 但本文认为，对于《民法典合同编通则解释》第58条的理解，不宜采纳《理解与适用》中的观点，这种理解方式在理论解释上存在问题，在规则的适用上也需要进一步明确。具体存在以下问题：

其一，模糊抵销权的形成权属性。从权利的性质上讲，法定抵销权属于形成权。权利人行使形成权后，形成权本身即归于消灭，法律关系产生、变更或消灭的实体法效果就确定地发生，不存在事后重申或放弃的问题。[②] 从行为的性质来看，法定抵销权可依抵销权人单方的意思表示发生效力，其行使是一种单方法律行为。根据《民法典合同编通则解释》第55条，抵销权自抵销通知到达债务人时发生债务消灭的后果。可见，作为简单形成权，抵销权的行使仅需当事人作出抵销通知即可发生抵销的法律效果。作为形成权，抵销权的行使无须考虑相对人的意思表示，一经行使，其实体法效果即确定地发生。但《理解与适用》中的这种观点却为抵销权的生效附加了相对人放弃抗辩的前提，模糊了抵销权的形成权属性。根据这种观点，抵销权人的债权虽已过诉讼时效但仍然可以向对方主张抵销，如果对方在合理期限内没有主张时效抗辩的，则允

① 详见陈某、龙某等与深圳市某公司房屋买卖合同纠纷案，广东省深圳市宝安区人民法院（2020）粤0306民初4107号民事判决书。

② 参见庄诗岳：《权利抗辩的法理证成与规则辨正》，载《深圳大学学报（人文社会科学版）》2022年第5期，第99页。

许抵销。此时存在的问题是，抵销权人作出抵销通知后，还需要进一步等待被抵销人作出反应。如果相对人提出诉讼时效抗辩，则不能发生抵销的效果，只有被抵销人放弃抗辩的，抵销才生效。这意味着能否发生抵销的法律效果取决于相对人是否提出诉讼时效抗辩。[①] 这将导致抵销主张与抵销效力相分离，不仅与抵销权作为形成权的属性不相符，也与《民法典合同编通则解释》第 55 条确立的抵销自通知到达时生效的规则相违背。与此观点类似的是，《最高人民法院关于适用〈中华人民共和国合同法〉若干问题的解释（二）》（已失效）第 24 条[②]曾规定抵销相对人的异议权及相应的异议期间。但这一规定使得抵销权的生效建立在相对人无异议的基础之上，抵销权人的地位被弱化为请求权人，受到学者批评。[③] 按照《理解与适用》中的观点，抵销权的形成权属性同样被大大弱化，抵销权人的地位也同样被弱化为请求权人，当事人提出的抵销主张不再是行使形成权的通知，而是变为了征询对方意见的请求，使得法定抵销由原来的单方行为向修正的单方行为或双方行为演化。但实际上这种演化并无必要，《民法典》第 569 条明确规定了合意抵销，只要双方协商一致，达成抵销合同即可抵销。这种抵销不受法定条件的限制，属于合同行为、双方法律行为。合意抵销的意义在于通过抵销合同实现抵销，可以改变法定抵销的条件或弥补法定抵销的不足。[④] 合意抵销与作为单方行为的法定抵销相互独立，相互补充。在法律明确规定有双方行为可以解决该问题时，是否有必要牺牲法定抵销权的形成权属性，使法定抵销由单方行为转化为双方行为，模糊法定抵销与合意抵销二者的界限？

---

① 参见石佳友、付一耀主编：《民法典合同编通则司法解释释评与案例指引》，中国法制出版社 2024 年版，第 402 页。

② 参见《最高人民法院关于适用〈中华人民共和国合同法〉若干问题的解释（二）》（已失效）第 24 条："当事人对合同法第九十六条、第九十九条规定的合同解除或者债务抵销虽有异议，但在约定的异议期限届满后才提出异议并向人民法院起诉的，人民法院不予支持；当事人没有约定异议期间，在解除合同或者债务抵销通知到达之日起三个月以后才向人民法院起诉的，人民法院不予支持。"

③ 参见李永军主编：《中国民法学》（第 1 卷），中国民主法制出版社 2022 年版，第 134 页。

④ 参见王利明主编：《民法 · 上册》（第 10 版），中国人民大学出版社 2023 年版，第 162 页。

其二，造成法律关系的不确定性。《理解与适用》中的观点要求对方当事人在合理期限内提出时效抗辩，但这可能造成法律关系的不确定性。自抵销权人主张抵销时起至合理期限等待相对人是否主张抗辩的这段时间，抵销的效力如何？抵销权人发出抵销通知后，何时产生抵销的效力？根据《民法典合同编通则解释》第55条，抵销自通知到达时生效。如果认定抵销自通知到达时生效就与原则上不得抵销的立场相冲突，但若不这样认定，就使得抵销主张与抵销生效相分离。例如甲乙互负债务，甲的债权已过诉讼时效，甲向乙主张抵销，若乙没有在合理期限内主张时效抗辩，此时抵销是自合理期限届满时生效，还是自通知到达之日起生效？这涉及债权债务消灭的时点，在当事人约定的利息不同的场合下，会对被抵销人的利益产生不同的影响。

其三，导致法官自由裁量权过大。按照《理解与适用》中的观点，相对人需要在合理期限内主张时效抗辩。但司法解释并未明确相对人抗辩的具体形式以及提出抗辩的具体期限。时效抗辩权得在诉讼上或诉讼外行使。[①] 如果债权人是以诉讼的方式主张抵销，那么相对人提出时效抗辩的合理期限可以适用普通诉讼时效案件中的期限。但是出于金钱成本、时间成本等诸多因素的考虑，债权人可能不会直接以诉讼的方式主张抵销，往往会在诉讼外，以口头或书面的形式向相对人主张抵销。此时相对人提出抗辩的合理期限如何确定还需要进一步明确，一概交由法院判断可能赋予法官过大的自由裁量权，不利于司法实践的统一。

其四，加重被抵销一方的负担。按照《理解与适用》中的观点，时效届满后的债权仍可作为主动债权主张抵销，但对方可以提出时效抗辩。该观点中可以用于主张抵销的债权范围与《欧洲民法典草案》的范围一致。但可能存在的问题是，债权人以时效届满的债权主张抵销时，被抵销一方通常会主张时效抗辩。如果认为罹于时效的债权都可以主张抵销，那些时效届满后又经过较长时间的债权，可能会对被抵销一方造成困扰。在通过诉讼途径解决争议时也可能造成司法资源的浪费。从时效抗辩权行使的角度来讲，这种观点可能以保护抵销相对人的时效利益为由加重相对人的负担。抗辩权不能消灭请求权，因而请

---

① 参见王泽鉴：《民法总则》，北京大学出版社2009年版，第431页。

求权人每次行使请求权时，抗辩权人都必须重申其抗辩权。[①] 诉讼外的表示不是最终行使，行使或不行使抗辩权只能到言词抗辩终结时才能最后确定。[②] 但如上所述，债权人可能不会直接提起诉讼主张抵销，而是在诉讼外主张抵销。如果被动债权人的债权尚未到期就不能要求对方清偿或主张抵销，面对主动债权人的抵销主张只能消极防御。如此一来，当罹于时效的债权人在诉讼外主张抵销时，即使债务人提出时效抗辩的，债权人仍然可以再次主张。对于债权人的每次主张，债务人都需要在合理期限内提出抗辩以作出回应，避免被视为放弃时效利益。如果主动债权人一直不提起诉讼，那么对于债务人来讲有两种选择：或是一直承受主动债权人主张抵销的困扰，或是不堪其扰自行提起诉讼。如果债务人对于债权人的债权时效届满不存在任何过错，可以享有法律赋予的时效利益。但《理解与适用》的观点却使得债务人像负有义务一般，在债权人每次主张之时都需及时提出抗辩，甚至自行起诉请求法院作出终局的认定，对债务人而言有失公平。在普通的诉讼时效经过案件中，不会存在这种情况。因为债务人在诉讼外主张时效抗辩时，法律上并未规定一定期限不主张抗辩的视为放弃时效利益，时效经过后债务人完全可以不履行债务，不会影响到债务人自身的利益，更不需要主动提起诉讼。债务人拒绝清偿的，债权人想要实现罹于时效的债权就需要自行提起诉讼，债务人只需要在诉讼中提出抗辩即可。但是在双方互负债务的情形中，债权人的抵销主张一旦生效将使得债务人的债权也归于消灭，债务人基于维护自身债权的需要不得不在合理期限内做出积极反应。如此规定，看似保护了债务人的时效抗辩权，实际上却加重了债务人的负担。

其五，相对人行使时效抗辩权的法律效果并不明确。《民法典合同编通则解释》第 58 条规定相对人提出时效抗辩的，人民法院应当支持该抗辩，不能发生抵销的效果。但按照《理解与适用》中的观点，相对人提出时效抗辩的法律效果并不明确。《民法典合同编通则解释》第 58 条既已围绕相对人可以提出时

---

① 参见庄诗岳：《权利抗辩的法理证成与规则辨正》，载《深圳大学学报（人文社会科学版）》2022 年第 5 期，第 99 页。

② 参见［德］卡尔·拉伦茨：《德国民法通论》（上册），王晓晔等译，法律出版社 2013 年版，第 332 页。

效抗辩作出规定，就需要进一步明确该时效抗辩产生的具体法律效果。相对人的时效抗辩使得抵销无法生效，双方的债务无法抵销说明抵销权的效力受到时效抗辩的阻却或限制，那么被抵销一方提出的时效抗辩究竟是使得抵销权溯及既往地消灭还是使得抵销权自相对人主张抗辩时起向将来失效，对此并不明确。

本文认为，对于《民法典合同编通则解释》第58条的理解，应当采纳第二种解释方案，罹于时效的债权不得主张法定抵销，时效届满后的债权无法成立抵销权。第58条之所以规定相对人主张时效抗辩意在明确相对人在诉讼中的主张和证明责任。当事人在诉讼中行使抗辩权的，具有私法行为和诉讼行为的双重属性，不仅应当明确提出时效抗辩，还必须主张抗辩权成立的要件事实。[①]时效届满后，抵销权无法有效成立。在认定抵销权是否成立时，需要考察债权是否已过诉讼时效，但在诉讼中，时效届满的事实不应由法院直接审查并认定。《民法典》第193条明确规定了诉讼时效的职权禁用规定，即在当事人未主张时效事项时，法院不得主动适用时效规定。[②] 时效经过的事实不属于法院依职权查明的范围，当事人对于时效是否经过的事实更为清楚，掌握的证据也更为充分，当事人应自行提出时效抗辩并对时效届满的事实加以证明。在抗辩权发生主义模式下，时效届满使债务人取得时效抗辩权，但该抗辩只能由当事人自行主张，法院不能积极释明或援引，否则将违背裁判中立原则。因此，《民法典合同编通则解释》第58条规定相对人的抗辩，是为与时效制度的规定相一致，重申相对人对时效经过的证明责任，而不是使得抵销权溯及既往地消灭或向将来消灭。《民法典合同编通则解释》第58条应当理解为罹于时效的债权不得主动抵销，只是在诉讼中，时效经过的事实需要当事人加以主张和证明。

综上所述，《理解与适用》中的观点在理论解释和具体适用上均存在问题。其一，时效抗辩权是需要当事人主张的权利，在抗辩权人行权之前，抵销不应发生效力，否则抗辩权人将丧失主张权利的机会。其二，《理解与适用》中的观点即试图解决允许抵销导致的抗辩权人无法行权的问题，明确只有相对人放

---

① 参见庄诗岳：《权利抗辩的法理证成与规则辨正》，载《深圳大学学报（人文社会科学版）》2022年第5期，第98页。

② 参见杨巍：《〈民法典〉第192条、第193条（诉讼时效届满效力、职权禁用规则）评注》，载《法学家》2020年第6期，第177页。

弃抗辩的，才可以抵销，从规定上看似乎保障了被抵销一方主张抗辩的权利。但这种理解却进一步造成了解释上的矛盾，使得抵销权从形成权弱化为请求权，并且在规则的适用上也存在一系列需要解决的问题。上述两种不同的解释路径相比较，第二种观点更合理。在可以通过其他途径解决时效届满后的债务抵销问题时，不宜选择在解释上存在问题的方案，不宜模糊抵销权的形成权属性。在我国明确采纳通知抵销主义及抵销无溯及力立场的情况下，应当将诉讼时效届满后的债权不得抵销的立场贯彻到底，即诉讼时效届满后，不应当允许债权人通过法定抵销的方式实现已过诉讼时效的债权。

四、诉讼时效期间届满后债务不得抵销的理论证成

上文对比分析了诉讼时效届满后债务抵销的不同限制规则，并在此基础上理解《民法典合同编通则解释》第 58 条，综合比较不同的解释方案，该条应当理解为时效届满后的债权不得作为主动债权主张法定抵销。本部分分别从不得抵销的具体理解、当事人的期待与信赖、制度功能三个角度进行论证，分析时效届满后债权不得主动抵销的具体理解，讨论主动债权人在先的抵销期待与被动债权人因时效届满产生的信赖是否值得保护，探讨罹于时效的债权抵销是否符合时效制度、抵销制度功能的要求，旨在为诉讼时效届满后的债务不得抵销提供理论支撑。

（一）时效届满后债权不得主动抵销的具体理解

1. 法定抵销权成立的判断时点

以往在讨论时效届满后的债权抵销问题时，有两个经常提及且较为关键的时间节点，一是抵销适状之时，二是主动债权人主张抵销之时。在自动抵销主义模式下，抵销的效力自动地在最初满足抵销要件之时发生，主张抵销之时不具有法律意义，当事人提出的抵销主张仅仅是对已经发生了的抵销事实的确认。但在溯及力模式下，抵销作为一种法律行为，不能自动发生效力，需要当事人作出抵销的意思表示。但是溯及力主义并未彻底摆脱自动抵销主义的影响，因而又认为抵销的效力在最初适于抵销之时发生。此时就存在两个不同的时间点，

主动债权人主张抵销之时与抵销生效之时存在时间差。抵销适状是法律为调和自动抵销主义与法律行为理论中以意思表示为法律行为生效时间标准之间矛盾的产物。[①]

由于我国之前的通说认为抵销具有溯及力，因而有观点认为，抵销适状后才发生的时效届满不影响抵销，原因在于抵销的效力溯及至抵销适状之时，相当于债权人在此时表示抵销。[②] 这种观点考虑的是抵销适状时的权利状态，抵销适状时债权未过诉讼时效即可成立抵销权，主动债权人主张抵销之时经过时效的，不影响该债权抵销。但很明显这种观点以承认抵销具有溯及力为前提，在溯及力模式下，抵销的效力溯及至抵销适状之时，因而对时效届满前已抵销适状的债权做出了例外规定。在自动抵销主义和溯及力主义下，抵销的效力都是在最初得为抵销之时发生，因而不得不考虑抵销适状这一时间点，但是完全形式主义则无此负担，涉及的时间点均为主张抵销之时。

根据《民法典合同编通则解释》第 55 条和第 58 条，我国并不采纳自动抵销主义，也已明确抵销无溯及力，属于完全形式主义。抵销的生效时点与抵销主张到达时点相一致，抵销主张与抵销效力相统一，不需要再以抵销适状调和二者之间的不一致。如果一定要考虑抵销适状时的权利状态，那么从抵销适状时起至抵销权行使之时，都应当具备抵销条件。既已采纳抵销向将来发生效力的模式，不妨将是否经过诉讼时效的判断时点、抵销权是否成立的判断时点都统一确定为主动债权人主张抵销之时。在一方主张抵销时，只需考虑此时是否符合《民法典》第 568 条规定的构成要件即可，无须再考虑曾经是否抵销适状。如此，既符合抵销无溯及力的要求，也可以降低法院查明权利状态的难度。

2. 时效届满后不能成立抵销权

抵销权可以强制地以他人财产供自己利用，也可称为强制的利用权。[③] 也正因为抵销的强制性，被抵销一方未必如抵销权人一般期待抵销结果的发生，因而应当考虑到对被动债权人利益的保护。主动债权人之所以可以借助抵销的强制性实现自己的债权，是因为合格的债权本身具有法律上的请求力，债权的

---

① 参见廖军：《法定抵销制度研究》，北京大学 2004 年博士学位论文，第 19 页。

② 参见杨代雄：《民法总论》，北京大学出版社 2022 年版，第 519 页。

③ 参见史尚宽：《债法总论》，中国政法大学出版社 2000 年版，第 847 页。

实现不存在法律上的阻碍。因而，抵销权的行使需要以主动债权具备该请求力为前提，其实现不应存在法律上的障碍。但时效届满之后，抵销相对人享有时效利益，可以主张时效抗辩权，债权人的债权请求力受到时效抗辩的阻却。已过诉讼时效的债权上已经附有时效抗辩权，该债权的请求力能否实现取决于相对人是否主张抗辩。只有抵销相对人放弃时效利益的，该债权才可以获得实现，在相对人未放弃时效利益之前，债权人不能以其尚未确定是否能够获得实现的债权主张抵销。抗辩权人是否主张时效抗辩是债权人债权能否获得实现的先决条件，《理解与适用》中的观点即是希望先解决抵销相对人行使抗辩权的问题，相对人放弃抗辩的，该债权的实现不再存在障碍，看似符合了主动债权的要求，但正如上文所述，以抵销相对人是否行使抗辩权来决定抵销能否生效，这种解释不符合抵销权的权利属性，出现解释上的矛盾和适用上的问题。

法定抵销权的行使属于单方行为，无须抵销相对人意思表示的参与即可发生效力。时效届满后，为了避免主动债权人主张抵销强制地剥夺相对人的时效利益，附有时效抗辩权的债权不具有作为主动债权主张抵销的资格。此前因为承认抵销具有溯及效力，例外地承认时效届满前已抵销适状的债权可以抵销。但在我国已明确否认溯及力的背景下，抵销权能否成立的判断时点可以确定为主动债权人作出抵销主张之时。只要主动债权在主张之时罹于时效就不满足主动债权的要求，无法成立抵销权。因而，债权人在主张抵销时，其债权已经时效届满的，不符合抵销权的成立要件，抵销权并未成立，不能主张法定抵销。

相较于其他的解决方案，认定时效届满后的债权不得抵销更具合理性和可操作性。时效届满后，双方当事人之间存在利益冲突。如果强调保护债权人的利益，允许时效届满的债权抵销，将剥夺抗辩权人的时效利益，与诉讼时效制度的目的相违背。如果以相对人抗辩与否决定抵销能否生效，看似实现了双方利益的平衡，既可以维护相对人的时效利益又能保障抵销权人的利益。但这种方案却违背了抵销权的权利属性，使得抵销权的行使不能确定地发生法律效力，当事人之间的法律关系是不确定的。这与抵销权作为形成权，一经行使即确定生效的权利属性并不相符。法定抵销权作为形成权，不仅需要符合一般形成权的要求，其成立与行使也需要符合法律的规定，所受限制较多。作为补充，法律上也规定了合意抵销，两种抵销方式各自独立，界限分明。罹于时效的债务抵销问题完全可以通过合意抵销的途径加以解决。在可以通过合意抵销解决该问题时，实在没有必要违背形成权的逻辑、牺牲法定抵销权的形成权属性，取得一个与合意抵销相类似的解决方案。相反，认定时效届满后的债权不得主动抵销无损于时效制度、抵销制度，不仅可以保护相对人的时效利益，也不会影响法定抵销权的形成权属性。此外，认定不得抵销并没有剥夺债权人通过其他途径获得救济的机会，当事人也完全可以通过合意抵销等途径实现债权。

（二）不得抵销有利于保护相对人的合理信赖

1. 时效届满后的抵销期待不值得保护

时效届满前已抵销适状的债权，仍可抵销。这是为保护对立债权的两当事人从产生可抵销状态时，无须特别的意思表示而当然可以清算的信赖。① 保护当事人的抵销期待是允许抵销论者的实质理由，支持论者认为，抵销适状后，债权人无须借助诉讼，通过自己单方的意思表示即可实现债权，所以抵销适状本身即意味着一定的财产价值，应当予以保护。也有观点认为，若债权人享有抵销权后，因疏忽等原因未在诉讼时效期间内作出抵销通知的，不应当认为其怠于行使权利，否则仅因此禁止其主张抵销，未免过于严苛。② 上述观点都站在保护抵销权人的角度，强调抵销适状后，抵销权人对能够抵销产生了期待，在已经产生抵销期待的情况下，即使后续未能及时主张抵销，致使债权时效期间届满，也应当保护抵销权人先前产生的抵销期待。满足抵销要件后，债权人可以主张抵销，确实存在能够通过主张抵销实现债权的期待，但是在诉讼时效届满之后，这种期待是否还值得法律的特殊保护，不无疑问。

本文认为，时效届满后的抵销期待不值得保护。不论是诉讼时效制度的规定还是关于抵销权行使的规定都给予了抵销权人足够的便利和优待，但抵销权人仍然放任时效经过，曾经的抵销期待不再值得法律的特殊保护。一方面，债权人完全可以使自己避免陷入诉讼时效经过的困境，有关规定已经给予其足够

---

① 参见［日］我妻荣：《新订债权总论》，王燚译，中国法制出版社 2008 年版，第 288 页。

② 参见申海恩：《论抗辩权的附随效力》，载《华东政法大学学报》2019 年第 5 期，第 128 页。

的保护。从法律规定的抵销权的行使条件来看，抵销权人行使抵销权的条件并不严苛，作为简单形成权，抵销权人无须通过提起诉讼主张抵销，仅需通知被抵销人即可发生抵销的效力，从而避免后续债权无法实现的不利后果。从避免诉讼时效经过的规定来看，由于诉讼时效制度的效果在客观上使得债务人免于承担债务，这与我国传统的道德观念并不相符。因此为了贴近人民大众的朴素法感，立法和司法机关往往通过保护权利人进行利益校准，《民法典》有关诉讼时效的规定即充分体现了对权利人的保护。《民法典》第194条和第195条分别规定了诉讼时效的中止和中断事由，这些阻却诉讼时效完成的障碍事由都有利于保护权利人，且法律规定的中断事由往往较为简单，权利人可以较为轻松地避免自己的债权经过诉讼时效。在立法已经为抵销权人便利行权、避免时效届满提供足够保障的情况下，债权人仍然任由诉讼时效经过才提出抵销的，理应承担怠于行权的不利后果。另一方面，从债务人的角度而言，根据《民法典》有关诉讼时效的规定，诉讼时效经过之后，债务人已经享受时效利益，债权人想实现债权的，只能是债务人同意或自愿履行，债权人无法通过国家强制力手段实现自己已过诉讼时效的债权。在这种情况下，已过诉讼时效的债权人完全没有理由认为在时效届满之后仍然可以以单方意思表示实现其债权。

综上所述，满足抵销要件后，抵销权人确实存在可以行使抵销权的期待，存在抵销的可能性，但债权人未及时采取行动，致使诉讼时效经过，抵销权人对曾经的抵销适状的期待不再值得保护，更不必通过强行改变法定抵销的性质给予特殊保护。

2. 不得抵销能保障相对人的合理信赖

诉讼时效经过后，抵销权人曾经产生的抵销期待已经具有瑕疵，并不值得保护。相反，在抵销权人长时间未行使抵销权时，相对人会产生权利人不欲行使权利的信赖，诉讼时效届满将导致这种信赖更加明显。与抵销权人具有瑕疵的抵销期待相比，相对人因诉讼时效届满产生的合理信赖更值得法律保护，罹于时效的债权不得抵销能够保护相对人因时效经过产生的合理信赖。

首先，诉讼时效制度通过时间的经过限制权利人行权，并赋予债务人时效抗辩权。时效届满后，抗辩权人可以产生这样一种合理信赖：除非自己愿意放弃时效利益，自愿清偿债务，否则通过主张时效抗辩权可以使自己从相应债务中解脱，即使是法院也不得强制自己履行债务，仅凭债权人的单方行为更不能强制自己清偿债务。在否认抵销溯及力的情况下，如果允许时效届满后的债权主动抵销，债务人的时效抗辩权将被直接剥夺，因时效届满产生的合理信赖将会落空。时效届满后的债权不得主动抵销有利于保护相对人的合理信赖。

其次，即使抵销适状产生在诉讼时效经过之前的，也不宜认定可以抵销。在抵销权成立后，抵销权人仅需发出一个通知即可消灭双方的债权债务关系，但其怠于行使，在诉讼时效经过后才主张的，此时允许抵销将损害相对人的合理信赖。在抵销适状后，主动债权人没有及时主张抵销，诉讼时效经过后，被抵销人获得时效抗辩权，如果经过较长一段时间，当事人之间的法律关系已经趋于稳定，抵销相对人基于这种信赖安排自己的商业计划或商事交易，此时若允许抵销必然影响既定的社会秩序。抵销权人怠于行权导致时效届满，却仍可以抵销，这不仅会助长权利人在权利上睡觉的懒惰心理，与诉讼时效制度追求的效率价值相违背，也会使得被抵销人处于不安定的状态之中。公众对于法律制度的信任度是维护社会秩序和稳定的重要基础，在相对人对诉讼时效届满后的状态产生合理信赖的情况下，仍然允许超过诉讼时效的债权抵销，将破坏法律制度的公信力和权威性。相反，如果规定诉讼时效经过后的债权不得主动抵销，可以使得既有法律关系得以确定，更有利于保护抵销相对人的合理期待。

（三）不得抵销有利于制度功能的更好发挥

1. 不得抵销有利于抵销制度功能的更好发挥

通过主张抵销，可以使双方当事人避免实际履行，直接实现债权。一般认为，抵销具有便利清偿、保持公平和担保的功能。[①] 认为诉讼时效经过的债权可以主动抵销的观点往往从抵销的功能角度寻求正当性支撑，认为允许罹于时效的债权抵销可以更好地发挥抵销制度的功能。但是从抵销的功能角度无法正当化罹于时效的债权可以抵销。

首先，抵销具有简化清偿的功能，双方当事人可以避免实际履行，避免重复给付，通知即可实现清偿的效果。但如前所述，允许诉讼时效届满的债权抵

---

① 参见韩世远：《合同法总论》（第 4 版），法律出版社 2018 年版，第 696 页。

销将与清偿制度产生不一致的法律评价。作为形成权，抵销权的行使无须考虑对方的意思表示即可发生抵销的效力，在诉讼时效经过后，如果允许抵销权人主张抵销，主动债权人就可以在任意时间，依据自己单方的意思表示，用罹于时效的债权抵销对方时效尚未届满的债权。但是在清偿的情况下，如果债权人的债权罹于时效，除非债务人同意履行债务或者自愿履行债务，否则仅凭借债权人一方的意思表示不可能实现其债权。当事人互负债务，通过抵销确实可以取得简化清偿的客观效果，但这并不意味着不符合清偿条件的债权可以通过此种方式得到实现。从抵销简化清偿的角度无法为时效届满的债权抵销提供正当性支撑。

其次，抵销具有保持公平的功能，但允许诉讼时效届满的债权主动抵销恰恰违背了公平原则的要求。公平原则是《民法典》的基本原则之一，要求民事主体从事民事活动时按照公平观念行使权利，履行义务。法定抵销权的构成要件也深刻体现了民法对于公平的追求，抵销权的成立要求双方互负债务的标的物种类、品质相同，就是为了避免因抵销权的行使导致双方之间的权利义务关系不对等。而允许诉讼时效届满的债权主动抵销，却是对民法公平原则的违背。一方面，在抵销的双方当事人之间，允许罹于时效的债权主动抵销会导致双方当事人之间的利益失衡。抵销权人在抵销适状后既不清偿债务又不及时行使抵销权，却无须承担任何不利的法律后果，甚至在罹于时效后仍可主动抵销，没有考虑抵销相对人的利益，难谓公平。[①] 诉讼时效经过后允许抵销虽然保护了债权人的债权，但是将使相对人的时效利益被剥夺，导致当事人之间的利益明显失衡。另一方面，允许罹于时效的债权抵销也会给第三人带来不公平的结果。诉讼时效期间届满意味着一定时间的经过，在这段时间内，被抵销人完全有可能与其他民事主体发生民事法律关系，允许罹于时效的债权抵销可能导致第三人的利益受损。尤其是在被抵销人对多人负债且又陷入财务困境时，若其他债权人的债权尚未过诉讼时效，此时允许罹于时效的债权主动抵销将使抵销权人罹于时效的债权取得优于其他债权的优势地位，使得原本可以获得清偿的其他

① 参见朱广新、谢鸿飞主编：《民法典评注·合同编通则》（1），中国法制出版社 2020 年版，第 228 页。

债权人无法实现其债权，对其他债权人而言也不公平。

最后，抵销具有担保功能，在双方互负债务时，若一方行使债权而不履行债务，对方当事人就会遭受损害，但对方当事人主张抵销则会避免损失，因此就抵销的这部分债权而言，事实上较其他债权人的债权受到了优先清偿，与设定担保别无二致。[①] 但允许诉讼时效经过的债权抵销是对担保功能的不当强化，原因有二：其一，抵销的担保功能是从其保证公平受偿的功能中引申而来的，是其保持公平功能在多数人债权场合的衍生功能。[②] 抵销作为债的消灭原因之一，其追求的是多债权场合的公平受偿，而担保制度所追求的是多场合下的优先受偿，二者存在本质区别。然而，如果承认罹于时效的债权抵销，就使得罹于时效的债权不仅获得实现并且取得了优势地位，不再是多债权场合的公平受偿。其二，在商业交易中，交易双方通常都会对对方的信用和履行能力进行评估。如果允许罹于时效的债权抵销，那么这种评估的基础就会受到破坏。抵押、质押、留置等典型的担保方式都有相应的公示手段，第三人可以知晓自己与担保关系中的当事人进行交易的风险，但是在双方互负债务成立抵销权的情况下，并没有特定的外观表现形式，第三人大概率无法获知抵销事由的存在而与其中一方当事人进行交易。在这种情况下，如果认为诉讼时效经过后的债权可以主动抵销，可能影响第三人的利益，不利于维护交易的公平性和可预测性，造成不公平的结果。上文已经探讨过，允许诉讼时效经过后的债权主动抵销有违抵销保持公平的功能，那么作为从抵销保持公平功能中引申出来的担保功能，自然也欠缺正当性。因此，即使允许诉讼时效经过后债权主动抵销客观上产生了担保的效果，但是只要允许抵销是有违公平的，就不应允许抵销。

2. 不得抵销有利于时效制度功能的更好发挥

首先，诉讼时效制度可以督促权利人及时行权，但允许时效经过后的债权主动抵销不利于这一目的的实现。只要债权人不疏于管理自己的债权，完全可以避免债权经过诉讼时效，也完全可以低成本实现债权债务的抵销。在法律规

① 参见魏振瀛主编：《民法》（第8版），北京大学出版社、高等教育出版社2021年版，第414页。

② 参见夏昊晗：《〈民法典〉中抵销权与时效抗辩权的冲突及其化解》，载《暨南学报（哲学社会科学版）》2021年第5期，第40页。

定的行权成本如此低的情况下，如果仍然认为诉讼时效经过的债权可以主张抵销，剥夺相对人的时效利益，那么对于抵销权人而言，即使不及时行权也不会受到法律的负面评价，还会受到法律的额外保护，抵销权人不存在及时行权的外部动力。再有极端者，一些债权人可能会故意不行使权利，待时效届满后利用抵销制度来免除债务，从而损害债务人的利益。这种行为违背了公平和诚信原则，增加了道德风险，显然不利于诉讼时效督促权利人及时行权功能的实现，也不利于加速资金流转实现效率价值。

其次，诉讼时效的功能之一在于维护既定的法律秩序的稳定。[①] 允许诉讼时效经过的债权主动抵销会增加法律秩序的不确定性。具体而言，在诉讼时效经过之前，主动债权人能行权而不及时行权，放任时间的经过，由此可能导致当事人之间的法律关系趋于稳定，允许罹于时效的债权抵销，将给当事人之间的法律关系带来模糊性和不确定性，尤其是在承认抵销溯及力的场合，债务人将长期处于不安定的状态，不符合法律安定性的要求，此时，个人权利的实现与法律秩序产生冲突，对法律秩序的保护要优先于对债权人私益的保护。

最后，诉讼时效制度的功能之一在于保护债务人，避免债务人陷入举证不能。但是允许诉讼时效经过后的债权主动抵销将使这一功能无法实现。只要诉讼时效届满，债务人就可能面临证据灭失、举证困难等问题，因而法律通过时效制度对其加以保护。诉讼时效经过后，不允许债权人主动抵销主要是考虑到保护债务人因时效经过而获得的利益。如果诉讼时效届满后的债权仍可以抵销，对于那些已经履行了债务但又因时间的经过导致证据灭失无法举证证明自己已经履行的债务人来说，恶意的债权人完全有可能以罹于时效的债权要求抵销债务人的其他债权，导致被抵销人被要求再次履行已经超过诉讼时效的债务，此时诉讼时效制度避免证据灭失、保护债务人的目的便无法实现。

综上所述，罹于时效的债权不得主动抵销，可以督促抵销权人及时行使抵销权、维护既定的法律秩序、避免债务人陷入举证不能的困境，符合诉讼时效制度功能的要求。

---

① 参见王利明等：《民法学》（第6版），法律出版社2020年版，第286页。

五、结　　语

对于《民法典合同编通则解释》第 58 条的规定可以有多种不同的理解，但不宜将相对人抗辩与否作为抵销能否生效的前提，这种理解不仅不符合抵销权的形成权属性，模糊了法定抵销与合意抵销的界限，在具体适用上也会面临一系列问题。在我国已经明确否认抵销溯及力并采纳通知生效主义的背景下，综合分析各种限制规则，《民法典合同编通则解释》第 58 条可以解释为罹于时效的债权不得主动抵销，相对人对此负主张和证明责任。在抵销仅向将来发生效力的情况下，抵销权是否成立的判断时点、债权是否已过诉讼时效的判断时点应当为主动债权人主张抵销之时。债权人主张抵销之时已过诉讼时效的债权不符合主动债权的要求，无法成立抵销权，不能主张法定抵销。诉讼时效届满后的债权不得主动抵销可以从保护债务人的合理信赖、时效制度与抵销制度的价值与功能角度获得正当性支持。虽然时效届满的债权不能作为主动债权主张抵销，但是当事人之间的债权债务关系并未因时效届满而消灭，债权人仍然可以通过合意抵销等方式实现债权。

（初审：杨雨婧；校对：王昊禄）

我国法上孳息归属规则的解释与展开

——以双重维度下的孳息取得为核心*

王小亮**

摘　要：我国法上的孳息取得规则存在两种不同模式，即直接取得模式和间接取得模式。直接取得模式着眼于孳息本身的处分，其本质上是基于法律行为的物权（孳息所有权）变动；间接取得模式的规范基础为《民法典》第321条第1款，其以母物的孳息取得权能判断孳息的取得。直接取得模式中，需要对预先的孳息处分合意和孳息交付的特殊问题予以关注。间接取得模式中，第321条第1款反映了原物原则，但必要时可以借助加工制度引入生产原则以平衡个案结果；至于该款中的用益物权，一方面要限缩为具备权利表征（即满足公示性）的用益物权，另一方面也要扩张为任何满足物权本质特征（公示性）且包含了孳息取得权能的权利。第321条第1款第2句因违反唯一确定原则而应予删除。承租人既可以通过直接取得模式也可以通过间接取得模式取得孳息。当存在相应的公示手段时，一般可以推定承租人与出租人间采取了

---

* 本文的思路产生自笔者在师门读书会上的发言，参见《〈法律行为论〉（杨代雄著）第三十三期读书会问答录》，载微信公众号“民商法私塾”，2023年12月18日。故在此特别感谢我的导师杨代雄教授的悉心栽培。同时也十分感谢华东政法大学民商法教研室的孙维飞老师和张长绵老师给本文提出的宝贵意见。当然，文章的观点与内容由本人自己负责。

** 王小亮，华东政法大学法律学院硕士研究生。

间接取得模式。

关键词：孳息归属；孳息取得；孳息保有；直接取得模式；间接取得模式

一、问题的提出

《民法典》第321条与第630条均对孳息归属做出了规定。① 若从文义出发，则二者在适用上可能存在冲突。这一文义上的冲突，主要是对天然孳息而言的。② 并且，该冲突主要集中在买卖标的物已交付于买受人，但所有权尚未移转于买受人的情形。例如，在所有权保留买卖场合，标的物已经交付于买受人，但出卖人仍然保留所有权，双方未对孳息归属做出约定。则此时按照第321条第1款第1句之文义，标的物所生孳息应当归属于出卖人（所有权人）；而按照第630条第1句之文义，标的物所生孳息应当归属于买受人。又如，在不动产买卖场合，出卖人已经将标的物交付于买受人，但尚未为买受人办理移转登记，则此时也会存在适用上的冲突。对于此处的冲突，学者多认为应当优先适用第630条。③ 这一被普遍遵从的观点在立法政策上似乎是无可辩驳的，理由在于："买卖合同中标的物孳息的归属与标的物的权属关系并没有必然的联系，而是以原物占有人的照料为立法政策考量的基础。如此考量显然不同于第321条的立法旨趣，第630条本身就是为了排除孳息归属一般原则而做出的

---

① 《民法典》第321条："天然孳息，由所有权人取得；既有所有权人又有用益物权人的，由用益物权人取得。当事人另有约定的，按照其约定。法定孳息，当事人有约定的，按照约定取得；没有约定或者约定不明确的，按照交易习惯取得。"《民法典》第630条："标的物在交付之前产生的孳息，归出卖人所有；交付之后产生的孳息，归买受人所有。但是，当事人另有约定的除外。"

② 本文中的"孳息"若无特别说明，均默认为仅指"天然孳息"。

③ 参见周江洪：《前民法典时代的孳息归属问题研究——体系化解读之努力》，载《浙江社会科学》2011年第5期，第55页；谢鸿飞、朱广新主编：《民法典评注·合同编·典型合同与准合同》（1），中国法制出版社2020年版，第178页（张长绵执笔）；王利明主编：《中国民法典评注：合同编（二）》，人民法院出版社2021年版，第649—650页。

特别规定。”[1] 但是，如果第321条和第630条并没有在同一维度上谈论孳息归属的问题，那么第321条和第630条也就不存在适用上的冲突，更无须论证是否应该优先适用作为特别法的第630条。

第321条第1款只规定了所有权人和用益物权人如何取得孳息，既有的研究也主要着眼于所有权人和用益物权人的孳息取得。[2] 而该款并未规定其他主体（如承租人）如何取得孳息。有学者提出了用益债权的概念，并认为用益债权人取得孳息的依据是用益权合同这一债权合同。[3] 也有观点将《物权法》第116条第1款后半段的“当事人另有约定的，依照约定”和《合同法》第225条后半段的“当事人另有约定的除外”相联系，认为解决租赁期间天然孳息归属问题的关键是当事人的约定。[4] 前述观点的核心在于，以当事人之间的单纯合意判断孳息的取得。这种观点是否妥当，不无疑问。如此，则有必要探讨我国法上其他主体取得孳息的规范基础。此外，虽然我国法与德国法对于用益物权人取得孳息的规定基本保持一致，但我国法上用益物权（比如土地承包经营权）的变动并非完全恪守公示生效主义。这一差别提示我们注意：我国法上未公示的用益物权之权利人能否径直依第321条第1款取得孳息？如果答案是否定的，那么此种用益物权人取得孳息所依据的规范基础是什么呢？

综上，本文将以我国实证法为基础，适当参考比较法，以解释论的研究方法证成我国法上孳息归属的双重维度，并对孳息取得的规则进行重构。在此过程中，对前述问题予以回应。

---

① 周江洪：《前民法典时代的孳息归属问题研究——体系化解读之努力》，载《浙江社会科学》2011年第5期，第60页。需要说明的是，此处笔者只将原文中《物权法》第116条及《合同法》第163条相应地改为《民法典》第321条及第630条，其余未作变动。

② 参见罗昆：《〈物权法〉第116条的适用范围探讨》，载《法学杂志》2009年第10期，第130页；王明锁：《对孳息的传统种类及所有权归属之检讨》，载《法商研究》2015年第5期，第92页；陈本寒：《孳息界定的立法缺失及其完善》，载《烟台大学学报（哲学社会科学版）》2019年第6期，第35页。

③ 参见隋彭生：《用益债权——新概念的提出与探析》，载《政法论坛》2008年第3期，第38页；隋彭生：《天然孳息的属性和归属》，载《西南政法大学学报》2009年第2期，第44—45页。

④ 参见王英州、张仁伟：《动产租赁期间天然孳息归属的理念探索》，载《绥化学院学报》2015年第2期，第37页。

二、孳息归属的双重维度

（一）第 630 条“归买受人所有”之解释

1.《德国民法典》上的规范意旨

在有关立法材料及学者观点中，出现了如下内容——认为《民法典》第 630 条实际上与大陆法系国家和地区的立法（如《德国民法典》第 446 条第 2 句）保持了一致。[①] 但若以《德国民法典》第 446 条为参照，则《民法典》第 630 条与其在文义上“貌合神离”。《德国民法典》第 446 条第 2 句原文为：“Von der Übergabe an gebühren dem Käufer die Nutzungen und trägt er die Lasten der Sache”. 可以看到，原文所使用的动词是“gebühren”（应归属于），而非《德国民法典》第 953 条中的“gehören”（属于），也非《德国民法典》第 954、955、956 条中的“erwerben”（取得）。仅就文义而言，第 446 条第 2 句处理的是应然层面上的孳息归属，即谁应当取得孳息；[②] 而第 953 条以下诸条处理的是实然层面上的孳息归属，即谁是孳息的现时所有人。[③] 故此，两个条文并不存在文义上的冲突。

德国学者对于《德国民法典》第 446 条第 2 句的见解，与我国学者对《民法典》第 630 条的见解并不一致。德国学者认为第 446 条第 2 句仅仅涉及出卖人与买受人之间的关系而不涉及对第三人的关系，并且这种关系的性质为债之关系；[④]

---

① 参见周江洪：《前民法典时代的孳息归属问题研究——体系化解读之努力》，载《浙江社会科学》2011 年第 5 期，第 58 页；黄薇主编：《中华人民共和国民法典合同编释义》，法律出版社 2020 年版，第 410 页。

② 第 446 条第 2 句所处理的应然层面上的孳息归属具有相对性，即只处理出卖人与买受人之间的关系。Vgl. Harm Peter Westermann, in: Münchener Kommentar zum BGB, Band 4, 8. Aufl., 2019, § 446 Rn. 12.

③ 实际上，《德国民法典》第 446 条第 2 句规定的是用益之归属，并非仅就孳息进行规定。第 953 条以下诸条也并非仅就孳息进行规定，而是就出产物及其他成分进行了规定。此处为了读者阅读的流畅性，笔者并未在原文中直接使用“用益”和“出产物及其他成分”的表述，特此说明。

④ Vgl. Ingo Saenger, in: HK-BGB, 11. Aufl., 2021, § 446 Rn. 7; Florian Faust, in: BeckOK BGB, 67. Ed., 2023, § 446 Rn. 21.

而我国学者似未说明第630条是只涉及出卖人与买受人之间的关系，抑或是涉及对第三人的关系。与我国学者多认为第630条应该优先于第321条适用不同，德国学者并未讨论第446条第2句与第953条以下诸条发生冲突时的适用问题。究其原因，第446条第2句与第953条以下诸条根本不存在发生冲突之可能。第446条第2句并未包含任何物权法意义上的分配，而仅仅为买卖合同双方之间的债法上的请求权提供了基础。[①] 也就是说，第446条第2句只是在债法的层面上去讨论孳息归属（即买受人与出卖人之间谁应取得孳息），并未在物权法层面上讨论孳息归属（即谁是孳息的所有权人）。反观第953条以下诸条，其只对孳息的所有权问题进行了规定，而没有规定取得人能否保有所取得的孳息。[②] 第953条以下诸条只考虑物权法意义上的所有权归属，但这种归属并不一定是终局性的。概言之，第446条第2句只处理债法上的问题，第953条以下诸条只处理物权法上的问题。债法与物权法这两条平行线（在各自的效果上）不会重合，也不会相交。[③] 第446条第2句也并非仅就“孳息”（Früchte）进行规定，而是将作为孳息之上位概念的“用益”（Nutzungen）作为规范对象。除了孳息之外，用益尚包括“使用利益”（Gebrauchsvorteile）。此外，该句也对“负担”（Lasten）进行了规定。正如学者指出：用益的移转是风险负担之对等（Äquivalent），负担之承受是享有用益之后果。[④]

基于前述分析，在翻译《德国民法典》第446条第2句时，将“gebühren”翻译为“取得”是不准确的。[⑤] 或许正是这种翻译上的误会，使得我国在立法

---

① See Roland Michael Beckmann, in: Staudinger Kommentar zum BGB, Buch 2, 2014, § 446 Rn. 44.

② Vgl. Johann Kindl, in: BeckOK BGB, 67. Ed., 2023, § 953 Rn. 1; Hans Josef Wieling/Thomas Finkenauer, Sachenrecht, 6. Aufl., 2020, S. 180 Rn. 35.

③ 若将思维发散开去，一如“区分原则”或“分离原则”，在物权变动这一问题域中也会存在着债法与物权法的效果上平行。“孳息取得”的问题域或许亦是“孳息的物权变动”的问题域。

④ See Roland Michael Beckmann, in: Staudinger Kommentar zum BGB, Buch 2, 2014, § 446, Rn. 44.

⑤ 将“gebühren”翻译为“取得”或“归属于”的译法，参见台湾大学法律学院、台大法学基金会编译：《德国民法典》，北京大学出版社2017年版，第396页；《德国民法典》（第5版），陈卫东译注，法律出版社2020年版，第176页。

借鉴时并未注意到第446条第2句的本来面貌。在错误地理解了《德国民法典》第446条第2句的基础上，使得本欲借鉴于第446条第2句的《民法典》第630条产生了不同的文义。

2. 客观目的之解释

前述对《德国民法典》第446条第2句的考察，最多只能算作《民法典》第630条的比较法解释。如果立法者的意图在于使第630条的规范内容与第446条第2句的规范内容保持一致，那么这也可能是主观目的解释。但是，解释者不能一味地盲从于比较法，必须立基于本国的实际需要进行解释。并且，我国没有具备法律效力的立法理由书，主观目的解释实在困难。法律解释的目标不应是探究历史上立法者的意思，而应是探究法律规范在当下应具备的适当意义。[①] 主观目的解释的结论只有在和客观目的解释重合的情况下，才具有足够的说服力。但这并不意味着主观目的解释毫无意义。实际上，主观目的解释常常可以为客观目的解释提供方向和指引。

客观解释欲获取符合多数人共同理解或者正义观念的意义。[②] 而第630条在当下应具备的适当意义（规范目的），一般认为系"风险与利益共担原则"的体现，即第630条是与《民法典》第604条的协同规定。[③] 而此处的风险与利益之分配，仅仅是在出卖人与买受人之间展开。既然分配仅仅在合同双方当事人间展开，那么何必认为第630条规定的是"孳息的现时权利人"？第604条的风险移转也无非只是使买受人在标的物毁损灭失后仍然要承担对出卖人的给付价金之义务，那么作为协同规定的第630条也只需使出卖人负起向买受人移转孳息所有权及占有之义务。并且，认为第630条规定的是"孳息的现时权利

① 参见杨代雄：《民法总论》，北京大学出版社2022年版，第66页。

② 参见杨代雄：《法律解释的客观性问题》，载《澳门法学》2022年第2期，第13页。

③ 参见黄薇主编：《中华人民共和国民法典合同编释义》，法律出版社2020年版，第410页；谢鸿飞、朱广新主编：《民法典评注·合同编·典型合同与准合同》（1），中国法制出版社2020年版，第174、175页（张长绵执笔）；杨代雄主编：《袖珍民法典评注》，中国法制出版社2022年版，第600页（黄禄斌执笔）。

人”也会违背“唯一确定原则”。[①] 实际上，该条只要规定“（在买受人与出卖人间）谁应取得相应的利益”即为已足。也即，在标的物已经交付后所产生的孳息，买受人可以请求出卖人向其移转孳息的所有权及占有。[②] 但需要注意的是：第一，第630条第2句明确规定：“当事人另有约定的除外。”这说明第630条是任意性规范。而任意性规范是意思表示漏洞填补的方法之一——但如果意思表示不存在漏洞，则无须适用任意性规范。[③] 应注意，有时即便当事人没有对孳息分配做出明确约定，也可通过狭义的意思表示解释予以确定。[④] 第二，如果不存在第604条意义上的风险，则也不再适用第630条。比如出卖人已经向买受人交付标的物，并且所有权伴随交付同时移转予买受人，则此时出卖人的给付义务均消灭。买受人当然要支付价金，也即不存在价金风险的问题。第三，若法律或当事人对于第604条意义上的“风险”之移转时点另作规定或约定，则原则上自该时点起孳息应归属于买受人，而不再适用第630条。[⑤] 适

---

① 详见本文“二、孳息归属的双重维度（二）双重维度视野下的孳息取得”的相关内容。

② 需要说明的是，如果买受人在孳息分离后原始取得孳息的所有权，那么移转孳息的所有权的债务将会因“目的实现”而消灭。至于移转占有的债务是否消灭，需要另行判断。比如在（动产）所有权保留买卖场合，出卖人已向买受人交付标的物（母物）。限于篇幅，本文不再对所有权保留买卖中的孳息取得展开讨论。德国法上对于这一问题已有所讨论，大致有三种观点，即由出卖人取得孳息、由买受人取得孳息以及买受人对于孳息享有期待权，参见 Jürgen Oechsler，in：Münchener Kommentar zum BGB，Band 8，9. Aufl.，2023，§ 953 Rn. 6；Friedemann Kainer/Franziska Feinauer，Der Eigentumserwerb an Sacherzeugnissen und Sachbestandteilen，JuS 2023，806。前述三种观点无非是意思表示解释的结果，结合具体场合解释的结论并合理运用下文所提及的“直接取得模式”或“间接取得模式”，在我国法上即可妥善处理。

③ 参见杨代雄：《法律行为论》，北京大学出版社2021年版，第240页。

④ 当然，笔者的意思并不是在有明确约定的情况下不必进行狭义的意思表示解释，任何的意思表示都需要通过解释确定其含义。笔者之所以在此处强调“狭义的意思表示解释”，是为了与作为漏洞补充手段的“补充性意思表示解释”相区分，也即此时可能是不存在漏洞的。

⑤ 比较法上，明确有观点指出：“即便对于风险移转的时点做出了不同于法律的约定，其（风险移转的时点）也对用益和负担的移转具有决定意义。”（原文为：Der Zeitpunkt des Gefahrüberganges ist auch dann für den Übergang der Nutzungen und Lasten maßgebend，wenn er abweichend vom Gesetz vereinbart wurde.）参见 Roland Michael Beckmann，in：Staudinger Kommentar zum BGB，Buch 2，2014，§ 446，Rn. 44。

用任意性规范，应当探究该规范所预设的适用情形。第630条所预设的是：风险于交付时移转（预设一）且风险应当与利益相一致（预设二）。此时，预设一已被法律法规规定或当事人约定否定，则第630条预设的适用情形并不存在，第630条自不应适用。但预设二尚未被否定，其作为法律所反映的价值判断此时通过补充性解释发挥作用。所以，自法律另行规定或当事人另作约定的时点孳息应归属于买受人。当然，若当事人对孳息归属做出约定，则自无补充性解释的余地。

或许会有反对观点认为：一般而言，出卖人将标的物交付于买受人，即使标的物本身所有权尚未移转（如尚未办理不动产所有权移转登记），但是此时买受人已经实际取得了对物之控制并担负起标的物毁损灭失之风险。一方面，买受人既然已经实际控制了该物，那么该物所生的孳息原则上也处于买受人的实际控制之下，使买受人直接取得孳息的所有权并无不可；另一方面，买受人既已担负起标的物毁损灭失之风险，则相比于买受人只是享有对出卖人让与孳息所有权的债权，使买受人直接取得孳息所有权能更好地平衡买受人所负担的风险。故而，应当将第630条第1句的“归买受人所有”解释为“买受人为现时的孳息所有权人”。

首先需要反驳的是第二个理由。按照第604条，交付后价金风险移转予买受人，也无非只是说明：纵使标的物已经毁损灭失而所有权尚未移转予买受人，但买受人仍然要承担对出卖人的债法上之价金义务。那么，作为与第604条协同的第630条为何要使得买受人直接取得标孳息的所有权？既然第604条给予买受人的风险表现为债法上的义务不得免除，那么第630条为何要通过物法上的孳息取得加以平衡？

此外，第630条如前所述是任意性规范，则当事人可以通过合意排除其适用。反对观点既然将第1句的“归买受人所有”解释为“买受人为现时的孳息所有权人”，那么其也应当认为当事人可通过合意变更现时的孳息所有权人。现假设出卖人就其所有的一只母鸡与第一买受人签订买卖合同并约定自合同生效时起买受人取得孳息所有权，又设出卖人亦就该母鸡与第二买受人签订买卖合同并做相同的约定，而该母鸡均未被交付予任一买受人。此后，母鸡生下鸡蛋一颗。按照反对观点，第一买受人与第二买受人均为该颗鸡蛋的（单独）所有权人。一个物上竟有两个所有权，岂不怪哉？若持反对观点者要解决设例中奇怪的现象，有两条可能的路径：路径一，将视线放在第一买受人与第二买受人的不同点上，即买卖合同生效的时间点。① 要么由买卖合同先生效的第一买受人取得所有权，要么由买卖合同后生效的第二买受人取得所有权，但是如此处理不仅有违债权平等原则，② 亦与前述反对观点的第一个理由相违背。路径二，维持反对观点的第一个理由，即必须在某一买受人取得对孳息的实际控制之时，该买受人才可以取得孳息的所有权。那么，设例中的第一买受人和第二买受人因均未取得孳息的占有，而均尚未取得鸡蛋的所有权。但这就会与第630条是任意性规范的结论相冲突。所以，这两条可能的路径实际上也是走不通的。如果采本文所主张的观点，那么在该设例中无非是第一买受人与第二买受人均对出卖人负有移转孳息之请求权而已，也就不会出现“一个鸡蛋，两个所有权”的奇怪现象。

（二）双重维度视野下的孳息取得

1. 孳息取得与处分意愿的严肃性

如上所述，认为第630条第1句的“归买受人所有”指的是“买受人为现时的孳息所有权人”的观点，不仅无法说明以此平衡买受人基于第604条所负风险之正当性，更与第630条第2句任意性规范之性质相冲突。而将第630条中的“归买受人所有”解释为“应当归买受人所有”是符合风险与利益共担原

① 出卖人与第一买受人、第二买受人之间亦可能存在两个先后成立的物权合意。但是仅凭两个成立时间不同的物权合意，也不能说明由第一买受人或第二买受人取得孳息的正当性。

② 一物数卖场合，有观点认为合同成立在先的买受人可以优先于合同成立在后的买受人请求出卖人交付标的物（如《最高人民法院关于审理买卖合同纠纷案件适用法律问题的解释》第6条第3项、第7条第3项）。对此观点，多有学者批评其违反债权平等原则。参见程啸：《论动产多重买卖中标的物所有权归属的确定标准——评最高法院买卖合同司法解释第9、10条》，载《清华法学》2012年第6期，第64—65页；刘保玉：《论多重买卖的法律规制——兼评〈买卖合同司法解释〉第9—10条》，载《法学论坛》2013年第6期，第30页；崔建远：《个案调处不等于普适性规则——关于若干债法司法解释的检讨》，载《广东社会科学》2014年第5期，第238—239页。关于孳息取得的场合，以合同成立的先后确定谁是孳息的所有人同样是对债权平等原则的违反。

则的，也不会出现“一个鸡蛋，两个所有权”的怪象。前述被普遍遵从的观点之所以错误，是因为学界并未意识到孳息归属在我国法上应当包括两个维度或两个层面：其一，应然层面上的孳息归属——确定谁应当取得相应的孳息，此一层面，笔者主张其可简称为“孳息保有”；其二，实然层面上的孳息归属——确定谁是孳息的现时权利人，此一层面，笔者主张其可简称为“孳息取得”。关于孳息保有，得以保有孳息的正当性基础主要是当事人之间对于孳息归属的约定以及当事人间所选择的合同类型。也可以说，其主要取决于当事人间对于孳息分配的合意内容，在意思表示存在漏洞时也会取决于补充性意思表示解释或任意性规范。除了第630条外，《民法典》第720条规定也涉及孳息保有的任意性规范，该条所称的“收益”即包括孳息在内。依该条规定，除当事人另有约定外，孳息应当归属于承租人。

至于孳息取得，《民法典》第321条第1款无疑是最引人注意的规范。但与原物相分离的孳息也是独立的物，出让人也可以通过法律行为使得受让人取得孳息所有权。由于孳息一般为动产，所以孳息取得的规范也涉及《民法典》第208条第2句以及第224—228条。孳息取得规范应当明确回答谁是现时的孳息权利人，避免前述“一个鸡蛋，两个所有权”的怪象。若出让人直接通过法律行为使受让人取得孳息所有权，那么该怪象不会产生。因为仅当存在第224条及第226—228条的交付及其替代时，受让人才能取得孳息所有权。这里涉及“交付原则”（Übergabeprinzip）与“确定性原则”（Bestimmtheitsgrundsatz）。此两项原则都旨在强调处分人之处分意愿的严肃性（Ernsthaftigkeit），通过交付及交付的替代使得受让人对出让人的处分意愿的严肃性不会有任何疑问。[①] 这种严肃性即便是在处分客体不可直接感知的情况下（如处分未来之标的物），

① 交付原则，也被称作“传统原则”（Traditionsprinzip）。德国民法典起草第二委员会认为交付的主要目的在于“确定发生物权效力的严肃意愿”，而非第一委员会主张的实施公示原则，请参见 Klinck, in: BeckOGK BGB, 1. 3. 2024, § 929 Rn. 8。确定性原则根源于交付原则，确定性原则仅在不存在现实交付的情形下才有实际的意义，请参见 Jürgen Oechsler, in: Münchener Kommentar zum BGB, Band 8, 9. Aufl., 2023, § 929 Rn. 6。确定性原则与特定原则（Spezialitätsgrundsatz）在文献中会被作为两个不同的概念加以论述，虽然二者确实有重合的部分，请参见 Jan Wilhelm, Sachenrecht, 4. Aufl. 2010, Rn. 20 ff。

也应当通过处分行为及占有改定加以明确。[①]

依第 321 条第 1 款，孳息由所有权人或用益物权人取得。如果该所有权人或用益物权人是基于法律行为而取得该权利，那么此处也要考虑处分意愿的严肃性。尤其是在多重让与的情形，通过无疑问的严肃性以明确何者取得所有权或用益物权，这进而会延伸到孳息所有权归属的清晰性上。这种延伸所反映的理念可以被称为“唯一确定原则”，该原则与前述的交付原则与确定性原则具有相似之处。作为公示手段的登记本身就具备外部可识别性，从而表达处分意愿的严肃性。[②] 只是交付表达的严肃性一般只有相对方可以感知，但是登记表达的严肃性则可以为第三人所感知。但土地承包经营权作为与孳息取得联系最为紧密的用益物权，其设立既无须登记亦无须交付。此外，土地经营权的性质尚有争议，其权利人能否依据第 321 条第 1 款取得孳息也需说明。所有权人与用益物权人外的主体如何取得孳息（比如承租人），在我国法上也需要探讨。基于此，本文后续将会对我国法上孳息取得规则进行梳理与重构。

2. 孳息取得与公示、公信原则

当立法承认观念交付后，即有观点认为动产物权领域并未完全贯彻公示原则。[③] 这种观点的基本逻辑在于，以占有改定为代表的观念交付没有现实地对

① Vgl. Jürgen Oechsler, in：Münchener Kommentar zum BGB, Band 8, 9. Aufl., 2023, § 929 Rn. 6.

② 参见［德］鲍尔、施蒂尔纳：《德国物权法》（上册），张双根译，法律出版社 2004 年版，第 61—62 页。

③ 需注意，在德国文献中，通常只有“Publizitätsgrundsatz”（公示原则）或“Offenkundigkeitsgrundsatz”（公开原则）一词，并无与公信原则对应的词语。但由于在 Publizitätsgrundsatz 下讨论的“Übertragungswirkung”（转让作用）相当于我国文献中的“公示原则”，并且在 Publizitätsgrundsatz 下也会涉及相当于我国文献中“公信原则”的“Gutglaubenswirkung”（善意取得作用），所以德国法上的 Publizitätsgrundsatz 即相当于我国文献中的公示、公信原则，参见［德］鲍尔、施蒂尔纳：《德国物权法》（上册），张双根译，法律出版社 2004 年版，第 61—65 页；Jan Wilhelm, Sachenrecht, 4. Aufl. 2010, Rn. 33 ff。此外，在瑞士文献中，学者在 Publizitätsgrundsatz 之下则会明确地提及“Prinzip des öffentlichen Glaubens”（公信原则），这与前述 Gutglaubenswirkung 中所提及的内容基本相同。参见 Jörg Schmid/Bettina Hürlimann-Kaup, Sachenrecht, 5. Aufl. 2017, Rn. 69。

外移转占有的行为，故而难谓存在真正的“公示”。[①] 在当事人直接就孳息的所有权进行移转时，既然孳息是动产，那么当事人也可以采取观念交付。基于此，或许有观点会做如下推演：土地发包人和土地承包人之间、土地承包人和土地承租人之间，如果直接就孳息进行处分，那么其无须受制于公示原则的要求；若要求第 321 条第 1 款中的土地承包经营权和土地经营权必须是已登记的，那么这会使得第 321 条第 1 款变为废条——因为当事人基于便利的考量会直接就孳息进行处分。同时实证法对土地承包经营权的设立不采登记生效主义，似乎更加印证了这种推演的合理性。

实际上，这种推演的最初起点就发生了错误。认为观念交付使动产领域放弃了公示原则的观点是机械的，并没有从实质层面上把握公示原则。精确而言，应当区分“物权的静态表征”“物权变动的公示”和“表征方式的公信力”，公信原则意在强调第三人可以信赖物权表征方式，公示原则则是指物权之变动应当在物权表征方式上有一定的体现。[②] 公示与公信二者是并列互补的关系，并且公信原则更具有根本性。公示原则，是在确定物权表征方式并承认物权表征方式公信力的前提下，为减少实行公信力可能导致的副作用而采取的措施。不实行公示原则时，采取表征方式的物权与权利的实际状况不一致的情况会更为普遍。虽然公信原则适用的空间更大，但公信原则的适用却是以静的安全的牺牲为代价的。[③] 在此需要回答两个问题：第一，相比于单纯合意即变动物权，现实交付能否减少公信原则适用空间？第二，相比于不承认观念交付的情况，承认观念交付是否扩大了公信原则适用空间？对于第一个问题，答案当然是肯定的。当事人完成现实交付后才能变动物权，减少了实际权利人与表征权利人不一致的情形。对于第二个问题，答案则是否定的。首先，在简易交付的场合，

---

① 参见［日］我妻荣：《债权在近代法中的优越地位》，王书江、张雷译，中国大百科全书出版社 1999 年版，第 100 页；纪海龙：《解构动产公示、公信原则》，载《中外法学》2014 年第 3 期，第 698 页。德国民法典起草第二委员会也因占有改定的引入而将确定处分意愿的严肃性作为交付的功能，参见 Jürgen Oechsler, in: Münchener Kommentar zum BGB, Band 8, 9. Aufl., 2023, § 932 Rn. 5。

② 参见叶金强：《物权法第 106 条解释论之基础》，载《法学研究》2010 年第 6 期，第 56—57 页。

③ 参见叶金强：《公信力的法律构造》，北京大学出版社 2004 年版，第 24—25 页。

占有人与取得人保持一致。所以，占有改定同现实交付一样实现了实际权利人与表征权利人的一致。其次，占有改定也仅仅是基于现实交付的一种简化，在此必须存在占有媒介关系，单纯约定让与人为受让人占有（即抽象的改定）不成立占有改定。① 假设出卖人将标的物以现实交付之方式移转于买受人，买受人此后仍有可能将标的物出租于出卖人并交付之。而占有改定，只是将这一过程进行了简化。是故，占有改定的存在并未扩大公信原则适用的空间。最后，指示交付也并未扩大公信原则适用空间。在此，或认为间接占有也可以作为物权表征的方式，或认为指示交付只是维持了原先的实际权利人与表征权利人的不一致。是故，即使承认观念交付，法律也并未在动产领域内放弃公示原则。

物权具有对世性，交易上又十分频繁，物之交易的交易安全十分重要，所以物权对表征方式的需求十分强烈。② 确立了表征方式，即必须赋予表征方式以某种程度的公信力，第三人可以信赖表征方式。③ 任何一种被界定为物权的权利，都应当具有被赋予了公信力的表征方式。第 321 条第 1 款既然言及“所有权人”“用益物权人”，那么此处的所有权、用益物权从应然层面上而言，就应当具有被赋予了公信力的表征方式。不过所有权人或用益物权人有时会缺少相应的权利表征（如占有丧失、登记错误），此时实际权利与权利表征即发生不一致。为了减少这种不一致，如前所述，就必须采取公示原则。不过在我国文献中，“公示”一词有时并不仅指向物权的变动，而也会指向物权的表征。④ 如果将公示原则和公信原则分别对应“权利享有的公示”和“权利变动的公

---

① 参见史尚宽：《物权法论》，中国政法大学出版社 2000 年版，第 38—39 页；崔建远：《物权：规范与学说——以中国物权法的解释论为中心》（第 2 版上册），清华大学出版社 2021 年版，第 341 页。

② 参见叶金强：《公信力的法律构造》，北京大学出版社 2004 年版，第 8 页。

③ 参见叶金强：《物权法第 106 条解释论之基础》，载《法学研究》2010 年第 6 期，第 56—57 页。在动产领域，有反对观点认为应当放弃占有的公信力，参见纪海龙：《解构动产公示、公信原则》，载《中外法学》2014 年第 3 期，第 703—704 页。对于反对观点的批评，参见庄加园：《动产善意取得的理论基础再审视 基于权利外观学说的建构尝试》，载《中外法学》2016 年第 5 期，第 1354 页。

④ 参见尹田：《物权法》（第 3 版），北京大学出版社 2022 年版，第 102—103 页。

示”这两个术语，[①] 那么正如学者所指出的——物权的本质在于公示性。[②] 在孳息取得的场合，依然要在具体规则的构建上维持公示、公信原则。

三、孳息取得规则的比较法考察

如前所述，本文区分了实然和应然层面的孳息归属，并将我国的孳息取得规则作为后文重点论述的对象。在对本国法进行解释时，比较法可以作为借鉴与反思的素材。《德国民法典》第953—957条对出产物和其他成分的取得作了详细的规定，是比较法上的重要考察对象。[③] 相关立法材料也表明，《民法典》第321条第1款的制定参考了德国法上孳息取得的规则。[④] 出于文章结构合理与集中反映比较法规则两个方面的考量，本文对比较法内容做如下安排：其一，由于《德国民法典》第953、954条的规定同《民法典》第321条第1款十分相似，故本文将第953、954条的考察融入后文对第321条第1款的解释之中。其二，关于《德国民法典》第956条的理论争议具有极强的启发价值——在所有权人和用益物权人之外的主体如何取得孳息的问题上，尤其如此。加之这一问题既可能涉及《民法典》第321条第1款也可能涉及第208条第2句以及第224—228条，所以对《德国民法典》第956条的考察将在本部分集中展示。其三，对《德国民法典》第955、957条的考察与后续内容无直接关联，但考虑到这两个条文所反映的立场应在我国立法和解释上予以避免，故也在本章中简要展示。

---

① 关于“权利享有的公示”和“权利变动的公示”这两个术语，参见梁慧星、陈华彬：《物权法》（第7版），法律出版社2020年版，第91页；

② 参见杨代雄：《物权法定原则批判——兼评〈中华人民共和国物权法〉第五条》，载《法制与社会发展》2007年第4期，第28—29页；类似观点参见常鹏翱：《物权法的基础与进阶》，中国社会科学出版社2016年版，第201—210页。

③ 天然孳息包括出产物（Erzeugnisse）和其他收获物（sonstige Ausbeute），参见杨代雄主编：《袖珍民法典评注》，中国法制出版社2022年版，第263页（王锋执笔）。“其他收获物”这一概念被包含在“其他成分”（sonstige Bestandteile）这一概念中。所以，《德国民法典》第953—957条所处理的情形应广于《民法典》第321条第1款。

④ 参见黄薇主编：《中华人民共和国民法典物权编释义》，法律出版社2020年版，第278页。

（一）对《德国民法典》第956条的考察

1. 考察价值及意义

若某一主体既非所有权人也非用益物权人，其如何取得孳息，在我国法上欠缺足够的讨论。举一例说明：A为母牛的所有权人，A与B就该母牛签订租赁合同，约定租期为未来的3个月，此期间内母牛所产的全部牛奶由B取得。在孳息归属的应然层面，B（相对于A）基于租赁合同当然地享有保有孳息（牛奶）的正当性基础。但是在孳息归属的实然层面，B取得孳息的实证法基础为何？《民法典》第321条第1款第1句只涉及所有权人与用益物权人，并未规定所有权人和用益物权人以外的主体（如案例中的用益承租人B）如何取得孳息。有观点认为，通过当事人的单纯合意即可使得相应主体取得孳息。[①] 但是这一观点会违反唯一确定原则，正当性颇有疑问。可以考虑的是A与B直接就孳息本身进行处分，从而B可以按照《民法典》第208条第2句以及第224—228条的规定取得孳息。此外，B取得孳息是否有其他可能的路径？在此，笔者先对《德国民法典》第956条的理论争议予以介绍，以期为前述问题提供一个全新的观察视角。

2. 德国法的争议：转让理论与先占理论

前述问题在德国法上将会通过《德国民法典》第956条加以解决。关于第956条是否均适用于动产及不动产，威灵认为第956条只适用于不动产，而不适用于动产——在动产的场合，应适用第954条。因为，基于第1007条随着动产的占有移转存在着一项用益物权。[②] 但威灵的这一观点是错误的，实际上第956条也适用于动产。[③] 对于第956条，应区分两种情况：其一，如果母物的占有已经移转于被许可之人，那么当出产物或其他成分与母物相分离时，被许可

① 参见隋彭生：《用益债权——新概念的提出与探析》，载《政法论坛》2008年第3期，第38页；隋彭生：《天然孳息的属性和归属》，载《西南政法大学学报》2009年第4期，第44—45页；王英州、张仁伟：《动产租赁期间天然孳息归属的理念探索》，载《绥化学院学报》2015年第2期，第37页。

② Vgl. Hans Josef Wieling, Sachenrecht, Buch 1, 2. Aufl., 2006, S. 472.

③ Vgl. Karl Heinz Gursky, in: Staudinger Kommentar zum BGB, Buch 3, 2011, § 956 Rn. 3.

之人即取得了出产物或其他成分的所有权。也即，被许可之人无须取得出产物或其他成分的占有，即可取得其所有权。其二，如果母物的占有未移转于被许可之人，那么当出产物或其他成分与母物相分离后，被许可之人还需要取得出产物或其他成分之占有，其始能取得出产物或其他成分之所有权。

对于第956条的理论争议，主要集中在所谓的“先占许可”（Aneignungsgestattung）的法律性质究竟为何？这里存在着“转让理论”（Übertragungstheorie）与“先占理论”（Aneignungstheorie）的争论。[①] 其中，先占理论也被称为“取得理论”（Erwerbstheorie）或“期待理论”（Anwartschaftstheorie）。转让理论认为，第956条实际上只是第929条以下诸条的子类型之一。而先占理论认为，第956条中的许可是一种独立且不同于第929条的处分。在先占理论，有人主张许可是一种合同，亦有人主张许可是一种单方法律行为。此外也应该注意到两个理论中，所处分的对象是不同的：在转让理论中，所处分的对象是出产物及其他成分的将来所有权；在先占理论中，所处分的对象是许可人的“取得孳息的权利”（Fruchtziehungsrecht）。[②] 但威灵作为转让理论的代表学者，对“取得孳息的权利”发出了诘问：“于所有权中并不存在可分离的‘取得孳息的权利’。如果所有人想要转让母物的‘取得孳息的权利’，他必须转让所有权或者设立用益物权。”[③] 可见，转让理论的核心思想在于：该理论是建立在既存的法律规则之上的（第929条以下诸条），不会使得教义学被新创造且有争议的规则干扰。

但先占理论对于转让理论提出了猛烈的批评：其一，第956条没有放在关于动产所有权转让的一目中（《德国民法典》第三编第三章第三节第一目），而是放在添附（第三目）和先占（第五目）之间；其二，转让理论将纯粹的事实状态或过程作为意思表示加以处理；其三，转让理论要求在取得财产时具有法律行为能力；其四，转让理论在处理交付这一要件时存在困难。首先，前述第一点批评并未涉及实质理由，仅系《德国民法典》本身的体系编排问题，对于

---

① Vgl. Klaus Vieweg/Almuth Werner, Sachenrecht, 8. Aufl., 2018, S. 181 Rn. 26.

② Vgl. Jürgen Oechsler, in: Münchener Kommentar zum BGB, Band 8, 9. Aufl., 2023, § 956 Rn. 2.

③ Hans Josef Wieling, Sachenrecht, Buch 1, 2. Aufl., 2006, S. 470.

我国法的借鉴并无意义。其次，对于第二点批评，威灵反驳道："这样的批评显然是没有根据的。从表示者的行为中确定其意思是任何解释的常规程序；令人费解的是，为何这样的解释会被认为是拟制的?"① 反对观点也承认，这一批评实际上可以通过以下构造来解决：即许可人与被许可人之间的物权合意已经被包含在了债法意义上的许可合同中。② 最后，对于第三点批评，威灵认为："由于转让只要求在达成合意时具有行为能力，而不需要在取得占有时亦具有行为能力。因此，这种指控显然是没有根据的。"③ 但即便如此，第四点批评也被认为是转让理论无法回避的弱点。它无法解释第 956 条第 1 款第 1 句第 1 种情形所规定的情况——无法解释为何土地的用益承租人可以获得由盗窃者所分离之孳息的所有权。④ 如土地的用益承租人取得了土地的占有，而盗窃者从树上摘下一颗苹果，在分离之时苹果即被盗窃者所占有。⑤ 而按照第 956 条，只要被许可人取得母物的占有，那么无论被许可人是否取得孳息的占有均可取得孳息的所有权。因为用益承租人未取得苹果的占有，也就无法完成交付，自无通过第 929 条予以解释的可能。⑥

---

① Hans Josef Wieling, Sachenrecht, Buch 1, 2. Aufl., 2006, S. 469.

② Vgl. Karl Heinz Gursky, in: Staudinger Kommentar zum BGB, Buch 3, 2011, § 956 Rn. 9.

③ Hans Josef Wieling, Sachenrecht, Buch 1, 2. Aufl., 2006, S. 470.

④ Vgl. Karl Heinz Gursky, in: Staudinger Kommentar zum BGB, Buch 3, 2011, § 956 Rn. 9.

⑤ 提请读者注意，与我国法上偏向于"林地分离"模式不同，德国采用"林地一体"模式。即林木是土地的重要成分。参见巩固：《林木所有权的"虚化"与"落实"》，载《浙江社会科学》2016 年第 11 期，第 97—98 页。此外，种植果树的地块在我国应属于"园地"而非"林地"。参见自然资源部《国土空间调查、规划、用途管制用地用海分类指南》(试行)。

⑥ 对此，笔者有不同的看法。在上述苹果被窃之例中，苹果在与母物分离时并非直接由盗窃者取得占有。实际上，因为母物系土地这一不动产，在分离的瞬间苹果之占有人应同于土地之占有人。所以，设例中的承租人在"逻辑上的一秒钟"取得占有，完成交付。盗窃者实际上侵夺了承租人的占有。又如，苹果从树上落下，此时苹果的占有人即是土地之占有人，而后他人窃走落下的苹果实际上侵夺了土地占有人对苹果的占有。盗窃者究竟是窃走了已经落下的苹果还是尚未落下的苹果，不应在此有本质的区别。所以，转让理论所真正无法解释的应当是，被许可人丧失了母物的占有后，所产生的孳息为何仍由被许可人取得。这实际上更常见于母物为动产的情形。

3. 对争议的评价与思考

前述德国法上的两种理论实际上分别对应了第 956 条的两种情形。其一，当母物的占有已经移转于被许可之人的情形，先占理论可以很好解释如下问题：为何此时被许可人取得孳息无须以其对孳息的占有为必要？因为，此时许可人实际上为被许可人创设了一种接近于物权的“取得孳息的权利”。那么，比照《德国民法典》第 953 条和第 954 条，被许可人取得孳息当然不必以对孳息的占有为必要。[①] 其二，针对母物的占有未被移转于被许可之人的情形，转让理论可以很好解释如下问题：为何此时被许可人取得孳息需以其对孳息的占有为必要？因为许可人实际上直接就孳息本身向被许可人进行处分，既然此时处分所针对的客体是孳息本身，那么按照第 929 条孳息应当被交付予被许可人。而德国学者却试图通过理论上非此即彼的选择（即要么是转让理论，要么是先占理论），统一地对这两种情形进行解释。这实际上忽视了当事人意思自治的空间。转让理论与先占理论的争议并非水火不容的，其实际上反映了当事人在孳息取得上可选择的两种模式。

回到我国法的语境下，当事人当然可以按照《民法典》第 208 条第 2 句以及第 224—228 条的规定直接就孳息本身进行转让，这与前述转让理论的思想是一致的。此外，还可以考虑的是：适时地突破物权法定原则，将《民法典》第 321 条第 1 款中的用益物权解释为实质的用益物权而非法定的用益物权。这与先占理论将“取得孳息的权利”作为处分对象的思路相吻合。可以预见到的是，一定会有观点基于对物权法定原则的维护反对这种解释。但反对观点也应认识到，越来越多的学者开始对物权法定原则进行反思，主张缓和乃至放弃物权法定原则。[②] 前述介绍中提及了威灵对“取得孳息的权利”发出的诘问，这一诘问实际上与反对观点的立场类似。值得玩味的是，威灵的诘问并未能阻止先占理论得到一众学者的支持。

---

① Vgl. Jürgen Oechsler, in：Münchener Kommentar zum BGB, Band 8, 9. Aufl. , 2023, § 953 Rn. 1； § 954 Rn. 1.

② 参见杨代雄：《物权法定原则批判——兼评〈中华人民共和国物权法〉第五条》，载《法制与社会发展》2007 年第 4 期，第 28—29 页；朱庆育：《物权法定的立法表达》，载《华东政法大学学报》2019 年第 5 期，第 112 页；黄泷一：《“物权法定原则”的理论反思与制度完善》，载《交大法学》2020 年第 1 期，第 96 页。

（二）对《德国民法典》第955、957条的考察

1.《德国民法典》第955条：善意自主占有人取得孳息

《德国民法典》第953、954、956、957条针对的均是“出产物”（Erzeugnisse）和“其他成分”（sonstige Bestandteile），而第955条则将“其他成分”限制为“属于物之孳息的其他成分”（sonstigen zu den Früchten der Sache gehörenden Bestandteilen）。也就是说，第955条仅仅处理孳息的取得。德国学者认为，通过这种限制可以防止如下情形：当善意自主占有人并未被授予在母物上的权利时，其因为母物被偶然地分解为物之成分而获得所有权。① 但是，对孳息和其他非属于孳息的成分区别对待的正当性又是值得怀疑的。第955条的法律原理十分模糊。② 有观点认为，第955条旨在与《德国民法典》第993条第1款第2分句的规范目的相适应——即善意占有人原则上不负用益返还义务。③ 这一观点可从如下分析得到印证：其一，善意占有人仅在满足了《德国民法典》第988条（无偿占有人的用益）和第993条第1款第1分句（过度收取孳息）时，负有返还已收取孳息的义务。但第955条适用于所有的善意占有人，而不考虑其是否为无偿占有人或收取了过度孳息。而德国学者指出，第955条仅仅就孳息取得进行规定，至于取得人能否保有所取得的孳息则应当按照第987条以下诸条进行判断。④ 其二，因第955条第2款只是针对以行使用益物权为目的的善意占有人而言的，其饱受批评的是：因无效的用益租赁合同而善意占有土地之人并未受到保护。⑤ 也就是说，当德国法的占有回复规则对于善意占有人不问其是否以行使用益物权为目的而一律给予用益返还上之优待时，第955条第2款却仅允许以行使用益物权为目的的善意占有人取得孳息所有权。

---

① Vgl. Jürgen Oechsler, in: Münchener Kommentar zum BGB, Band 8, 9. Aufl., 2023, § 955 Rn. 2.

② Vgl. Karl Heinz Gursky, in: Staudinger Kommentar zum BGB, Buch 3, 2011, § 955 Rn. 4.

③ Vgl. Jan Wilhelm, Sachenrecht, 4. Aufl. 2010, Rn. 1053.

④ Vgl. Johann Kindl, in: BeckOK BGB, 67. Ed., 2023, § 955 Rn. 2.

⑤ Vgl. Karl Heinz Gursky, in: Staudinger Kommentar zum BGB, Buch 3, 2011, § 955 Rn. 4.

由此可见，德国学者是以第985条以下诸条所反映的价值判断对第955条第2款的规定进行了批判。

基于前述分析，第955条的可能正当性是与占有回复关系中对善意占有人的特别优待相适应。我国实证法上并不存在对于占有关系中的善意占有人予以优待的传统，如果要突破这种传统必须要有足够的正当性。但特别优待的正当性也是有疑问的——我国新近观点指出，应当通过不当得利返还规则直接取代占有回复规则，于孳息返还上不当得利返还规则的保护即为已足。[①] 故在我国法上，无论如何都不应该再仿照《德国民法典》第955条进行立法上抑或解释上的作业。

2.《德国民法典》第957条：无许可权利人之许可

依《德国民法典》第957条之规定，无许可权利之人许可他人取得出产物或其他成分的，亦适用第956条之规定。并且，该条对于被许可人的善意也做出要求：其一，当许可人已受让母物之占有的，应当于受让母物之占有时为善意；其二，当许可人未受让母物之占有的，应当于取得出产物或其他成分时为善意；其三，若于出产物或其他成分分离前，被许可人就其权利有瑕疵应为善意。前述的第一点和第二点，基本上与第956条的两种情形形成对应。比较突兀的是第三点，按照学者的解释，第三点从逻辑上而言只能是针对第一点的进一步限制。[②] 依前述分析，先占理论与转让理论分别对应被许可人已经取得物之占有与尚未取得物之占有的情形。转让理论下，无权处分之客体为孳息的所有权。第932条对善意的要求与前述第二点要求基本一致。先占理论下，无权处分之客体为“取得孳息的权利”。若将“取得孳息的权利”作为物权予以对待，该权利亦然有依照第932条或第891条以下善意取得之可能。但这种理解与前述第三点要求相违背。在解释适用我国法时，不必如此矛盾迂回。在将《民法典》第321条第1款中的用益物权进行目的性扩张的前提下，直接借道善意取得制度，即为已足。

---

① 参见李昶：《告别独立于不当得利返还的占有回复规则——基于规则冲突的反思与重构》，载《交大法学》2022年第5期，第101页。

② Vgl. Karl Heinz Gursky, in：Staudinger Kommentar zum BGB, Buch 3, 2011, § 955 Rn. 6.

四、孳息取得规则之一：直接取得模式

再度回望我国法上既有之规定，我们应该再次强调这样一种简单的常识：与原物相分离的孳息也是独立的物，而物之所有人可以自由地向他人转让该物——这种认识实际上与前述的转让理论是相吻合的。因为在此模式下是对孳息本身直接进行处分的，所以可以称其为“直接取得模式”。需要强调的是：此种模式既然着眼于孳息本身，那么母物是否交付在此并不重要。

（一）预先的孳息处分合意

孳息的所有人既可以向他人转让现实的孳息，也可以向他人转让将来的孳息。甚至孳息的所有人可以预先地通过概括的描述转让孳息的所有权（比如，约定相对方可以收取土地上未来3年出产的作物），只要这种描述结合嗣后确定的客观事实可以识别具体的处分客体（现在虽然不知道未来3年会产出哪些作物，但当作物产出时每一个作物都是可以确定并识别的）。这种概括的描述结合后续客观事实，可以承载数量不特定之物权合意（即生活事实与法律事实的数量不对称性）。需要说明的是，由于处分行为必须遵循“处分客体特定原则”，此种以预先方式所达成的物权合意，要等到具体孳息出产时该合意才成立。但是，这并不要求双方当事人在成立时都必须具备行为能力，只要双方当事人做出表示时均具备行为能力即为已足。行为能力的本质在于意思能力，意思能力所针对的不应当是“法律行为”，而应当是“意思表示”。只要在做出表示之时，表意人具备行为能力即可。或许会有观点质疑：“既然将行为能力系于意思表示之上，那么在孳息未产出前意思表示成立了吗?”固然，在孳息产出前（物权行为中的）意思表示因为没有明确的效果意义尚不成立。但此处，表意人将效果意义的确定完全系于客观事实之上——也就是说意思表示最终能否成立已经与表意人的主观意思无关。行为能力保护的是表意人主观层面（意思）上的理性真实，这并不排除表意人可以预先接受将来发生之事实。故而，并不能以“意思表示尚未成立”为由进行反驳。

（二）孳息交付的特殊问题

由于孳息一般为动产，除了物权合意之外，还应当满足《民法典》第224—228条所规定的交付及其替代之要件。生活事实纷繁复杂，在具体情形下交付是否完成常常会有争议。但只要始终要把握判断交付的三个真谛，[①] 即可得出妥当的结论。对于直接取得模式下的现实交付，孳息出让人与孳息受让人的预先约定中就已经包含了“孳息出让人放弃占有的意思”及“孳息出让人欲使受让人取得占有之意思”，只不过这种意思可能是概括的、预先的。但这如同我们上文对物权合意的分析，概括和预先的意思在此并无特别之处。所以，自受让人此后取得孳息占有之时，交付已完成。

关于指示交付，其本身具备诸多争议，[②] 在此仅作两点说明：其一，物权合意应当与返还请求权让与合意加以区分，[③] 于此也不例外。但是针对具体某一孳息的返还请求权只可能在孳息与母物分离后才会确定地发生，所以相应的返还请求权让与合意至早只能在孳息与母物相分离时才成立。其二，在返还请求权多重让与的场合，究竟应由何者取得孳息的所有权，不无疑问。从指示交付这一规则的历史来源看，它的正当性可能是存在疑问的，因为指示交付使得交易的安全性受到影响，所有权的取得并不明显。[④] 单纯的返还请求权让与合意即使得物权移转确实会使得确定性原则受到冲击，但《德国民法典》第一草案所采取的“占有指示（Besitzanweisung）”[⑤] 也并不可取，因为“占有指示”使得所有权人让与所有权的自由受制于占有媒介人的意思。《欧洲示范民法典

---

① 三个真谛是指：前占有人自愿放弃占有、后占有人取得占有、后占有人取得占有是符合前占有人的意愿。参见［德］鲍尔、施蒂尔纳：《德国物权法》（下册），申卫星、王洪亮译，法律出版社2006年版，第363页；刘家安：《民法物权》，中国政法大学出版社2023年版，第117—118页。

② 关于指示交付的理论争议，参见庄加园：《民法典体系下的动产所有权变动：占有取得与所有权让与》，法律出版社2020年版，第142—151页。

③ 参见［德］M. 沃尔夫：《物权法》（2004年第20版），吴越、李大雪译，法律出版社2004年版，第246页。

④ Vgl. Hans Josef Wieling, Sachenrecht, Buch 1, 2. Aufl., 2006, S. 317.

⑤ 关于占有指示，请参见 Jürgen Oechsler, in: Münchener Kommentar zum BGB, Band 8, 9. Aufl., 2023, § 929 Rn. 67。

草案》第Ⅲ－5：121条涉及所谓的“优先规则（Priority rules）”。依据该条，在债权让与的场合，当与原债权人达成让与合意的受让人为善意时，则只要先向债务人先通知该受让人为债权人，则该受让人享有优先权。①《最高人民法院关于适用〈中华人民共和国民法典〉合同编通则若干问题的解释》第50条对于债权多重让与的规定，目前争议重重，并且存在解释上不自洽之可能。但结合相关释义书所做的说明，该条一定程度上借鉴了前述《欧洲示范民法典草案》的规定，在债权多重让与的场合采取通知优先的模式。② 在返还请求权多重让与的场合，应当向该解释第50条所反映的立场靠拢，进而判断由何者取得孳息的所有权。

关于占有改定，其在直接取得模式中很可能表现为“预先的占有改定”。有疑问的则是多重的预先占有改定。如在孳息分离前，母物所有人分别与甲乙二人达成了预先的占有改定。在孳息分离后母物所有人取得孳息的占有时，母物所有人究竟意欲作为甲乙二人中何者的占有媒介人是存在疑问的。如果此时，没有足够的客观事实可以判断母物所有人是为甲或乙进行占有，则应该认为母物所有人均无为二者进行占有的意思——也即母物所有人均未向甲乙二人完成占有改定以代交付。

五、孳息取得规则之二：间接取得模式

依照《民法典》第321条第1款取得孳息的逻辑如下：先界定某人是否享有所有权或用益物权，进而判断其能否取得孳息。在这种模式下孳息取得人能够取得孳息，实际上是因为其享有一项包含了收益权能（更确切地说，是孳息取得的权能）的权利，而并非因为处分人向取得人直接让与孳息。所以，此种模式可以被称为“间接取得模式”。有疑问的是：母物的所有权人或用益物权

① See Christian von Bar, Eric Clive & Hans Schulte-Nölke eds., Principles, Definitions and Model Rules of European Private Law: Draft Common Frame of Reference (full edition), p. 1093.

② 参见最高人民法院民事审判第二庭、研究室编著：《最高人民法院民法典合同编通则司法解释理解与适用》，人民法院出版社2023年版，第551—553页。

人取得孳息的所有权，是否以（取得孳息时）对母物或孳息的占有为前提？对此，德国学者认为并不以取得孳息的占有为前提，只要孳息与母物分离，则母物的所有权人或用益物权人即可取得孳息的所有权。[①] 亦有观点明确指出，不仅不需要取得对孳息的占有，对母物的占有也无关紧要。[②] 从第321条第1款1句之文义来看，亦是如此。这一结论的正当性在于，第321条第1款应遵循“唯一确定原则”，而对母物或孳息的占有与否并不会扰乱这一原则。此外，这一结论也有利于保护所有权人及用益物权人，试举一例说明：母物所有权人将母物交予保管人进行保管。[③] 后保管人谎称该物为自己所有卖与知情的甲，此后母物产出孳息。后甲将该物转让于知情的乙。若认为，所有权人取得孳息的所有权必须以其占有母物或孳息为必要。则在本案中，自该孳息产出的瞬间其为无主物。但因甲先占该孳息而取得所有权，则甲将该孳息转让于乙为有权处分。而价值判断上，因乙知情，此时不应使乙取得该孳息的所有权。就本例而言，母物所有权人取得孳息不以其对母物或孳息的占有为必要。[④]

若以利益冲突的视角观察第321条第1款，该款实际上在两个方向上回答了孳息归属的问题。一方面，当给付劳务者与母物所有人（或其他享有收益权能之人）非属同一人时，该款采取原物原则而放弃了生产原则，即由母物所有人（或其他享有收益权能之人）取得孳息。劳务的给付和母物的存在是产生孳息的重要条件，但立法者在此仅将母物的存在作为孳息取得的考量因素。这在法律上表达为母物所有权的收益权能不因他人给付劳务而受有限制。另一方面，当所有权人与用益物权人并存时，该款明确由用益物权人取得孳息。在此体现的是当事人的意思自治，即在承认母物所有权人有取得权利的大前提下，母物

---

① Vgl. Karl Heinz Gursky, in: Staudinger Kommentar zum BGB, Buch 3, 2011, § 953, Rn. 1; § 954, Rn. 1; Jürgen Oechsler, in: Münchener Kommentar zum BGB, Band 8, 9. Aufl., 2023, § 953 Rn. 1; § 954 Rn. 1.

② Vgl. Johann Kindl, in: BeckOK BGB, 67. Ed., 2023, § 953 Rn. 6; Hans Josef Wieling/Thomas Finkenauer, Sachenrecht, 6. Aufl., 2020, S. 180 Rn. 35f.

③ 注意，本例中加入保管人这一情节，是为了避免在后续分析中产生“孳息是否属于占有脱离物”以及“占有脱离物是否适用善意取得”的争论。

④ 对于用益物权人取得孳息是否必须以对母物或孳息的占有为必要，读者亦可构造类似的案例予以分析。限于篇幅，笔者不再展开。

所有权人许可他人享有排斥母物所有权人的孳息取得权利。[1] 此处的许可应当遵循唯一确定原则和公示、公信原则。在此存在两个较为特殊的问题：其一，通说观点认为《民法典》第333条并未将登记作为土地承包经营权设立的生效要件，土地承包经营权的设立以土地承包合同生效为准。[2] 其二，土地经营权的权利性质目前仍有争议，[3] 因此土地经营权人能否依第321条第1款取得孳息也亟待说明。至于该款第2句的规定，其所欲体现的也是意思自治之理念，但该句有违唯一确定原则。

（一）所有权人取得孳息

1. 规范目的

第321条第1款所规定的“天然孳息，由所有权人取得”涉及的是立法者对原物原则（Substantialprinzip）与生产原则（Produktionsprinzip）的选择。[4] 原物原则是指，孳息原则上由母物的所有人取得。生产原则是指，母物所产出者原则上由对产出给付劳务者取得，即“谁播种，谁收获（Wer sät, der mäht）”。[5] 我国《民法典》第321条第1款第1句与《德国民法典》第953、954条的规定基本一致，两国的规定都只体现原物原则。即便生产原则起初给人以合理的感觉——因为其将产出视为对给付劳务的报酬。但当考虑到除了那些只有给付大量劳务（例如通过照料与收获）才能产出的孳息外，还有一些孳息（例如动物的幼崽或者容易开采的矿产）是无须给付太多劳务即可产出时，这种合理的感觉就会相应的减弱。那么问题便是在给付劳务达到何种程度时，

---

① 参见黄薇主编：《中华人民共和国民法典物权编释义》，法律出版社2020年版，第278页。

② 参见黄薇主编：《中华人民共和国民法典物权编释义》，法律出版社2020年版，第328页；王利明主编：《中国民法典评注·物权编》（下），人民法院出版社2021年版，第490页（高圣平执笔）；刘家安：《民法物权》，中国政法大学出版社2023年版，第213页。

③ 参见宋志红：《三权分置下农地流转权利体系重构研究》，载《中国法学》2018年第4期，第283—288页。

④ 参见梁慧星、陈华彬：《物权法》（第7版），法律出版社2020年版，第46页；尹田：《物权法》（第3版），北京大学出版社2022年版，第45页。

⑤ Vgl. Hans Josef Wieling, Sachenrecht, Buch 1, 2. Aufl., 2006, S. 456.

孳息的所有权应当归属于收获者？这是难以回答的。因此，原物原则在孳息取得的问题上表现出比生产原则更清晰和更优越的特点。① 既然我国实证法已经采纳了原物原则，那么作为解释者就应当遵守该原则，一般不应突破。

2. 对原物原则的反思

但是，完全贯彻原物原则的做法也值得反思。基于前述分析，实证法采纳了原物原则的正当理由在于：使具体案件中孳息取得之判断更为简便与清晰。为此，立法否定了司法者在个案中进行利益衡量与价值判断的可能性。不过，一味地追求这种简便与清晰，极有可能在个案中产生不合理的结果。在传统的民法理论中，加工制度通过加工或改造之价值与材料价值的相比较，来确定何者可以取得新物之所有权。② 我国《民法典》第 322 条亦有加工之规定，并且该规定给司法者留下极大的价值判断空间。但在孳息取得的规则上，却为了清晰性而彻底否定了价值判断的空间。这样的规则设计，给人以前后矛盾的割裂之感。实践中，法院已经意识到了生产原则在土地作物耕种场合的重要性。例如，在邓州市张村镇高刘村一组诉刘某堤、刘某仓物权保护纠纷上诉案件中，法院指出："农作物属于经济作物，具有财产权，应归实际耕种人刘某堤所有。"③ 又如，在伍某诉黄某、刘某土地承包经营权转包合同纠纷上诉案件中，法院指出："本案作物的果实属天然孳息，该果实是黄某投入生产成本后产生的劳动成果，根据种植行业的生产周期和特点'谁投入、谁受益'，案涉作物上的果实应归黄某所有。"④ 不过，在适用生产原则时必须进行充分论证，非必要时不动用生产原则，以防其成为逃避说理的手段。

需要明确的是，当原物所有人与给付劳务者之间对于孳息的归属达成合意时，原则上是采生产原则抑或是原物原则并不大可能引起双方间的利益冲突。

---

① Vgl. Jürgen Oechsler, in: Münchener Kommentar zum BGB, Band 8, 9. Aufl., 2023, § 953 Rn. 1.

② 参见史尚宽：《物权法论》，中国政法大学出版社 2000 年版，第 148—150 页；谢在全：《民法物权论》（修订 5 版上册），中国政法大学出版社 2011 年版，第 318—320 页。

③ 参见河南省南阳市中级人民法院民事判决书，（2017）豫 13 民终 1619 号。

④ 参见广东省韶关市中级人民法院民事判决书，（2019）粤 02 民终 1956 号。

因为此时，双方可以在既有的法律框架内对于孳息的取得提前做出充分的安排。[①] 而当原物所有人与给付劳务者之间没有就孳息取得达成合意时，双方对于由谁取得孳息发生争议的可能性更大。故此种情况更适合说明，采取原物原则抑或生产原则对于双方利益之影响。比如，张三误以为某只母鸡为自己所有，而悉心呵护产下鸡蛋。按照生活经验，母鸡下蛋无须张三提供过多的劳务。张三只要提供饲料、水和合适的温度，母鸡自然会产下鸡蛋。故而，此时按照原物原则使得母物所有权人取得孳息是妥当的。又如，因为某地块之承包经营权人长期外出务工，相邻地块承包经营权人李四误以为自己对该地块之部分亦有土地承包经营权，故而亦在该部分为耕种。正所谓“田怕秋旱，地怕懒汉”，土地上作物的成长及收获很大程度上取决于耕种者的劳务。则此时相比于原物原则，按照生产原则使得劳务提供者取得孳息或许更为合理。值得注意的是，传统民法理论中的加工制度很大程度上体现了原物原则和生产原则的平衡。[②] 考虑到加工制度在实证法上亦有规定，则为使个案之结果更为合理，必要时可以求诸《民法典》第 322 条所隐含的生产原则，合理运用法律解释的方法予以解决。此外，《民法典》第 322 条并没有明确排斥材料所有人与加工人之间形成共有的可能性，故而必要时也可以使母物所有权人与劳务提供者形成共有关系。

基于前述孳息保有与孳息取得二分的思考方式，或许会有反对观点认为：在孳息取得的层面上，毋宁直接按照《民法典》第 321 条之文义，使得母物所有人取得孳息之所有权；进而只需在孳息保有的层面上，考虑劳务提供者能否向母物所有人请求移转孳息（或成为孳息的共有人）。这种处理方式确实可以维持第 321 条之文义、减小了解释者的论证压力并使得法律适用更加清晰简明，

---

① 并不是说原物所有人与给付劳务者达成合意就可以使其中一方取得孳息的所有权，而是双方可以预先就孳息的取得做出安排。比如，土地承包经营权人将土地之占有移转于给付劳务者，就未来孳息与给付劳务者达成预先的物权合意并预先地放弃占有。如此，给付劳务者可以在孳息分离后立即取得孳息的占有以完成交付。从而，即便一味地贯彻“原物原则”，土地承包经营权人也只在“逻辑上的一秒钟”取得孳息的所有权。给付劳务者可在原物分离时立即取得孳息的所有权。

② 在加工制度中，或许称为“材料原则”更为妥帖。但是为求术语在上下文中的一致性，此处仍称为“原物原则”。

但这是以部分牺牲对劳务提供者的保护为代价的。劳务提供者必须承担起母物所有人的破产风险以及孳息原物返还不能的风险。在前述的错误耕种案中，李四的劳务对于孳息的产出起决定性作用，应当尽可能地优先保护李四对于孳息本身的利益。[①] 那么使李四取得孳息的所有权（而非债权）以强化对李四的保护，是对此种优先性的贯彻。若该地块的承包经营权人自行收取了孳息（取得孳息的直接占有），将孳息让售与知悉实情的第三人并交付。在贯彻原物原则的立场下，应认为由承包经营权人取得孳息所有权，则其对第三人之处分系有权处分，第三人可以取得孳息所有权；若此时采生产原则，应认为由李四取得所有权，则前述处分系无权处分，第三人因恶意不能取得孳息所有权。[②] 在此，看不出第三人有何足够的利益可以优先于李四的利益而得到保护。故此时应当引入生产原则使李四取得孳息所有权，以求得个案结果之公平。需要再次强调，第 321 条第 1 款并未采纳生产原则，非必要时无须引入生产原则，故下文中的讨论一般不考虑生产原则。

（二）用益物权人范围之限缩解释

既然用益物权在体系上被作为“物权”对待，则其应当满足物权的本质特征。如前所述，物权的本质特征是公示性。[③] 由于未登记的动产抵押权、未登记的土地承包经营权不具备权利表征（即不满足公示性），故其本质上并不属于物权。[④] 但我国学说多将动产抵押权和未登记的土地承包经营权作为物权对

---

① 一如《民法典》第 416 条“超级价款优先权”之正当性。若无价款债权人所提供之价金，则标的物无从成为买受人的财产。此处的逻辑是类似的。

② 当然善意取得中的“合理对价”要件也可以增强对劳务提供者的保护。

③ 杨代雄：《物权法定原则批判——兼评〈中华人民共和国物权法〉第五条》，载《法制与社会发展》2007 年第 4 期，第 28—29 页。类似观点参见常鹏翱：《物权法的基础与进阶》，中国社会科学出版社 2016 年版，第 201—210 页。

④ 即便是已登记的动产抵押权，能否作为真正意义上的物权，在笔者看来也是有疑问的。一方面，动产物权表征方式二元化是否妥当，仍可讨论；另一方面，动产登记只能采“人的编成体例”，此种登记并不具有权利正确性推定效力。对于动产物权表征方式二元化和“人的编成体例”的反思，参见叶金强：《现行动产担保模式之批判》，载《法学杂志》2022 年第 6 期，第 32—35 页。

待，故笔者暂且也将其称为“物权”。[①] 基于此，笔者主张将《民法典》第321条第1款所称的用益物权人限缩为具备权利表征（即满足公示性）的用益物权人。以下将围绕土地承包经营权和土地经营权，展开论述。

1. 实证法放弃公示原则的理由不充分

与孳息取得制度关联最密切的用益物权应属土地承包经营权。《民法典》第333条第1款规定土地承包经营权自土地承包经营权合同生效时设立，第335条也仅仅将登记作为土地承包经营权互换和转让的对抗要件。可见，我国法并未将登记作为土地承包经营权的设立、互换和转让的生效要件，实证法在土地承包经营权的变动上并未遵循公示原则。土地承包经营权的变动不采取公示原则，不意味着法律在此也放弃了公信原则。[②] 若采取公信原则，则一般应采取公示原则以减少实际权利与权利表征不一致的情形。实际上，已有不少学者主张土地承包经营权的设立应采登记生效主义。[③] 反观德国法，《德国民法典》第954条所规定的用益物权主要包括第1030条的用益权（Nießbrauch）和第1213条的用益质权（Nutzungspfandrecht），此外也包括第1018条的地役权（Grunddienstbarkeit）和第1090条的限制人役权（beschränkte persönliche Dienstbarkeiten）。[④] 同时，第873条明确要求不动产物权之设立，必须进行登

① 然而，在解释适用上仍然要留心这些未公示物权的特殊之处。已经有学者意识到，土地承包经营权的设定不以登记为生效要件，的确模糊了物权与债权之间的界限，程度不同地影响着交易的顺畅进行。参见崔建远：《物权：规范与学说——以中国物权法的解释论为中心》（第2版下册），清华大学出版社2021年版，第25页。

② 参见叶金强：《公信力的法律构造》，北京大学出版社2004年版，第23—24页。

③ 参见温世扬：《从〈物权法〉到“物权编”——我国用益物权制度的完善》，载《法律科学（西北政法大学学报）》2018年第6期，第162页；单平基：《〈民法典各分编（草案）〉之土地承包经营权的评析和完善》，载《山东社会科学》2019年第2期，第17—18页；崔建远：《物权：规范与学说——以中国物权法的解释论为中心》（第2版下册），清华大学出版社2021年版，第33页。

④ Vgl. Karl Heinz Gursky, in: Staudinger Kommentar zum BGB, Buch 3, 2011, § 954, Rn. 2; Jürgen Oechsler, in: Münchener Kommentar zum BGB, Band 8, 9. Aufl., 2023, § 954 Rn. 2.

记；第 1032 条和第 1205 条分别要求动产用益权和质权的设立必须完成交付。[①] 由此可见，《德国民法典》第 954 条中用益物权的设立遵循了公示原则。

支持土地承包经营权的设立不采登记生效主义的理由主要如下：[②] 其一，登记本身不是目的，而是为了起到公示的效果。我国的乡村社会是一个熟人社会，土地承包经营权在集体经济组织内部通过集体协商和分配的方式进行，且无对外转让的可能，故基本没有通过登记加以公示的需求。其二，农村土地长期以来没有确立完善的登记体系，如果规定承包经营权仅在登记时才能设立，可能会无谓地增加权利取得的障碍。其三，虽然物权变动模式上采取登记生效主义是物权具有绝对对世效力的必然要求，但如土地承包经营权未经登记即不设立，将意味着很多承包农户事实上行使着的“土地承包经营权”得不到法律的确认和保护，与普通农户的法感情不和。在三权分置的背景下，理由一显然是站不住脚的，因为土地流转已经不再仅限于集体经济组织内部。即便是反对登记生效主义的学者也承认：“承包地的占有事实已经不足以达到公示效果。将登记作为土地承包经营权的公示方法，有利于明确特定承包地之上的权利归属，从而降低交易成本和交易风险。”[③] 理由二在当下的说服力也逐渐衰弱。首先，《不动产登记暂行条例实施细则》（2019 修正）第 47—53 条对土地承包经营权的登记进行了规定；其次，《中央编办关于修订整合不动产登记职责文件的通知》《自然资源部关于印发〈土地承包经营权和土地经营权登记操作规范（试行）〉等文件的通知》《自然资源部、农业农村部关于做好不动产统一登记与土地承包合同管理工作有序衔接的通知》在当下进一步规范了农村土地承包经营权登记业务管理工作，为将土地承包经营权纳入不动产统一登记的过渡期

---

① 第 1032 条中的交付包括现实交付和所有的观念交付，参见 Petra Pohlmann, in: Münchener Kommentar zum BGB, Band 8, 9. Aufl., 2023, § 1032 Rn. 4; Klaus Reischl, in: BeckOK BGB, 69. Ed., 2024, § 1032 Rn. 7。第 1205 条不允许通过占有改定设定质权。并且，该条第 2 款与第 931 条不同——通过让与返还请求权的方式设定质权，必须通知直接占有人。参见 Christoph Schärtl, in: BeckOK BGB, 69. Ed., 2022, § 1205 Rn. 10 ff。

② 参见高圣平：《土地承包经营权制度与民法典物权编编纂——评〈民法典物权编（草案二次审议稿）〉》，载《法商研究》2019 年第 6 期，第 22—23 页；刘家安：《民法物权》，中国政法大学出版社 2023 年版，第 213 页。

③ 高圣平：《土地承包经营权制度与民法典物权编编纂——评〈民法典物权编（草案二次审议稿）〉》，载《法商研究》2019 年第 6 期，第 22—23 页。

提供了业务依据。理由三的缺陷在于，在登记生效主义的立场下，未登记的农户并非不受到保护，只是将农户作为债权人予以保护。如果将所谓的“与法感情不和”理解为“农户不登记就不能享有任何权利”，则这种理解是无稽之谈。此处的“法感情”应被理解为“农户不登记也应享有物权”，但这种“法感情”与三权分置的改革目标相抵触。改革应当循序渐进，但改革也意味着辞旧迎新。法律从业者应当响应法政策的指引，并向人们传递法政策的精神。所以，实证法在土地承包经营权的变动上放弃公示原则的理由并不充分。

2. 以登记维护处分意愿的严肃性

将第321条第1款的用益物权限缩为具备权利表征（即满足公示性）的用益物权，有利于实现唯一确定原则。试举一例说明：若某村集体经济组织为多获取出让费用，便意欲与甲、乙二人均签订土地承包经营权合同。[①] 其与甲签订的合同在先（生效在先），与乙签订的合同在后。假设甲、乙现均未取得土地之占有，也未取得相应的登记，且亦未取得孳息之占有，则究竟应当由甲或乙取得土地上的孳息，不无疑问。如果这里仅存在负担行为意义上的合意，那么自无设立土地承包经营权的问题。如果集体经济组织与甲、乙之间均存在处分合意，或有论者认为：第333条第1款既已规定土地承包经营权自土地承包经营权合同生效时设立，那么甲即已经取得土地承包经营权。进而，该组织为

① 多重发包的问题并非空穴来风，早在2005年公布的《最高人民法院关于审理涉及农村土地承包纠纷案件适用法律问题的解释》制定过程中，司法解释的起草者就已经发现了多重发包的客观存在，并在该解释第20条对这一问题做出回应，参见最高人民法院民事审判第一庭编著：《最高人民法院农村土地承包纠纷案件司法解释理解与适用》，人民法院出版社2005年版，第248页。近年来多重发包的案件也常有出现，典型案件为王某全诉王某忠、某村委会返还原物案，参见山东省威海市中级人民法院民事判决书，（2020）鲁10民终3376号。该案件被收录于《中国法院2022年度案例》一书，并被山东高院作为典型案例进行宣传，参见国家法官学院、最高人民法院司法案例研究院编：《中国法院2022年度案例·土地纠纷》，中国法制出版社2022年版，第40—44页；《“一地多包”情形下土地承包经营权归属的正确认定》，载微信公众号“山东审判”。各地司法机关也将多重发包的案件在媒体平台上进行普法宣传。各地各级司法机关与行政机关也在社交媒体上宣传多重发包的真实案件，参见《案例分析｜“一地两包”引发的土地争端》，载微信公众号“吉林检察”；《“一地二包”，谁最终有权获得?》，载微信公众号“山东高法”；《土地纠纷无小事　联合调处促和谐》，载微信公众号“菏泽司法”。

乙设立土地承包经营权实系无权处分。[①] 但如前所述，单纯的合意不足以表明处分意愿的严肃性。此外，若做最极端的假设，两个合同有可能在观念上同时生效，那么此时究竟应由谁取得土地承包经营权？又应由谁作为用益物权人取得孳息？

归根结底，仅以两个可以并存且无本质区别的合同判断由谁取得土地承包经营权，进而判断由谁取得孳息，与前述的唯一确定原则相矛盾。需再次强调，第321条第1款的唯一确定原则，应当遵循如下逻辑：孳息取得的确定性源于母物物权的确定性，母物物权的确定性取决于处分合意的严肃性。此处可以考虑通过对土地（母物）的登记或交付，以表明处分合意的严肃性。[②] 但是交付只能在处分行为双方间表明处分意愿的严肃性，而第三人一般无从知晓此种严肃性。第三人通常无法观察到交付的存在，其能观察到的仅是某人对某物的占有。即便第三人可以观察到交付的存在，第三人还必须在知晓处分双方达处分合意的前提下，才可能推断出处分意愿的严肃性。相比于交付，登记能够更加稳定、可靠地表明处分意愿的严肃性。所以，在将土地承包经营权纳入不动产统一登记后，应当以登记而非交付表明处分意愿的严肃性。需要说明的是，《民法典》第333条第2款和《农村土地承包法》第24条所称的“登记造册”中的“登记”，并不发挥公示作用，仅具有土地台账的性质，目的在于便于切实掌握全国农地的地域分布和利用状况提供基础性的数据，加强行政管理，明

① 这一观点与《最高人民法院关于审理涉及农村土地承包纠纷案件适用法律问题的解释》(2020修正) 第19条对“多重发包”的规定具有相似之处。该条按照“登记—合同生效在先—占有”的顺序判断何者取得土地承包经营权，但这一规定似有商榷之余地。一方面，合同生效的先后不应当作为判断的标准。另一方面，虽然我国法目前不以“登记”而是以“占有”作为不动产租赁的公示方式，并且存在买卖不破租赁、抵押不破租赁等规则，但这是针对住宅租赁的“帕累托优化”，存在特殊的目的考量。参见龙俊：《“抵押不破租赁”规则的解释论》，载《南京社会科学》2023年第4期，第93—94页。法律既然已经允许土地承包经营权以登记的方式进行公示，则占有在此不应作为判断之标准。

② 或许有观点认为，孳息的交付也可以实现孳息取得的确定性。但这里讨论的是《民法典》第321条第1款的解释适用，应当遵循该条的基本逻辑：孳息由所有权人或用益物权人取得。在此，孳息取得的确定性取决于母物物权的确定性，而孳息的交付对母物物权的确定性并不发挥作用。在直接取得模式下，孳息的交付有方对孳息取得的确定性发挥作用。

确土地承包经营权属。[①] 此种登记是由农业行政主管部门负责推动的过渡方案，未来将在农业行政主管部门统一登记的基础上转换到不动产统一登记平台。[②] 在目前的过渡阶段，由农业行政主管部门办理的登记可以暂时性地发挥作用。只是相比于不动产统一登记，此种登记只能在处分行为双方之间表明处分意愿的严肃性。

3. 土地经营权[③]

关于土地经营权的性质，目前看来似乎仍存在争议，主要存在物权说、债权说、债权物权化说以及可物可债说。[④] 实际上，只要此种权利满足公示性的要求，那么就应当将其作为物权予以对待。《民法典》第 341 条规定，流转期限为 5 年以上的土地经营权，当事人可以向登记机构申请土地经营权登记。故此，对于流转期限为 5 年以上的土地经营权，只要一经登记就应当属于第 321 条的用益物权。有疑问的是，对于流转期限不足 5 年的土地经营权，能否以占有为其权利表征呢？实际上，仅以流转期限是否为 5 年为限进行区别对待，理由并不充分。[⑤] 更妥善的方式应当是不以期限作为区分的标准而统一对待，以当事人登记与否区分为用益物权与土地租赁权。[⑥] 但如果流转期限不足 5 年的土地经营权确实无法进行登记，那么法律姑且应容许当事人以占有作为权利表征，使具备权利表征的土地经营权人作为第 321 条的用益物权人。从而，可以

---

① 参见王利明主编：《中国民法典评注 · 物权编》（下），人民法院出版社 2021 年版，第 490 页。

② 《自然资源部、农业农村部关于做好不动产统一登记与土地承包合同管理工作有序衔接的通知》可以很好地反映这一转换工作的进程。

③ 解释《民法典》第 321 条第 1 款之下的土地经营权时，也应当贯彻唯一确定原则和公示、公信原则。基本思路同前述对土地承包经营权的分析，本部分不再赘述。

④ 参见宋志红：《三权分置下农地流转权利体系重构研究》，载《中国法学》2018 年第 4 期，第 283—288 页；韩松：《论民法典物权编对土地承包经营权的规定——基于“三权分置”的政策背景》，载《清华法学》2018 年第 5 期，第 124—125 页；于飞：《从农村土地承包法到民法典物权编：“三权分置”法律表达的完善》，载《法学杂志》2020 年第 2 期，第 70—74 页。

⑤ 参见崔建远：《物权：规范与学说——以中国物权法的解释论为中心》（第 2 版下册），清华大学出版社 2021 年版，第 42—43 页。

⑥ 参见于飞：《从农村土地承包法到民法典物权编：“三权分置”法律表达的完善》，载《法学杂志》2020 年第 2 期，第 74 页中的“方案一”。

依照第321条判断其是否取得孳息。

（三）物权法定原则的缓和

无论是所有权抑或是用益物权，这些权利中均包含着“收益”的权能。可以说，正是所有权人将其收益权能（更准确地说，是取得孳息的权能）的全部或一部分离出来并将之让与给用益物权人，用益物权人才得以像所有权人一样取得孳息，此即所有权之“弹力性”的体现。[①] 可设想的是，所有权人或用益物权人将其享有收益权能的一部或全部再让与给他人，使得该他人取得一项“孳息取得权”[②] ——即便该项权利并非法律明文规定的用益物权（比如在租赁的场合）。并且可以进一步设想的是，当甲在享有孳息取得权后，又将其所享有的收益权能之全部或一部再让与给乙，使乙亦取得孳息取得权（比如在转租的场合）。当然，所有权人、用益物权人或孳息取得权人以其权利内容为限为相对方设立孳息取得权，仍然应当满足《民法典》第209、224条以及第226—228条之规定。动产与不动产上的孳息取得权，原则上应当分别具备占有与登记的权利表征。[③]

若要实现这一目标，存在两种方法论上的路径：其一，对第321条第1款

① 参见史尚宽：《物权法论》，中国政法大学出版社2000年版，第62页；［日］近江幸治：《民法讲义Ⅱ：物权法》，王茵译、梁涛审校，北京大学出版社2006年版，第160页；崔建远：《物权：规范与学说——以中国物权法的解释论为中心》（第2版上册），清华大学出版社2021年版，第531—538页。

② 提醒读者注意，本文区分了“取得孳息的权利”与“孳息取得权”两种表述。前者用来指称德国法上的“Fruchtziehungsrecht”，后者用于本文提出的间接取得模式。提出“孳息取得权”这一表述，能更好地贴合本文通过目的性扩张《民法典》第321条第1款的方式构建间接取得模式的主张。换言之，作为实质意义上物权的“孳息取得权”也要满足公示性的要求。

③ 受制于《德国民法典》第956条的文义，无论母物为动产抑或不动产，只要被授权人取得对母物之占有即可在孳息分离时取得孳息的所有权。我国并无文义上的限制，通过解释应认为动产和不动产原则上应分别满足占有与登记的不同公示要件。动产（母物）所有权人当然可以按照《民法典》第321条主张其为孳息的所有权人，而一般动产的所有权公示方法只能是占有。故而，在间接取得模式下，作为从动产所有权中分离出的孳息取得权，也只需以占有的方法进行公示即为已足。基于本文前述分析，应当将第321条中的不动产用益物权限缩为已登记的用益物权，所以母物为不动产的孳息取得权也只需以登记的方法进行公示即为已足。

中的“用益物权”进行广义的解释（目的论扩张）。在上文中，该款的用益物权已被限缩。此处需要在限缩的基础上再次进行目的论扩张，即第 321 条第 1 款中的用益物权并非仅仅限制于法律所规定的用益物权，还包括符合物权本质特征（即“公示性”）且包含了收益权能的权利。其二，对第 321 条第 1 款进行类推适用。提炼出第 321 条第 1 款中的所有权人与用益物权人的共性，即二者都享有一项包含了收益权能的权利，并且均存在权利表征（即满足公示性）。权利人需通过交付或登记取得权利表征，交付或登记同时也实现了唯一确定原则。满足公示性且包含收益权能的其他权利，虽非法定物权但仍符合前述共性，故可类推适用于第 321 条第 1 款。相较之下，路径二相对保守，因为其并没有突破物权法定的限制。反观路径一，其本身就面临着突破物权法定的阻碍。如此看来，似乎路径二是方法论上的更优解。但若采路径二，前述以孳息取得为内容的权利就不会被作为物权加以对待。那么，物权法上的相关规则（如善意取得）可能会难以适用，这会弱化对权利人的保护。或许有观点认为，即使采取路径二，允许此种权利适用或类推适用善意取得也未尝不可。与之类似的是，预告登记能否善意取得？理论上多认为，预告登记并非物权，但仍然可以善意取得。[①] 但路径二意在维护物权法定原则，而第 311 条明文规定仅适用于“所有权”或“其他物权”，则此种权利在路径二之下不应有善意取得的可能。但为求诸结论之合理，却又例外地允许其适用或类推适用善意取得规则，逻辑上难免前后矛盾。

路径一虽会面临突破物权法定原则的质疑，但是物权法定原则的正当性基础也并非十分稳固。《民法典》第 116 条虽然对“物权法定原则”进行了规定，但自原《物权法》颁布后，学界对于“物权法定原则”的反思却不绝于耳。[②]

---

① Vgl. Jan Wilhelm, Sachenrecht, 4. Aufl. 2010, Rn. 2262 ff. 中文文献参见［德］鲍尔、施蒂尔纳：《德国物权法》（上册），张双根译，法律出版社 2004 年版，第 428—429 页。

② 诸多学者从不同的角度对物权法定原则进行了反思。参见申卫星：《物权法定与意思自治——解读我国〈物权法〉的两把钥匙》，载《法制与社会发展》2013 年第 5 期；朱庆育：《物权法定的立法表达》，载《华东政法大学学报》2019 年第 5 期；黄泷一：《“物权法定原则”的理论反思与制度完善》，载《交大法学》2020 年第 1 期；谢立敏：《关于物权法原则的认识误区和实务影响——从德国物权法角度的思考》，载《中国应用法学》2021 年第 2 期。

有学者正确地指出，应当摒弃物权的法定性而代之以公示性。[①] 威灵对德国法上的先占理论也提出过类似的批评，不过这并没有妨碍先占理论得到了众多德国学者的支持。[②] 需要说明的是，于土地租赁场合，基本上无须突破物权法定原则。理由在于，《民法典》第 340 条规定了土地经营权，所以将经过公示的土地经营权作为物权对待并不违反物权法定原则。并且，第 342 条明确地指出可以通过出租的方式流转土地经营权。如此，在土地租赁的场合，只要具备公示要件，原则上仍然可以认为此处存在变动土地经营权的处分行为。这也提醒我们在观念上进行更新：即便在租赁这种常常被认为只存在负担行为的交易中，也可能存在处分行为，也可能存在物权变动——尤其是当进一步缓和与突破物权法定原则时，这一现象将会越来越普遍。

此外，仍然需要注意如下问题：其一，不能仅以权利人已经取得对物之占有或登记，即认为当事人采取了间接取得模式，重要的仍是对当事人意思表示的解释。举例而言，甲与乙约定甲将其饲养的蜜蜂供予乙使用、收益，但由于该蜂巢和蜜蜂的品种十分珍贵，所以甲并不将蜜蜂和蜂巢交付于乙（租赁并不一定意味着标的物的交付）。[③] 此后，由于甲自家周围环境需要修整，故甲将蜂巢搬运至乙家，由乙进行保管。本例中，不得径行认为自乙取得蜜蜂占有之时，乙可基于间接取得模式而取得孳息。因为甲将蜜蜂交付予乙，仅仅是使乙得以保管蜜蜂，并无为乙设立孳息取得权的意思。乙仍然应当按照直接取得模式取得孳息。其二，由于孳息取得权这一概念是对第 321 条第 1 款的目的性扩张，则应当认为此处的孳息之取得不以孳息取得权人保持对母物及孳息的占有为

---

① 参见杨代雄：《物权法定原则批判——兼评〈中华人民共和国物权法〉第五条》，载《法制与社会发展》2007 年第 4 期，第 28—29 页。

② 参见本文三、孳息取得规则的比较法考察（一）对《德国民法典》第 956 条的考察。

③ 虽然《民法典》第 703、708 条使用了“交付”一词，但租赁合同的核心特征仍然在于使用和收益，如果不移转直接占有不影响承租人对标的物的使用、收益，那么交付并非不可或缺的。See Vgl. Dieter Medicus/Stephan Lorenz, Schuldrecht II: Besonderer Teil, 18 Aufl. 2018, § 23 Rn. 3; Dirk Looschelders, Schuldrecht Besonderer Teil, 18 Aufl. 2023, § 22 Rn. 13.

必要。①

（四）对第321条第1款第2句的评价

第321条第1款第2句规定："当事人另有约定的，按照其约定。"该句实属多余，应当将其删除。理由在于，仅凭单纯的合意即发生孳息取得的效果会与唯一确定原则相违背。可能会有观点质问道："能否认为第2句仅适用于所有权人与用益物权人间的约定呢？"结论也是否定的。不能仅因所有权人与用益物权人之间的单纯合意，即认为发生孳息取得的效果。比如集体经济组织将土地发包给乙并办理了土地承包经营权登记，此后乙又与该组织约定接下来5年的孳息应当归属于该组织，乙亦复与甲做出相同的约定。此时无从看出该组织与甲之间有何利益状况上的不同，不能断然援引第321条第1款第2句之规定认为由该组织取得孳息。如果乙为集体经济组织办理了土地经营权登记，则集体经济组织此时既是所有权人又是用益物权人，则集体经济组织可依据其用益物权人之身份（而非所有权人的身份）取得孳息。

六、承租人的孳息取得

在"问题的提出"一章中，笔者提出了我国法其他主体（承租人）如何取得孳息的疑问。于此，笔者将以承租人为例，对这一问题进行回应。承租人并非只可能是债权人，其也可能是用益物权人。首先，《民法典》第342条明确地指出可以通过出租的方式流转土地经营权。在土地租赁的场合，只要满足公示性的要求，土地承租人也可能是用益物权人（土地经营权人）。基于第321条中用益物权人范围的扩张，动产承租人也可能是该条中的用益物权人。一如买卖合同中的买受人，其既基于买卖合同本身而成为债权人，也可能在取得标的物所有权后成为物权人。是故，承租人既可能通过直接取得模式也可能通过间接取得模式取得孳息。以下将从理论和实践两个方面对承租人的孳息取得进

① 提请读者注意，此处仅指权利人不以"保持"对母物及孳息的占有为必要。这与设立孳息取得权的交付要件并无联系。

行说明。

（一）两种模式的理论差异

直接与间接模式最直接的差异在于，是否以孳息的交付作为孳息取得的必要条件。由于承租场合通常需要将租赁物交付予承租人，故而在孳息与母物分离的瞬间承租人通常即取得孳息的占有，交付亦于此刻完成。是故，似乎采取何种模式似乎对结果影响不大。实践中常常发生动物丢失后产下幼崽的案件。[①]而若是租赁物从承租人处丢失，采直接或间接模式在结果上会有所不同。由于母物已经丢失，则于孳息与母物分离时承租人无法取得孳息的占有，是故孳息的交付并未完成。若采直接取得模式，承租人在孳息与母物分离的瞬间未取得孳息；若采间接取得模式，承租人在分离瞬间即取得孳息。此外，在从无权利人处承租的场合，两种模式也存在差异。例如，甲将奶牛交付于乙进行保管，乙将该奶牛以合理价格出租于善意之丙并交付，约定租赁期间为接下来的 3 个月。1 个月后，甲始发现奶牛被乙出租于丙，于是甲告知丙该奶牛系其所有并请求返还奶牛之占有及孳息。[②]

若按照直接取得模式进行分析：（1）就甲能否请求丙返还奶牛的占有而言，结论是肯定的。首先，丙仅基于租赁合同对乙享有债权，其既没有物权也没有对甲的债权。其次，乙系甲之保管人，基于保管关系难以推断出甲予乙以"再转占有权"，故此甲乙丙三人之间未形成所谓"占有连锁"。[③] 故而，所有人甲当然可以请求无权占有人丙予以返还。（2）至于孳息的问题，应当区分看

① 参见宁夏回族自治区石嘴山市大武口区人民法院民事判决书，（2015）石大民初字第 1066 号；新疆维吾尔自治区伊犁哈萨克自治州阿勒泰地区中级人民法院民事判决书，（2015）阿中民一终字第 44 号；河南省汝州市人民法院民事判决书，（2022）豫 0482 民初 6094 号；新疆维吾尔自治区高级人民法院伊犁哈萨克自治州分院民事判决书，（2023）新 40 民终 1218 号。

② 在土地租赁的场合，也可以构想类似的案例。在将土地登记纳入不动产统一登记后，完全可能因为登记权利人与实际权利人不一致而发生从无权利人处承租土地的案件。

③ 关于"占有连锁"和"再转占有权"的介绍，参见游进发：《占有连锁的存在与本质——在任意规定与当事人意思》，载《月旦法学杂志》2014 年 8 月；蔡明诚：《占有连锁原理于物权与债权交错领域之民法适用问题——以相对占有权与其对所有物返还请求权之抗辩权为探讨中心》，载《月旦法学杂志》2014 年 10 月。

待。首先，在孳息与母物分离时，孳息首先依第321条第1款第1句归母物所有权人甲所有。故而在直接取得模式下，乙实际上是在向丙无权处分母物所产生的孳息。因为前1个月丙处于善意的状态，故丙可以善意取得前1个月的孳息，只要丙依照《民法典》第311条满足以下条件：第一，在丙变为恶意之前，丙必须取得前1个月孳息的占有；第二，必须存在合理的对价。此时的合理对价之要件，逻辑上而言应当以所收取孳息的价额为断。至于价值判断上是否应以1个月的租金为断，尚有讨论的余地。至于后两个月的孳息，丙无法取得。

若按照间接取得模式进行分析：经由解释可认为，乙欲为丙设立一项孳息取得权，该孳息取得权应作为物权加以对待。乙对丙的无权处分实际上是围绕母物（而非孳息）展开的。因丙已取得对母物的占有且为善意并已受领交付，加之租赁合同对价合理，则依照第311条，丙已善意取得该项孳息取得权。该物权的权能包括占有，故丙不必向甲或乙返还母物。又因该物权尚包括3个月的用益权能，故而丙可依该物权取得后两个月的孳息。

由此可见，间接取得模式相比于直接取得模式可以给予承租人更好的保护。当出租人使得承租人取得相应的公示手段时，一般可以推定出租人具备为承租人设立孳息取得权的意思。或有观点认为，租赁期间仅仅是乙与丙之间之约定，存在乙与丙嗣后伪造、修改所约定的租赁期间之可能。故而，法律不应该保障丙继续取得剩余两个月的孳息。实际上，这涉及的是查明事实难易的问题。对于动产交易，查明事实是一个普遍的难题（比如，通过倒签、修改书面约定，以“形成”占有改定），并非此处独有的问题。再者，相比于一时的孳息取得权，所有权可谓是包含着“永续的孳息取得权”。法律既已允许永续的孳息取得权之善意取得，举重以明轻，自也应允许一时的孳息取得权之善意取得。在查明事实的前提下，法律仍应当保障丙继续取得剩余两个月的孳息。

（二）两种模式的实践因应

实践中存在着一种不良的倾向——于孳息取得人为承租人时，法院要么对其取得孳息的根据含糊其词，要么强行将其界定为第321条中的“用益物权人”。如在某专业合作社诉刘某旦土地租赁合同纠纷案中,[①] 法院虽然援引了原《物权法》第116条作为裁判依据，但法院认为刘某旦系承租人，并且法院在分析时采用“刘某旦系土地附着物的实际种植者”[②]“依照交易习惯推断”等含糊其词的表述。又如，在殷某诉夏某案外人执行异议之诉案中,[③] 从原告所主张的事实来看，尹某与某团所签订的合同名为《某团土地租赁合同》。但从法院认为尹某向曾某所转让的是“承包经营权”来看，法院似乎将该“租赁合同”的性质界定土地承包经营权合同。但是，法院并未分析为何该合同系属土地承包经营权合同。即便如此，法院也并未说明该土地承包经营权是否进行了相应的登记，而径直适用《物权法》第116条，似有不妥。实际上，当该土地承包经营权未进行登记时，应当通过直接取得模式分析孳息的取得。

为论证多重转包场合的孳息取得，法院也会将承租人强行界定为用益物权人。如在黄某诉密山市A合作社、密山市B联社申请执行人执行异议之诉再审案件中,[④] 该再审判决书中一再强调A合作社分别与黄某、B联社签订的是土地承包协议，并且援引《农村土地承包法》第22条,《物权法》第127条第1款、第116条和《最高人民法院关于审理涉及农村土地承包纠纷案件适用法律问题的解释》第20条（2020年修正后，为第19条）等涉及“土地承包经营权”的规定作为论证的依据。但是，该再审判决书载明的证据之一——“（2019）黑03民终684号民事判决书”载有如下内容：“一审法院认定事实：……A合作社将其从被告慈某等处承包的15027亩土地转包给B联社。”[⑤] 由此可见，A合作社与分别与黄某、B联社签订的是租赁（转包）合同。另外，A合作社的性质是农民专业合作社，并非《农村土地承包法》第13条所

---

① 参见甘肃省兰州市红古区人民法院民事判决书,（2020）甘0111民初872号。

② 如前文所述，生产原则的介入主要是在当事人间未达成合意时为避免一味适用原物原则使得个案结果不公平。本案中出租人和承租人间可能存在合意，必须进一步分析当事人间是否有诸如“直接变动模式”“间接变动模式”等法律上的安排。生产原则不应成为逃避论证的“万金油”。

③ 参见新疆维吾尔自治区石河子市人民法院民事判决书，（2018）兵9001民初157号；新疆生产建设兵团第（农）八师中级人民法院民事判决书，（2020）兵08民终777号。

④ 参见黑龙江省鸡西市中级人民法院民事判决书,（2020）黑03民再2号。

⑤ 参见黑龙江省鸡西市中级人民法院民事判决书,（2019）黑03民终684号。

称的“集体经济组织”或“村民委员会”，不可能进行发包。法院因此不应适用前述《最高人民法院关于审理涉及农村土地承包纠纷案件适用法律问题的解释》第20条之规定，认为由合同成立在先者取得权利，进而亦不应结合原《物权法》第116条认为由合同成立在先者取得孳息。再审法院将租赁（转包）合同强行认定为土地承包经营权合同，这样的“指鹿为马”似乎在逃避孳息取得的论证负担。当黄某、B联社的土地经营权均未公示时，应当按照前述的“直接取得模式”判断究竟由谁取得孳息的所有权。若A合作社均未向黄某、B联社交付孳息，则二者均未取得孳息的所有权，孳息所有权人仍为A合作社。

或许是因为法院只意识到了间接取得模式的存在，而未意识到直接取得模式的可能，故而其在说理时常常“捉襟见肘”。为了掩盖这种说理上的窘迫，法院要么“含糊其辞”要么“指鹿为马”。论证依据中的《民法典》第321条（原《物权法》第116条），反而成了说理不足的“遮羞布”。“直接取得模式”与“间接取得模式”的理论构造之提出，并非仅仅是比较法上的模仿，也并非仅仅是学者单纯追求逻辑完整的结果，而是通过对我国实证法既有规则的解释与再运用，为正确的司法实践提供理论指引。法学理论与法律实践的相互促进，离不开我们法律共同体每一次为填补“法学拼图”所做的努力。

七、结　　语

我国法上区分了孳息归属的应然层面（孳息保有）与实然层面（孳息取得），学界对此一直欠缺认识。而多数观点误认为《民法典》第321条与第630条之间存在适用上的冲突。实际上，两个条文分别在孳息取得和孳息保有的层面进行规定，并无冲突。我国法上的孳息取得规则存在两种不同模式，即直接取得模式和间接取得模式。直接取得模式着眼于孳息本身的处分，其本质上是基于法律行为的物权（孳息所有权）变动；间接取得模式的规范基础为第321条第1款，其以母物的孳息取得权能判断孳息的取得。直接取得模式中，需要对预先的孳息处分合意和孳息交付的特殊问题予以关注。间接取得模式中，第321条第1款反映了原物原则，但必要时可以借助加工制度引入生产原则以平衡个案结果；至于该款中的用益物权，一方面要限缩为具备权利表征（即满足公示性）的用益物权，另一方面也要扩张为任何满足物权本质特征（即公示性）且包含了孳息取得权能的权利。第321条第1款第2句因违反唯一确定原则而应予删除。承租人既可以通过直接取得模式也可以通过间接取得模式取得孳息。当存在相应的公示手段时，一般可以推定承租人与出租人间采取了间接取得模式。

（初审：张效科；校对：张宏宇）

实务纵深

非对峙型受虐妇女反杀案：现状检讨与纾困路径

朱纪源*

摘　要：在非对峙型受虐妇女反杀案中，对于优先考虑出罪还是量刑情节，理论界与司法实践存在明显的分歧。现有法教义学理论的三条出罪路径分别存在着适用条件无法证成、自身存在明显瑕疵、无法突破刑事政策的壁垒的问题，难以被司法机关接受。司法实践的困境则表现为规则适用的精细化、能动性程度不足。缓和理论与实践分歧的立足点是司法解释的目的论“再解释”。一方面，应以司法实践的需求指引理论研究的方向，借鉴“受虐妇女综合征”以及犯罪心理学的相关研究成果，推动研究重心从探索教义学上的出罪路径转向对定罪量刑规则的精确化、类型化，形成“出罪—法定减轻处罚—酌情从宽处罚”的三层次结构；另一方面，应以量的防卫过当理论为中心，激活防卫过当条款的适用，以教义学研究成果填补规则漏洞。

关键词：受虐妇女反杀案；教义学路径；受虐妇女综合征；量的防卫过当

一、问题的提出：理论与实务的鸿沟

近年来，反家庭暴力日益成为社会关注的热点与国家立法的重点领域，在

* 朱纪源，中国人民公安大学硕士研究生。

司法实践中屡见不鲜的受虐妇女杀夫案更是聚讼纷纭。其中，又尤以非对峙型的反杀案争议最多。所谓非对峙型反杀案，是指行为人在遭受长期虐待之后，为了预防可能继续发生的暴力而趁施暴者不备将其杀死的案件类型。由于这类案件中不存在双方的直接对抗，因而能否对受虐妇女作无罪处理就成为一个难解的问题。

对此，理论界一直试图在法教义学上为受虐妇女寻找出罪的依据，并取得了相当丰硕的成果，总体上形成了违法阻却事由、责任阻却事由与适用《刑法》第13条“但书”这三条出罪路径。[①] 与之形成鲜明对比的是司法实践的保守态度。由于需要考量更多的现实因素，司法实务工作者通常倾向于对刑法条文作更保守的解释。特别是在受虐妇女反杀案这类出现死亡结果的案件中，很难要求司法机关摆脱“人死了总是要有人负责”等观念，直接以正当防卫甚至超法规的责任阻却事由宣告行为人无罪。2015年颁布的《关于依法办理家庭暴力犯罪案件的意见》（以下简称《意见》），首次以司法解释性质文件的形式对为反抗家暴而导致施暴人死伤的案件给出了权威性的总结。该《意见》第20条规定：“对于长期遭受家庭暴力后，在激愤、恐惧状态下为了防止再次遭受家庭暴力，或者为了摆脱家庭暴力而故意杀害、伤害施暴人，被告人的行为具有防卫因素，施暴人在案件起因上具有明显过错或者直接责任的，可以酌情从宽处罚。”《意见》延续了司法实践的一贯做法。根据笔者以“案例标题：故意杀人；全文：长期家庭暴力”在北大法宝网检索到的74起受虐妇女杀夫案例来看，[②] 其中没有一例被认定为正当防卫、紧急避险等正当化事由，而只是将长期家暴这一因素视为量刑情节。

社会生活不会因为理论与实践的不协调而停止前进。双方的初衷都是为了更好地保护遭受家庭暴力妇女的权益，这一点是毋庸置疑的，只是对于实现这一目标的路径有着不同的理解，只要实现良性互动，双方便能齐心协力为维护

---

① 参见陈璇：《家庭暴力反抗案件中防御性紧急避险的适用——兼对正当防卫扩张论的否定》，载《政治与法律》2015年第9期，第16—22页；陈兴良：《家庭暴力的正当防卫》，载《政法论坛》2022年第3期，第84—85页；张明楷：《受虐妇女反杀案的出罪事由》，载《法学评论》2022年第2期，第25—27页；彭文华：《受虐妇女综合症与杀夫案中正当防卫的认定》，载《法学评论》2022年第5期，第69—75页。

② 资料来源：北大法宝网。

妇女权益保驾护航。基于此，本文试图先审视当前的教义学出罪路径与司法实践各自存在的问题，指明双方分歧的根源所在，再以此为基础，立足于对《意见》的“再解释”，指出缓和双方矛盾的纾困路径，以期实现理论与实践的互利共存。

二、理论反思：教义学出罪路径的缺陷

就受虐妇女反杀案而言，学界的主流范式是将某种教义学理论统一适用于所有案件，以实现出罪的效果。大量学者纷纷给出教义学的方案，为受虐妇女提供可能的出罪路径。但遗憾的是，目前司法实践对于理论界的讨论盛况似乎并未给予太多回应，仍只是在量刑阶段对受虐待妇女从宽处罚。这一理论与实践撕裂的现象不仅与司法实践的高度实用主义倾向有关，也与各种教义学理论本身的瑕疵有关。先暂时抛开双方的价值评价因素，从法教义学理论本身出发，审视形形色色的教义学出罪路径各自的缺陷所在，有助于在适度的实用主义倾向之下，不偏执地理解法教义学，实现保守与激进、实用主义与理想主义的调和，真正解决受虐待妇女的现实困境。

（一）违法阻却事由的适用条件无法证成

在违法阻却事由的适用上，理论界存在着正当防卫论与防御性紧急避险论两大阵营。然而，二者的适用条件均无法证成。

1. 正当防卫的时间条件无法说明

在各种出罪路径中，目前最主流的方案是适用《刑法》第20条的正当防卫条款。就本文所讨论的非对峙型反杀案而言，最关键之处在于正当防卫的时间条件。按照通说观点，一般将不法侵害人已经着手实行不法侵害认定为不法侵害正在进行。[①] 而在非对峙型反杀案中，通常是前一次虐待已经结束，后一次则尚未开始，按照通常理解很难认为不法侵害正在进行。为解决这一问题，

① 参见高铭暄、马克昌主编：《刑法学》（第10版），北京大学出版社、高等教育出版社2022年版，第131页。

理论界构建了以下几种方案：其一，受连续犯和徐行犯理论的影响，认为施暴者的虐待行为具有连续性特征，可以将其连接为一个不间断的侵害行为；[①] 其二，以法益保护的有效性为由，认为只要能够确定在某一时间点之后，防卫人将失去有效制止不法侵害的机会，即可认为符合正当防卫的时间条件；[②] 其三，主张虐待罪属于继续犯，应将长时间的虐待行为视为一个完整的过程；[③] 其四，利用“受虐妇女综合征”理论，重塑正当防卫中“紧迫性”的内涵。[④] 但以上理由均存在一定瑕疵，无法证成正当防卫的时间条件，具体而言：

（1）罪数理论与正当防卫制度具备不同的目的理性

按照刑法理论的通说，所谓连续犯或徐行犯，是指行为人基于概括的犯意，连续实施数个独立的但性质相同的犯罪行为，或者连续实施总和构成一个独立犯罪的多个行为时，均仅以一罪论处。[⑤] 这种现象可以被称为“数行为一罪”，以此证成行为的单一性，相当于将“一罪”等同于“一行为”，实现了罪数理论与正当防卫制度的联动。然而，如果罪数理论与正当防卫制度各自具有不同的目的理性的话，就不能将罪数的单一性直接等同于行为的单一性。所谓目的理性，是指刑法规范的目的。“刑法教义学通过符合目的理性的解释来揭示并且塑造刑法规范，努力在刑法规范之中实现正义。”[⑥] 无论是连续犯还是徐行犯，都是在已经承认行为人实施了多个独立行为的前提下，基于司法活动经济性的考虑或者入罪门槛的要求所进行的犯罪单一化。[⑦] 但《刑法》第20条之所以要求“不法侵害”，其规范目的是为正当防卫确立先决条件。质言之，罪数论旨在认定犯罪，对应的是国家刑罚，正当防卫制度则是为了制止侵害，对应

① 参见季理华：《受虐妇女杀夫案件中刑事责任认定的新思考》，载《政治与法律》2007年第4期，第178页。

② 参见魏汉涛：《正当防卫的适用条件之检讨——来自“受虐待妇女综合症”的启示》，载《四川警官学院学报》2013年第1期，第14—16页。

③ 参见陈兴良：《家庭暴力的正当防卫》，载《政法论坛》2022年第3期，第84页。

④ 参见彭文华：《受虐妇女综合症与杀夫案中正当防卫的认定》，载《法学评论》2022年第5期，第69—73页。

⑤ 参见高铭暄、马克昌主编：《刑法学》（第10版），北京大学出版社、高等教育出版社2022年版，第191页。

⑥ 冯军：《刑法教义学的立场和方法》，载《中外法学》2014年第1期，第197页。

⑦ 参见吴振兴：《罪数形态论》（修订版），中国检察出版社2006年版，第272页。

的是私人在紧急状况下的权利。[①] 例如，甲在短时间内基于概括的故意连续对多人实施了殴打行为，尽管根据连续犯的法理，最终可能仅对甲处以一个故意伤害罪，但并不意味着可以将甲的多次伤害行为连接为一个永不间断的不法侵害。

（2）凌厉的正当防卫制度不应过度扩张

有学者提出，在家庭暴力的案件中，施暴者与受虐者的力量对比往往十分悬殊，所以施暴者没有防备之际是受虐人有效防止未来家庭暴力、保护自身法益的唯一时机，行为符合正当防卫的时间条件。[②] 但正当防卫制度的凌厉性使得这一观点值得商榷。法律条文只有处于与它有关的所有条文的整体中才能显示出其真正的含义。[③] 与其他紧急权相比，正当防卫权在行使过程中所受限制条件最少、进攻性最强，在保护法益的力度上明显展现出较为强势的风格，这就决定了对“正在进行的不法侵害”的解释必须使得其凌厉性名正言顺，既要保证公民能有效维护自身合法权益，又要为这种激烈的自救方式的适用范围划定合理的边界。[④] 正当防卫的正当化来源是法律在国家公权力缺位的特殊情形下赋予公民以抵抗不法侵害的自力救济“特权”，试图以法益保护的必要性斩断这一“特权”与不法侵害的紧迫性之间的关联，虽然在非对峙型受虐妇女反杀案中有助于受虐妇女的保护，充分体现了论者对受虐待妇女悲惨境遇的关切，但也蕴含着“防卫时间并不重要”的错误观念，进一步增强了正当防卫的凌厉性，有导致私人复仇泛滥和损害法的权威性的危险。

（3）虐待罪不属于继续犯，难以认为存在现实的不法侵害

一种观点认为，虐待罪具有时间上的持续性，属于继续犯，可以将长期的

---

① 参见赵雪爽：《对无责任能力者进行正当防卫——兼论刑法的紧急权体系》，载《中外法学》2018 年第 6 期，第 1618 页。

② 参见魏汉涛：《正当防卫的适用条件之检讨——来自“受虐待妇女综合症”的启示》，载《四川警官学院学报》2013 年第 1 期，第 14—16 页。

③ 参见［法］亨利·莱维·布律尔：《法律社会学》，许钧译，上海人民出版社 1987 年版，第 70 页。

④ 参见陈璇：《家庭暴力反抗案件中防御性紧急避险的适用——兼对正当防卫扩张论的否定》，载《政治与法律》2015 年第 9 期，第 16 页。

虐待行为视为一个整体，从而满足正当防卫的时间条件。[①] 这一观点着眼于长期家庭暴力所导致的生理伤害和心理创伤状态具有持续性，但依照继续犯的基本法理，家庭暴力行为本身是否持续进行才是其是否属于继续犯的关键所在。所谓继续犯，是指“法益受侵害的状态和该当构成要件的行为本身均处于持续状态”[②]。典型的继续犯是非法拘禁罪。在非法拘禁罪中，虽然自然意义上的拘禁行为已经结束了，但被害人的人身自由每时每刻都受到同等程度的侵害，因而能够肯定非法拘禁行为在持续。[③] 可见，“所谓继续犯中行为的持续只是评价上的、拟制性的，是因为可以认为被害人的法益每时每刻都受到了同等程度的侵害，因而能够持续性地肯定构成要件符合性”[④]。然而，在虐待罪中，无论虐待行为所持续时间的长短，每次虐待行为之间总是有一定的间隔，很难认为打骂、冻饿等行为像非法拘禁行为一样一直在不间断地持续，使得被害人的法益无时无刻不受到同等程度的侵害，而至多只能肯定法益侵害状态的持续性。因此，将虐待罪视为继续犯并不合适。既然如此，就不应据此将一系列的虐待行为视为一个整体。

（4）全面移植“受虐妇女综合征”有违正当防卫制度的基本理念

有学者借鉴英美法中的“受虐妇女综合征”理论，试图缓和不法侵害的现实性要求。“受虐妇女综合征”概念最早由美国临床法医心理学家雷妮·沃克提出，主要有“暴力循环”和“习得性无助”两部分内容。“暴力循环”是指家庭暴力呈现出持续性、周期性。在一个周期中，妇女所遭受的身体与精神攻击的程度不断升高直至失控状态。在施加完高强度的家庭暴力后，施暴者往往会向受害者忏悔自己的过错并承诺不再有家暴行为，然而这种承诺是脆弱的，施暴者在不久之后便会重启暴力周期且变本加厉。“习得性无助”则是指处于“暴力循环”影响之下的受虐女性的特殊心理状态。由于丈夫对妻子的暴力往

---

① 参见陈兴良：《家庭暴力的正当防卫》，载《政法论坛》2022年第3期，第85页。

② ［日］前田雅英：《刑法总论讲义》（第6版），曾文科译，北京大学出版社2017年版，第54页。

③ 参见［日］山口厚：《刑法总论》（第3版），付立庆译，中国人民大学出版社2018年版，第48页。

④ 陈洪兵：《继续犯范围厘定及适用研究》，载《兰州学刊》2019年第11期，第71页。

往是阶段循环式地进行，暴力伤害随时可能发生，这使得受虐妇女长期生活在极度恐惧的状态之下。妇女在长期受虐后，会变得越发被动、服从和无助，她不相信可以通过自己的努力改变事态，直到家庭暴力的严重程度超过了其承受能力。[①] 在受虐妇女杀夫案中，应当对正当防卫的时间条件作更主观化的理解，充分考虑受虐待女性的特殊心理特征，舍弃“事后诸葛亮”的一般理性人标准。若丈夫有严重的家暴经历，且使得妻子在主观上认为严重暴力威胁是客观的、可能的，即可满足正当防卫的时间条件。[②] 这一观点试图通过移植“受虐妇女综合征”理论改造传统的正当防卫理论，在“不法侵害正在进行”的判断中赋予行为人的主观认识以更高的地位，但“受虐妇女综合征”是否能够提供上述洞见，其与正当防卫教义学的关系如何，仍需回到美国法语境做具体考察。

在英美法系之下，正当防卫的抗辩以被告人真诚合理地相信侵害即将发生为前提，具有浓厚的主观色彩，不要求不法侵害在客观上正在进行，这一点与我国刑法截然不同。例如，加拿大最高法院在 1990 年作出的 R. v. Lavallee 案中即以上诉人处于持续的、长时间的恐惧（ongoing terror）和无助状态（inability to escape the relationship）为由，认可其享有防卫权。[③] 这一判决的法律依据是 1985 年加拿大《刑事法典》第 34 条（2）（a）的规定：只要某人对自己即将被杀死或受到严重伤害的判断是理性的（under reasonable apprehension），其防卫行为就符合正当防卫的时间条件。在美国法语境下，被告要想提出自身防卫的抗辩，也必须证明自己对正在迫近的危险的真诚、合理地相信。可见，在英美法系中，只要行为人合理地确信自己正面临迫在眉睫的危险（in imminent danger），即便这种确信与客观事实不符，也不影响他享有正当防卫权，[④] 正是在这种制度语境下，“受虐妇女综合征”理论可以被用于被告人对紧迫危险的

---

① See Lenore Walker, “Battered Women Syndrome and Self-Defense”, *Notre Dame Journal of Law*, Ethics & Public Policy, Vol. 6：2, pp. 321 – 325（1992）.

② 参见彭文华：《受虐妇女综合症与杀夫案中正当防卫的认定》，载《法学评论》2022 年第 5 期，第 71—73 页。

③ R. v. Lavallee, 1S. C. R. 852（1990）.

④ See Kit Kinports, “The Myth of the Battered Woman Syndrome”, *Temple Political and Civil Rights Law Review*, Vol. 24：2, p. 317（2015）.

合理确信之证明。可以说，“受虐妇女综合征”不是独特的抗辩事由，并非意在挑战、颠覆现有的正当防卫的成立条件，亦非对受虐妇女“法外施恩”，而是通过考察受虐妇女的特殊心理状态，纠正司法实践因忽视家暴案件中受虐女性的受暴经历而导致的对法律规范的曲解。① 质言之，“受虐妇女综合征”理论在美国司法实践中大获成功的根本原因，在于其根植于英美法系在正当防卫时间条件判断上的“主观性”传统，是对传统标准中“特定情形下的理性人”的描述。有学者将其形象地概括为“移步不换形”，意在表明“受虐妇女综合征”并非挑战传统防卫教义学本身，而是意在批评司法实践的性别偏见。② 恰恰相反，我国及大陆法系多数国家的刑法理论与司法实践普遍认为，对于不法侵害的判断应当以客观事实为依据。英美法系国家所强调的合理确信标准，在大陆法系视角下都只是被告人的主观认识，往往会被认为在是否存在紧迫侵害这一问题上出现了误解，成立假想防卫而非正当防卫。③ 诚然，我国司法实践在把握正当防卫的时间条件时并非忽视行为人的主观因素，而是强调要充分考虑防卫人的恐慌、紧张心理，根据主客观相统一的原则来判断不法侵害是否已经开始或结束，以免苛责防卫人，④ 但这更充分地说明了，在正当防卫时间条件的判断中，客观因素是“主要矛盾”，行为人的主观认识服务于不法侵害客观性的判断，而无法直接成为正当防卫的适用前提。因此，在借鉴、移植“受虐妇女综合征”的过程中，需要关注两大法系在紧急权制度上的重大差异，以审慎地确定其体系定位，亦即，是直接服务于法教义学出罪体系的构建，还是像在美国法语境中一样，仅作为与事实认定有关的证据种类而非法律学说。在刑法

① 参见郭晓飞：《论“受虐妇女综合症”的意义、局限及其在中国的接受——一个比较法的视角》，载《妇女研究论丛》2023 年第 6 期，第 114 页。

② 参见郭晓飞：《论“受虐妇女综合症”的意义、局限及其在中国的接受——一个比较法的视角》，载《妇女研究论丛》2023 年第 6 期，第 115 页。

③ 参见高铭暄主编：《刑法专论》（第 2 版），高等教育出版社 2006 年版，第 429 页；井田良『講義刑法学・総論』（有斐阁，2018 年）205—206 頁参照；［德］克劳斯・罗克辛：《德国刑法学总论・犯罪原理的基础构造》（第 1 卷），王世洲译，法律出版社 2005 年版，第 653 页；［德］英格博格・普珀：《德国刑法总论——以判例为鉴》（第 4 版），徐凌波、喻浩东译，北京大学出版社 2023 年版，第 192—193 页。

④ 参见《最高人民法院、最高人民检察院、公安部关于依法适用正当防卫制度的指导意见》第 6 条。

理论与司法实践普遍认可“不法侵害正在进行”的判断标准的客观性的前提下，前者恐怕会遭受更多的阻力。

2. 以牺牲生命为代价的防御性紧急避险不能阻却违法性

鉴于正当防卫制度的无力，有学者将目光投向了防御性紧急避险。所谓防御性紧急避险，是指避险行为所指向的对象是危险的制造者而非无辜第三人。这一观点认为，强势程度介于正当防卫和攻击性紧急避险之间的防御性紧急避险可以作为受虐待妇女杀夫行为的正当化根据。[①]

以紧急避险阻却受虐待妇女反杀行为的违法性，最关键之处就在于造成他人死亡的行为能否符合紧急避险的利益衡量要件。在利益衡量要件的正当化根据上，存在着功利主义和社会团结义务两大阵营，但二者都无法证成侵害生命法益的避险行为的正当性。功利主义认为，所保护法益的利益高于牺牲法益的利益，即可成立正当化事由。然而，为避免人的工具化，现行通说又认为侵害他人的生命法益原则上都是不可接受的，唯有生命法益不能被紧急避险行为所牺牲。[②] 可见，基于功利主义的立场，虽然施暴者的法益受保护性降低，但这仍然不能成为侵害其生命法益的理由。

那么能否以社会团结义务提供背书？答案也是否定的。社会团结义务又被称为社会连带义务，其理论基础是罗尔斯关于“无知之幕”和自利理性人的假设。首先，在无知之幕下，所有社会成员都不知道自身的社会地位和状态。在这种情况下，理性人不会盲目期望自己永远远离危险，而是必须认真思考，当陷入危险境地时，如何最有效地保护自身利益。基于自利的本性，每个理性人都渴望在危急时刻通过损害他人的利益来维护自己的法益，因此会支持避险行为的正当性。其次，基于“最大最小值规则”，理性人必然会考虑到，自己也随时可能成为无辜的第三人，必须承受他人避险行为给自己造成的损失。此时理性人当然又都不希望自己的重大利益受到避险行为人的侵犯，从而必然会限制避险行为的攻击权限。综合权衡之下，特定限度内的紧急避险成为理性人认

① 参见陈璇：《家庭暴力反抗案件中防御性紧急避险的适用——兼对正当防卫扩张论的否定》，载《政治与法律》2015 年第 9 期，第 18—22 页。

② 参见马克昌：《紧急避险比较研究》，载《浙江社会科学》2001 年第 4 期，第 91—97 页。

同的普遍规则，只有在理性人能够接受的限度以内，紧急避险才能阻却违法。[①]显然，对于最为重要的、不可恢复的生命法益，理性人绝不可能容忍其受到侵害。因此，社会团结义务也同样不能证成紧急避险的限度条件。

（二）责任阻却事由自身存在瑕疵

1. 阻却责任的紧急避险有违罪刑法定原则

对于紧急避险的体系定位，有学者持违法阻却事由与责任阻却事由的二分说，亦即，紧急避险原则上是违法阻却事由，但不得已以牺牲生命保护生命、以伤害身体保护身体时，属于责任阻却事由。[②] 据此，有观点认为，受虐待妇女的反杀行为虽然不能成立阻却违法性的紧急避险，但在惊慌、恐惧状态下缺乏作出适法行为的期待可能性，可以通过责任阻却性紧急避险达到无罪的刑事效果。[③]

但在我国《刑法》第 21 条对紧急避险的适用条件作出明确规定的情况下，对于紧急避险的性质，即究竟是违法阻却事由、责任阻却事由还是二者兼而有之，仍应与实定法相契合，否则便有违反罪刑法定原则之嫌。上述二分说之所以在德国刑法学中居于主流地位，[④] 主要是因为有立法的支撑。《德国刑法典》在第 34 条“阻却违法性的紧急避险”之后，又独立规定了“阻却责任的紧急避险”。[⑤] 而我国《刑法》第 21 条明确规定了利益衡量的要件，即紧急避险不得“超过必要限度造成不应有的损害”。这一要件决定了“现行刑法并不因为其是在紧急状态下实施的而认定其合法，还因为该行为是客观上没有超出必要

---

① 参见王钢：《紧急避险中无辜第三人的容忍义务及其限度——兼论紧急避险的正当化根据》，载《中外法学》2011 年第 3 期，第 619 页；王钢：《对生命的紧急避险新论——生命数量权衡之否定》，载《政治与法律》2016 年第 10 期，第 100—102 页。

② 参见张明楷：《刑法学》（第 6 版），法律出版社 2021 年版，第 201 页。

③ 参见隗佳：《责任阻却性紧急避险的厘清与适用——以受虐妇女杀夫案为视角》，载《法学家》2020 年第 1 期，第 138—145 页。

④ 参见［德］克劳斯·罗克辛：《德国刑法学总论·犯罪原理的基础构造》（第 1 卷），王世洲译，法律出版社 2005 年版，第 464—634 页。

⑤ 《德国刑法典》第 35 条第 1 款规定：“为使自己、亲属或其他与自己关系密切者的生命、身体或自由免受正在发生的危险，不得已而采取的违法行为不负刑事责任。”

限度的行为而认定其合法”[①]，因而很难将这一规定解释为包含阻却责任的紧急避险。我国《刑法》第 21 条规定的紧急避险条款可以类比的是《德国刑法典》第 34 条而非 35 条，只有在避险行为所保护的利益大于所牺牲的利益的情况下才能阻却行为的违法性，而非责任阻却事由。在缺乏法律明文规定、无法直接适用《刑法》第 21 条的情况下，也就更难希望司法机关将阻却责任的紧急避险作为超法规的责任阻却事由宣告行为人无罪了。

2. 期待可能性理论面临水土不服的窘境

张明楷教授认为，在少数案件中，当受虐妇女缺乏期待可能性时，应当宣告无罪。此外，在行为人对期待可能性存在不可避免的认识错误时，亦可以阻却责任。[②] 张明楷教授主张以“受虐妇女综合征”服务于期待可能性理论。由于长期遭受家庭暴力而导致的特殊心理状态，行为人错误地认为只有杀死施虐者才能保护自己的生命、身体安全，“受虐妇女综合征”理论可以证明这一错误的不可避免性。期待可能性是起源于大陆法系教义学理论的责任阻却事由，相较于直接以“受虐妇女综合征”改造正当防卫的时间条件，张明楷教授充分认识到了我国与英美法系国家的制度差异，将“受虐妇女综合征”与正当防卫的论证“松绑”，既有对法教义学的深刻体悟和严谨论证，亦不失实用主义的务实态度。然而，本文认为，虽然将“受虐妇女综合征”与期待可能性相结合可以在一定程度上跨越法系间的鸿沟，但由于期待可能性理论本身的缺陷以及与我国刑事立法与司法实践的“水土不服”问题，直接以缺乏期待可能性作为出罪事由的观点说服力有限。

法律概念的移植需要巧妙的转换与勾连。正如“受虐妇女综合征”可以从论证正当防卫转而服务于期待可能性理论，移植期待可能性理论时也不一定要将其定位于责任阻却事由。期待可能性理论的基本内涵是：“如果不能期待行为人实施合法行为，就不能对其施加法的非难，因而不存在刑法上的责任。”[③] 如有日本学者所言，期待可能性理论的宗旨，在于“想对在强大的国家规范面

---

① 黎宏：《紧急避险法律性质研究》，载《清华法学》2007 年第 1 期，第 41 页。

② 参见张明楷：《受虐妇女反杀案的出罪事由》，载《法学评论》2022 年第 2 期，第 25—27 页。

③ 张明楷：《刑法学》（第 6 版），法律出版社 2021 年版，第 326 页。

前喘息不已的国民的脆弱的人性倾注刑法的同情之泪”。[①] 但“刑法条文的制定并非就只有一个角度的利益思考”，[②] 期待可能性理论在彰显“法律不强人所难”的公平正义理念的同时，由于适用标准极其模糊，亦有损害法的安定性、公平性和一般预防效果的危险。因此，大陆法系刑法学者普遍主张严格控制期待可能性理论的适用，其根源就在于此。[③] 实际上，在理论发源地德国，期待可能性理论基本只是防卫过当、免责的紧急避险等刑法上所承认的责任减轻或阻却事由背后的理论基础，其本身不是可以直接适用于故意犯罪的免责事由。[④]

我国在刑法教义学上表现出既处于大陆法系刑法理论的强大辐射之下，又对大部分相对激进的出罪事由持折中的、实用主义色彩的谨慎态度，期待可能性理论即为典型示例之一。例如，《德国刑法典》第 258 条的“阻挠刑罚执行罪”明确规定，“为使家属免于刑罚处罚而为上述行为的，不处罚”。刑法理论毫无争议地认为，这一免责事由的正当化根据在于法律不可能期待犯罪人的家属不实施“包庇”行为，其行为缺乏期待可能性。与该条近似的条文是我国《刑法》第 312 条的“掩饰、隐瞒犯罪所得、犯罪所得收益罪”。然而，同样是为近亲属掩饰、隐瞒犯罪所得的行为，我国司法解释仅规定在系初犯、偶犯的情况下，可以认定为“犯罪情节轻微，免于刑事处罚”[⑤]，从而在程序法上做相对不起诉处理，其结果虽与不构成犯罪相同，但在刑法上的评价截然不同：前者是“定罪免刑”，以行为构成犯罪为前提；而后者则不具有严重的社会危害性，不认为是犯罪。这实质上是将缺乏期待可能性定位于责任减轻而非责任阻却事由。基于实用主义的考量，移植期待可能性理论也应当考虑到司法实践一贯的保守、谨慎态度。期待可能性理论本身的缺陷与司法实践的一贯态度共同

---

① ［日］大塚仁：《刑法概说·总论》（第 3 版），冯军译，中国人民大学出版社 2003 年版，第 406 页。

② 黄荣坚：《基础刑法学·上》（第 3 版），中国人民大学出版社 2009 年版，第 19 页。

③ Jescheck/Weigend, AT5. Aufl. 1996, S. 504. 转引自王钰：《适法行为期待可能性理论的中国命运》，载《政治与法律》2019 年第 12 期，第 115 页。

④ 参见王钰：《适法行为期待可能性理论的中国命运》，载《政治与法律》2019 年第 12 期，第 111 页。

⑤ 参见《最高人民法院关于审理掩饰、隐瞒犯罪所得、犯罪所得收益刑事案件适用法律若干问题的解释》（2021 年修正）第 2 条第 2 项的规定。

形成合力，佐证了以下结论：对于缺乏明确标准的期待可能性理论，合理的做法应该是在法律已经将其精神内核转化为具体条文的前提下，直接适用法律的相关规定，而不是在立法缺失的情况下迳行将缺乏期待可能性作为超法规的责任阻却事由，以保障法律适用的公平性和一般预防的效果。在期待可能性理论“命运多舛”的情况下，“受虐妇女综合征”想要在我国的法律土壤中生根发芽，仍需求诸其他路径。

（三）《刑法》第十三条“但书”不能突破刑事政策的壁垒

最后一种路径是适用《刑法》第 13 条但书。以“但书”对故意杀人行为出罪，在我国并非没有先例。[①] 然而，这一路径在《意见》出台之后已然不可行。“但书”作为定量因素，是刑事政策影响定罪的管道，对刑法具有指导意义。[②] 纵观我国司法解释中有关“不认为是犯罪”的规定，不难发现刑事政策的强有力影响。例如，最高人民法院于 2013 年颁布的《关于办理盗窃刑事案件适用法律若干问题的解释》第 8 条规定，“偷拿家庭成员或者近亲属的财物，获得谅解的，一般可不认为是犯罪”。在诈骗罪、敲诈勒索罪的相关司法解释中亦有相似的规定。根据刑法教义学的推理，这类行为无疑该当于盗窃罪、诈骗罪和敲诈勒索罪的构成要件，且无违法或责任阻却事由，当然构成相应的犯罪，获得谅解至多只能作为量刑情节来考虑，而前述司法解释将其升格为出罪事由，这只能理解为一种刑事政策的考量。最高人民法院通过司法解释表明了自己的立场，即在诈骗罪等财产犯罪中，以“但书”作为“维护家庭关系稳定”这一刑事政策的保障，刑事政策的因素在一定程度上压倒了法教义学的逻辑推理。对于非对峙型受虐妇女反杀案而言，《意见》已经旗帜鲜明地表明最高人民法院“定罪轻判”的刑事政策。在这一背景下，要求司法机关摆脱刑事政策强有力的影响而发挥“但书”的出罪机能非常困难。

---

① 参见《中国首例“安乐死”案件——陕西汉中夏素文安乐死案》，载北大法宝官网。

② 参见陈兴良、梁根林：《刑法教义学与刑事政策的关系：从李斯特鸿沟到罗克辛贯通——中国语境下的展开》，载刘艳红主编：《东南法学》（2013 年辑 · 总第 5 辑），东南大学出版社 2014 年版。

三、实践困境：定罪量刑精细化程度与能动性不足

除了理论界在出罪路径建构上的瑕疵外，司法实践本身也存在着定罪量刑精细化程度与能动性不足的问题，并突出表现为以下三点：

（一）规则适用情境错误

《意见》的前后规定从文义上来看存在不协调之处。具体而言，该规定第一部分指出其适用的情形是“为防止再次遭受家庭暴力”，明确了此处的家庭暴力是在非对峙的情形下实施的。然而，第二部分却没有规定这一点，使得可以认定为“故意杀人情节较轻”的部分似乎也可以适用于对抗性的反杀案件中。[①] 这一前后矛盾的表达给司法实践造成了不良影响，使得部分法院错误地适用了《意见》的规定。具体而言，表现为以下两种情况：

1. 误解正当防卫的时间条件

第一种错误是误解了正当防卫的时间条件，致使部分对峙型反杀案被当作非对峙型反杀案处理。例如，在关某故意杀人案中，法院认为，“被告人在夺下被害人的镰刀后，完全可以自行摆脱被害人的伤害，其为了泄愤持镰刀连续砍击被害人的头面部，在将被害人砍倒后，继续用镰刀砍击，致被害人死亡，不属于对正在进行的不法侵害进行防卫”[②]。然而，正如《最高人民法院、最高人民检察院、公安部关于依法适用正当防卫制度的指导意见》第6条所指出的，对于不法侵害是否已经开始或者结束，应当立足防卫人在防卫时所处情境，按照社会公众的一般认知，依法作出合乎情理的判断，不能苛求防卫人。妇女不仅在生理条件上明显劣势于男性，且在面对男性的侵害时往往处于高度的惊慌和恐惧之中，因而在防卫时间的认定上也应尽可能作有利于妇女的理解，不应轻易以不符合时间条件为由否定正当防卫的成立。

---

① 参见彭文华：《受虐妇女综合症与杀夫案中正当防卫的认定》，载《法学评论》2022 年第 5 期，第 75 页。

② 参见关某故意杀人案，辽宁省大连经济技术开发区人民法院（2019）辽 0291 刑初 627 号刑事判决书。

2. 误解正当防卫的限度条件

第二种错误是虽然正确理解了正当防卫的时间条件，却误解了限度条件，在对峙型反杀案中也仅认为行为具有防卫因素，属于防卫过当而非正当防卫。我国司法实践普遍存在对防卫限度把握过于严格的问题。这主要表现为，只要受保护的法益小于受侵害的法益，特别是致人重伤或死亡的情况下，便很容易认定防卫过当。[①] 这一习惯性的做法也延续到了受虐妇女反杀案中。例如，在晏某故意伤害案中，法院虽认为晏某的行为具有防卫性质，但仍将其认定为防卫过当。本案中，晏某接受完剖宫产手术仅 15 天，却遭受处于醉酒与暴怒状态的张某连续的拳打脚踢并被持续击打头部，人身安全已然处于严重的危险之中，其以匕首捅刺的行为是保护人身安全所必需的，并未明显超过必要限度。但法院仍得出了"从双方使用的工具及造成的后果比较，被害人拳打脚踢，不法侵害的强度仅是轻微伤，上诉人持匕首捅刺被害人造成被害人死亡，故上诉人的防卫行为超出必要限度，系防卫过当"的结论。[②] 这仍然是一种以结果为导向的思维模式，承袭了已遭到广泛质疑的"基本相适应说"的立场。所谓"基本相适应说"，是指防卫行为应当在方式、强度、所造成的后果上与不法侵害行为相适应，前者不应超过后者太多。[③] 然而，现在的刑法理论与司法实践的主流观点均认为，在认定行为是否过当时，应综合考虑不法侵害的性质、强度、危害程度、双方的力量对比、所处情景等因素，结合社会公众的一般认知作出判断，不能苛求防卫人采取的防卫行为在方式与强度上与不法侵害基本相当。[④] 具体到受虐妇女反杀案中，必须充分考虑妇女在生理上明显劣势于男性以及因长期遭受家庭暴力而处于惊慌恐惧状态等因素，在防卫限度上作有利于妇女一方的解释。

---

① 参见劳东燕：《防卫过当的认定与结果无价值论的不足》，载《中外法学》2015 年第 5 期，第 1325 页。

② 参见晏某故意伤害案，安徽省高级人民法院（2016）皖刑终 29 号刑事判决书。

③ 参见高铭暄、马克昌主编：《刑法学》（第 10 版），北京大学出版社、高等教育出版社 2022 年版，第 132 页。

④ 参见高巍：《防卫过当的阶层式判断规则》，载《法学研究》2023 年第 6 期，第 161—165 页。

（二）量刑情节精细化程度不足

司法解释的规定具有一定的抽象性。《意见》第20条后半部分对可以认定为“故意杀人‘情节较轻’”的情形作出了规定，但“手段不是特别残忍”“情节较轻”等概念均具有较高的模糊性，需要以法律解释的方法予以细化，而当前司法实践在此存在明显不足。这导致一些案件的性质、情节、社会危害性、人身危险性均相似，在量刑时却存在着巨大的差异，刑期从5年以下有期徒刑至死缓不等。[①] 首先，“情节较轻”的适用流于随意。在案件事实差异不大的情况下，部分案件适用“情节较轻”而部分案件未适用，致使量刑幅度的差异可达到10年以上。[②] 其次，即便是均未适用“情节较轻”的案件，在量刑幅度上亦有较大差距，从死缓至10年有期徒刑不等。[③] 这些事实表明，司法实践中存在严重的“同案不同判”现象，其根源就在于我国刑事法理论与司法实践中长期存在的“重定罪，轻量刑”的传统观念和做法，刑法学者与审判人员大多强调犯罪行为的定性问题，而对于量刑的规范化与精细化不够重视。[④] 实际上，对于被告人而言，刑事审判的核心问题恰恰不是定罪而是量刑。刑法理论重视通过对犯罪行为的定性来反映其行为无价值与结果无价值，而被告人则更关心自己最终会面临多重的刑罚制裁。

以“手段特别残忍”为例，可以一窥司法实践在适用量刑情节，尤其是酌定量刑情节上的混乱局面。我国司法实践中的故意杀人案件，若认定行为人“手段特别残忍”，往往就会判处死刑，可以说，作为酌定量刑情节的“手段特

---

① 参见李波阳、贾敏：《对家暴受虐妇女杀夫案件量刑的实证分析——以某省女子监狱24起案例为样本》，载《犯罪研究》2019年第5期，第66页。

② 参见陈某等故意杀人案，广西壮族自治区荔浦县人民法院（2018）桂0331刑初44号刑事判决书；刘某故意杀人案，吉林省四平市中级人民法院（2020）吉03刑初28号刑事判决书；顾某故意杀人案，贵州省贵阳市中级人民法院（2021）黔01刑初71号刑事判决书。

③ 参见吴某等故意杀人案，辽宁省大连市中级人民法院（2005）大刑初字第203号刑事判决书；杨某故意杀人案，四川省广安市中级人民法院（2016）川16刑初7号刑事判决书。

④ 参见石经海，严海杰：《中国量刑规范化之十年检讨与展望》，载《法律科学（西北政法大学学报)》2015年第4期，第174页。

别残忍”对于量刑的影响已然超过了自首、坦白等法定量刑情节。然而，受制于实质内涵与判断标准的不清晰，该情节已然成为司法实践中适用最为混乱的酌定量刑情节之一。① 理论上对于“手段特别残忍”的解读有两种范式：一为列举式，从杀人的工具、部位、时间等方面进行审查。② 这种模式在判断手段是否残忍时具有参照功能，但却并未揭示出“手段特别残忍”的实质内涵，即对社会底线与社会共同体的恻隐之心的挑战。③ 二为概括式，如将“手段特别残忍”概括为出于折磨被害人的目的，致使被害人在死亡前处于肉体与精神的高度痛苦状态之中。④ 这一解读虽然在反映了“手段特别残忍”的实质内涵的同时提出了较为清晰的判断标准，但行为人是否具有“折磨被害人的目的”在司法实践中通常较难判断。具体到非对峙型受虐妇女反杀案中，妇女的在生理上的劣势、因长期遭受家庭暴力而处于恐惧状态等特殊因素是否会对“手段特别残忍”的认定产生影响，这些问题使得本就模糊不清的“手段特别残忍”的内涵更加复杂，给司法实践带来了挑战。

（三）法定从宽处罚事由考虑不周

《意见》虽提炼出了“处于激愤、恐惧状态”和“具有防卫因素”这两大有利于受虐待妇女的因素，但只将其定位于酌定量刑情节。这就导致司法机关虽然可以据此对受虐妇女从宽处罚，却不能像适用“故意杀人‘情节较轻’”一样，直接实现法定刑的降格处理。由于故意杀人罪的法定刑本身较高，即便酌情从宽处罚，最低也要判处 10 年有期徒刑，刑罚仍明显偏重。虽然自 2015 年以来，特别是 2018 年之后，受虐妇女反杀行为中被认定为正当防卫或防卫过

① 参见赵权、赵驰：《酌定量刑情节司法适用问题与改进》，载《学术交流》2019 年第 11 期，第 121 页。

② 参见彭新林：《酌定量刑情节限制死刑适用研究》，法律出版社 2011 年版，第 277 页。

③ 参见李至：《故意杀人罪的死刑裁量基准——“丁汉忠案”的文本梳理和法理审视》，载《南大法学》2021 年第 2 期，第 46 页。

④ 参见陈兴良：《故意杀人罪的手段残忍及其死刑裁量——以刑事指导案例为对象的研究》，载《法学研究》2013 年第 4 期，第 166 页。

当的比例逐渐增多，[①] 但基本限于对峙型受虐妇女反杀案，在非对峙型受虐妇女反杀案中适用的法定从宽处罚事由仍限于《意见》所规定的“故意杀人情节较轻”。事实上，有利于被告人的裁决无须明确的法律规定，这是完全符合罪刑法定原则的。[②] 对于《意见》未明确规定的法定从宽处罚事由，司法机关不应视而不见。

四、破解逻辑：司法解释的目的论“再解释”

理论与司法实践产生分歧的根源在于均执着于自己的“一亩三分地”，而未能形成良性的互动。理论界更侧重于出罪路径的建构，但这些路径本身存在的瑕疵导致司法实践对其态度偏于保守。理论滋养的缺失使得司法实践对《意见》的理解流于粗糙，在适用情境的确定、量刑规则的细化、规则漏洞的填补上均存在力有未逮之处。同时，司法实践本身也并未对理论界的一些研究成果给予足够的重视，造成了法律适用过程中的被动性以及司法解释依赖症。司法实践的现状又反作用于刑法理论，致使理论界的目光聚焦于对司法实践的保守态度的批评，侧重于法教义学出罪体系的构建。然而，法学研究在满足体系建构与概念演绎需要的同时，也需要以实践问题为导向，法教义学对于实践的批评恰恰反映出其同样暗含了对实践问题的关切。在最高司法机关已经明确对非对峙型受虐妇女反杀案采取“定罪轻判”的刑事政策的前提下，追求通过教义学理论帮助受虐待妇女摆脱犯罪人的标签不可避免地带有一定的理想主义色彩。刑法理论应关注司法实践的现实需求，司法实践也要对理论界的研究成果给予充分的重视，唯此方能实现二者的互利共存。这就需要对《意见》进行“再解释”，使得《意见》成为司法实践与刑法理论双向互动的一个“锚点”。法教义学的功能在于，为争议事实提供可供检验的、相对稳定的法律规则选择机制，

① 参见万春主编：《法不能向不法让步——正当防卫类案纵横》，中国检察出版社2021年版，第88页。

② 参见陈兴良：《刑民交叉案件的刑法适用》，载《法律科学（西北政法大学学报）》2019年第2期，第166页。

以使得裁判满足可理解、可检验、可稳定预期的标准。[①] 就非对峙型受虐妇女反杀案而言，在适度的实用主义思维的影响下，将法教义学的重心从构建理想化的出罪路径转向量刑规则的精细化、规范化，以避免司法机关对法律规范的曲解，亦是法教义学的题中之义。

司法解释本身具有抽象性，需要通过体系解释、目的解释等论理解释方法予以细化和补充。其中尤其需要关注目的解释的重要性。作为“解释之王”[②]，目的解释旨在根据刑法规范的目的，阐明刑法条文的真实含义。作为最高司法机关对刑法条文的解释，司法解释是刑法理论与司法实践的连接点。一方面，随着我国刑法教义学体系的构筑与完善，刑法理论日趋精致化、纵深性不断加强，司法解释会在一定程度上吸收理论界的研究成果；另一方面，作为指导司法机关具体适用法律问题的规则，司法解释又不得不考虑社会影响、司法资源等实际需求，因而通常趋于保守。二者的矛盾虽无法完全消除，但可以通过对司法解释的“再解释”予以缓和。任何司法解释的最终目的，都是要在理论与实践的“二律背反”中，以妥当的方法求得稳定的平衡，此即对司法解释的目的论“再解释”的立足点。具体到《意见》中，表现为以下两点。

（一）实践需求指引理论方向：定罪量刑情节的类型化、层次化

《意见》一方面试图实现积极预防和充分惩治家庭暴力犯罪的目标，充分保障受虐待妇女的权利；另一方面却又在出现死亡这一严重结果时对学界现有的、存在一定争议的研究成果持保守态度，没有完全加以吸收，而是最终倒向了“定罪轻判”的刑事政策。但《意见》的规定并非简单地“和稀泥”，而是通过对酌定量刑情节与法定量刑情节的划分和细致规定，一定程度上实现了定罪量刑情节的类型化和层次化。“对于司法实践而言，犯罪类型化的法律规定为刑事司法的推理提供了必要前提，具体案件事实如与法律类型一致则构成小

---

① 参见许德凤：《法教义学的应用》，载《中外法学》2013 年第 5 期，第 939 页。

② 参见姜涛：《规范保护目的：学理诠释与解释实践》，载《法学评论》2015 年第 5 期，第 107 页。

前提，法官根据大前提与小前提作出裁决。”[1] 在实现了类型化处理后，司法机关就能够根据不同类型案件的特征和性质采取不同的处理原则，可以一定程度上缓解“同案不同判”的不公平现象。这正是《意见》的目的所在，也是司法实践对刑法理论的最大需求，从而为理论研究指出了方向，即为定罪量刑情节的类型化、层次化结构的形成提供可操作的标准。事实上，已经有学者深刻认识到了这一点，并进而主张结合多种抗辩事由，对受虐妇女杀夫行为做出刑事责任减免的类型化处理。[2] 这一观点是富有启发意义的。理论界对受虐妇女杀夫案的研究重心应当从探索教义学上的出罪路径转向对量刑情节的细化，从建构精致的理论模型走向为司法解释的适用寻求精细的、可操作的标准。

（二）理论成果填补规则漏洞：防卫过当条款的激活

虽然难以期盼法官突破《意见》的约束对受虐待妇女作出罪处理，但这不意味着只能机械地适用《意见》的规定。司法过程需要对法条和法律适用技术的熟稔把握，更需要对社会中特定社会目标的深刻领悟和感知。[3] 从《意见》的宗旨与相关规定中可以看出，其目的是在无法作无罪处理的情况下，尽可能地在量刑上给予受虐待妇女以优待。在这一目标的达成上，理论界可以充分发挥对司法实践的理论给养作用，以填补《意见》在法定减轻处罚事由上的规则漏洞。如上文所述，在我国重视防卫行为的客观性的制度语境下，“受虐妇女综合征”理论无法为正当防卫的成立提供根据，但以此一定程度上缓和时间条件的严格限制，使得行为有成立防卫过当的可能，不失为在不违背最高司法机关所确定的刑事政策的前提下，充分实现法律效果和社会效果的统一的可行路径。实际上，虽然《意见》第20条没有直接使用“受虐妇女综合征”的表述，也并未采纳受虐妇女杀夫行为构成正当防卫的观点，但其强调因长期遭受家庭暴力而导致的激愤恐惧状态、“为了防止再次遭受家庭暴力”的主观动机以及

① 杨兴培：《刑民交叉案件的类型分析和破解方法》，载《东方法学》2014年第4期，第3页。

② 参见付胥宇：《“受虐妇女综合症”的刑事责任减免意义：美国经验及启示》，载《北方法学》2018年第6期，第72—77页。

③ 参见顾培东：《能动司法若干问题研究》，载《中国法学》2010年第4期，第10页。

行为人具有“防卫因素”，实质上已经部分吸收借鉴了“受虐妇女综合征”理论。与直接以“受虐妇女综合征”理论改造正当防卫中“不法侵害正在进行”的时间条件的“全盘接受”态度不同，将“受虐妇女综合征”视为一种证明行为人的特殊心理状态的证据种类而非法律学说，并结合犯罪心理学的相关理论，以考察受虐妇女相较于一般行为人的区别，打破性别的刻板印象，最大限度地对受虐妇女给予量刑上的优待，这种“部分接受”的理性态度方有助于打破法系的障碍，对司法实践给予有益指导。司法机关应当充分吸纳理论界的相关研究成果，而不能受没有明确规定的束缚，机械适用《意见》的规定。

五、纾困路径：规范的精确适用与漏洞弥补

实现理论与实践的良性互动一方面，要立足于《意见》的规范目的，精确适用相关规范；另一方面，要以教义学理论填补《意见》的规则漏洞。具体而言，在“规范的精确适用”部分，应在确定了理论研究的实践导向性之后，结合法教义学、犯罪心理学等领域的研究成果，形成“出罪—法定减轻处罚—酌定从宽处罚”的三层次结构，分别对照应作无罪处理的类型、优先适用法定减轻情节的类型以及酌情从宽处罚的类型，以实现对《意见》规则的类型化、精细化适用；在“漏洞弥补”部分，则以量的防卫过当为中心，结合“受虐妇女综合征”理论，实现法定从宽处罚情节的能动适用，以充分发挥法教义学对司法实践的理论供给作用。

（一）形成“出罪—法定减轻处罚—酌情从宽处罚”的三层次结构

1. 应作无罪处理的类型

除了要正确理解正当防卫的时间条件与限度条件，避免将《意见》适用于对峙型受虐妇女反杀案之外，还应充分发挥《刑法》第 13 条“但书”的出罪机能，对仅致人轻伤的行为人作无罪处理。但书的逻辑基础是犯罪行为的社会危害性理论。行为的社会危害性是主观恶性与客观后果的统一体，二者相结合

就构成了社会危害性的全部内涵。[①] 虽然故意杀人罪的罪状并未对罪量要素进行明示，但在解释与适用罪状中只含定性描述而未做罪量要求的刑法分则条文时，但书仍然具有出罪功能。如果综合案件事实的全部情况，认为“情节显著轻微危害不大”的，仍然可以不认为是犯罪。[②]

虽然对于造成被害人死亡的受虐妇女反杀案，受刑事政策强有力的影响，很难以《刑法》第13条“但书”出罪，但并非所有案件都会出现死亡结果。例如，在柳某故意杀人案中，柳某与李某系夫妻。柳某长期遭受李某打骂。2015年6月9日，柳某因离婚事宜与李某发生口角，在遭到李某恐吓、殴打后，趁其不备用榔头打击被害人，致李某多处受伤，但均未构成轻伤以上。法院最终以故意杀人罪（未遂）判处柳某有期徒刑2年。[③] 在这类没有造成严重后果的反杀案中，从客观上来看，危害结果较轻且行为具有防卫因素，施暴者本身更是有严重的过错；从主观上来说，行为人的动机是出于避免再次遭受家庭暴力，这说明其主观恶性和人身危险性较低。

同时，其他社会科学领域的相关研究成果也能为“但书”的适用提供依据。犯罪心理学研究表明，施暴男性对于女性犯罪行为的发生应负担大部分的责任：第一，受虐妇女反杀行为通常发生在施暴行为结束不久之后，属于反应性行为。亦即，犯罪人的犯罪不是出于预谋，而是在外部诱因刺激下产生的应答性反应。[④] 男性的家庭暴力使得女性处于惊慌、恐惧的状态之中，这种情境刺激是诱发犯罪的重要因素之一。第二，女性犯罪动机的形成往往具有恶逆变的倾向。[⑤] 女性在合法权益受到侵害后，由于性格特征、传统观念等因素的影响，只能消极承受并陷入一种恶性循环中，当这种消极情绪积累到一定程度时，

---

① 参见储槐植、张永红：《善待社会危害性观念——从我国刑法第13条但书说起》，载《法学研究》2002年第3期，第89页。

② 参见梁根林：《但书、罪量与扒窃入罪》，载《法学研究》2013年第2期，第133—134页。

③ 参见柳某故意杀人案，浙江省余姚市人民法院（2016）浙0281刑初169号刑事判决书。

④ 参见张保平、李世虎、张璇：《犯罪心理学》（第7版），中国人民公安大学出版社2020年版，第83页。

⑤ 所谓“恶逆变”，是指被害人在其合法权益受到犯罪行为侵犯以后，在不良心理的支配和其他因素的推动下所导致的逆向变化，亦即从被害者向害人者方向的转化。

女性就会不顾一切地实施杀人等严重犯罪，完成从受害人向犯罪人的转变。[①]在这一过程中，施暴男性持续性的家庭暴力正是推动女性受害者向犯罪人转变的主因，因而也要对犯罪行为的发生承担相当的责任。这些研究成果进一步佐证了行为不具有严重的社会危害性。

相较于德国刑法学将“量”的因素与构成要件相结合、一般只考虑构成要件明确规定的因素，“但书”具有更浓厚的刑事政策学色彩，在精确性上有所不足。[②] 但“立法规定的模糊性和法律解释的精确性是可以共存的”[③]。作为“但书”之法理基础的社会危害性理论在判断标准上是比较模糊的，而《意见》提炼的“具有防卫因素”和“被害人具有严重过错”这两大要素正是在一定程度上实现了对模糊的立法规定的精确解释，在弥补了“但书”精确性不足的缺憾的同时，充分发挥了其包容性、灵活性较强的优势，充分考虑了虽没有被包含在构成要件之内但确实能有效反映社会危害性的因素。既然立法已经提供了这样的出罪资源与路径，就应当充分加以利用。从犯罪构成体系上来看，防卫因素和被害人过错并不被视为影响犯罪成立的要素，但在行为的客观危害性、行为人的人身危险性均较小的情况下，直接判处故意杀人罪这一重罪显然不合适。此时，这两个因素就可以通过“但书”直接对犯罪的成立与否产生影响，将并未造成严重后果的受虐待妇女反杀行为排除在犯罪圈之外，更有利于实现法律效果与社会效果的统一。

2. 优先适用法定减轻情节的类型

《意见》对“故意杀人情节较轻”这一法定减轻处罚情节的适用条件进行了规定。其中，“犯罪情节不是特别恶劣，手段不是特别残忍”在所有故意杀人案件中都是需要考量的因素，是共同情节。而“遭受严重家庭暴力，身体、精神受到重大损害，或因不堪忍受长期家庭暴力而故意杀害施暴人”是受虐妇女反杀案中需要考量的特殊情节。就司法实践而言，关键之处有两点：一是如何把握这种特殊情节，二是要充分考虑这种特殊情节对共同情节的认定产生的

① 参见王敬：《犯罪心理与行为分析》（第2版），中国人民公安大学出版社2020年版，第117页。

② 参见熊琦：《德国刑法问题研究》，台北，元照出版公司2009年版，第52页。

③ 陈兴良：《但书规定的法理考察》，载《法学家》2014年第4期，第55页。

影响。

（1）核心要素是家庭暴力的严重程度

对照《意见》的前两部分可以发现，能否优先考虑“故意杀人情节较轻”的关键之处就在于家庭暴力的严重程度。虽然在第一、二部分均有“长期家庭暴力”的相关表述，但根据体系解释的要求，应当对二者作不同的理解。体系解释的目的，就在于避免断章取义，以便刑法整体协调。既然适用“故意杀人情节较轻”明显有利于被告人，那么在第二部分条款的解释上也应较第一部分更为严格。质言之，其应当与“严重家庭暴力”具有同质性，即因长期遭受家庭暴力而导致身体、精神受到重大损害。

相较于身体的重大损害，精神损害的标准更难以把握。尤其是在家庭暴力案件中，除了谩骂等有形的精神损害行为之外，还必须考虑到我国传统文化和社会刻板印象对女性的影响，这将为“损害结果”这一事实性要素添加一定的规范性色彩。中国传统的性别关系是以父权为基础的男强女弱和男主外女主内的格局，这种性别关系模式不断地出现在受害女性们的话语中。受这一观念的影响，不少受害女性被迫将丈夫的施暴行为“合理化”，甚至将丈夫打老婆视为理所应当的。同时，由于缺乏摆脱受害困境的社会资源，多数女性不得不在这种不平等的性别关系中苟延残喘。[①] 在社会的偏见之下，女性的自尊水平总体低于男性，[②] 再加上男性持续的施暴行为，使得女性长期处于自我否定与矮化的痛苦心理状态之中，并最终发生恶逆变，完成从受害者向加害者的转变。这种对女性人格尊严的持续性压迫相较于谩骂等行为是更加无形的，同样应该被视为一种严重的精神侵害。因此，司法机关在认定家庭暴力是否导致严重精神损害时，不能将其限于谩骂、恐吓等有形的行为，更不能要求出现了精神疾病或严重精神障碍，而是必须将“精神损害”这一事实要素置于整个社会大环境中，作更加规范的考量。

---

① 参见佟新：《不平等性别关系的生产与再生产——对中国家庭暴力的分析》，载《社会学研究》2000 年第 1 期，第 108—110 页。

② See Robert A. Baron & Nyla R. Branscombe, *Social Psychology* (the 13th edition), Pearson Education Inc, 2012, p. 126.

（2）长期家庭暴力对“手段特别残忍”判断的影响

虽然刑法并未将“手段是否残忍”规定为法定的量刑情节，但其在司法实践中一直是一个影响量刑的重要因素。基于以下理由，在受虐妇女反杀案中，对手段是否残忍的认定应考虑到长期遭受家庭暴力这一因素的影响，并尽可能作有利于受虐待妇女的解释。

首先，长期遭受家暴决定了受虐待妇女的主观目的主要是为了摆脱家庭暴力。对故意杀人手段是否特别残忍的认定应当坚持主客观相统一的原则。在这一点上，立法机关对故意伤害罪中“手段特别残忍”的解释可以作为一个重要的参考。根据全国人大常委会法工委的解释，故意伤害罪中的“手段特别残忍”是指故意要造成他人严重残疾，即主观上具有追求严重致残的目的。[①] 在受虐妇女反杀案中，同样要考察行为人的主观心理。对此，“受虐妇女综合征”中的习得性无助理论可以提供重要依据。所谓习得性无助理论，是指妇女在长期、反复的暴力殴打下会变得焦虑、抑郁，产生习惯性的无助感。处于失望中的女性最终会变得麻木、无所畏惧，直至积极、主动地反击暴力和摆脱束缚。[②] 这一理论能够有效说明，为什么受虐妇女在反击时通常会采取一些在外人看来过度激烈的方式。当持续性的家庭暴力超出了妇女的忍耐极限之后，其长时间积累的负面情绪就会爆发，进而采取一些过激的手段。通常来说，其行为虽然有一定的报复、泄愤心理，但主要还是为摆脱家庭暴力，而并非为了给被害人造成极度的痛苦，因而不宜认定为手段特别残忍。

值得注意的是，“受虐妇女综合征”的研究成果已经在一定程度上得到了司法机关的认可。例如，在最高人民法院发布的2023年中国反家暴十大典型案例之姚某故意杀人案中，[③] 司法机关接受了专家证人的意见，认为姚某虽然使用了两种凶器并加害在被害人的要害部位，但由于长期遭受家庭暴力且逃脱无望，其主观心理更主要的还是为了防止被害人未死会对其施以更加严重的家庭

---

① 参见王爱立主编：《中华人民共和国刑法——条文说明、立法理由及相关规定》，北京大学出版社2021年版，第874页。

② See Lenore Walker, *The Battered Woman Syndrome*, Springer Publishing Company, 1984, p. 18.

③ 参见《中国反家暴十大典型案例（2023年）》，载最高人民法院网。

暴力，因而不能认定其犯罪手段残忍。[①] 这成为司法机关最终仅对姚某判处5年有期徒刑的重要依据。该判决是“受虐妇女综合征”理论与司法实践在刑罚裁量问题上实现良性互动的产物，值得借鉴。

其次，社会公众一般不会认为受虐待妇女的杀夫行为属于“手段特别残忍”。作为规范性构成要件要素，手段是否残忍侧重的并非法益侵害结果的判断，而是侧重于其自身的反伦理、反道德性，着眼的是对人类基本的恻隐之心的违反与善良风俗的挑战。[②] 显然，这种判断绝不是仅靠事实判断就可以完成的，而必须由法官立足于社会一般观念进行价值评价。从社会一般人的视角来看，大多数人都会对受虐待妇女持一种同情、惋惜的态度，这从不少案件会出现当地居民联名请愿，请求法院对被告人从宽处罚甚至无罪释放中就可见一斑。[③] 而对于施暴者，大多数人则会加之以“咎由自取”“自食恶果”等评价。这些评价虽然是日常用语，却也包含着共同体长期积累的道德情感，暗含着对被害者行为已然逾越了社会相当性范围的否定性评价。[④] 法官应当注意，手段是否残忍是一个规范性、评价性的概念，必须把个人的评价和社会一般观念结合起来。

3. 应酌情从宽处罚的情形

除以上两种情况外，其他受虐妇女大多也都应获得刑事责任的减轻。这是因为，无论采取何种手段，都不可否认其中带有防卫因素，且会因受害人的长期家庭暴力而使得行为的违法性与有责性均减少。其中尤其需要关注的是被害人过错的问题。被害人过错可以分为一般过错和严重过错。在一般的被害人过错中，犯罪行为的发生是加害人与受害人双向互动、共同推进的结果。然而，

---

① 参见姚某故意杀人案，浙江省温州市中级人民法院（2015）浙温刑初字第4号刑事判决书。

② 参见车浩：《从李昌奎案看“邻里纠纷”与“手段残忍”的涵义》，载《法学》2011年第8期，第42页。

③ 参见徐辉、丁力辛：《邢台女子不堪家暴杀夫 村民联名求轻判》，载《河北青年报》2011年12月27日，第2版；曾永红、师飞：《256个红手印为杀夫女求情 岳阳女子抵抗家暴杀夫获缓刑》，载《潇湘晨报》2015年4月29日，第10版。

④ 参见潘庸鲁：《被害人过错认定问题研究》，载《法学论坛》2011年第5期，第159页。

在受虐妇女杀夫案中，如上文所提到的，女性针对家庭暴力实施者的犯罪行为往往具有恶逆变的倾向，正是受害人持续不断的家庭暴力行为催生了犯罪行为，其对于犯罪行为的发生起着决定性的作用。正因如此，在这类案件中，对行为人从宽处罚的力度应当大于一般的被害人过错案件。

（二）以量的防卫过当为中心

1. 量的防卫过当之于受虐妇女反杀案的必要性

长期以来，我国刑法理论与司法实践均只承认质的防卫过当，而将量的防卫过当归入防卫不适时。[①] 这导致在非对峙型受虐妇女反杀案中没有适用防卫过当条款减免处罚的空间。德日刑法学界普遍将防卫过当的类型分为质的防卫过当和量的防卫过当。通常所称的防卫过当是质的防卫过当，即防卫行为在手段上明显超过了必要限度造成重大损害。与之相对的是量的防卫过当，又被称为延展型防卫过当，是指现在的不法侵害结束后，行为人仍继续反击的情形。[②] 二者本质的区别在于，前者以行为满足正当防卫的时间条件为前提，即只有当存在现实的不法侵害时才需要考虑行为是否明显超过必要限度，而后者的适用情形恰恰是行为时并不存在现实的不法侵害，在我国一般被视为事后防卫。

量的防卫过当理论的主要目的是缓解时间性的精确认定和防卫人无法准确把握之间的矛盾。对于防卫人在客观侵害结束之后的连续性反击行为，无论是认定为普通的故意犯罪还是正当防卫都未免走向了两个极端。受虐妇女反杀案恰恰也存在这样的难题。如有学者所言，“同样是逾越防卫的时间界限，要么就是判处重刑的‘阶下囚’，要么渲染成为同犯罪作斗争的‘英雄’，前者不能彰显司法应该向防卫人倾斜的刑事政策要求；而后者也可能向社会传递出一个错误的信号，即防卫的时间已经是无关紧要。因此，司法实践客观上亟须一种

① 参见张明楷：《防卫过当：判断标准与过当类型》，载《法学》2019年第1期，第17页。

② 井田良『講義刑法学・総論』（有斐阁，2018年）319頁参照；［德］乌尔斯·金德霍伊泽尔：《刑法总论教科书》（第6版），蔡桂生译，北京大学出版社2015年版，第236页。

新的分析工具将两个极端予以平抑。”[①] 如果承认量的防卫过当，反杀行为就可能因符合量的防卫过当的成立条件而减免刑事责任。这既契合了优待受虐待妇女的刑事政策，又不至于完全突破正当防卫时间条件的约束。

2. 量的防卫过当的适用条件

量的防卫过当要求“侵害结束前的第一行为和侵害结束后的第二行为之间必须具有一体性，可以作一体化的评价”。[②] 之所以要作“一体化”的评价，是因为只有这样才能凸显量的过当部分在性质上与单纯犯罪的不同，一体化地说明行为违法性的减少。[③] 毕竟，行为人的第二行为并非针对“正在进行的不法侵害”而实施的，其想获得违法性程度的减免就必须与第一行为相捆绑。例如，被害人V在被告人A的二楼居室用铁管殴打A的头部。A和V扭打在一起。之后，虽然A从V处抢到铁管，但又被夺回。V继续追打A。最后，A将V从扶手处掀下，致其跌落地面受伤。日本最高法院认为，虽然当时V的上半身在扶手之外，处于难以翻身的状态，但仍手握铁管且具有继续侵害的意图，可能在站稳后继续追打A，所以A构成防卫过当。[④] 显然，在法院看来，正是由于A的后续反击行为与之前的防卫行为无论是在时间还是空间上均具有紧密性，才可以对其作一体化的评价，认定为量的防卫过当。在非对峙型受虐妇女反杀案中，适用量的防卫过当须满足以下条件：

（1）限于事后的量的防卫过当

量的防卫过当的基本精神，就是在防卫人在连续实施数个防卫行为的场合，数个防卫行为在时间上、空间上都是连续的，可以作一体化的评价，因而行为的违法性和有责性均减少。[⑤] 可见，防卫人应当在一定时间内实施了数个反击行为。“倘若一开始就没有任何不法侵害，这种情况属于误想防卫的法律效果，

---

① 孙国祥：《防卫行为的整体性判断与时间过当概念之倡导》，载《清华法学》2021年第1期，第102页。

② 亀井源太郎＝小池信太郎＝佐藤拓磨＝薮中悠＝和田俊憲『刑法Ⅰ 総論』（日本評論社，2020年）158頁。

③ 参见曾文科：《论复数防卫行为中的评价视角问题——以日本判例为素材的分析》，载《中国案例法评论》（第1卷第1辑），清华大学出版社2015年版，第85页。

④ 最高裁判所1997年6月16日判决，最高裁判所刑事判例集51卷5号435頁。

⑤ 橋爪隆『刑法総論の悩みどころ』（有斐阁，2020年）113—115頁参照。

不能采用延展型防卫过当的法效处理。”[①] 对尚未开始的不法侵害进行防卫虽然也是广义上的量的防卫过当（事前过当），但一般认为不适用防卫过当的规定。例如，程某长期遭受丈夫白某家暴。2019年3月22日，程某趁白某熟睡时，用螺纹钢棍打击其头部，致白某死亡。[②] 本案中，虽然白某有长期家暴经历，但事前并无暴力虐待行为，程某的行为属于事前防卫，不能以防卫过当减免处罚。

（2）行为在主观上基于同一意思实施

一般认为，要对反杀行为与防卫行为作一体化评价须满足以下要件：第一是行为的时间、场所具有连续性（客观要素），第二是行为基于同一意思所实施（主观要素）。[③] 就主观要素而言，只要能认定行为与侵害持续过程中的对抗行为的主观方面存在一定的连续性，即已足够，而不要求有严格意义上的防卫意思。[④] 即便行为人认识到侵害已经结束，但由于过于兴奋或者狼狈而继续实施了追击行为的，就应该对整个防卫行为作一体化的理解。[⑤] 在受虐妇女反杀案中，虽然受虐妇女对不法侵害已经结束这一点具有认识，且反杀行为通常有一定的泄愤情绪，但更主要的还是为了防止被害人未死会对其施以更加严重的家庭暴力，在主观上具有防卫意思的连续性。

（3）行为时处于激愤、恐惧状态

就客观要素而言，在非对峙型受虐妇女反杀案中，行为人的反杀行为往往与前一次不法侵害行为有一定时空上的间隔，似乎很难认为二者之间具有客观上的紧密性。虽然日本最高法院曾有相关判例认为，即便行为之间具有时空上的连续性，也可能因为主观意志的不同而不能作一体化的评价，这似乎表明时空的连续性并不是对数行为作一体化评价的基础要素。[⑥] 但如有学者所言，这

---

① 许恒达：《延展型过当防卫》，载《月旦法学教室》2012年第114期，第35页。

② 参见程某故意杀人案，河北省任丘市人民法院（2020）冀0982刑初13号刑事判决书。

③ 参见［日］山口厚：《刑法总论》（第3版），付立庆译，中国人民大学出版社2018年版，第143页。

④ 橋爪隆『刑法総論の悩みところ』（有斐阁，2020年）115—116頁参照。

⑤ 高橋直哉「複数の反撃行為と過剰防衛の成否」駿河台法学26卷2号（2013年）48頁参照。

⑥ 最高裁判所2008年6月25日判决，最高裁判所刑事判例集62卷6号1859頁。

不过是意在指出，数行为在时空上的连续性并不是进行一体化评价时的积极要素，而只是在时空上相距太远时，拒绝整体性考察的消极要素。[①] 因此，如果将数行为在时空上的连续性作为成立条件，就很难将受虐待妇女的反杀行为与先前的防卫行为作一体化的评价。

但对任何构成要件的解释都必须与法规范的保护目的相结合。具体到量的防卫过当中，就是要与其减免处罚的根据相契合。“时空上的紧密性”要件也必须与该处罚根据相结合才能完成从生活用语向规范概念的转换，质言之，能够反映出违法性和罪责程度的减少。就罪责程度而言，依照规范责任论，影响罪责程度的关键因素是行为的期待可能性。防卫过当行为的非难可能性之所以较一般犯罪行为更低，正是因为法律很难苛求处于惊慌状态下的行为人准确无误地把握防卫行为的限度。在通常的量的防卫过当案件中之所以要求行为须具备“时空上的紧密性”，是因为行为人和被害人之间并不存在夫妻等特殊关系，后者也很有可能是首次对前者实施不法侵害行为。在时空上产生相当的间隔后，行为人便能够从原有的惊恐状态之中脱离出来，刑法对其施加非难的可能性也就恢复到了正常的状态。与此不同，依照“受虐妇女综合征”理论，受虐待妇女的惊慌、恐惧状态的延续时间明显更长。这主要是因为，一方面，受虐待妇女长期遭受家庭暴力的折磨，来自丈夫的施暴行为使其精神常年处于惶恐不安的状态，且相较于一般女性在情感上更加敏感、脆弱；另一方面，施暴者是与其朝夕相处的、常年实施家庭暴力的丈夫，女性很难期待施暴者在这一次行为之后不会变本加厉。由于家庭暴力通常发生于私人空间，女性面对这种暴力的发生与升级几乎不可能及时得到外界的帮助，这更助长了其内心的恐惧。依照美国精神病学会的标准，“受虐妇女综合征”是“创伤后应激障碍”（PTSD）这一类病症下的创伤经历之一。长时间的“暴力循环”使得受虐女性处于长时间的高度警觉状态之下，对过往的受虐经历与现状相混淆，即便其未与施暴者直接对抗，也会感受到持续性的威胁和恐慌。[②] 这种恐惧并不会因为时空上的

① 深町晋也「『一連の行為』論について」立教法務研究 3 期（2010 年）127 頁参照。

② 参见郭晓飞：《论“受虐妇女综合症”的意义、局限及其在中国的接受——一个比较法的视角》，载《妇女研究论丛》2023 年第 6 期，第 112 页。

间隔而消除，而是会一直延续下去，直到女性承受不住巨大的压力而爆发。

因此，真正起决定性作用的是行为人处于某种惊慌、恐惧的心理状态之中，“时空上的紧密性”不过是进行这种判断的辅助性工具。即便已有相当的时空上的间隔，只要女性仍是在激愤、恐惧状态之下实施了反杀行为，其行为的非难可能性与之前的防卫行为并无明显差异，因而可享受罪责的减免。

（4）缺乏其他救济途径

“时空上的紧密性”同样不能体现违法性程度的降低。无论在违法性的本质上持法益侵害说还是规范违反说，都很难认为“行为在时空上的间隔”这一要素本身会对行为的违法性产生影响。一种观点认为，如果行为之间具有时空上的紧密性，就可以将不法侵害结束后的行为看成由之前的防卫行为直接发展而来的延伸或溢出部分，不法侵害者仍要对这一部分的损害承担相当的责任。[①] 然而，无论是“时空上的紧密性”还是“延伸或溢出部分”都是模糊不清的生活用语，其在规范意义上的逻辑关系仍然不清晰，不能证成违法性程度的降低。

就行为的违法性程度而言，要求具备“时空上的紧密性”同样也只是基于经验法则的归纳，而非规范上的必要条件。在一般的量的防卫过当案件中，若行为与不法侵害之间在时空上有较远的间隔，也就意味着行为人有充分的向国家机器和法律求助的空间和时间，其后续行为已然不符合正当防卫权作为一种紧急权的特质，不具有防卫的性质，在不法程度上无异于一般的犯罪行为。然而，在个人因素与社会因素的双重影响下，不存在时空上的紧密性在受虐妇女反杀案中无法否定行为的防卫性质。首先，受虐妇女由于长期家庭暴力而形成了无助、被动的心理特点。依照“受虐妇女综合征”理论，反复的家庭暴力使得受虐待妇女变得顺从、被动、无助，即便妇女在事实上有可能逃离施暴者，也因为对于暴力程度、预期结果等因素的错误认知而认为自己无法逃脱虐待关系。[②] 其次，在缺乏相关社会力量的环境下，受虐待妇女无法采取其他措施以维护自身权益。传统观点通常将家暴行为视为家庭内部事务，认为夫妻关系的

---

① 参见陈璇：《防卫过当中的罪量要素——兼论“防卫过当民刑二元化”立法模式的法理依据》，载《政法论坛》2020年第5期，第22页。

② See Lenore Walker. *The Battered Woman*, Harper Collins, 1980.

不稳定是“个人的”事情，严重低估了这类行为的危害性。[①] 在这一观念的影响下，有关部门对家暴问题的态度往往趋于消极与保守，这种看似客观中立的做法对于处于弱势的女性一方非常不利，甚至会使男性变本加厉地实施家庭暴力。而在无法寻求国家、社会力量保护的情况下，女性对于家庭暴力除了忍气吞声也毫无办法。每一种犯罪都是行为人的身体状况和社会环境相互作用的结果，如果不尽最大努力改良社会环境，仅凭对罪犯的矫正不足以防止其再犯。[②] 社会对家庭暴力问题的轻视同样是逼迫女性一步步走向犯罪的重要推手之一。在这种社会环境之下，如果侵害行为与反击行为在时空上的间隔并不足以使得女性能够有效地寻求其他救济途径，就不能否认侵害行为具有一定的防卫性质，在违法性程度上明显低于一般的犯罪行为。诚然，量的防卫过当在违法性程度上仍高于质的防卫过当，[③] 但我国《刑法》对防卫过当的规定是“可以减轻或免除处罚”，因而法官可以充分发挥在量刑时的自由裁量权，以实现两种类型防卫过当的协调。

可见，所谓“时空上的紧密性”与其说是独立的构成要件，不如说是对行为本身具有防卫性质和被动摇的精神状态仍在持续的担保。[④] 即使行为在客观上不存在时空上的紧密性，但只要能够肯定行为时恐惧、激愤心理的存在以及缺乏其他救济途径，仍可对反杀行为与防卫行为作一体化评价。

六、结　　语

社会效果可以从法律之外求得，但在司法过程中寻求社会效果应当主要通

① See Andrew Karmen, *Crime Victims: An Introduction to Victimology*, Cengage Learning, 2015, p. 310.

② 参见［意］恩里科·菲利：《犯罪社会学》，郭建安译，商务印书馆 2017 年版，第 55 页。

③ 参见薛智仁：《家暴事件的正当防卫难题——以赵岩冰杀夫案为中心》，载《“中研院”法学期刊》2015 年第 16 期，第 57 页。

④ 安田拓人「過剰防衛の判断と侵害終了後の事情」刑法雑誌 50 巻 2 号（2011 年）295 頁参照。

过法律来实现。[①] 频频发生的受虐妇女杀夫案件让我们难以避免地对这一弱势群体倾注相当的同情与怜悯，但这种恻隐之心只能在法律的框架内实现，唯有如此方能实现法律效果与社会效果的统一，而这有赖于相对激进的法教义学理论与偏于保守的司法实践的良性互动。可以说，“摆荡于激进与保守之间”就是对非对峙型受虐妇女反杀案处理方式的最佳概括。在现有的制度框架下，立足于对司法解释的“再解释”，细化《意见》相关条款的适用规则，形成层次化的出罪与从宽处罚结构，并以防卫过当条款的适用进行补充，是最大限度缓和激进与保守之间的冲突，实现“天理、国法、人情”相统一的一个可行方案。

（初审：王昊禄；校对：纪佳婧）

① 参见江必新：《在法律之内寻求社会效果》，载《中国法学》2009 年第 3 期，第 7 页。

反垄断法视域下直播电商底价协议的违法性认定

李嘉欣*

摘　要：直播电商底价协议为主播与商家之间签订的、约定商家需向主播提供商品最优惠交易条件的协议，本质上为一种代理模式下的 MFN 条款，受到《反垄断法》调整。但在直播电商语境下主播的地位并不等同于平台，因此不可直接将底价协议视为平台 MFN 条款，将平台 MFN 条款的分析和规制思路套用于底价协议之上。底价协议的违法性认定可遵循从形式到效果的一般分析框架。具体而言，即先行分析底价协议是否在形式上满足《反垄断法》第 17 条和第 18 条的具体列举式规定，在发现其并不符合后，转向基于效果的分析，即通过相关市场竞争是否充分、行为人的市场地位是否强大、行为人的动机和行为造成的后果这四项因素判断底价协议是否具有排除、限制竞争效果，进而确定是否有《反垄断法》介入对底价协议予以规制的必要。

关键词：直播电商；底价协议；MFN 条款；形式到效果

一、问题的提出

2023 年“双十一”电子商务大促期间，烘焙品牌某氏与某东平台就某款烤

---

* 李嘉欣，中央财经大学法学院硕士研究生。

箱的价格产生争议，并由此牵涉出品牌方与头部主播之间可能存在的“底价协议”问题，引发多方关注。该事件的起因为某东平台下调某款烤箱的价格进而引起品牌方投诉，认为某东平台的压价行为导致其对其他客户被动违约而面临着巨额赔偿风险。对此，某东平台采购人员回应称，品牌方所称“其他客户”为头部主播李某琦，双方签订了“底价协议”，该协议要求品牌方在其他渠道的商品售价不得低于在李某琦直播间的售价，此次品牌方投诉的原因即为该款烤箱在某东平台的价格低于李某琦直播间，某东平台采购人员认为李某琦已构成“二选一”。事件发生后，另有电商主播直指李某琦构成垄断。目前，上海市市场监督管理局已介入调查。[①] 截至目前，就该具体案例而言，头部主播与品牌方签订前述底价协议是否构成垄断尚无定论，但据业内人士称，此种底价协议在直播电商中广泛存在，而本案中头部主播的话语权相对更强，因此引发广泛关注。[②] 由此，从本案出发，牵涉出的直播电商底价协议是否构成垄断，是否具有违法性是需要进行分析和加以解决的问题。

所谓“底价协议”，即为最低价协议，在直播电商场景下即为商家与直播电商从业者约定所推广、销售的商品或服务的最低价格，商家从其他渠道销售的商品或服务价格不得高于此价格。针对直播电商中广泛存在的底价协议，我国目前尚无明确的法律规定，仅 2023 年 10 月 30 日，杭州市司法局发布《直播电商产业合规指引（征求意见稿）》（以下称为《指引》），其中第 5 条第 3 款专门指出直播电商从业者不得要求商家签订“最低价协议”，或采取其他排除、限制竞争的协议、决定或者协同行为，但依法不构成垄断协议的除外。[③] 该条规定的依据即为《反垄断法》第 18 条对于纵向垄断协议的规定。从该指引的规定内容来看，指引将电子商务中的底价协议理解为一种可能的排除、限制竞争的纵向垄断协议，但同时也规定了“依法不构成垄断协议的除外”。由此可见，指引并未给出底价协议是否一定构成纵向垄断协议，是否一定具有违法性

---

① 参见九派新闻：《李佳琦被质疑涉嫌控价，上海市市监局反垄断办：正在调查核实》，载澎湃网。

② 参见澎湃新闻：《李佳琦遭围攻背后：“最低价”就是垄断吗?》，载微信公众号“澎湃新闻”。

③ 参见《关于公开征集〈直播电商产业合规指引（征求意见稿)〉〈生物医药产业合规指引（征求意见稿)〉意见建议的公告》，载杭州市司法局。

的确切答案，仍然需要适用《反垄断法》的相关规定进行判断。然而，底价协议是否满足《反垄断法》第 18 条对于纵向垄断协议的规定要件，行为人能否使用效果抗辩以及底价协议是否符合《反垄断法》第 20 条规定的豁免条件仍然是不明确的，需要进行具体分析。

上述案件发酵后，针对涉案底价协议的性质和其违法性已经出现了不同的观点争议。有观点认为，底价协议涉嫌构成最惠国待遇条款（Most-Favoured-Nation Clauses，以下称为 MFN 条款），但 MFN 条款具体构成纵向垄断协议还是构成滥用市场支配地位行为是不确定的，需要进行个案分析。① 另有观点认为，底价协议构成纵向垄断协议，但就其具体构成何种类型的纵向垄断协议仍然存在争议，如有观点认为底价协议构成转售价格维持，同时也存有相反意见，认为底价协议不构成转售价格维持而构成纵向垄断协议中的其他垄断行为。还有观点认为，底价协议确定地无法构成纵向垄断协议。② 由此可见，现有研究对于底价协议在反垄断法中应当如何定位尚不明确。本文期望通过探讨直播电商底价协议的本质和违法性来对其进行反垄断分析，以解决上述定位不明的问题。另外，针对直播电商底价协议并非仅出现在前述头部主播与某东平台的个案争议中，而是在直播电商行业广泛存在的实际情况，本文无意给出前述个案的认定结论，而是从个案出发、跳脱出个案，对这一在直播电商行业中被广泛采用的底价协议进行反垄断分析，以正确认识底价协议的性质，掌握对其违法性的正确分析方法，促进直播电商行业的良好有序发展。

二、底价协议探视：针对商品推广条件达成的 MFN 条款

我国《反垄断法》将垄断行为分为达成垄断协议、经营者滥用市场支配地位和具有或可能具有排除、限制竞争效果的经营者集中，而不同的垄断行为具有不同的违法构成要件。直播电商底价协议虽名为“协议”，但其订立主体可

① 参见吕静、杨代媛：《头部主播李佳琦深陷“底价协议”风波》，载法治周末。
② 参见樊瑞：《李佳琦与京东的“底价”之争，到底争的是什么？》，载腾讯网。

能同时涉及达成垄断协议行为和滥用市场支配地位行为。因此，在对底价协议进行反垄断分析前，有必要厘清其签订主体、签订主体间的关系、约定内容等，并在此基础上明晰底价协议的法律定性，为其违法性认定奠定基础。

（一）形式上：底价协议系商家与营销人员就商品推广条件达成的协议

首先，就底价协议的订立主体而言，传统电子商务涉及的主体包括电子商务平台经营者、平台内经营者和消费者，而在直播电商场景下，涉及的法律主体最直观的不同即为新增了主播这一主体，而视开展直播带货的不同模式，所涉主体和各主体间的法律关系也存在一定差异。直播电商的运行模式主要可分为以下两种类型。第一种类型为平台内经营者，即商家自行开展直播带货，如商家可以组织其员工或专门雇佣具有相应能力和经验的主播开展直播带货，此时主播与商家之间为劳动关系，主播的直播行为的法律后果最终归属于商家。在此种模式下，由于商家与直播间运营者为同一主体，由商家自行决定直播间所推广销售商品的价格，故不存在底价协议的适用空间。第二种类型为商家委托他人开展直播带货，如委托主播或 MCN 机构（Multi-Channel Network），由其在开设的直播间中推广销售相关商品。在部分电商直播实践中还存在直播平台之外的分销平台，即为商家和主播或 MCN 机构提供营销撮合技术服务的主体。在此种模式下，商家与主播或 MCN 机构签订协议，约定直播推广的商品种类、收益分配等内容，而直播电商底价协议即为该协议的一部分，系对直播间所推广销售商品的价格作出的约定。此时底价协议的一方主体为商家，另一方主体为主播或 MCN 机构。主播即直播营销人员，是在直播营销活动中直接向社会公众开展营销的个人，MCN 机构在此情境下是指为主播从事直播营销活动提供策划、运营、经纪、培训等的专门机构，主播与 MCN 机构之间或为经纪关系、劳动关系、劳务关系和合作关系，视双方的真实意思表示、合同约定的具体内容以及合同具体履行情况而定。① 但主播与 MCN 机构之间具体成立何种法律关系与本文探讨的底价协议无涉，因此，在该语境下，本文将主播与

① 参见张伟佳：《多频道网络（MCN）机构与网络主播劳动关系认定的困境与路径研究》，载《山东工会论坛》2021 年第 4 期，第 66 页。

MCN 机构视为一个整体予以讨论，并以主播作为代表，省略在底价协议探讨语境下主播背后可能存在的与其同属同一法律地位的 MCN 机构。因此，本文所讨论底价协议的订立主体实为主播与商家。

其次，底价协议作为主播与商家之间所签订服务协议的一部分，系商家与主播就直播间所推广销售商品的价格达成的约定。“底价”意为最低价，即双方约定在一定保价期间内该特定主播所推广销售的商品价格在划定的同类型推广销售渠道中最低，由此作为主播向商家就特定商品提供营销推广服务的前提条件。此处的“价格”应作广义价值理解，不仅包括商品本身的价格，还包括商品所附带赠品的价值等，即底价协议意图保证用户在特定主播所运营的直播间中能够购买到“最划算”的商品。通常主播相对商家具有更强的议价权，底价协议通常由主播积极推行实施，主播将签订底价协议作为与商家开展合作、推广销售商品的条件，从某种程度上而言商家对于底价协议的签订并无太大的话语权与选择权。如就底价协议产生的纠纷此前便已有之，2021 年双十一期间，巴黎欧某雅自营直播间中发放优惠抵扣券，使得领取到该优惠券的用户能够以比头部主播李某琦所运营直播间更低的价格购买到相同商品。该纠纷以欧某雅道歉告终。①

由此可见，从形式上而言，底价协议实为作为营销人员的主播与商家之间就商品推广条件所达成的协议。

（二）本质上：底价协议系代理模式下的 MFN 条款

仅从形式上观之，商家与主播达成推广销售商品的最低价协议为特定主体之间的内部合同约定，本无可厚非。但由于底价协议同时牵涉其他同类型直播从业者以及广大消费者，因此招致垄断质疑。分析主播与商家签订底价协议是否构成垄断行为，需先行明确底价协议的本质。底价协议牵涉的各方主体及其法律关系如图 1 所示，可以此为基础透视底价协议的底层性质。

① 参见《中消协点名！李佳琦、薇娅“封杀”！欧莱雅道歉这么说》，载澎湃网。

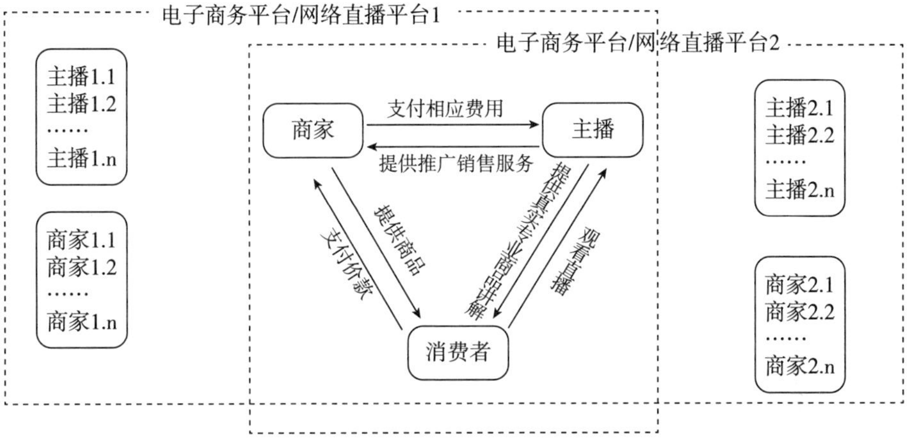

图1　直播电商各主体关系示意图

由图1分析可知，商家与主播签订底价协议，但主播在商品销售过程中仅起到宣传、推广作用，实质上仍由商家自行与消费者订立商品买卖合同。在整个商品买卖的流转环节，主播并不会取得商品所有权。同时，商家、主播和消费者均具有跨平台的特点。商家之所以在其与消费者之间独立的买卖合同之外另行订立商品推广销售合同，即是为了通过直播间增加商品曝光度和浏览量，以期通过主播的宣传推广吸引流量，提高商品销量。而主播要求商家与其订立底价协议的原因在于通过最低价吸引并固定粉丝。但对于其他同类型主播而言，商家与当事主播之间存在的底价协议将会导致其开设的直播间对消费者缺乏吸引力，相较之下消费者更愿意在当事主播的直播间观看直播并选购商品，由此即对其他同类型主播的经营收入产生影响。长此以往，当事主播因掌握最低价这一核心竞争力，将会吸引更多消费者，其在交易中的议价能力也相应提高，由此便引发当主播的影响力足够大时，其通过与商家签订底价协议来固定所谓的虚假“最低价”的担忧。

底价协议最明显的外在特征即为最低价或最优条件，与MFN条款类似。MFN条款起源于国际贸易法领域，是指在国际贸易谈判中，东道国对外国投资者实行的待遇不得低于其已给予或将给予第三国投资者的待遇。[①] 后MFN条款

① 参见孙晋、宋迎：《数字经济背景下最惠国待遇条款的反垄断合理分析》，载《电子知识产权》2018年第12期，第12页。

逐渐被用于商事实践领域，是处于行业上下游位阶的交易双方对交易价格、交易方式等交易条件作出的特殊安排，即要求交易一方给予对方当事人的交易条件为最优。① 在传统领域，MFN 条款常见于医疗保险行业，即保险公司要求医疗提供者承诺给予该保险公司与其给予其他买方一样优惠的价格。② 随着近年来数字平台经济的发展，MFN 条款在此新兴领域也得到了广泛适用，演变为平台 MFN 条款，意为平台经营者与平台内经营者达成协议，约定平台内经营者在该特定平台所提供商品或服务的价格不得高于其在自营线上渠道或其他所有平台上所提供商品或服务的价格。③ 由此可见，MFN 条款在实践中已得到长期、广泛使用，从早期的医疗保险领域到现今的平台经济领域，无论交易主体间采取分销模式还是代理模式，均具有订立 MFN 条款的空间。在传统分销模式中，下游分销商与上游供应商订立 MFN 条款，要求供应商向其提供商品的条件不得劣于其他分销商；与分销模式不同，代理模式④中订立 MFN 条款的下游主体并不会取得商品的所有权，其仅起到交易撮合、居间的作用，其要求供应商通过其所运营平台向消费者提供产品或服务的条件最优，以此吸引更多消费者使用己方运营平台，进而从供应商与消费者之间的交易中抽取佣金。另外需要注意的是，MFN 条款的适用场景十分广泛，代理模式下的 MFN 条款并不限于平台 MFN 条款，平台 MFN 条款为代理模式下适用 MFN 条款的情形之

---

① 参见黄勇、田辰：《网络分销模式中最惠国待遇条款的反垄断法分析》，载《法律适用》2014 年第 9 期，第 49 页。

② See Anthony J. Dennis, "Potential Anticompetitive Effects of Most Favored Nation Contract Clauses in Managed Care and Health Insurance Contracts", *Annuals of Health Law*, Vol. 4, pp. 71 – 86 (1995).

③ 参见孙晋、徐则林：《平台经济中最惠待遇条款的反垄断法规制》，载《当代法学》2019 年第 5 期，第 99—100 页。

④ 此处的代理模式并非我国《民法典》意义上的“代理”。我国《民法典》意义上的代理为以被代理人名义实施民事法律行为，由此产生的法律效果归于被代理人承受。而此处的“代理”源于普通法系中的 *Agency* 一词，其外延十分广泛，除直接代理，即以被代理人名义实施法律行为外，还包括间接代理、行纪、信托和居间等，即应当作广义上的商事代理理解。

一。[1] 例如，在本文所讨论的直播电商场景下，商家与主播之间同样属于广义上的商事代理关系。主播对商家拥有所有权的商品进行宣传和推广，引导消费者在其运营的直播间中下单，虽然主播开设的直播间依附于电子商务平台，消费者实际上仍是通过电子商务平台与商家订立买卖合同，但就主播与商家之间的法律关系而言，其在形式上与商家和平台之间的法律关系类似：与分销模式下取得商品所有权的分销商不同，平台和主播均不是最优条件的直接承受者，相应条款所约定的最优条件的指向主体均为消费者，但无论是平台还是主播，都能够从这一最优条件中获益，即通过向消费者提供最优条件，吸引更多消费者使用己方所提供的渠道，进而扩大平台或所运营直播间的影响力，从居间服务中获取更多佣金。由此可见，在直播电商场景下，主播与商家之间签订的底价协议属于 MFN 条款。

综上所述，直播电商底价协议实为商家与主播之间签订的、以主播所宣传推广商品的交易条件为主要内容的协议，此交易条件的指向对象为末端消费者而非主播本身，双方约定，在划定的销售渠道范围内，主播在其直播间所宣传推广的商品价格为其他所有销售渠道最优。就底价协议的本质而言，其为代理模式下的 MFN 条款。然而，MFN 条款是否违反我国《反垄断法》并不明确。《国务院反垄断委员会关于平台经济领域的反垄断指南》第 7 条对平台 MFN 条款作出了规定，说明了平台 MFN 条款可能构成垄断协议，也可能构成滥用市场支配地位行为。虽然直播电商底价协议与平台 MFN 条款在形式上类似，均为代理模式下供应商与代理商之间就最优交易条件作出的约定，但主播的地位在实质上并不等同于平台。即使可以参照平台 MFN 条款的规定，该规定下 MFN 条款是否明确地为我国《反垄断法》所禁止仍然是不明确的。因此，下文将具体分析直播电商底价协议此种 MFN 条款的违法性。

---

[1] 此处的平台不包括采取批发模式的平台，如平台采取批发模式，平台与商家仍属于传统的分销模式，由平台取得商品所有权并掌握自主定价权。在无特别说明的情况下，本文所述平台 MFN 条款均指采取代理模式的平台与商家订立的最惠国条款。

三、底价协议的违法性认定路径："从形式到效果"

前文已述，直播电商底价协议在本质上实为一种MFN条款，而MFN条款可能涉及不同的垄断行为类型或造成不同层次的垄断效果，[①] 如仅就签订MFN条款的上下游主体而言，单就形式上其可能构成纵向垄断协议；而MFN条款同时具有促进共谋的作用，在交易主体之间形成不降价的预期，从而为横向垄断协议的形成和维持提供便利；[②] 而当签订MFN条款的一方具有市场支配地位时，其要求交易对方签订MFN条款可能构成滥用市场支配地位行为。[③] 由此可见，直播电商底价协议作为一种MFN条款，可能涉及不同的垄断行为类型，包括横向垄断协议、纵向垄断协议和滥用市场支配地位行为。[④] 在我国《反垄断法》的规制语境下，垄断行为被类型化为垄断协议、滥用市场支配地位、经营者集中和滥用行政权力排除、限制竞争，不同的垄断行为对应不同的违法性认定框架。如对于垄断协议，尤其是横向垄断协议，更加注重"基于形式的分析"，而对于滥用市场支配地位行为，则更加注重"基于效果的分析"。"基于形式的分析"是指依照现行《反垄断法》第17条和第18条的规定来对相关行为进行认定，以判断其是否构成垄断协议；"基于效果的分析"基本上等同于美国的合理原则，即考虑行为所造成的排除、限制竞争效果来对相关行为的违法性进行认定。[⑤] 因此，在我国现有的规制框架下，若仅根据行为外观，如所涉主体地位及其互相关系、行为表现形式等即可明确该行为属于上述四大垄断行为中的何种类型，其违法性认定路径也由此较为明晰。但具体实践中，随着

---

① 参见孙晋、徐则林：《平台经济中最惠待遇条款的反垄断法规制》，载《当代法学》2019年第5期。

② 参见吴韬、何晴：《美国"苹果电子书价格垄断案"争点释疑》，载《法学》2017年第2期，第170页。

③ 参见曾雄：《互联网电商平台的反垄断问题分析 基于欧盟对亚马逊MFN条款的处理》，载《互联网天地》2018年第12期，第40—44页。

④ 参见孙晋、宋迎：《数字经济背景下最惠国待遇条款的反垄断合理分析》，载《电子知识产权》2018年第12期，第103页。

⑤ 参见叶卫平：《反垄断法分析模式的中国选择》，载《中国社会科学》2017年第3期，第101页、110页。

平台经济的不断发展，衍生出多种新型商业模式与交易形式，不同于我国《反垄断法》现有规制框架下较为“传统”的垄断行为，现有涉嫌违法行为可能具有较为“复合”的行为表现，即同时涉及多种不同类型的垄断行为，而无法将其明确地归类为某一垄断行为，从而适用相应规则认定其违法性。本文所探讨的底价协议则属于此种“复合型”的涉嫌违法行为，由于其所涉垄断行为不明，判断其在《反垄断法》上是否具有违法性即缺乏明确的认定路径。因此，需先行在现有规则基础上，提炼其违法性分析框架，其后再具体适用该框架判断行为的违法性。本文认为，对于“复合型”行为的违法性判断可以采取“从形式到效果”的认定路径。

（一）“从形式到效果”认定路径的正当性

我国《反垄断法》将垄断行为分为垄断协议、滥用市场支配地位行为、经营者集中和滥用行政权力排除、限制竞争行为。在前述四大类垄断行为中，经营者集中和滥用行政权力排除、限制竞争具有较为明确的行为表现和主体限定，如经营者集中明确地表现为控制权转移，[①] 而滥用行政权力排除、限制竞争的涉及主体之一需为行政机关和法律、法规授权的具有管理公共事务职能的组织。因此，“复合型”行为的违法性认定要点实则集中于横向垄断协议、纵向垄断协议以及滥用市场支配地位的交叉与重叠上，由此其违法性认定路径也不应脱离现有法律框架对于垄断协议与滥用市场支配地位的规制思路，而需在此基础上予以提炼、整合，形成对以底价协议为代表的“复合型”行为违法性认定的一般分析框架，以应对此类行为系何种垄断行为的边界不明的问题。

首先，现有法律规制框架对涉嫌垄断行为的认定离不开形式分析与效果分析。对于垄断协议而言，采取原则禁止与例外豁免的规制模式。根据我国《反垄断法》，满足第 17 条第 1—5 项规定的行为直接构成横向垄断协议，行为人无法作无排除、限制竞争效果抗辩；其他经国务院反垄断执法机构认定具有反竞争效果的横向垄断协议适用该条第 6 项，原则上同样为反垄断法所禁止；满足

---

① 参见王晓晔：《〈中华人民共和国反垄断法〉中经营者集中的评析》，载《法学杂志》2008 年第 1 期，第 2 页。

第18条第1—2项的规定且行为人的无反竞争效果抗辩不成立的，构成纵向垄断协议，原则上具有违法性；其他经国务院反垄断执法机构认定具有反竞争效果的纵向垄断协议适用该条第3项，原则上同样为反垄断法所禁止。上述符合《反垄断法》第17条和第18条规定的垄断协议原则上具有违法性，应遭受否定性评价，但可以适用该法第20条提出豁免抗辩，以阻却行为的违法性。由此可见，无论是横向垄断协议还是纵向垄断协议，我国《反垄断法》均采取“基于形式的分析”与“基于效果的分析”相结合的认定路径，即先行判断行为在形式上是否符合法律规定的构成要件，再从效果上判断行为是否存在抗辩、豁免成立的情形。对于滥用市场支配地位行为而言，根据现有法律框架，构成该行为需满足行为人具有市场支配地位、为了巩固其支配地位而实施了具有反竞争效果的行为的条件。因此，判断某涉嫌违法行为是否构成滥用市场支配地位离不开效果判断。据此，通过现有法律框架对于垄断协议与滥用市场支配地位的违法性认定框架予以整合，可以发现其均离不开形式判断与效果判断。

其次，“从形式到效果”的分析顺序与现有法律规制的逻辑相符。如对于垄断协议而言，满足《反垄断法》第17条和第18条的列举式规定（兜底条款除外）的行为，即无须对其反竞争效果予以考察，或者可以说此类行为默认其具有反竞争效果，此时可基于形式直接判断此类行为具有违法性，类似于美国法上的“本身违法”原则。只有在行为不满足《反垄断法》第17条和第18条已经具体规定了的形式要件的情况下以及行为人作效果抗辩的情况下才有进一步作效果分析的必要。又如对于滥用市场支配地位行为而言，现行法律将其进一步划分为不公平高价或低价、掠夺性定价、拒绝交易、限定交易、搭售、差别待遇以及其他滥用市场支配地位行为。虽然前述几类典型滥用市场支配地位行为在我国《反垄断法》上具有相对明确的表现形式和构成要件，但《禁止滥用市场支配地位行为规定》对其构成要件的考虑因素作出了详细规定，可见最终落脚点仍在于通过各考虑因素判断其是否具有反竞争效果。综合我国现行《反垄断法》对于垄断协议和滥用市场支配地位行为的判断逻辑，可以发现，当行为的反竞争效果非常明确、违法性高度确定、对经济效率明显无益时，可以直接通过形式判断，即证明相关行为的存在即可认定违法性，[①] 而当上述条件不满足，即无法直接推定行为具有反竞争效果时，则需要回归到行为所产生效果本身的判断上。[②] 由此可见，我国现行《反垄断法》在行为违法性的判断上整体遵循“从形式到效果”的逻辑进路。

（二）“从形式到效果”认定路径的合理性

“从形式到效果”的分析思路能够提高判断效率与法律实施结果的可预见性，[③] 同时实现对相关行为较为周延的分析，具有合理性。首先，“基于形式的分析”相对而言系客观分析，即能够明确地对照行为的形式构成要件加以判断，在行为符合形式构成要件的情况下即可认定行为的违法性，而无须再大费周章地从市场、经济等各角度论证行为的反竞争效果，提高判断效率。同时，由于形式分析具有明确的构成要件标准，即法律将某类违法性高度确定的行为予以明确，一方面可以最大限度避免“误伤”合法行为，另一方面也可以使得行为人对其相应行为的法律评价结果具有预期。只有在形式分析无法判断的情况下，即行为不符合形式构成要件时，此时说明行为的危害性并不明确，再转入“基于效果的分析”，实际判断行为是否具有排除、限制竞争的效果，避免遗漏对于垄断行为的打击，顺应“强化反垄断和防止资本无序扩张”的监管要求，[④] 同时也符合提高监管效率的需求。

由此可见，在行为具有“复合型”特征，属于何种垄断行为的界限不明确时，“从形式到效果”的违法性认定路径具有正当性与合理性。具体而言，可先从形式上判断该行为是否符合《反垄断法》第17条第1—5项以及第18条第

---

① 在“海南某泰案”中，最高人民法院提出某些协议一旦形成，必然会产生排除或限制竞争的后果，对于这类行为应采取本身违法原则，即只要证明该行为存在，就构成垄断，具有违法性，而无须再对该行为产生的排除、限制竞争效果加以证明。参见焦海涛：《我国反垄断法中垄断协议违法性的分析模式》，载《法学》2024年第2期，第52页。

② 参见兰磊：《论垄断行为分析模式的配置逻辑》，载《经贸法律评论》2021年第2期，第38页。

③ 参见叶卫平：《反垄断法分析模式的中国选择》，载《中国社会科学》2017年第3期，第112页。

④ 参见陆敏、周琳：《解读中央经济工作会议精神：防止资本无序扩张》，载中国政府网。

1 项和第 2 项规定的情形。若行为符合第 17 条对横向垄断协议的具体列举式规定，且行为人不存在第 20 条规定的豁免情形的，则可直接确认该行为构成横向垄断协议，具有违法性。若行为符合第 18 条对于转售价格维持的规定，则进一步判断行为人是否符合该条第 3 款规定的“安全港”情形，[①] 若不符合，则考察行为人是否依据该条第 2 款和第 20 条提出抗辩或其抗辩是否成立，若其未提出抗辩或抗辩不成立，即可判断行为构成纵向垄断协议，具有违法性。若行为不符合上述形式要件，则需进一步对其反竞争效果进行分析。若分析得出该行为不具有反竞争效果，则反垄断分析至此结束，行为不具有违法性；若分析得出该行为具有反竞争效果，则再根据行为人的主体特征、行为的具体内容等因素判断该行为最终构成何种垄断行为。整体判断框架如图 2 所示。同时需要注意的是，对某行为进行反垄断分析，整体遵循从形式到效果的思路，并不意味着形式分析与效果分析互相排斥，如在进行形式分析的过程中，具体涉及纵向垄断协议的分析时，由于纵向垄断协议相较于横向垄断协议具有危害性较低的特征，我国现行法律对具体列举式规定中的两类典型纵向垄断协议另行规定了效果抗辩以补正仅通过形式判断即推定其具有反竞争效果这一可能过于“武断”的结果。[②] 因此，在进行形式判断的过程中，如果行为人提出了效果抗辩，此时仍需要进行效果判断，但此种效果抗辩属于例外情形，在整体判断框架上仍然遵循“从形式到效果”的分析思路。

---

① 我国现行《反垄断法》中规定的“安全港”制度系损害排除机制，即不认为市场份额阈值之下的纵向协议具有竞争损害，因此不将其认定为《反垄断法》上的“垄断协议”。参见焦海涛：《垄断协议“安全港”制度的性质定位与规范修复》，载《环球法律评论》2023 年第 6 期，第 65 页。

② 参见吴韬：《我国垄断协议违法性认定框架的改进：评〈《反垄断法》修订案草案〉相关条款》，载《竞争政策研究》2022 年第 2 期，第 7 页。

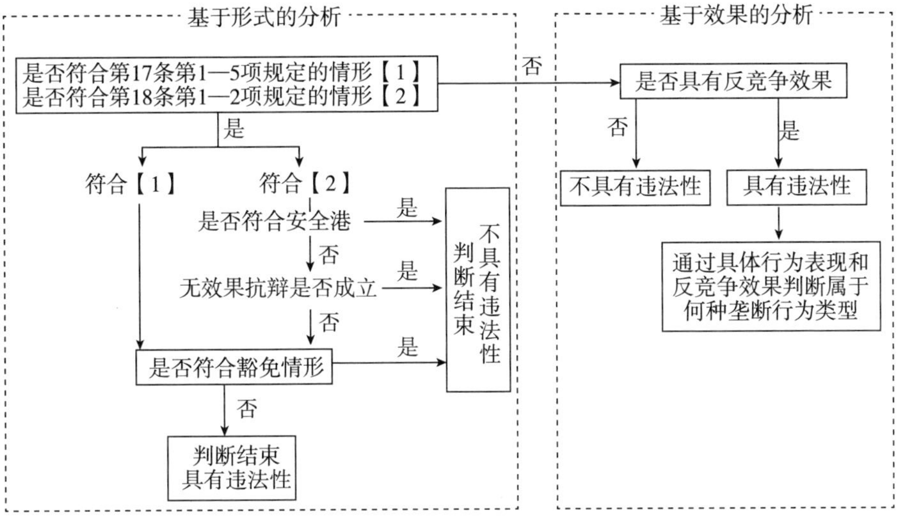

图2　从形式到效果的反垄断分析框架示意图

四、底价协议的违法性检视："从形式到效果"路径的应用

上文已述，可以通过"从形式到效果"的路径来认定底价协议这种具有"复合型"特征行为的违法性。下文将实际运用该分析框架，具体对直播电商底价协议进行违法性分析，以检视是否具有《反垄断法》介入对该行为予以规制的必要。

（一）基于形式的底价协议反垄断分析

按照上述分析框架，首先应当对直播电商底价协议进行基于形式的分析，即判断直播电商底价协议是否符合《反垄断法》第17条和第18条中具体列举式规定的内容。第一，根据《反垄断法》第17条对横向垄断协议的规定，横向垄断协议系具有竞争关系的经营者之间形成的共谋，而从形式上看，底价协议的参与主体为上游商家与下游主播，二者的经营内容完全不同，其不具有竞争关系。因此，仅从形式上分析来看，可以初步得出底价协议不符合《反垄断法》第17条第1—5项规定情形的结论。

第二，根据《反垄断法》第 18 条对纵向垄断协议的规定，纵向垄断协议需发生于经营者与交易相对人之间，即双方处于不同市场环节且具有买卖关系。但针对该条规定目前存在不同理解。一种观点认为，应当严格适用该条规定，将纵向垄断协议的主体限定于具有买卖关系的经营者与交易相对人之间。而另有观点认为，《反垄断法》对于纵向垄断协议的实施者具有包容性。① 《国务院反垄断委员会关于平台经济领域的反垄断指南》第 7 条指出平台 MFN 条款可能构成纵向垄断协议，由此可见，该指南对《反垄断法》第 18 条规定的“经营者与交易相对人”实采广义理解，即并不要求纵向协议的当事人必须成立买卖关系。在对纵向垄断协议的主体采广义理解的基础上，从形式上分析直播电商底价协议是否符合《反垄断法》第 18 条第 1 项和第 2 项规定的情形，可以发现，底价协议并不符合前述两项规定。由于主播仅通过开设直播间向消费者讲解商品，以起到宣传、推广作用，实际的买卖关系仍然发生在商家与消费者之间，主播在其中并未起到“转售”作用。因此，仅从形式上分析来看，可以初步得出底价协议不符合《反垄断法》第 18 条第 1 项和第 2 项规定情形的结论。但由于该条规定对“经营者与交易相对人”采广义理解，在底价协议具有反竞争效果的前提下，底价协议可能符合该条第 3 项的规定，即国务院反垄断执法机构认定的其他垄断协议。

综上所述，从简化反垄断法的分析流程、提高反垄断法实施效率的角度，本文提出可先行从形式角度分析底价协议是否构成横向垄断协议或纵向垄断协议，具体方法即为比照《反垄断法》第 17 条第 1—5 项以及第 18 条第 1 项和第 2 项的规定，判断底价协议是否符合规定的情形。然而，通过上述分析可知，底价协议并不符合前述规定的情形，即仅从形式上而言，底价协议并不构成横向垄断协议或纵向垄断协议。因此，判断底价协议在反垄断法中的违法性，分析重点实在于底价协议是否具有排除、限制竞争效果，如经过个案中的具体分析后，认定底价协议具有反竞争效果，则再从行为后果和行为特征等角度判断底价协议应受到哪一类垄断行为规则的规制。

---

① 参见张晨颖、林一英：《纵向价格限制的反垄断法规制》，载《经济法研究》2008 年第 7 期，第 183 页。

（二）基于效果的底价协议反垄断分析

《反垄断法》第7条和第16条均强调了垄断行为的排除、限制竞争效果，由此可见，《反垄断法》实则“反”的是具有排除、限制竞争效果的垄断行为，认定某行为在《反垄断法》上具有违法性需以其具有排除、限制竞争效果为前提。同时此处需要特别澄清的是，前文提到，判断某行为是否违反《反垄断法》可以遵循从形式判断到效果判断的大框架，若行为满足《反垄断法》第17条和第18条中的具体列举式条款规定的情形，即可判定其具有违法性。此种判断范式先从形式出发进行判断并非意味着不考虑行为的竞争效果，而是由于对每一个案件均进行基于效果的判断较为复杂且实施成本高昂，出于法律适用成本的考虑先行通过形式判断筛选出那些明显会造成反竞争效果、不具有反竞争效果可能性极低的行为。行为经判断发现并不符合形式条件时，再行对其竞争效果予以分析。前文已分析，如仅从形式上对底价协议进行考察，可以发现其并不符合《反垄断法》第17条和第18条列举的垄断协议形式，因此，还需要进一步分析其可能造成的实际效果，以判断底价协议是否具有排除、限制竞争效果。

然而，对于竞争效果的判断并没有明确的标准，需要结合个案具体分析。最高人民法院公报案例某邦诉某生案具有指导参考意义，该案中法院指出，垄断协议应当以具有排除、限制竞争效果为构成要件，具体应从相关市场竞争是否充分、被告市场地位是否强大、被告实施相应行为的动机以及行为的竞争效果这四个因素进行判断。① 此外，以“竞争损害”为关键词在威科先行法律信息库中检索相关垄断纠纷案件，筛选法院级别为最高人民法院，可以发现，在对涉诉行为的竞争效果进行分析时，类案中法院具有相似的判断思路。如在“基本殡葬服务”拒绝交易纠纷案中，法院指出，可以从被告的行为意图以及上游市场和下游市场的竞争是否遭到排除和限制来判断被告的行为是否应遭受

---

① 参见A公司与B医疗器材有限公司、C医疗器材有限公司纵向垄断协议纠纷案，上海市高级人民法院（2012）沪高民三（知）终字第63号民事判决书。

《反垄断法》的否定性评价。[①] 又如在“枸地氯雷他定”原料药滥用市场支配地位纠纷案中，法院指出可以从相关行为的市场覆盖率、是否提高市场进入壁垒或增加竞争对手的成本、产生市场封锁效应来判断行为的违法性。[②] 再如在“某海水务集团”滥用市场支配地位纠纷案中，法院从行为人是否具有限定交易的意图以及行为人实际上造成了其在市场内集中、大量承揽业务的后果来认定涉诉行为构成限定交易的滥用市场支配地位行为。[③] 对上述公报案例和最高人民法院典型案件的裁判思路予以整合，可以将反竞争效果的判断因素提炼为相关市场竞争是否充分，行为人的市场地位是否强大，也即行为人市场覆盖率的高低，行为人的动机意图和行为实际产生的后果这四个方面，而行为实际产生的后果具体包括是否排除上、下游市场竞争，是否提高市场进入壁垒，产生市场封锁效果，增加竞争成本等。因此，在对底价协议进行基于效果的分析时，可以参照上述典型案件中的司法判断思路，即从前述四个方面来判断底价协议是否具有排除、限制竞争效果，以最终判断是否有《反垄断法》介入，对直播电商底价协议予以否定性评价的必要。

1. 相关市场竞争是否充分

首先，判断相关市场竞争是否充分需要界定相关市场。界定相关市场的方法主要可分为产品功能界定法和假定垄断者测试法（SSNIP 法）。[④] 产品功能界定法主要依据产品功能或用途上的可替代性来界定相关市场，[⑤] 在互联网与新技术领域，由于商品和服务的提供形式更加多样和复杂、不同商品和服务之间的可替代性和可互换性增加，此种传统的相关市场界定方法具有较强的主观性，

---

① 参见“基本殡葬服务”拒绝交易案，最高人民法院（2021）最高法知民终字第242号民事判决书。

② 参见“枸地氯雷他定”原料药滥用市场支配地位纠纷案，最高人民法院（2020）最高法知民终字第1140号民事判决书。

③ 参见“威某集团”滥用市场支配地位纠纷案，最高人民法院（2022）最高法知民终字第395号民事判决书。

④ 参见李剑：《双边市场下的反垄断法相关市场界定——“百度案”中的法与经济学》，载《法商研究》2010年第5期，第41页。

⑤ 参见韦静：《相关市场认定的反垄断法分析》，载《长江大学学报（社会科学版）》2010年第2期，第188—189页。

已不太适用。[①] 然而，基于经济学理论的 SSNIP 法在平台经济的语境下同样面临着难题：SSNIP 法的核心在于先假定垄断者，分析垄断者提价后消费者是否会转向其他替代品，若是，则将消费者转向的替代品同样纳入划定范围中，以此类推，当假定垄断者提价无法导致消费者转向前述范围之外的产品时，即可确定该范围系相关市场。[②] 但平台经济具有双边市场特性，假定垄断者提价势必会影响到双边用户。[③] 如本文所讨论的电子商务底价协议，其中主播虽并非提供交易场所的平台，但主播同样涉及双边用户，主播一方面向商家提供宣传推广服务，另一方面又直接面向消费者。假设主播面向商家提高宣传推广费用，不仅会影响到商家是否继续与该主播合作，若商家基于主播在消费者中的知名度等因素选择继续与该主播合作，其成本提高会最终影响商品价格，由此又会对消费者产生影响。同时，主播面向商家提高费用的另一种表现形式即为提高交易条件，即要求商家向其经营的直播间提供的商品价格更低，以低价吸引更多消费者，通过更多的交易数量获取更多佣金，由此既对商家产生影响，也对消费者产生影响。因此，在界定直播电商底价协议的相关市场时需引入双边市场理论，而问题即在于是在双边市场中界定一个整体市场，还是就双边市场两边均界定相关市场。在直播电商底价协议语境下，主播实际将商家与消费者的需求相匹配，使两者进行特定交互，同时由于主播并不享有商品所有权，此时单独讨论主播与商家或主播与消费者某一边的市场均没有意义，因此应当将由主播连接起的商家和消费者这一整体界定为相关市场。

同时还应注意到，在直播电商语境下，主播依附于网络直播平台或电子商务平台，需通过平台开设直播间向消费者推广销售商品。目前我国直播电商的平台数量有限，但主播数量众多，商务部数据显示，2023 年上半年，重点监测

---

① 参见蒋岩波：《互联网产业中相关市场界定的司法困境与出路——基于双边市场条件》，载《法学家》2012 年第 6 期，第 58 页。

② 参见宁立志、王少南：《双边市场条件下相关市场界定的困境和出路》，载《政法论丛》2016 年第 6 期，第 123 页。

③ 参见赵莉莉：《反垄断法相关市场界定中的双边性理论适用的挑战和分化》，载《中外法学》2018 年第 2 期，第 518 页。

电商平台活跃主播超过 270 万人，[①] 而消费者也不会仅局限在某一特定电商平台购买商品或服务，往往会多方比价，跨直播间、跨平台地进行消费。另外，直播电商的特殊性还体现在主播并不会仅带货某一品牌或某一类目的商品，除商家自行开设的直播间外，其他专门从事宣传推广的主播其选品往往覆盖多个类目，从美妆个护、生活家居、服饰鞋品到食品等等，应有尽有。而对于相同类目商品，主播往往也会和不同的品牌进行合作，不会仅局限于某一品牌。由此，有观点主张应当将相关市场界定为整个网络带货直播市场。[②] 然而，此种界定虽考虑到了直播跨平台和跨商品品类的特殊性，但却会导致相关市场范围界定过于宽泛。比如，虽然主播可能同时带货家电类商品和美妆类商品，但很难说家电类直播和美妆类直播处于同一个相关市场。

综合直播电商的双边市场属性以及直播的跨平台、跨商品品类属性，本文主张以具体的商品品类划定相关市场，将该特定的商品品类直播市场界定为相关市场。以 2023 年“双十一”大促期间主播李某琦与烘焙品牌某氏之间广受争议的底价协议为例，该底价协议围绕家用厨房电器的价格展开，即应当将厨房家用电器的网络直播带货市场界定为相关市场。

其次，在相关市场界定完成后，需要解决的问题即成为该相关市场中的竞争是否充分。可以通过该直播带货市场中的主播数量、某特定直播间商品成交总量来判断相关市场竞争是否充分。具体而言，若在某特定品类商品的网络直播带货市场中，主播数量众多，且不同主播直播间均具有有效商品成交数量，涉案主播直播间的商品成交数量占该品类商品直播带货市场中总成交数量的比例低于 50%，即说明这类商品的网络直播带货市场仍然是充分的，消费者仍然随时有可能基于更优惠的交易条件转向其他平台、其他主播的直播间购买同一品类商品，否则除涉案主播以外的其他主播将会因无利可图不再继续带货此类商品而自动退出该相关市场。同时还需注意，应当将底价协议实际实施期间前后一段时间的主播数量、商品成交总量占比进行对比，以评估底价协议对于相

① 参见新闻晨报：《直播电商行业高质量发展报告（2022—2023 年度）：合规和质量提升、技术创新成趋势》，载腾讯网。

② 参见陈传浩：《论“最惠国待遇条款”违反〈反垄断法〉的可能性——以网络带货直播为例》，载微信公众号“知产力”。

关市场竞争的影响，即分析相关市场竞争不充分是由底价协议所导致的还是市场自然选择的结果。如经评估发现底价协议实施后，相关市场中的主播数量减少，涉案主播就特定品类商品的成交数量占据整个市场中成交数量的比重上升且达到多数，即可认定底价协议造成了相关市场竞争不充分的后果，具有排除、限制竞争效果。

由此，判断直播电商底价协议是否具有排除、限制竞争效果可以考虑该底价协议所涉及的特定品类商品的直播带货市场中的主播数量多少，以及涉案主播就该品类商品的实际成交数量占整个相关市场中成交数量的比例，来评估该特定品类商品直播市场的竞争是否充分，以此作为衡量底价协议是否具有排除、限制竞争效果的标准之一。

2. 行为人的市场地位是否强大

在界定相关市场的基础上，行为人的市场地位是否强大可以作为判断相关行为是否具有排除、限制竞争效果的考虑因素。但在判断市场地位之前，由于本文分析的直播电商底价协议涉及商家与主播两方主体，因此首先需要明确此处的行为人究竟是哪一方主体，还是双方主体均需要进行市场地位的判断。本文认为，由于底价协议的内容为主播要求商家在其直播间以外的渠道不得以更优惠的价格销售商品，实是主播通过底价协议对商家施加义务，因此宜将主播作为行为人，分析主播的市场地位是否强大。而主播的市场地位如何，可以通过该主播在此类商品的直播销售总量、直播销售总交易额中所占的比重进行判断。若超过50%，基本可判断行为人具有较强的市场地位，在消费者中具有较大影响力，而对于商家也具有较大的谈判话语权。但同时需要注意的是，行为人的市场地位是否强大仅为判断行为人所实施行为是否具有排除、限制竞争效果的考虑因素：如经分析发现行为人在相关市场中的地位相对较小，其行为构成垄断的可能性也相应较小；但如经分析发现行为人在相关市场中的地位较为强大，也并不意味着行为人一定违反了《反垄断法》，还需要结合前述相关市场的竞争状况以及下文将要论述的行为人的动机意图和行为实际造成的后果进行综合分析。在《反垄断法》语境下，市场地位并非“原罪”，仅行为人的市场地位可能会对其实施垄断行为带来便利，此时重点仍落在行为本身的出发点和实际造成的后果上。

3. 行为人的动机

判断某行为是否具有排除、限制竞争效果可以通过行为人实施该行为的动机进行判断。① 如行为人实施相应行为本身就具有违法目的，即期望排除、限制竞争，形成并维护自身的市场地位以获取不法利益，无论该行为实际上是否具有正面效果，均可认定该行为的反竞争效果。然而，行为人的动机判断往往具有一定主观性，除有证据可以明确表明行为人排除、限制竞争的动机外，行为人的动机往往难以确定。在此种情形下，还需要结合其他因素来判断行为的反竞争效果。如对于直播电商底价协议而言，主播的动机为何即属于难以判断的情形。一方面，本文暂且不论底价协议在《广告法》中的违法性，② 主播与商家订立底价协议，可能仅是出于通过最低价吸引更多消费者的商业目的，其主观目的可能并不是为了排除自身与其他主播的竞争，再加上直播间的优惠商品时常具有数量和时间限制，消费者甚至需要定时蹲守抢购，且“最低价”往往出现在大促活动中，而特定促销活动仅会维持于一段特定时期内，并非持久存续。而当消费者并未在大热直播间购买到必需商品时，自然会转向其他渠道进行购买。而另一方面，在网络购物、直播带货高速发展的当下，各平台、各主播之间的竞争往往表现为价格之争，主播要求合作商家签订底价协议，可能又确实存在具有排除其他同类型主播与自身开展竞争的目的嫌疑，即通过最低价促使消费者只通过自身提供的渠道购买商品而挤占其他主播的“生存”空间。由此，虽然行为动机系判断行为反竞争效果的重要因素，但结合直播电商底价协议的具体情况来看，主播的行为动机实则难以判断，从该角度认定底价协议的排除、限制竞争效果具有一定难度。因此，对于底价协议而言，还需通过其他因素进行综合判断，无法直接主观认定涉案主播一定具有排除、限制竞争的动机和意图，从而判定底价协议一定具有排除、限制竞争效果。

---

① 参见曾晶：《反垄断法上转售价格维持的规制路径及标准》，载《政治与法律》2016 年第 4 期，第 29 页。

② 我国《广告法》第 9 条规定，广告不得使用“国家级”“最高级”“最佳”等用语。此外，国家市场监督管理总局发布的《广告绝对化用语执法指南》对广告中最高级的使用作出了明确的指引。如果主播因底价协议的存在向消费者不当地宣传“最低价”，可以具有违反广告法的嫌疑。

4. 行为造成的后果

判断某行为是否具有排除、限制竞争的效果，是否需要受到《反垄断法》的否定性评价，还可以通过行为实际造成的后果进行判断，同时考虑、衡量行为的正面效果和负面效果，在行为的正面效果无法抵销其负面效果时，可认定其排除、限制竞争效果。而判断行为造成的后果可以关注价格的提升或产量的减少、商品或服务多样性的限制、阻碍创新以及是否产生共谋效果和排他效果等方面。第一，可以关注底价协议对商品或服务的价格造成的影响。底价协议的核心内容即在于最低价，如商家遵守与主播的最低价约定，底价协议自是能够降低商品价格无疑，但底价协议的吊诡之处即在于，最低价是主播与商家之间约定的结果，商家完全可以通过在其他渠道提价以维持在主播间的最低价，同时还禁止其他渠道销售的商品降价至这一所谓的“最低价”之下，由此即引发底价并非真实最低价的担忧。由此，观察底价协议对商品价格的影响可以将直播间的商品价格与一段较长时间内该商品在各渠道，包括线上渠道和线下渠道的平均价格进行比较，以判断底价协议是否实际上提高了商品价格。第二，底价协议可能导致某一特定直播间通过“最低价”源源不断地吸引消费者，不断提高相关主播的影响力，从而挤占其他主播的“生存”空间，从理论分析而言有可能减少直播服务的多样性，使得最后仅有少数直播间销售特定品类的商品。但还需要根据实际情况，结合底价协议实施前后相关市场内主播数量及该品类商品直播带货市场中商品种类的数量来进行判断，以得出底价协议是否造成了商品或服务多样性降低的后果。第三，底价协议仅涉及商品或服务的推广销售阶段，不涉及研制和生产阶段，因此对创新的影响不明显。

此外，底价协议在本质上作为一种 MFN 条款，是否也同其他 MFN 条款一样，有可能造成共谋效果或排他效果呢？例如在国外的反垄断实践中，就曾认定平台 MFN 条款会造成共谋效果或排他效果，需受到反垄断法规制。[①] 因此，

① 如在苹果电子书案中，上诉法院认为苹果组织出版商之间形成了横向的价格固定，促使出版商均接受苹果提供的 MFN 条款，终止与亚马逊之间的“批发模式”，共同抬高电子书价格。又如在亚马逊电子书案中，欧盟委员会认为亚马逊与供应商之间的 MFN 条款妨碍了电子书分销市场的进入和扩张，强化了市场进入壁垒。再如在德国 HRS 酒店预订案中，德国联邦卡特尔局认为酒店在线预订服务商与酒店之间的 MFN 条款导致其他酒店在线运营服务商难以进入市场参与竞争。

下文将另行单独对底价协议的共谋效果和排他效果进行分析。

其一，底价协议是否能够在事实上导致具有竞争关系的经营者之间形成共谋，从而促成具有竞争关系的主体之间达成横向垄断协议。在互联网领域涉MFN条款的苹果电子书案这一典型案例中，苹果公司计划在其iPad产品中内置阅读器iBook并出售电子书，其与五大出版商之间建立起代销关系，从电子书销售额中提取佣金，并分别与出版商订立MFN条款，即对于通过苹果“电子书店”销售的电子书，要求出版商保证给予最优惠的销售价格。后美国司法部对苹果公司与相关出版商提起反垄断诉讼，指控其构成《谢尔曼法》第1条规定的联合、共谋，串谋提高和操纵电子书的零售价格。一审法院判决苹果公司与出版商违反反垄断法，苹果公司提起上诉，二审法院予以驳回，最终联邦最高法院作出拒绝受理的决定。仅就该案的判决处理结果来看，法院似乎认可苹果公司与出版商订立的MFN条款促成了各大出版商之间的横向共谋。① MFN条款可能促成的共谋在商家端和代理方端均有体现。在商家端，由于MFN条款固定了交易的最优惠条件，由此向其他具有竞争关系的商家传递未来不会降价的信号，减弱商家之间的价格竞争；在代理商端，由于MFN条款要求商家给予其他代理商的优惠条件也应当同等地给予己方，将导致各代理商获得的交易条件相差不大，各代理商之间自然也就没有动力开展价格竞争，如通过降低佣金比例来换取更优惠的交易条件。② 而直播电商语境下的底价协议，是否与上述平台MFN条款具有相同的促成横向共谋的嫌疑呢？答案是否定的。虽然前文已提到，无论是主播还是平台，其均与商家成立广义上的商事代理关系，底价协议抑或平台MFN条款都属于代理关系下的MFN条款，同时也有观点认为头部主播直播间具有明显的平台属性，可被视为平台的一种特殊表现形式，③ 然而此种观点忽视了主播与平台在电子商务中的地位和作用完全不同、二者分别与商家订立的法律关系内容也并不相同的事实。首先，对于商家端而言，底

---

① 参见吴韬、何晴：《美国“苹果电子书价格垄断案”争点释疑》，载《法学》2017年第2期，第163页。

② 参见焦海涛：《互联网平台最惠国条款的反垄断法适用》，载《商业经济与管理》2021年第5期，第76页。

③ 参见雷浩然：《网络直播领域全网最低价条款的反垄断法分析》，载《中国流通经济》2023年第12期，第22页。

价协议确定不会促成具有竞争关系的商家之间的共谋。平台系交易场所提供者，提供的服务类似于“基础设施”，商家需要长期稳定地依赖平台提供的交易场所开展电子商务活动，而主播提供的仅是宣传推广服务，可以说商家对主播不具有依赖性，脱离主播后商家依然可以正常开展电子商务活动，且主播的直播时间有限，消费者一般仅能在特定的时间段内购买特定商品，而通过直播间销售的商品数量仅占这一特定平台销量的一部分，而该平台的销量又仅是所有渠道所销售商品的一部分，再加上商家与主播之间签订的底价协议通常都有时间限制，即规定在某一时间段内商家提供给主播的交易条件最优。因此，商家与主播签订相对短期内的最低价协议，并不会促成具有竞争关系的商家之间就商品价格达成共谋，在这一点上不可类比对于商家具有重要基础作用的平台。其次，就代理商端而言，底价协议更不会造成各主播之间的横向共谋。同样地，主播虽与平台同属于代理方角色，但商家对主播的需求并非必须，且主播的数量远远多于平台的数量，各主播之间仍然处于强竞争的状态，甚至当前对底价协议诟病最多的主体即为其他未从商家处得到“底价”的主播。同时不可忽略的是，主播带货的商品种类多种多样，不同的主播之间其带货的商品类目、品牌均存在较大差异，主播与某具体品牌商品的商家达成最低价协议从而促成各主播之间共谋的可能性几乎为零。因此，从上述分析来看，直播电商底价协议在事实上不会促成具有竞争关系的主体达成横向垄断协议，不具有促成共谋的效果。

其二，底价协议是否能够在事实上造成排他效果。“排他”意味着其他竞争者无法进入相关市场与行为人开展竞争。如在德国 HRS 酒店预订案中，德国联邦卡特尔局（FCO）认为德国酒店在线预订服务商 HRS 在与酒店进行合作时，合同中约定的 MFN 条款使得合作酒店有义务向 HRS 提供最优惠的订房条件，新的酒店在线预订服务商即无法通过让渡利益而享有更优惠的订房价格，使得其进入市场参与竞争非常困难。[①] 在直播电商的语境下，底价协议是有可能产生排他效果的。如在某类商品直播带货市场中，以美妆产品为例，若某头

① 参见孙晋、宋迎：《数字经济背景下最惠国待遇条款的反垄断合理分析》，载《电子知识产权》2018 年第 12 期，第 16 页。

部主播直播间的美妆产品交易总量占到全平台所有美妆产品直播交易量的一半以上，底价协议将会进一步导致消费者更愿意“认定”在该主播开设的直播间购买美妆类产品，由此美妆产品类商家更愿意与该主播合作以获得自家商品更多的曝光量和关注度，进而带来更多销量，由此该主播的头部效应会逐渐加强。而其他美妆类主播将会由于无法得到相较于该头部主播更优惠的条件而失去对消费者的吸引力，进而也失去对商家的吸引力，逐渐被排挤出市场，因而也就更不用提无法得到更优惠条件的、企图进入该市场开展竞争的新主播了。然而，这仅是一种理论分析上的可能，实践中主播的数量众多，主播的带货商品不止某一品类，也不止某一品牌，无法得到某品牌商品“底价”条件的其他同类型主播完全可以从其他众多品牌入手进行直播带货，并通过真实、专业的讲解等塑造自身的独特性和吸引力，因此实践中认定某特定主播签订底价协议是否能够产生排他效果还需回到该主播在相关市场中的力量是否强大、相关市场中的竞争是否充分的判断上，无法仅从理论上断言底价协议一定具有排他效果。

综上所述，分析直播电商底价协议是否具有反竞争效果可以考虑相关市场的竞争是否充分、涉案主播在相关市场中的力量是否强大、涉案主播签订底价协议的动机以及底价协议实际造成的后果这四项因素。其一，相关市场宜被界定为某品类商品的直播带货市场。判断相关市场的竞争是否充分可以通过该市场内的主播数量、涉案主播的某品类商品成交数量所占比例来进行判断，若经分析得出相关市场中的主播数量较少、涉案主播的商品成交数量占多数，且上述结果是由底价协议的实施造成的，即可认定底价协议具有排除、限制竞争效果，具有违法性。其二，可以通过涉案主播实施底价协议的动机来判断该行为是否具有反竞争效果，如主播具有排除、限制竞争的动机，则可以认定该行为目的违法，直接推定行为具有排除、限制竞争效果。但由于动机属于主观判断，实践中难以断言主播签订底价协议的动机，因此，还需结合其他因素综合考量底价协议是否具有排除、限制竞争效果。其三，还可以通过涉案主播在相关市场中的力量是否强大来判断底价协议是否具有反竞争效果，但该因素无法单独作为判断标准，行为人强大的市场力量仅能说明其行为具有反竞争效果的可能性更大，但实际上是否具有反竞争效果，还需结合其他因素进行判断。其四，可以通过底价协议实际产生的后果来判断其是否具有排除、限制竞争效果，即分析底价协议是否造成了价格上升、商品或服务的多样性减少、阻碍创新、共谋以及排他的后果。同时需要注意的是，前述四项因素并非独立的判断要点，需要综合运用，如在分析底价协议是否造成排他的后果时即需要结合涉案主播的市场地位、行为动机、相关市场的竞争程度进行判断。

若通过前述四项因素综合判断得出底价协议具有排除、限制竞争效果，则再从行为的表现以及行为所造成的后果具体判断是以垄断协议规则还是滥用市场支配地位规则对该行为予以规制。举例而言，若一个经判断具有强大市场力量的主播通过与某商家订立底价协议，实则是利用自身直播间在消费者间的影响力，与商家串谋抬高商品价格，可以考虑以纵向垄断协议规则对该行为予以否定性评价；若经判断，该主播已具备市场支配地位，其利用自身直播间在消费者间的影响力，将商家向其提供“底价”作为直播推广商品的条件，使得商家无法在其他渠道，包括自身渠道降低价格，可以考虑以滥用市场支配地位规则对该行为予以否定性评价，因为此时要求商家提供“底价”可视为一种不合理的交易条件。

五、结　语

现如今，直播电商蓬勃发展，其中主播与商家签订的底价协议作为一种普遍存在的行业惯例引起较多关注，并有声音质疑称主播签订底价协议涉嫌垄断，不仅会导致其他主播以及其他销售渠道失去以低于底价的价格销售商品的自由，还可能导致底价实为主播操纵的结果而非事实上的最低价，减损消费者福利。因此，有必要对此种直播电商中普遍存在的底价协议进行反垄断分析，以探究其是否具有违法性，即是否有《反垄断法》介入对其予以规制的必要。

究其本质，底价协议实为一种 MFN 条款，即交易主体间所作出的一方需给予另一方最优惠的交易条件的特殊安排。进一步限缩，可发现底价协议实为代理模式下的 MFN 条款，即商品的所有权并不会在商家与主播间转移，主播仅起到推广销售商品的作用。在代理模式这一特性上直播电商底价协议与平台 MFN 条款类似。但同时需注意的是，主播和平台与商家的交易模式虽同属代理模式，但不可将主播直接与平台等同，二者在直播电商语境下的地位和作用实则完全不同。平台系电子商务交易场所提供者，商家对平台具有依附性，且在当前电子商务的发展现状中，平台的数量较为有限，而主播在电子商务交易中仅起到推广销售商品的作用，于商家而言并非开展电商经营所必须，且目前主播的数量远在平台数量之上。因此，在对底价协议进行反垄断分析时，不可忽视上述主播具有的特殊性，而直接将底价协议作为平台 MFN 条款开展分析。

本文提出，在对某行为进行反垄断分析时，可遵循从“基于形式的分析”到“基于效果的分析”这一一般分析框架。具体而言，即先从形式上考察某行为是否符合《反垄断法》第 17 条和第 18 条的具体列举式规定。若符合，即可作出其构成横向垄断协议或纵向垄断协议的判断，由此可以降低《反垄断法》的实施成本和提高判断效率，同时，由于此种情形下行为的违法性过于“昭然若揭”，对其作出“假阳性判断”的可能性较小。若不符合，再进一步考察行为的效果，即判断行为是否具有排除、限制竞争效果，若具有，再结合行为的表现形式和造成的反竞争效果具体分析该行为构成反垄断法中的何种垄断行为。遵从上述一般分析框架对底价协议进行反垄断分析，可以发现底价协议并不符合形式构成，因此判断的重点在于底价协议的效果分析。可基于相关市场竞争是否充分、主播的市场地位是否强大、主播签订底价协议的动机和底价协议实际造成的后果这四项因素判断其是否具有排除、限制竞争效果。而底价协议是否具有排除、限制竞争效果，进而具有违法性需要受到《反垄断法》的规制无法一概而论，需要根据实际情况对特定的底价协议进行个案分析。

（初审：纪佳婧；校对：周晓溢）

《中财法律评论》稿件征集公告

《中财法律评论》是由中央财经大学法学院主办、当代中国出版社公开出版的法学学术连续出版物，由全日制学生自主负责文章的编辑和审校。自2008年创办以来连续出版，至今已出版16卷，其品质的连续性在国内同类著作中名列前茅。作者群体除国内外主流法学院校的研究生，更有优秀中青年学者、法官等实务工作者。

《中财法律评论》坚持学术自由、自主、自律之原则，坚守学术初心，致力于为作者开放“有品格的平台”，为读者输送“有价值的思想”。本书旨在打造一流的学生自办学术辑刊，不断提升自身的学术品格和学术影响力，现面向广大法学研究者和法律从业者征集稿件。

本书长年收稿，鼓励富有真知灼见的长文，不以任何形式向作者收取费用。所有投稿在形式上应当符合国家著作权规定、公认学术规范和本刊编辑体例；在内容上应当选题新颖合理、论证充分有力、逻辑清晰明了、结构严谨周密、数据真实可靠，具有一定的学术创新性和必要的学术深度。

对实务的仔细研磨和对理论的深入剖析是法学研究走向精细化不可或缺的两面，因应时代发展，对新兴领域的探索亦已成为法学研究的发展重点。为此，本书将根据收稿情况，设置“主题研讨”“学理新解”“实务纵深”“佳译专苑”等主题版块。此外，欢迎来稿以对外文文献的充分阅读和认真研习为前提展开的“介绍性”研究，亦欢迎富有比较法基础和可行性的“启示性”研究，但反对不加甄别的“拿来主义”。

为提升学术品格及贯彻学术标准，公正、严谨地对待每一篇来稿，本书实行三审终审制。对所有符合基本学术规范、具有基本探讨价值的文章，无论录用与否，本书均会提出较为具体的书面审查意见和修改建议。作者可以对初审意见进行理性回应，若修改后达到“通过初审”要求，编辑委员会将对稿件进行复审。对于重要的或有争议的稿件，编辑委员会将在与编辑部之外的专门研究人员协商讨论后，以文章质量为依据决定是否录用。本书一贯坚持唯以文章学术质量论的用稿原则，请勿以任何方式影响审稿。

来稿请投递至本书知网采编服务平台：https：//zcfp. cbpt. cnki. net/，并附有作者姓名等身份信息。编辑部原则上将在收稿后一个月内针对您的来稿回复初审意见以及修改建议。作者应当在收到“修改后用稿”意见后，按照本书要求做必要的内容和格式修订，本书编辑部保留对来稿进行文字性和技术性修改的权利。在确定用稿后，本书将通过邮箱向作者发送用稿通知书扫描件，在正式出版后向作者寄送样刊 2 册。

投稿人向《中财法律评论》投稿，即视为已知悉并接受此稿件征集公告。